5월, 새벽을 지킨 소년들

– 10대들의 5·18민중항쟁기록 –

5·18민중항쟁고등학생동지회

5월, 새벽을 지킨 소년들 – 10대들의 5·18민중항쟁기록

초판 1쇄 발행: 2023. 2. 28.
초판 2쇄 발행: 2023. 6. 10.

지은이·엮은이: 5·18민중항쟁고등학생동지회
　　　　　　　광주광역시 동구 천변우로 339 1405호(수기동, 제일오피스텔)
　　　　　　　전화 062-232-0518 팩스 062-232-0519
책임편집: 최치수. 박은영. 채영선. 안길정. 김향득. 김재귀
사　진 : 5·18기념재단. 나경택 작가. 이창성 작가. 힌츠페터.
　　　　옛 전남도청 복원추진단(노먼 소프). 김향득 작가
표지디자인: 권은경

펴낸곳: 백산서당
펴낸이: 김 철 미
등록: 제 10-42 (1979. 12. 29)
주소: 서울 은평구 통일로 885 준빌딩 3층
전화: 02-2268-0012
팩스: 02-2268-0048
이메일: bshj@chol.com

ⓒ 5·18민중항쟁고등학생동지회, 2023

ISBN 978-89-7327-847-3 03300

값: 25,000원

5월, 새벽을 지킨 소년들

– 10대들의 5·18민중항쟁기록 –

5·18민중항쟁고등학생동지회

백산서당

5월 소년병이 피운 민주의 꽃

박 몽 구
('5월시' 동인, 5·18 부상자회 회원)

그해 금남로에 만개한 라일락 향기는
더 이상 배반의 피냄새를 가리지 못했다
교과서가 일러준 대로
어린 소년 소녀들은 걸어갔지만
새벽으로 가는 길은 열리지 않았다

겨레붙이들의 안녕을 지키기 위해
군대에게 총칼을 쥐어주었을 뿐이라고
교과서에는 휘갈겨져 있었지만
도청으로 가는 길 장갑차로 가로막고
허공에 뜬 헬리콥터에서 갈긴 총탄
제 부모 제 형제 가슴을 피로 물들인
이유를 어디에도 적어 놓지 않았다

두툼한 교과서가 일러준 대로
갈 수 없었던 소년 소녀들은
서슴없이 교복을 벗어던지고 총을 쥐었다
겨레붙이와 등 돌린 탱크와 맞선 이들
지치지 않도록 주먹밥을 뭉쳤다

시민을 향해 퍼붓는 총탄 앞에
맑은 눈의 시민들 버려둔 채
땀 흘리지 않으면서 펜대를 굴려온 사람들
장롱 속에 숨고 시골집으로 달아난 날
교과서의 살결을 만지며 자란 친구들
차마 떨어지지 않는 발길 돌려
무등을 든든하게 지키는 인간띠가 되었다
저를 수류탄 삼아 던져
마침내 금남로에서 장갑차를 몰아냈다

시민에게 무차별 발포하는 계엄군에 맞서서
무등을 지키던 선한 눈의 시민군들
해방구를 연일 불면으로 쓰러진 자리
교실을 빼앗긴 친구들은
죽음도 두렵지 않다며 소년병 대열에 섰다

적의 심장을 겨누듯 난사하는 총탄에
무고한 시민들이 속속 쓰러지자
교복을 벗어 붕대를 만든 어린 여고생들
적십자병원 앞에서 기독병원 앞에서
빗발치는 계엄군의 총탄 두려움 없이
끝없이 헌혈 대열을 이루었다

민주주의의 혼을 끝까지 지키다
숭고한 주검으로 돌아온
구두닦이 날품팔이 노동자들 앞에서
시민상주가 되어 따스하게 지켰다

그날 5월을 지킨 어린 시민군 친구들
살아 있는 역사는
진실이 잘려나간 교과서가 아니라
저를 낳고 길러준 겨레붙이들
민주주의는 남의 손 빌리지 않고
온몸을 실어 스스로 지키는 것임을
잘려나간 교과서 행간에 새겨 넣었다

결코 총칼로 지울 수 없는
5월 라일락 향기 산을 넘어
삼천리 방방곡곡으로 골고루 나누었다
바다 건너 전세계에 뜨끈뜨끈하게 배달하였다

축하의 글

소년들은 위대했고 계엄군은 잔인하고 무도했다

박 석 무 (전 5·18기념재단 이사장)

I.

어느날 이덕준 군과 최치수 군이 가편집된 커다란 원고뭉치를 들고 나를 찾아왔다. 책의 제목은 『오월, 새벽을 지킨 소년들』이었는데, 5·18민중항쟁으로 생명을 바친 어린 학생과 고등학생들의 삶의 족적이자 죽음의 기록이요, 요행히 살아남아 오월의 새벽을 지켰고 항쟁의 진실을 밝히려고 생을 걸고 투쟁하는 고교생 출신 민주투사들에 관한 이야기 모음집이다. 초등학교 4학년이던 고 전재수 군, 중3의 박기현·김명숙의 참담한 죽음, 고1의 문재학·안종필 열사, 더 많은 고2·고3의 백두선·전영진 열사 등의 투혼과 의혼이 고스란히 정리되었고, 못 죽은 한으로 생을 걸고 항쟁의 진실을 밝히고 이 나라 민주주의 발전에 헌신하고 있는 투사들의 이야기가 자세하게 정리되어 있다. 개개인의 스토리를 모아놓고 보면 5월항쟁의 전모가 완전하게 나타나고 전두환 세력의 잔인무도한 학살 만행을 숨김없이 파악해낼 수 있는 자료집이다.

이 한 권의 책이야말로 군홧발과 총칼에 의해 고귀한 생명들이 얼마나 무자비하게 학살당했고, 비록 죽음이야 면했지만 생존하기까지의 참담한 고통을 얼마나 심하게 당했던가를 생생하게 보여주는 역사적 진실이 담겨 있다. 불의한 권력의 횡포가 인권과 자유를 얼마나 박탈했던가를 가장 적나라하게 증언해주는 실화들의 내용이다. 42년 전에 겪었던 비인도적·반인륜적 계엄군의 만행들은 이제는 어떤 변명으로도 '학살'이었음을 감출 수 없는 역사가 증명되기에 이르렀다. 초등 4학년이 총탄에 쓰러지고 중학생·고등학생들이 잔인한 죽음을 당했는데도 '자위권' 발동 등의 거짓으로 역사를 왜곡할 길이 있겠는가. 이 책 한 권만으로도 5월항쟁은 불의의 총칼 앞에 민주적으로 싸우다가 끝내는 무장해서 계엄군 폭도들과 투쟁했던 위대한 민중항쟁임을 만천하에 보여주고 있다.

Ⅱ.

고3의 전영진 군은 "조국이 우리들을 부릅니다"라면서, 말리는 부모들을 뿌리치고 뛰쳐나가 시민군이 돼서 투쟁하다 계엄군의 총탄에 목숨을 잃었고, 그의 아버지 전계량 선생은 한이 많아 눈도 감지 못하고 죽어있는 시신을 관에 넣고 관 위에다 "장하다, 내 아들아! 니가 다하지 못한 꿈을 아버지가 이루겠다"고 적었던 것이 바로 5월 정신이 꽃피어 나올 수 있는 본질이었다. 광주상고 1학년 문재학 군은 계엄군이 다시 진입한다고 도청을 사수하다 귀가하는 사람도 있었는데 도청을 지키다가 27일 총탄에 쓰러져 생명을 잃었고, 그의 어머니 김길자 씨는 그런 아들이 폭도라는 이유로 장례비도 주지 않자, 폭도의 누명을 벗겨주지 않는 한 어떤 보상비도 단연코 거절했으니, 거기서도 또 5월항쟁의 정신은 이미 꽃피고 있었다.

5월 정신, 항쟁의 참다운 의미가 이 책에 통째로 들어 있으니, 이 얼마나 자랑스러운 책인가. 민주주의를 지켜내고 자유와 평화를 찾아내자던 5월 정신, 그 정신의 발양을 위해 책을 제작해낸 최치수 군 등의 노력에 찬사를 바치고 싶다. 5월 26일 저녁부터 계엄군의 재진입이 명확해지자, 대학생 선배 시민군들은 자신들이야 죽기로 각오하고 소년 시민군들은 집으로 돌아가도록 강하게 권했으나, 죽음을 각오한 소년 투사들이 끝까지 도청을 사수한 일, 그래서 끝내 목숨을 바친 순국, 5월의 정신은 그래서 참으로 위대하다. 호생오사(好生惡死)! 인간의 본능이다. 죽기야 싫고 살기야 좋아하는 본능인데, 그런 본능을 이겨내고 민주주의를 위해 목숨까지 기꺼이 바친 정신, 5·18의 숭고함은 거기에도 있었다.

Ⅲ.

5·18 1년 전인 79년, 필자는 광주 대동고등학교 교사로 근무하고 있었다. 유신독재가 기승을 부리면서 말할 자유도, 글을 쓸 자유도 모두 빼앗겨, 유배지에서 신음하는 유배인들처럼 비굴하고 불쌍하게 살아가던 군상이 당시의 지식인 사회였다. 사회

적 지위도, 경제적 지위도 턱없이 낮았던 교사인 우리들은 벌벌 떨면서 살아가야 했다. 다행히 광주라는 특별한 도시의 분위기에서 그래도 우리는 참으로 조그마한 용기를 내서 인권을 신장하고 사형제를 폐지하는 목적으로 설립된 세계적인 인권단체인 국제사면위원회(앰네스티 인터내셔널)에 속해 있는 광주지부를 창설하여, 내가 총무 담당 운영위원의 자격으로 인권에 관한 집회도 열고 회보를 제작해 인권에 관한 소식을 시민들에게 알리는 일을 하고 있었다. 모기만한 목소리를 내고 살아가던 유배객의 신세였다고 여겨진다.

앰네스티 일과 함께 뜻있는 교사들과 손을 잡고 광주에 양서조합을 설립하여 학생들에게 양서 읽기를 권장하는 일에도 게으르지 않았다. 그해 가을, 마침내 10·26이 일어났다. 독재자 박정희 현직 대통령이 부하 중앙정보부장의 총을 맞고 목숨을 잃었던 사건이다. 그 사건은 27일 새벽에야 공개되었는데, 그날 10월 26일 오후 대동고등학교 2학년 학생 1반에서 4반까지의 240여 명은 점심 후 교실에서 뛰쳐나와 운동장에 집결하여 교련 반대·보충수업 반대의 구호를 외치며 시위에 돌입하였다. 저녁 무렵 시위의 주모자들이라고 7~8명의 학생들이 수사기관에 잡혀가서 공갈·협박으로 사건의 전모를 토로하였다. 당시 1반에서 4반까지의 영어과목 담당 교사는 필자였다. 12반까지 있는 2학년 전체에서, 하필이면 내 수업을 듣는 학생들만 시위에 참여했으니, 내가 선동이라도 했다고 여겨 다음날이면 연행해서 크게 곤욕을 치러야 할 판인데, 바로 대통령 '유고'가 방송되면서 진상이 밝혀지자, 수사하던 학생도 풀어주고, 나도 연행되지 않는 다행이 이어졌다. 이 책의 주인공들인 고 전영진 군, 김향득 군, 이덕준 군 등 당시 대동고 2학년 학생으로 바로 10·26 시위에 적극 가담했던 학생들이었다.

Ⅳ.

그 무렵 나는 책의 출판을 준비하던 때였다. 다산 정약용 선생의 문집인 『여유당전서』를 읽다가 그가 유배지에서 아들들에게 보낸 편지와 형에게 보낸 편지들이 너무 훌륭한 내용이 많아 한글로 번역하여 젊은이들에게 읽도록 하려는 의도에서였다. 10월이면 원고가 거의 정리되어 출판사로 모두 보낸 뒤에 10·26사건이 터졌다. 책은 11월 20일자로 간행되었는데 바로 『유배지에서 보낸 편지』라는 책이었다. 독재자 일당 몇몇 권력자들만 멋대로 살아가고 일반 국민들이야 유배지에서 신음하는 형편이어서, '유배지'라는 책 제목만으로도 책은 유명해지지 않을 수 없었다. 그 책은 그때 이래 2019년 7월까지 무려 다섯 번째로 간행되어 판이 바뀔 때마다 내용도 보강되고 교정·교열을 제대로 해서 이제는 국민교양서의 지위에 오른 책이다.

이 책 전영진 열사 편에, "당시 광주 대동고등학교 2학년 영어교사였던 박석무 선생님이 자주 들려주었던 민주화운동에 대한 이야기는 전영진을 비롯한 학생들에게 많은 영향을 끼쳤다"는 대목이 나오는데, 부연설명이 필요한 대목이다. 나는 학생 시절, 고등학생 때의 4·19에서 대학생 때의 한일회담 반대 시위, 월남파병 반대 시위, 교련 반대 시위, 박정희 하야 운동 등 민주화운동이나 앰네스티 등 시민운동에 적극 가담했지만, 수업시간에 민주화운동에 관해 직접적이거나 구체적인 이야기를 했던 기억이 없다. 학생들이 느끼기에 민주화운동에 관한 이야기였다면 그들 나름대로 판단이지 사실과는 다르다. 유신시대에 고교 교사였으니, 유신 말기 간행했던 책의 서문을 통해 그 시절에 내 생각의 일단을 피력했는데, 그때의 사정을 알게 된 것이다.

"역자는 이번 역문이 지식인뿐만 아니라 평범한 아버지들, 젊은 청년들에게 많이 읽혔으면 한다. 금전만능과 권력만능의 사회적 풍조에 젖어 있는 나이 어린 학생들, 이들을 어떻게 그러한 깊은 타성의 함정에서 벗어나게 할 수 있을까 하는 생각은 교단에 서서 매일 청소년들을 대하는 역자로서 항상 가슴 아픈 부분이다. 이들에게 어떤 책을 읽도록 해야 할까. ……"라는 글에서 나의 관심사가 어디에 있었던가를 알아볼 수 있다. 어른인 나야 민주화운동에 깊이 관여하고 있지만, 나어린 학생들에게는 유행하던 풍조에서 벗어나 좋은 책을 읽어서 옳고 바른 삶의 가치를 찾아내 주기를 바라는 심정이었다. 그래서 고전의 이야기를 자주 했던 것은 사실이다. 『서경(書經)』에 나오는 "백성들만이 나라의 근본이니 근본이 굳건해야만 나라가 안녕을 누린다(民唯邦本, 本固邦寧)"라는 말도 해주면서, 독재자만 나라의 주인이고 백성들은 유배객이어서는 안 된다고 말해 주었고, "수만 명의 군대를 지휘하는 장수야 빼앗아올 수 있지만 하찮은 필부의 뜻은 빼앗을 수 없다(三軍可奪帥也 匹夫不可奪志也)"는 『논어』의 이야기를 자주 했던 기억이 난다. 결국 국민이 되어 국민의 권리를 포기해서는 절대로 안 된다, 사나이의 굳은 뜻은 어떤 독재자도 빼앗아갈 수 없다는 등의 올바른 삶의 태도를 자주 언급했을 뿐이었다.

그러나 뒤에 나타나는 결과는 결코 내 의도와는 다른 경우가 많았다. 10·26시위에서 보듯, 내 수업을 듣던 1~4반의 학생들만 시위에 가담한 사실, 78·79·80년 사이에 내 수업을 들었던 많은 학생들이 대학생이 되어서는 상당한 숫자의 학생들이 전국 여러 대학의 운동권에 참가하여 민주화운동의 주동자들이 된 것도 사실이다. "형님한테 꼭 알리고 싶은 사실이 하나 있습니다. 그것은 뭣인고 하니 다름 아니고 내가 그동안 징역살이 하면서 수많은 학생들을 접하게 되었는데 그 중 형님이 고등학교 재직 때의 제자들이 참으로 많다는 사실입니다. 광주 옥에서, 전주 옥에서 내가 확인한 수만 해도 열 손가락은 넘을 것입니다. 그런데 전국에 소재해 있는 감옥에도 많이들 갇혀 있을 것인데 그 수는 엄청나리라 생각됩니다."(『김남주 산문 전집』, 2015, 푸른사상)라는 김남주 시인이 감옥에서 내게 보낸 편지의 한 구절이다. 「그 스승에 그 제자」라는 제목의 글이다.

위의 내용 또한 정확한 사실이라고 여길 수 없다. 80년대 초 나라의 형편이 학생들이 가만히 공부만 할 수 없는 시대인데다, 독재가 너무 극악했기 때문에 여타의 많은 학생들이 민주화운동에 가담할 수밖에 없었다는 사실을 알아야 한다. 지금까지 살아서 올바른 생활을 하는 사람이야 나의 영향을 받았다고 말한들 큰 오해가 있을 수 없지만, 전영진 군, 표정두 군, 유석 군(심장마비로 사망) 등 세상에 없는 열사들이 내 영향 때문이었다면, 죽지 못하고 살아있는 나로서 부끄러움을 어떻게 감당할 수 있다는 것인가. 그래서 나는 40년이 넘도록 전영진 군의 묘소를 찾아가지 못했다. 다행히 부친 전계량 선생께서 오히려 제 손을 끌고 묘소에 함께 가자고 말해서 지난해에야 묘소에 찾아가 꽃 한 송이를 바칠 수 있었다는 것을 이야기해 둔다. 그날은 5·15 스승의 날이었다. 스승의 날, 찾아올 수 없는 제자 묘소를 찾아갈 수 있는 스승이 찾아간다는 명분을 내세웠으나, 나의 부끄러움은 그래도 숨길 수 없었.

V.

18년의 박정희 독재시대, 참으로 길고 긴 암흑의 시대요 유배지의 생활이었다. 학생운동 출신이라는 이유로 대학교수에 임용될 수 없어 오랫동안 중·고등학교의 교사생활로 생계를 유지하고 살았다. 대학원 시절부터 교사직에 있었으니, 시작해서 끝낼 때까지는 18년, 중간에 두 차례 해직되어 실제 교단에 섰던 기간은 무려 13년간이었다. 학생들에게 올바른 삶을 설명해주면서 좋은 책 읽기를 간절하게 권유했던 것은 사실이다. 고경(古經)의 좋은 이야기들을 전달해 준 것도 사실이다. 그러나 이번 『5월, 새벽을 지킨 소년들』을 읽어보면서 나에게 수업을 받지 않았던 많은 젊은이들이 참으로 올바르게 살아가며, 조국의 민주주의와 자유와 인권을 위해 기꺼이 목숨을 내던졌고, 모진 고통을 감내하면서 정의를 위해 삶을 바친 기록을 읽으면서, 새삼스럽게 좋은 교사들이 많았음을 뼈저리게 느끼지 않을 수 없었다.

장하다! 소년들이여! 죽음으로 5월항쟁의 진면목을 세상에 공개해준 열사들, 죽음은 면하고 감옥생활·투쟁과 헌신으로 5월항쟁의 진실을 공개해준 그대들의 공은 천추에 빛나리라 믿는다. 5월항쟁에 관련한 수많은 책과 기록이 있다. 그러나 이 소년들의 이야기, 특히 5월 27일 새벽까지 죽음을 각오하고 민주주의와 광주를 지켜주었던 위대한 투혼에 감동과 격려의 말을 하지 않을 수 없다. 최치수 군의 기록은 10일간의 광주항쟁 일지라고 해도 과언이 아니니 반드시 귀중한 역사적 자료가 되리라고 믿는다. 가신 이들에게는 명복을 빌고 살아 있는 투사들에게는 건강과 행운을 빌어마지 않는다. 나라와 민주주의를 그렇게 사랑했고 자유와 인권을 갈구했던 순진무구한 소년들의 진실한 고백으로 5·18항쟁의 진실이 낱낱이 밝혀지고, 이에 대한 왜곡이나 폄하는 영원히 사라질 것을 믿어 의심치 않는다. 오랫동안 5·18유족회장으로 아들이 못다 한 투쟁에 앞장섰던 전계량 선생의 소원이 우리 모두의 소원이기에 소원성취가 되기를 바라면서 그분의 소원을 다시 언급하며 글을 마친다. "그래서 앞으로 5·18 진상 규명이 이뤄지면 헌법에 명시돼야 하며, 헌법 전문에 들어가야 되고, 교과서에도 나와야겠고……"

축하의 글

기록되지 않은 역사는 역사가 아니다

조 영 선 (민주사회를위한변호사 모임 회장)

1. 5·18 광주 민주화운동(五一八光州民主化運動, Gwangju Uprising) 혹은 광주 민중항쟁(光州民衆抗爭)은 1980년 5월 18일부터 5월 27일까지 광주시민과 전라남도민이 중심이 되어, 조속한 민주정부 수립, 전두환 보안사령관을 비롯한 신군부 세력의 퇴진 및 계엄령 철폐 등을 요구하며 전개한 대한민국의 대표적인 민주화운동이다. 5·18 민주화운동은 이후 반독재 민주화운동, 통일운동, 노동운동, 학생운동을 비롯한 민주화운동의 원천이었으며, 1987년 6월항쟁과 2016년 촛불 항쟁의 빛나는 전사(前史)가 되었다.

5월 광주시민은 신군부 세력이 집권 시나리오에 따라 실행한 5·17 비상계엄 전국 확대 조치로 인해 발생한 헌정 파괴 · 민주화 역행에 항거했으며, 신군부는 사전에 시위진압 훈련을 받은 공수부대를 투입해 해산이 아닌 폭력적으로 체포 · 진압함으로써 수많은 시민이 희생되었다. 특히, 1980년 5월 21일 부처님오신날. 전남 도청을 사이에 둔 계엄군이 시민들을 향해 집단 발포를 한 날이다. 생명의 존귀함와 평화를 이야기할 부처님 오신 날이었지만, 금남로는 붉은 피로 물들었다. '해산'이 아닌 체포와 폭력진압이 목적이었던 계엄군에 의해 자행된 만행은 민주주의 역사의 수레바퀴를 거꾸로 돌렸다.

대법원은, 전두환을 중심으로 한 신군부 세력이 군내의 반발을 무릅쓰고 12·12쿠데타를 일으켜 정승화 계엄사령관을 강제 연행한 것은 전두환을 동해안경비사령관으로 좌천 전보 발령시키는 것을 막기 위한 하극상에 기한 군형법상 반란죄에 해당한다고 판시하였다. 또한, 5·18내란 행위자들이 1980년 5월 17일 24시를 기하여 비상계엄을 전국으로 확대하는 등 헌법기관인 대통령, 국무위원들에 대하여 강압하고 있는 상태에서, 이에 항의하기 위하여 일어난 광주시민들의 시위는 헌정질서를 수호하기 위한 정당한 행위였고, 따라서 이를 난폭하게 진압한 것은 국헌문란행위에 해당한다고 판시한 바 있다.

2. 안종필, 고1. 5월에서 시작하여 5월로 끝난다는 광주의 5월. 그 푸르른 날에 17살 안종필군은 계엄군의 유혈진압이 있었던 5월 27일 새벽 도경찰국 2층 복도에서 머리와 다리에 총상을 입은 채 쓰러졌다. 교련복을 입은 두 사람, 안종필과 문재학은 끝까지 도청을 사수하다 산화하였다.

떠날 사람은 떠난 도청에서 이들이 끝까지 남았던 이유는 무엇이었을까, 이들이 꿈꾸었던 세상은 과연 무엇이었을까.

역사는 과거와 현재의 끊임없는 대화라고 하였던가. 한때는 5·18은 폭도에 의한 광주사태였지만, 법적으로는 '5·18 민주화운동'이라는 이름으로 불리고 있다. 5·18 민주화운동이라는 관점은 5·18 특별법을 만들 때 여야 정치인들의 정치적 타협의 산물이었다. 그런 면에서 아직도 5·18의 온존히고도 정당한 이름을 불러주지 못하고 있다. 4·3항쟁이 아직도 '4·3사건'에, 여순항쟁이 '여수·순천 10·19사건'에 머무른 것과 크게 다르지 않다. 정명(正名), 5·18에 온전하고 정당한 이름을 불러주는 것, 그리하여 5·18 저항의 역사가 헌법전문에 실리는 그날. 그것이 살아남은 자들이 사랑도 명예도 남김없이 떠나간 민주 영령들의 숭고한 뜻을 받드는 것이자, 5·18 역사를 교과서로 배우게 될 후세들에 대한 최소한의 의무는 아닐까.

3. 여기 5·18민중항쟁에 참여했다가 산화하거나 부상당한 '5월, 새벽을 지킨 소년들'의 숨겨진 이야기가 세상에 나왔다. 군사반란에 맞서, 헌정질서를 수호하기 위해

나섰던 평범한 시민들의 자발적인 항쟁의 역사, 특히 10대 소년·소녀들의 민주주의를 향한 순수한 열정, 무명의 헌신, 그리고 가족들의 진실을 알리기 위한 질긴 투쟁의 역사가 오롯이 눈물겹게 드러나 있다.

5월의 역사를 모르는 사람은 없지만 제대로 아는 사람은 적어지고 있다. 당시 참여했던 사람은 사라지고 기록으로만 일부 남아 있을 뿐이다. 기록되지 않은 역사는 역사가 아니다. 5·18민중항쟁 고등학생 동지회가 『5월 새벽을 지킨 소년들』을 발간하게 된 것도 5·18 저항의 역사를 남기기 위한 고군분투의 역사라 할 것이다. 발간을 위해 헌신하신 최치수 선생님을 비롯한 편집위원, 그리고 백산서당에 깊은 감사와 위로를 드린다.

이 책이 5·18 저항의 역사를 세상에 널리 알리고, 세상을 이롭게 할 수 있기를 간절히 소망한다.

격려의 글

80년 5월 당시 저는 고등학생이었습니다. 전국에서 처음으로 휴교령이 내려진 대동고등학교에 재학 중이던 2학년 학생이었습니다. 그때 저는 보았습니다. 핏빛으로 물든 5월 광주의 하늘을, 짓밟히고 쓰러져가던 선한 이들의 분노를, 가늠할 수 없는 많은 이들의 슬픔을, 저는 보았고 아직 생생히 기억합니다.

대학에 들어가 4년 내내 민주화운동에 헌신한 것은 그 아픈 기억의 상흔 때문이었습니다. 5·18 진상규명과 책임자 처벌을 외치며 불의에 저항할 수 있었던 것도 광주의 슬픔이 얼마나 깊은지 저의 심장이 잘 알았기 때문입니다.

그로부터 43년의 세월이 흘렀습니다. 그럼에도 그날의 슬픔과 분노는 아직 제 자리에 머물러 있습니다. 진실은 여전히 깊은 어둠 속에 잠들어 있고 책임자들은 진실 앞에 눈을 감습니다. 되레 자랑스러운 역사를 왜곡하고 폄훼하는 세력이 광주의 오월에 끊임없이 생채기를 내고 있어 너무도 안타깝고 분노합니다.

5·18 당시 광주시민들은 나의 가족이자 이웃인 많은 이들이 계엄군의 총칼과 곤봉에 맞아 피투성이가 된 채 군용트럭에 실려 가는 처참한 모습을 지켜봐야만 했습니다. 그 가운데 많은 분들이 돌아오지 못했습니다. 오월의 새벽을 지켰던 앳된 소년들도 그러했습니다. 그렇게 우리 곁을 떠난 많은 소년들이 있었습니다.

그러나 역사의 법정에는 시효가 없습니다. 어둠은 빛을 이길 수 없고 진실은 영원히 감출 수 없습니다. 오월 정신이 왜곡 없이 전 세계에 알려지는 것은 광주가 커지고 대한민국이 빛나는 일입니다. 오월 역사를 바로 세우는 일에 대한민국을 넘어 전 세계의 양심 있는 많은 사람들과 뜨겁게 연대하고 힘을 모을 것입니다.

오월 광주의 진실을 하나하나 축적해가는 일이 중요합니다. 시대의 어둠을 넘어,

죽음을 넘어 위대한 오월의 민주역사는 시대정신이 되고 민주·인권·평화의 이정표가 되어야 합니다.

『5월, 새벽을 지킨 소년들』은 갇혀 있는 5·18을 우리 모두의 가슴 속에 살아 숨쉬는 5·18로 승화시키는 또 하나의 징검다리입니다. 그날의 진실에 한발 더 다가서기 위해 켜켜이 쌓아가는 축적의 기록이자, 깊은 침묵 속에 묻혀 있는 5·18의 진실을 밝혀내는 힘입니다.

당시의 기억을 다시 불러내야 하는 아픔과 고통을 어찌 가늠할 수 있겠습니까. 오월 역사의 소중한 기록을 위해 마음 모아주신 유가족들께 진심으로 감사드리며 깊은 위로의 말씀을 드립니다. 책이 발간되기까지 혼신의 힘을 다해주신 5·18민중항쟁고등학생동지회 관계자 여러분께도 감사드립니다.

밤하늘의 별이 되어 우리를 밝게 비추고 있는 그대들이 곧 광주입니다.
두 손 모아 고인들의 명복을 빌며 영원한 안식을 기원합니다.

2023년 1월
광주광역시장 강 기 정

격려의 글

　　10대들의 5·18민중항쟁기록, 『5월 새벽을 지킨 소년들』의 발간을 대단히 뜻깊게 생각합니다.

　　흩어진 사료를 모아 귀중한 책으로 엮어주신 5·18민중항쟁고등학생동지회 최치수 회장님을 비롯한 회원 여러분께 깊이 감사드립니다.

　　40여 년 전 5월, 광주·전남 시도민은 정의와 민주주의를 바로 세우기 위해 분연히 일어섰습니다. 군사독재에 맞선 오월 영령의 숭고한 정신은 6월 민주항쟁을 비롯한 80년대 민주화운동의 원동력이 되었고, 대한민국이 민주국가로 우뚝 설 수 있는 주춧돌이 되었습니다.

　　그리고 그 위대한 민주화운동사의 중심에는 늘 '소년'들이 있었습니다. 1980년 5월 27일 새벽, 계엄군에 맞서 끝까지 전남도청을 지키다 장렬히 산화한 최후의 15명 역시 고등학생 문재학 군을 비롯한 학생·청년 열사들이었습니다.

　　이 책에는 누구보다 뜨거운 심장을 지녔던 '소년'들의 슬픔을 넘어서는 정의로운 발자취가 고스란히 담겨 있습니다. 지금껏 주목받지 못한 5월의 청소년들을 민주화운동의 당당한 주체로 조명했습니다. 5·18민주화운동의 역사를 되짚어 보고 이를 후대에 전하는 데 매우 소중한 자료로서, 오월 정신을 더욱 널리 알리는 데에도 큰 도움이 될 것입니다.

　　전라남도 또한 80년 그날의 진실을 바로 세우는 데 노력을 아끼지 않겠습니다. 5·18 유공자들을 살뜰히 살피고 오월 정신을 계승·발전시키는 데 최선을 다하겠습니다.

　　이 땅의 민주주의를 위해 채 꽃피우지 못하고 스러져간 '소년'들께 한없는 경의를 표하며, 오월 정신이 살아 숨 쉬는 '정의가 강물처럼 흐르고, 자유가 들꽃처럼 만발'한 세상을 손꼽아 기다려 봅니다. 감사합니다.

2023년 1월
전라남도지사　김 영 록

격려의 글

초, 중, 고등학교 학생들에게 더 없는 5·18 교재

5·18민주화운동은 불의에 저항한 시민들의 위대한 항쟁이었습니다. 1980년 전두환 씨 등 신군부는 민주화를 염원하던 국민들의 뜨거운 여망을 총칼과 군홧발로 짓밟았습니다. 광주 시민들은 신군부의 불의에 맞서 민주주의를 지키고자 떨쳐 일어났습니다.

그때 광주는 고립, 그 자체였습니다. 신군부는 광주 외곽을 완전 차단, 봉쇄했습니다. 광주사람들은 오도 가도 못했습니다. 절망의 고립과 봉쇄의 공포가 광주에 가득했습니다. 시민들이 먹을 쌀조차 부족했습니다.

하지만, 광주시민들은 달랐습니다. 총상 치료를 위해 피가 필요하면 전 시민들이 헌혈에 나섰습니다. 동네 아주머니들은 쌀을 모아 주먹밥을 만들었습니다. 수천 자루 총기가 난무했지만, 은행, 금은방 털이는 없었습니다. 시민들은 계엄군이 물러간 날부터 전남도청 앞 분수대에서 시민집회를 통해 자치를 일구었습니다. 장엄한 대동의 세상이었습니다.

이 자랑스러운 5·18민주화운동의 한복판에 광주학생들도 함께 자리했습니다. 우리 학생들은 교복이나 교련복을 입은 채 거리 시위에 동참하거나, 시가지 청소, 질서 유지 활동 등 다양한 형태로 광주와 민주주의를 지키고자 했습니다.

특히 당시 광주상업고등학교 1학년이던 문재학 열사는 계엄군의 최후 진압이 예정됐던 5월 26일 도청에 남아 심부름이라도 하겠다며 최후 항쟁지 도청을 지켰습니다. 다음날 그는 싸늘한 시신으로 외신기자의 사진 속에 남았습니다. 〈아시아 월스트리트 저널〉 기자 노먼 소프가 찍은 주검 속 주인공이 바로 그였습니다. 그날 도청을 지킨 최후의 고교생은 학교 친구였던 안종필, 조대부고 3학년이던 박성용 열사도 있었습니다.

1980년 5월을 지킨 광주 학생들의 이야기가 43년 만에 한 권의 책으로 세상에 선보였습니다. 5·18민중항쟁고등학생동지회가 같은 친구들의 숭고한 5월의 이야기를 담아 『5월, 새벽을 지킨 소년들』이라는 이름으로 펴냈습니다. 그들의 이야기가 너무 늦게 빛을 보았다는 아쉬움도 있지만, 이제라도 증언록이 나온 게 너무나도 소중하다고 생각합니다.

　이 증언록은 당시 숨진 박금희 열사 등 10명과 구속 부상을 당했던 20여 명의 생생한 삶과 죽음, 5월의 현장을 담아내고 있습니다.

　지금까지 5·18로 구속, 투옥, 고문 등 고초를 겪은 학생들이 268명으로 알려져 있습니다. 이들 외에도 더 많은 학생들이 장엄한 민주화 행렬에 동참했을 것입니다.

　증언록이 나오기까지 수고해 주신 최치수 동지회장님을 비롯한 모든 분들에게 감사의 말씀을 드립니다. 이 책자가 오늘을 사는 우리 초, 중, 고등학생들에게 의미 있는 5·18 교과서가 되리라고 확신합니다.

2022년 11월
광주광역시 교육감 이 정 선

격려의 글

이제 '조국'이 대답할 차례입니다

『5월, 새벽을 지킨 소년들』. 그 이름만 들어도 가슴이 먹먹해집니다. 꽃다운 나이에 그들이 지킨 것은 무엇이었을까요·

"어머니, 조국이 우리를 부릅니다." – 80년 5월 21일, 계엄군의 총탄에 맞아 억울하게 희생당한 고등학생이 도청 앞으로 뛰쳐나가며 어머니에게 한 말입니다. 그렇습니다. 그들은 자신을 죽인 '조국'을 지키기 위해 오월의 새벽을 밝혔던 것입니다.

5·18민중항쟁은 대학입시를 앞둔 고3 수험생도, 한창 친구들과 뛰어놀아야 할 중학생도 가만 놔두지 않았습니다. 어머니의 만류를 뿌리치고 '조국이 부른다'며 뛰어나갔던 그 고등학생처럼 조국의 미래를 이끌어갈 '희망'마저 앗아갔습니다. 80년 5월, 광주의 소년·소녀들은 그 때묻지 않은 영혼을 조국을 위해, 민주·인권·정의의 대동세상을 위해 기꺼이 바쳤습니다. 그 숭고한 희생을 추모하며, 열사들의 영전에 고개 숙여 명복을 빕니다.

그로부터 42년이라는 세월이 흘렀지만. 오월은 여전히 진행형입니다. 5·18이 국가기념일로 지정되고 가해자들에 대한 법적인 단죄와 피해자 보상, 명예회복이 어느 정도 이뤄졌다고는 하지만 아직 해결해야 할 과제가 많습니다. 우리 사회 곳곳에 도사리고 있는 5·18폄훼·왜곡 세력을 뿌리 뽑고, 진상규명도 더 이뤄져야 합니다. 그날의 진실을 남김없이 밝혀내 정의와 민주주의 역사로 온전하게 세워야 합니다. 그것만이 살아남은 우리가 '오월광주'에, 새벽을 지키다 하늘의 별이 된 소년·소녀들에게 진 빚을 갚는 유일한 길입니다. 이제 조국이 대답할 차례입니다.

전남교육청도 숭고한 오월정신을 계승하여 미래의 주역인 우리 학생들을 당당한 민주시민으로 키우겠습니다. 그리하여 오월이 다시 희망이 되고, 모두가 바라는 미래가 되도록 교육적 책무를 다하겠습니다.

그 다짐을 담아 오월광주의 생생한 증언록 『5월, 새벽을 지킨 소년들』을 추천합니다.

피를 토하는 심정으로 당시의 기억을 끄집어내 주신 유가족과 그 기억의 조각들을 모아 소중한 역사의 기록으로 만들어주신 '5·18민중항쟁고등학생동지회'에 깊이 감사드립니다.

2022년 12월
전라남도 교육감 김 대 중

추천의 글

오월, 새벽을 지킨 소년들

세월이 많이 흘러 40년이 넘은 이때, 80년 5월 당시에 수많은 소년들이 자진하여 목숨을 걸고 살인자들 신군부를 거슬러 용감하게 항거하며 투쟁한 사실의 기록물을 보며 크게 감동했고, 이 사실이 앞으로 국민에게 특별히 청소년들에게 널리 알려져야겠다는 마음이 간절합니다.

그래서 당시에 고난을 함께 한 사제의 한 사람으로서 이 책이 널리 알려지길 바라는 간절한 마음으로 추천하는 바입니다

2022년 11월 8일
화순 수강제에서 김성용 신부

추천의 글

　　5·18민중항쟁고등학생동지회가 기획하고 펴낸 『5월, 새벽을 지킨 소년들』 발간을 의미 있고, 기쁘게 생각합니다. 1980년 5월, 광주·전남에서 평범하게 일상을 살아가던 시민들은 갑작스럽게 경악스러운 사건을 접했습니다. 두려움이 앞섰지만, 불의한 국가폭력에 의해 피 흘리며 죽어가는 시민들을 외면할 수 없어 헌혈을 하고, 주먹밥을 나누고, 시신을 수습하고, 총을 든 시민군이 되었습니다.

　　절망적인 순간 사람이 사람에게 힘이 되고 위로가 되었던 '5·18'이었습니다. 이것은 준비된 영웅이 아닌 평범한 삶을 살던 '보통의 영웅들'이 만들어낸 기적이었습니다. 5·18은 서로 돕고 용기를 북돋우며 가진 것을 나누는 일이 불의한 국가폭력에 대항해 이기는 방법이라는 사실을 역사에 남겨 주었습니다. 이후 5·18의 의미는 광주에서 전국으로, 그리고 대한민국의 국경을 넘어서 해외로 확산되었습니다.

　　40여 년이 지난 동안 5·18에 대한 연구는 전 분야를 망라하여 진행되어 왔으며, 기초적인 자료수집의 일환인 '증언'을 채록하고 수집하는 데도 상당한 노력을 기울여왔습니다. 그러나 몇몇 분야에서는 상대적으로 증언 및 자료수집이 취약했습니다. 특히, 5·18 당시 초·중·고 학생들이 구체적으로 어떤 피해를 입었고, 무슨 활동을 했는지에 대한 조명은 미미하게 진행되었습니다.

　　『5월, 새벽을 지킨 소년들』은 수년에 걸친 증언과 자료수집을 통해 세상 밖으로 나왔습니다. 이 책은 5·18 당시 초·중·고 학생들이 피해를 입었던 안타까운 사연과 함께 청소년으로서 헌혈을 하고, 시신을 수습하고, 시민군으로 활동한 모습 등 5·18에 주요하게 참여한 내용을 담고 있습니다. 이 책을 통해 현재를 살고 있는 청소년들이 1980년 5·18 당시 청소년의 활동 등에 대해 생각할 수 있는 계기가 되었으면 합니다. 또한 5·18을 매개로, 더 나은 미래를 꿈꿀 수 있길 소망합니다. 감사합니다.

2023년 1월
5·18기념재단 이사장　원 순 석

추천의 글

「학생동지들이 부활하고 있다」

5·18학생동지들의 애통한 증언을 읽으며 며칠 밤 눈물을 삼켜야 했습니다. 이 기록은 5·18민중항쟁 당시 고교생 이하 어린 학생들이 합심일체가 되어 자유와 정의를 지키고자 했던 피맺힌 절규 그 자체입니다. 오월항쟁 당시 끝까지 함께하지 못한 죄의식을 안고 살아가는 못난 선배로서 한없는 수치심을 감출 수 없습니다. 우리가 이 기록을 남기지 않았다면 오월항쟁사에 있어 크나큰 죄를 지을 뻔했습니다.

5·18진상규명의 40여 년 도정에 있어 가해자의 기록은 대부분 왜곡되거나 부분적, 파편적, 편집적 진실로 남아있습니다. 80.5.21 13:00경 전남 도청앞 집단발포를 기록한 군부대의 문서는 어디에도 없습니다. 예를 들어 당시 전투교육사령부(전교사.CAC)에 근무했던 행정병은 분명히 발포상황을 기록했고 2군사령부에 보고했다는 증언이 있음에도 그 흔적은 남아 있지 않습니다. 현재로서는 그의 증언이 유일합니다. 사실의 재구성을 통해 과거사는 복원됩니다. 이같은 사실은 셀 수 없이 많습니다. 학생동지들의 투쟁과 억울한 죽음에 대한 증언으로 오월학생투쟁사의 빈자리가 채워지고 있습니다. 기록이 없으면 기억할 수 없으며 오월은 계승되지 않습니다. 기념사업은 속 빈 강정입니다. 우리는 살아 있는 날까지 5월을 복원하여 재구성하는 일에 나서야 합니다. 우리는 흔히 사법적 진실, 즉 사법적 증거주의만이 역사를 재정립할수 있다는 편견에 사로잡히기 쉽습니다. 그러나 그러한 방법은 총체적 진실을 밝히는 데는 역부족입니다. 사법적 진실 외에도 개인적 경험에 의한 서사적 진실, 공동체적 진실이라고 부르는 사회적 진실, 치유를 위한 회복적 진실 등 5·18민중항쟁이 반드시 복원해야 할 진실은 무궁무진합니다. 이제까지 5·18증언채록작업에 있어 최초인 이 학생증언집을 통해 당시 시대 상황에 대한 학생들의 인식, 대응, 투쟁, 희생, 연대 등에 대해 소상하게 파악할수 있습니다. 5·27 옥쇄투쟁을 각오하는 모습은 영원히 장엄하고 경건하게 느껴질것입니다. 부모형제들의 만류를 뿌리치고 최후항쟁에 나선 학생들! 영

문도 모른 채 국군아저씨에게 손 흔들다가 죽어간 어린 생명들! 헌혈하고 관을 구하고, 방송하면서 꽃다운 나이에 학살된 여성 동지들! 살아남아 포로보다 못한 짐승으로 고문당한 동지들! 지난 40여 년간 그 모든 가족들과 이웃들의 눈물은 이미 메말랐습니다. 가신 영령들이나 남은 자들 모두에게 오직 필요한 것은 진실입니다. 살아남은 우리가 오직 할 수 있는 것은 오월의 진실 앞에 그날의 각오로 살아내는 것입니다.

다시 한번 학생 동지들의 명복을 빕니다. 그리고 남겨진 과제와 책임을 다시 한번 새깁니다.

2022년 11월 11일
5·18진상규명조사위원장 송 선 태

추천의 글

　　80년 5월, 삶과 죽음의 경계선인 전남도청과 YWCA에서 피에 굶주린 계엄군의 진압에 맞서 마지막까지 불굴의 의기와 의연한 젊음의 열정으로 민주와 정의를 지켜낸 고교생이었던 나의 시민군 동지들의 혈기에 삼가 머리 숙여 무한한 감사와 뜨거운 동지애를 담아 격려의 인사를 드립니다. 계엄군의 진입을 목전에 둔 항쟁의 마지막 날 저녁, 전남도청의 우리 시민군 지도부는 중대한 결정을 내려야 했습니다. 옥쇄(玉碎)의 순간을 앞두고 항쟁을 함께 해온 여성 동지들과 고교생 동지들의 희생을 막고자 눈물로 귀가를 호소하고 마지막 작별의 인사를 했습니다.

　　나는 죄인입니다. 죽음을 불사하겠다고 항쟁의 마지막 밤을 지새웠지만 죽지 않고 구차하게 살아남은 죄와 나를 믿고 따르던 시민군 후배들인 고교생 신분의 젊은 청춘들을 일일이 따져서 귀가시키지 못한 엄청난 죄를 더했습니다. 우리 지도부의 뜻과는 다르게 귀가를 거부한 귀한 청춘들이 있었습니다. 살레시오고 3학년에 재학 중이었던 최치수나 대동고의 김향득. 이덕준, 동신고 경창수, 전남공고 문종호, 동일실고의 김재귀 등 마지막까지 항쟁의 새벽을 더불어 지켜낸 나의 아우님들이 있어서 고통스러웠지만 결코 외롭지 않았습니다. 나의 죄는 형벌의 현장인 상무대 영창과 교도소에서 후배들에 의해 더욱 커졌습니다. 어린 나이임에도 당당하게 선배들의 옥바라지에 열과 성을 다한 나의 아우들이 항상 고맙고 그립습니다.

　　나의 어리숙하고 어줍잖은 사랑과 그리움이 나중, 40여 년의 삶에서 그들에게 작은 부담감이나 장애가 되지 않았나 생각됩니다. 선배이자 형이지만 아우들로부터 받은 오롯한 사랑 덕분에 나의 삶은 초라했지만 값지고 알찼습니다. 그들의 성장과 사회적 발전이 역사를 뛰어넘을 때마다 비록 나는 병석에 누워 있지만 잠시나마 병마의 고통을 벗어난 새로운 삶의 희열로 달아오릅니다.

전 5·18민중항쟁동지회장　윤 강 옥

간행의 글

5월은 지금도 계속 진행되고 있다

　5·18민중항쟁은 역사에 몇 줄로 정리되는 과거의 이야기가 아니다. 그것은 처절한 몸부림으로 억압과 좌절, 굴종의 칼바람을 헤치고 승리의 장을 향해 전진하는 진행형의 역사다. 21세기를 맞고서도 불의와 정의, 증오와 화해, 대결과 연대 사이에서 목메이고 있는 것이 우리 민족사의 현실이다. 항쟁 이후 43년이 흘렀다. 학살의 주역들과 그 근원에 뿌리를 둔 자들은 권력을 누리고 있다. 그러나 1980년 5월 광주에서 목숨을 내던지면서까지 부르짖었던 우리들의 간절한 외침, 민주주의에 대한 소망과 절규는 여전히 시대의 화두로 남아있다. 5·18항쟁의 중심에 섰던 우리들은 불의와 대결을 버리고 나눔과 자치, 연대의 공동체 정신이 이 땅에 완연히 뿌리를 내릴 때까지 그날의 뜨거웠던 몸부림을 잊지 않으려 한다.

　5·18민중항쟁의 가치와 희생은 살아있는 역사의 진실로 남아 지난 42년의 세월 동안 매순간 우리 민중들의 가슴에 불을 지피고 세계사 속에 살아있는 민주주의의 전설이 되었다. 이 책은 5·18민중항쟁의 원인과 과정을 온 몸으로 겪었던 당시 10대 학생들의 실천을 사실에 의거하여 정리한 것이다. 우리는 이 책을 통하여 당시 참담하고 처절했던 현실에 맞서 민주주의를 위해 결사항전했던 10대 학생들의 정의롭고 용감한 결단과 행동을 기억하고자 한다. 더불어 권력에 눈이 멀어 나라의 주인인 민중을 몽둥이와 총칼로 짓밟고 인권을 유린했던 학살자들의 천인공노할 만행을 영원히 기록해 두고자 한다.

　1980년 5·18민중항쟁 이후 쿠데타 세력(학살자)과 그 세력에 빌붙어 호가호위했던 세력들은 5·18민중항쟁을 지속적으로 폄훼하고 왜곡을 일삼아왔다. 2008년부터는 극우 세력의 일부인 지만원이 '500만 야전군사령부'를 창설하고 5·18 역사왜곡 세력의 규합에 나섰고 곳곳에서 5·18 왜곡, 폄훼 강연을 여는 등 본격적인 활동에 나섰다. 인터넷에서는 일베를 비롯한 극우선동가 괴물집단이 5·18민중항쟁의 원인과 성격은 물론 우리들의 처절했던 몸부림을 왜곡하기 시작했다. 급기야는 북한군이 5·18항쟁 기간 중 광주에 내려왔으며, 모자를 쓰거나 마스크를 쓴 시민군들이 북한군이라는 허위 주장을 유포하였다. 지만원은 5·18 북한군 개입설로 5·18민주화운동을 왜곡 선전하면서 3번이나 5·18명예훼손으로 유죄판결을 받은 바 있다. 또한 지만원은 1980년 5월 27일 최후의 도청 진압 작전 때도 공수부대는 단 한 명의 광주시민도 사살하지 않았고, 북한군이나 폭도들끼리 쏜 총탄에 맞아 시민들이 희생되었다고 억지 주장을 펼쳤다. 2019년 2월 8일 오후 2시, 자유한국당 김진태는 지만원을 불러 국회의원회관 대회의실에서 '5·18 진상규명 대국민공청회'를 열었다. 이 행사에 연사로 나온 자유한국당 국회의원 김진태, 이종명, 김순례는 5·18민주화운동을 폄훼하고 역사를 왜곡하는 발언을 서슴치 않으며 망언들을 쏟아냈다. 이에 5·18유족회, 부상자회, 구속자회와 시민단체들은

1. 5·18 역사왜곡처벌법을 제정하라
2. 김진태, 이종명, 김순례, 백승주, 이관영 국회의원을 제명하라
3. 지만원을 구속 수사하라
4. 5·18민주화운동 진상규명 조사위원회를 조속히 출범시켜라
5. 5·18민주화운동을 헌법 전문에 삽입하라

구호를 내걸고 국회의사당 앞에서 텐트를 치고 무기한 농성에 들어갔다. 이때 많은 5·18동지들과 함께 농성을 하면서 여러 선배 동료 동지들과 의견을 나눌 기회가 있었다. 나는 "80년 5·18항쟁 기간 동안 활동했던 고등학생들이 대략 268명 정도 되고, 1962년생 이하 10대들까지 합하면 300여 명이 되는데 이들의 5·18 활동기를 사료로 정리해 출간하려고 한다"며 평소 생각하고 있던 바를 의논하였다. '광주학생독립운동' '4·19의거' '5·18민중항쟁' 등 우리 역사의 격변기에는 고등학생들이 그 중심에 있었다. 그러나 고등학생들이 적극적인 활동과 큰 역할을 했음에도 자세한 역사

적 기록이 남아 있지 않다. 하여, 5·18민중항쟁만큼은 고등학생들의 활동상을 사료 형태로 기록해 놓고 싶었다. 논의를 하면 모두가 좋은 생각이라며 지지를 해주었다. 특히 5·18 당시 고등학생 동지들은 함께 하자며 뜻을 모아주었다.

1980년 5·18 당시 17~19세였던 우리는 어느덧 60대가 되었다. 그동안 5·18의 부상 후유증으로 사망한 동지들, 5·18 트라우마로 목숨을 끊은 동지들, 몹쓸 병에 걸려 힘들어하는 동지들도 상당했다. 40여 년의 세월이 흐르다 보니 기억도 흐려져가고 있었기에 더 이상 미루어선 안 되겠다 싶었다. 그래서 1980년 5·18 항쟁 기간 동안 각 방면에서 활동한 고등학생들을 중심으로 도청팀 (옛 전남도청, 상무관, YMCA, 시민궐기대회), YWCA팀 (YWCA, 투사회보), 시민군팀 (기동타격대), 지역팀 (나주, 영암, 해남, 전주), 부상자, 사망자 (부모님이 계시는 사망자 위주로)를 구성하여 사료집 출간 작업을 시작했다. 사망자 10명 (당시 사망자 9명, 사후 부상 후 사망자 1명)은 부모님 또는 형제들의 구술 채록과 그동안의 각종 자료들을 중심으로 정리했다. 그리고 구속자, 부상자들은 개개인이 직접 작성한 원고와 구술 채록, 그간의 자료 수집을 중심으로 원고를 정리했다. 한자리에 모여서 1980년 5월 18일~27일까지 열흘 간의 항쟁기간을 날짜별, 시간대별, 지역별로 상황판을 만들어 하나하나 기억의 조각들을 맞춰보기도 했다. 이런 과정을 거쳐 5·18민중항쟁 ① 이전 ② 항쟁기간 ③ 이후의 삶에 대하여 기록하게 되었다.

5·18민주화운동에 참여했던 10대 학생들은 모두 300여 명이다. 이들을 30여 명씩 묶어서 이번 책을 시작으로 제2권, 제3권 등을 출간할 계획이다. 우리는 아직도 5·18 당시 최초의 발포 명령자를 알지 못한다. 물론 여러 가지 정황상 유추되는 자는 있다. 하지만 그 장본인이 입을 다문 채 죽어버렸기 때문에 1980년 5·18민주화운동 최초 발포 명령자는 역사의 미제로 남아 버렸다. 또한 42년이 지나도록 생사가 확인되지 않은 행방불명자의 묘비는 지금도 우리들의 상처로 남아있다.

열흘간의 5·18민주화운동 기간 동안 우리가 지켜왔던 자치, 나눔, 연대의 공동체 실현은 이 나라 민주주의의 수준을 최고 단계까지 올렸다고 자부한다. 하여, 지금의

5·18은 세계 속의 5·18로 취약하고, 연약하고, 폭압받고, 강압받는 민족들에게 타의 모범이 되고 있다. 이제 우리는 42년 전 목숨을 걸고 지켜왔던 민주주의와 역사의 정의를 『5월, 새벽을 지킨 소년들』에 기록하여 자라나는 10대들에게 물려주고, 초·중·고등학교를 찾아 5·18민주화운동의 진실된 역사를 알려서 다시는 5·18 역사가 왜곡되고 폄훼되는 일이 없도록 할 계획이다. 우리가 죽는 날까지 강의를 지속적으로 할 계획이다. 그것이야말로 먼저 가신 5월 영령들에게 우리들이 꼭 바쳐야 할 사명이기 때문이다.

『5월, 새벽을 지킨 소년들』 출판을 위해 편집위원을 맡아주신 채영선, 박은영, 김향득, 김재귀, 정호기, 은우근, 안길정 님의 노고에 감사드린다. 지도를 보완해주고 원고를 검토해준 이강, 정규철, 정용화, 위성삼, 송선태, 윤목현, 박몽구, 전용호, 전청배, 이정성, 김인환, 진희종, 이경률, 한정만, 이건상님께도 감사를 드린다. 1980년 5·18항쟁기간의 사진을 지원해주신 나경택, 노먼소프, 5·18기념재단(원순석 이사장), 옛 전남도청 복원팀에게도 감사를 드린다. 이 책이 간행될 수 있도록 적극 협조해준 김성용 신부님, 박석무 선생님, 사)광주민주화운동기념사업회 (김승원 이사장), 권향년 (지적공사 전 이사), 사)5·18기념재단 (조진태 상임이사), 사)5·18서울기념사업회 (장신환 회장), 5·18부상자회 서울지부 (이남 지부장), 양기남 (5·18기동타격대 회장), 이정선 (광주광역시 교육감), 김대중 (전라남도 교육감), 장미성, 이영화, 최형주, 윤만식, 임성기, 양가람 등 여러분께 감사를 드린다. 그리고 전일빌딩245 NGO시민센터 (센터장 서정훈), 전일빌딩245 기념공간 (노영숙, 박현옥, 김순이, 임길태), 옛 전남도청복원팀, 5·18교육관, 사)5·18기념재단에서 회의공간을 제공해 주어 큰 도움이 되었다. 모든 분들에게 다시한번 머리 숙여 깊은 감사를 드린다.

이 책의 편집이 마무리되어갈 즈음, 뜻밖의 참사를 겪었다. 세월호 참사로 모든 국민의 가슴이 무너져내린 기억이 아직 생생한데, 또다시 158명의 젊은이들이 도로 위에서 어처구니없는 참사를 당했다. 이를 어찌할 것인가. 80년 5·18학살자들과 근원을 같이하는 저들은 국민 안전 대책을 뒤로한 채, 책임있는 말 한마디 없이 "왜 거기 갔느냐" "나라를 위하여 죽은 것도 아니지 않느냐"는 등 갖은 못된 말들을 지껄이고 있다. 우리 모두는 이렇게 꼬리 자르기식으로 일관하는 현 정부를 두 눈 부릅뜨고 직시해야 한다.

모든 것은 역사의 연장선에 있다. 1980년 5·18민주화운동의 항쟁, 희생, 나눔, 연대, 공동체 정신이 반드시 헌법 전문에 반영되어 우리나라의 정신적 규범으로 확고하게 정립되어야 할 것이다. 한 맺힌 5월은 지금도 계속 진행되고 있기 때문이다.

국가 기관의 안전 대비 미비로 영문도 모른 채 참사를 당한 세월호 참사 영령들과 용산 이태원 참사 영령들, 그리고 조국의 민주주의와 통일의 가시밭길에서 생명을 바친 영령들의 영전에 고개 숙여 이 책을 바친다.

2022년 12월 15일
5·18민중항쟁고등학생동지회장
편집위원장 최 치 수

축하의 글	**박석무**(전 5·18기념재단 이사장) · 8	
	조영선(민주사회를위한변호사 모임 회장) · 14	
격려의 글	**강기정**(광주광역시장) · 17	
	김영록(전라남도지사) · 18	
	이정선(광주광역시 교육감) · 20	
	김대중(전라남도교육감) · 22	
추천의 글	**김성용**(신부) · 24	
	원순석(5·18기념재단 이사장) · 25	
	송선태(5·18진상규명조사위원장) · 26	
	윤강옥(전 5·18민중항쟁동지회장) · 28	
간행의 글	**최치수**(5·18민중항쟁고등학생동지회장) · 29	
글을 시작하며	**전용호**(『죽음을 넘어 시대의 어둠을 넘어』 공저자) · 36	

제1부: 별이 된 소년들 (사망자, 묘지번호순)

박기현 (묘지번호 1-8) / 동신중 3 · 50

박금희 (묘지번호 1-26) / 춘태여상(전남여상) 3 · 58

전영진 (묘지번호 1-51) / 대동고 3 · 68

박현숙 (묘지번호 2-3) / 신의여고(송원여상) 3 · 82

전재수 (묘지번호 2-22) / 효덕초등 4 · 90

김명숙 (묘지번호 2-28) / 서광여중 2 · 100

문재학 (묘지번호 2-34) / 광주상고(동성고) 1 · 106

박성용 (묘지번호 2-37) / 조대부고 3 · 118

안종필 (묘지번호 2-41) / 광주상고(동성고) 1 · 128

백두선 (묘지번호 3-66) / 살레시오고 2 · 138

제2부: 시민군이 된 소년들 (구속/부상자, 상황설명순)

도청, 상무관, YMCA	**최치수** / 살레시오고 3 · 156	
	경창수 / 동신고 3 · 192	
	문종호 / 전남공고 2 · 214	
YWCA, 투사회보	**이덕준** / 대동고 3 · 228	
	김향득 / 대동고 3 · 246	
기동타격대	**김재귀** / 동일실고(동일전자정보고) 2 · 262	
부상자	**윤햇님** / 춘태여상(전남여상) 3 · 274	

제3부: 동지가 된 소년들 (전남 · 북 지역)

영암	**박재택** / 영암 신북고 2 · 286
	이삼자 / 영암고 3 · 316
해남	**김병용** / 강진 성전고 3 · 324
나주	**손철식** / 나주 원예고 3 · 332
전라북도	**전주 신흥고등학교** · 344

편집후기	시민군이 된 소년들 / 박은영 · 354
부록	광주에 투입된 계엄군 부대 · 357
	시간대별로 보는 10일간의 5·18민주화운동 · 359
	5·18민중항쟁고등학생동지회 · 364

글을 시작하며

오월, 새벽을 지킨 소년들

　나는 언제부턴가 책이나 영화에서 슬픈 대목이나 장면을 보면 찌릿찌릿한 통증이 발 아랫부위에서부터 다리를 타고 몸통을 지나 가슴 폐부를 찔러왔다. 그 통증은 느낌이 아닌 실제의 자극처럼 느껴졌다. 이번에 『5월, 새벽을 지킨 소년들』을 읽으면서 나는 또다시 발끝에서부터 가슴으로 치밀어오르는 통증과 싸워야 했다. 그리고 원고를 읽는 동안 내내 목울음을 누르면서 눈물을 닦아내야 했다.

　우리 현대사의 민주화운동 과정에서 고등학생 등 10대 청소년들의 활동은 전위대로서 중요한 역할을 담당해왔다. 4·19혁명과 함께 1960년대 중반의 한일협정 반대투쟁, 1970년대 박정희유신군사독재정권 반대투쟁, 1980년 5·18민주화운동 등 고등학생과 청소년들의 비중이 작지 않았다. 1970년대 이후 광주전남지역에서도 1972년 광주일고 강당 농성 사건, 1974년 목포 문태고 교육민주화 요구 사건, 광주일고의 1973년~1975년 동안 4회의 유신반대 시위로 제적과 정학처분을 받았다. 1975년 5월에는 시위모의 사전 검거로 17명의 학생들이 제적되었다. 그 외에도 1975년 전남고 유신반대 시위, 1975년 중앙여고 교사이자 시인인 '시집 겨울공화국 사건'과 관련한 중앙여고 학생들의 교사 양성우 파면 반대 시위 및 신문광고게재운동이 있었다. 1980년에는 광주양서협동조합 고등학생 회원들이 학내 독서회활동을 하고 5월항쟁에 참여하였다.

　1980년 5월 당시 광주의 고등학생 등 청소년들은 항쟁을 지켜낸 중요한 세력이었다. 그들은 집단적으로 시위에 참여하고, 군중들을 안내하고, 부상자 간호, 시신 처리, 거리 홍보, 질서유지 활동, 거리 투쟁, 총을 들고 시민군으로 투쟁하기까지 항쟁의 전 과정에서 활약하였다. 항쟁이 진행되는 동안 그들은 계엄군의 폭력에 저항하고 사라진 친구와 가족을 찾기 위해서 거리에 나섰다. 호기심에 시위를 구경하러 나온 예도 있었지만, 계엄군의 폭력에 쓰러져가는 가족, 친구, 시민들을 보면서 저항은 더욱 커졌고 다른 시민들과 연대하며 민주주의와 정의를 외쳤다.[1]

1. 민족·민주화성회에 참여한 고등학생

1979년 10·26 박정희대통령저격사건으로 유신독재체제가 사라지자 국민들은 민주주의 체제가 회복되기를 기대하였다. 1980년 3월 유신반대 투쟁을 벌이다가 구속, 제적, 해직되었던 학생들과 교수들이 복적·복직되면서 대학가에 민주화의 바람이 불기 시작하였다. 학교에서 학도호국단이 해체되고 학생회가 부활하면서 대학가를 중심으로 민주화를 요구하는 운동이 활기를 띠었다. 5월 14일에는 전국 32개 대학, 5월 15일에는 전국 59개 대학에서 수만여 명의 학생들이 참여하는 대규모 시위가 전개되었다. 광주에서도 5월 14일부터 전남대와 조선대 등 학생들이 도청 앞 광장에서 민족·민주화성회를 진행하였다. 5월 16일에는 도청 앞 집회에 이어 밤에는 횃불시위가 개최되었다. 광주지역 9개 대학 학생들이 주도한 횃불시위에 일반 시민들은 물론 고등학생과 청소년 등 3만여 명이 참여하였다.

1980년도에 고등학교 2학년이던 나는 5월 16일에 독서회를 중심으로 하는 학교 친구들 약 40명과 도청에서 있었던 시국 성토대회에 참가했다. 이날은 도청에서 대회를 마치고 전남여고 방향으로 '횃불시위'가 있었는데, 경찰과는 별다른 대립 없이 진행되었고, 나도 함께 횃불시위에 참여했다. 횃불시위를 마친 뒤 나는 친구와 함께 전남대 제1학생회관에서 있었던 철야농성에 참가했는데 120여 명의 대학생들은 시국에 관한 전반적 상황에 대해 이야기하였고 '휴교령'에 대비한 대책도 거론됐다. 만약 휴교령이 내리면 그 다음날(18일) 아침 10시까지 전남대 정문으로 모일 것을 약속했다.[2]

---

1) 강남진, 2020, 「5.18민주화운동에서 청소년의 참여」에서 일부 발췌.
2) 유석(대동고 2년, 고인), 한국현대사사료연구소 편, 『광주오월민중항쟁사료전집』(풀빛, 1990), 802쪽.

2. 1980년 5월 19일, 고등학생 집단 시위

고등학생들은 집단 시위를 통해 계엄군의 강경 진압에 항의하였다. 이들은 교내 시위를 통해 항쟁 상황을 공유하고 집단으로 시내 진출을 시도하였다. 이덕준은 5월 19일 10시경 대동고 교내 상황을 다음과 같이 진술하고 있다.

> 우리는 등교하자 전날 시내에서 행해졌던 공수들의 만행에 대한 목격담을 주고받으며 웅성거렸다. 1교시 수업을 전후로 3학년 학생들이 일제히 운동장으로 뛰쳐나갔다. 11시경 교문 진출을 시도하는데 공수들이 몰려와서 학교 주변을 포위하고 정문을 완전히 차단하고 있었다. 단체로는 학교를 빠져나갈 수 없다고 판단한 우리는 삼삼오오 짝을 지어서 시내로 나가 시위대열에 합류하게 되었다.[3]

19일 오후 2시경 광산여고에서는 학생회장 3학년 김영란이 정광고 학생회장과 점심시간에 만나 5교시가 끝나면 거리로 뛰쳐나가자고 약속하였다.[4] 오후 4시 광주일고와 중앙여고 학생들이 교내집회 후 시내 진출을 시작했다. 5월 20일 광주시내 중고등학교에 무기한 휴교령이 내려지면서 5월 19일 오후부터 고등학생, 심지어는 중학생들까지 친구들과 함께 항쟁에 참여하게 되었다.

3. 항쟁의 진실을 알리기 위한 선전 활동

5월항쟁 당시 계엄사령부의 언론검열로 인해 신문, 방송에 광주의 참상이 보도되지 못했다. 그래서 들불야학, 백제야학, 대학의 소리 팀 등 청년·학생들이 소식지를 제작해서 뿌렸다. 고등학생들도 유인물을 제작하여 뿌리는 활동을 하였다. 5월 20일부터 월산동의 덕림산 아래 마을에서 살아온 친구들, 조강일(진흥고 3), 박규상(광주공고 3), 임호상(숭일고 3), 이홍재(광주일고 3)가 덕림사와 덕림교회의 등사기를 빌려 유인물을 제작하여 시민들에게 배포하였다.

---

3) 이덕준(대동고 3), 한국현대사사료연구소 편, 『광주오월민중항쟁사료전집』(풀빛, 1990), 30쪽.
4) 한국현대사사료연구소 편, 『광주오월민중항쟁사료전집』(풀빛, 1990), 33쪽.

21일 월산동 변전소 근처에서 자취하는 홍재 집으로 갔다. 이미 조강일, 박규상 등 7명의 친구들이 모여 미리 써온 유인물 내용에 관하여 서로 교환하여 살펴보고 있었다. 나도 미리 생각해 둔 내용을 급히 8절지에 써 내려갔다. 광주시민이 총단결하여 계엄군을 물리치자는 내용이었다. 각기 나름대로 썼기 대문에 내용은 똑같지 않았지만 거의 비슷비슷했고 논리정연한 문구이기보다는 격분에 못 이겨 호소하는 것이었다. 유인물은 다섯 종류의 문건으로 작성되었다. 홍재 누나가 다니던 덕림교회에서 등사기를 구했다. 먼저 유인물의 문건을 철필로 작성하고, 등사기로 각 2백부씩 밀었다. 우리가 작성한 유인물을 2-3명씩 조를 나누어 월산동 주변에 뿌렸다. 이때 시민들은 아세아자동차 공장에서 탈취한 차량을 타고 거리를 돌아다녔다. 월산동 로터리로 나온 나는 친구와 함께 시민들이 타고 있던 미니버스를 탔다. 차 안에는 대학생들과 청년, 중학생도 타고 있었다. 우리는 그들에게도 유인물을 나누어줬다. 버스는 월산동을 지나 양동, 화정동으로 갔다. 우리는 도로변에 사람이 있으면 유인물을 뿌렸다. 또 버스가 시민들을 태우려고 정거하면 한 장씩 시민들에게 줬다. 차가 다시 백운동 로터리로 가자 친구들과 월산동에서 만나기로 한 약속을 지키기 위해 차에서 내렸다. 그곳에서 유인물을 뿌리고 있는 친구 4명을 만났다. 그때가 오후 4시경이었다.[5]

이들은 5월 27일 이후 모두 체포되어 수사관들에게 살인적인 고문과 폭행을 당했다. 7월에 석방되었으나 조강일은 후유증으로 1986년 사망하였다.

광주양서협동조합 고등학생 회원인 김향득, 김효석, 유석, 이덕준 등도 YWCA, 녹두서점, 도청을 오가며 들불야학의 〈투사회보〉의 제작과 배포 작업을 도왔다.[6]

4. 차량 시위와 무장투쟁

5월 21일 아시아자동차 공장에서 수백 대의 차량을 획득한 시위대는 광주상황을 전하기 위해 화순, 나주 등 전남지역으로 퍼져나갔다. 강구영(숭일고 3) 등 고등학생

---

5) 임호상(숭일고 3), 한국현대사사료연구소 편, 『광주오월민중항쟁사료전집』(풀빛, 1990), 922쪽.
6) 광주민주화운동기념사업회 엮음, 『죽음을 넘어 시대의 어둠을 넘어(개정판)』(창비, 2017), 359쪽.

들도 광주 외곽 지역에 항쟁을 알리기 위한 차량 시위에 적극적으로 참여하였다.

운전수와 나는 그 차를 타고 시내로 다시 들어왔다. 시내로 가면서 다시 차를 타고 내리는 사람이 많아졌다. 시내를 한바퀴 돌고 난 운전수가 남평으로 간다고 하였다. 그곳으로 가서 광주소식을 알려야 한다는 것이었다. 아마 정오쯤 되었을 걸로 기억된다. 남평 소재지에 도착한 우리는 시민들이 죽어가고 있다는 소식과 이곳 주민들도 참여해 달라고 육성으로 외쳐댔다. 남평은 좁은 곳이어서 읍내 전역을 도는데도 시간이 별로 걸리지 않았다. 다시 광주로 돌아왔는데, 차량은 광주공원과 광주역으로 모여달라는 확성기 소리가 들렸다.[7]

오후 1시 전남도청 앞에서 공수부대가 금남로에 모인 시민들을 향해 총격을 가해 대규모 사상자가 발생했다는 소식을 접하자 차량 시위대는 무장을 시작하였다. 당시 차량에는 고등학생 및 10대 청소년, 20-30대 청년들이 대부분이었다.

5월 21일 당시 친구들이었던 고재성(서석고 3), 정국성(석산고 3), 김재홍(숭일고 3)이 아시아자동차공장에서 끌고나온 크레인 차를 타고 무기를 구하기 위해 나주로 가다 매복해있던 계엄군 총격으로 김재홍이 부상을 당하고, 크레인 차가 전복되면서 정국성, 고재성이 부상을 당했다. 김재홍은 총격으로 발목을 절단당한 후 후유증으로 1981년 사망했다. 차가 전복되면서 쇠파이프에 가슴을 찔린 정국성도 부상 치료 후 대학을 마치고 교사로 근무하다 1990년대에 후유증으로 사망하였다.

기독교병원 부근에서 시외지역 사람들에게 광주상황을 알리고 동조 세력들을 광주로 이송하기 위해 나주 방면으로 차량들이 이동을 했다. 모두 효천에서 집결하기로 되어있었다. 나는 효천에서 초등학교 친구인 김재홍을 만났다. 재홍이는 아시아자동차에서 생산되는 크레인 차 위에 총을 들고 서 있었다. 재홍이는 그 당시 숭일고에 재학중이었으며 의식적으로 깨어있는 친구였다. 나는 재홍이와 이야기를 나누다 재홍이가 타고 있던 크레인에 정국성과 함께 올라탔다. 그때가 오후 2~3

---

7) 강구영(숭일고 3), 한국현대사사료연구소 편, 『광주오월민중항쟁사료전집』(풀빛, 1990), 1158쪽.

시경이었을 것이다. 처음엔 목적지도 모르고 선두차량인 지프차를 따라갔다. 단지 함께 탔던 분들의 이야기를 통해 나주 방면으로 가는구나 생각했다. 남평에 이르기 전에 갑자기 총소리가 들리는 듯했다. 순간 선두차량인 지프차가 전복되면서 곧바로 내가 탄 크레인이 전복되었다. 그 후 정국성이라는 친구 역시 총소리를 들었다고 했다. 아마 운전기사가 총에 맞아서 전복된 것 같았다. 내가 탔던 크레인에는 약 13명 정도(앞 4명, 뒤 9명)가 매달려 타고 있었다. 전복으로 인해 앞쪽보다 뒤쪽에 탔던 사람들이 부상이 더 심각했다. 나는 전복 당시 빨리 튕겨 나가 크게 부상당하지 않았지만, 흉골의 골절과 오른쪽 엄지손가락의 신경이 절단되고 턱뼈가 깨지는 부상을 입었다. 부상자 중에는 다리와 팔 등이 절단된 부상자가 대부분이었다. 내가 정신을 차렸을 땐 전복된 차량에서 기름이 새고 있었다. 어린 마음에 기름이 새면 영화 속에서처럼 폭발하는 것인 줄 알고 도로에서 기어 나와 논두렁으로 숨었다. 그때 기억으로는 아주 오래 있었다고 생각했는데, 짧은 시간이었다. 나는 두 친구를 찾기 위해 주위를 살폈으나 사람들의 우왕좌왕하는 모습만 볼 수 있었다. 얼마 후 정국성은 찾았지만 김재홍은 찾을 수가 없었다. 정국성은 전복 당시 차량 부속에서 나온 쇠파이프가 오른쪽 겨드랑이 밑에 꽂혀 있었다. 아무리 빼내려고 해도 혼자 힘으로는 역부족이었다. 옆사람의 도움을 받아 쇠파이프를 간신히 뽑았지만 쇠파이프가 뽑히는 순간 붉은피가 쏟아졌다. 피를 보고 나도 정신을 잃고 말았다. 깨어보니 기독교병원이었다. 나는 부상 당시 청자켓과 바지를 입고 있었는데 바지주머니엔 학생증이 있었다. 병원에선 학생증을 보고 집으로 연락을 했던 것 같다. 연락을 받고 할미니와 형이 병원으로 왔다.[8]

5. 도청에서 항쟁공동체의 지원활동

도청 안에서 청소년들은 주로 사망자 명단을 작성하고 유족을 안내하는 역할을 맡았다. 도청에서 시신 수습 활동을 돕던 고등학생 등 청소년들은 관을 구하러 5월 23일 미니버스를 타고 화순으로 향했다. 버스가 지원동 주남마을 앞 도로를 지날 때 주

---

8) 고재성(석산고 3), 1999, 〈5·18기념재단〉 구술 4-003.

변 산속에 매복해있던 공수부대가 차를 향하여 무차별 총격을 가하여 차에 타고 있던 박현숙(신의여상 3) 등 17명이 사망하고 홍금숙(춘태여상 1) 혼자만 살아남았다.

최치수(살레시오고 3)는 5월 23일 개최된 1차 민주수호범시민궐기대회에서 고등학생 수습대책위원장 자격으로 연단에 올라 '고등학생들이 할 수 있는 일을 합시다'라고 연설하고 고등학생들을 모았다. 이후 그는 도청 앞에 모인 고등학생 2백~3백여 명과 함께 청소 및 취사 활동을 지원했고 시민군들에게 제공할 쌀을 얻어오는 일을 하였다. 이들은 5월 25일까지 별다른 상황변화 없이 이런 일들을 계속하였고 최치수는 5월 27일 최후까지 도청에 남아 활동하다가 계엄군에 의해 체포되었다.[9]

6. 5월 27일 마지막 항쟁 참여

5월 27일 도청, YWCA 등에서 최후항쟁에 참여했다가 사망한 10대 청소년들은 고등학생 문재학, 박성용, 안종필과 재수를 준비하던 김종연, 염행열, 이강수, 노동자 김종철, 대학생 박병규다. 사망한 청소년들 외에도 유석, 정금상, 임영상, 최재남, 김승렬, 이덕준, 김향득, 김효석, 최치수, 경창수, 문종호, 김재귀 등이 시민군으로 최후항쟁에 참여한 10대 고등학생과 청소년들이다.

27일 최후항쟁에 참여하는 것은 목숨을 걸어야 했기에 보통 사람들이 쉽게 행동할 수 없는 그야말로 극단적인 선택이다. 그런데도 고등학생들과 청소년들은 적극적인 의지를 가지고 도청과 YWCA에서 마지막 밤을 지켰다. 고등학교 1학년이었던 문재학은 24일 집으로 전화를 하여 다음과 같은 말을 남겼다. 아래는 어머니의 증언이다.

> 그런데 23일 점심 먹은 후 식구들 몰래 나가버렸다. 그날부터는 집에 들어오지 않더니 24일 집으로 전화가 왔다.
> "여기는 도청 상황실인데, 국민학교 동창인 양창근이가 총에 맞아 죽었고, 또 사람들도 많이 죽었어요. 그래서 나는 여기서 심부름이라도 하면서 지내겠어요."
> 집으로 오라고 하니까 가지 않겠다고 했다. 다음날 할 수 없이 내가 도청으로 찾

---

9) 한국현대사사료연구소 편, 『광주오월민중항쟁사료전집』(풀빛, 1990), 216-217쪽.

아갔다. 만나서 타일러도 재학이는 나만 집으로 돌려보내고 집에 들어오지 않았다.[10]

계엄군의 화력은 엄청난 것이었다. 카빈총으로 무장한 우리로서는 도저히 당해낼 수 없는 화력으로 집중사격을 해댔다. 그렇다고 해서 응사를 멈출 수도 없었다. 한참을 교전하는데 메가폰 소리가 들려왔다.

"무기를 버리고 투항하라. 투항하면 살려준다."

그 순간에 떠오른 생각은 삶보다는 죽음이었다. 메가폰 소리는 계속해서 반복되었지만 아무도 그 소리에 동요하지 않았다. 우리 모두는 계속해서 싸울 뿐이었다. 귀가 멍멍해질 정도의 총소리가 한참 동안이나 더 계속됐다.

나는 안 되겠다 싶어 2층으로 재빨리 올라갔다. 2층에서도 마찬가지로 총격전이 벌어지고 있었다. 계엄군은 총소리가 나는 곳을 향해서는 집중사격을 가했다. 위험을 느낀 나는 다시 3층으로 올라갔다. 3층에는 양장점 앞에서 내다볼 수 있게 된 창문이 있었는데 그곳에서는 광주경찰서가 아주 잘 내려다보였다. 계엄군이 우리가 있는 건물을 에워싸고 있었다. 나는 그 광경을 보는 순간 겁이 덜컥 났다. 이젠 죽었구나 하는 생각이 퍼뜩 들면서 눈물이 핑 돌았다. 나는 집 있는 쪽을 향해 조용히 고개를 숙이고 묵념을 한 뒤 어차피 죽을 목숨 싸우다가 죽자고 마음을 다졌다. 고개를 푹 숙인 채 총구만 내놓고 무조건 방아쇠를 당겼다.[11]

7. 광주 양서(良書)협동조합과 독서회

1978년 광주 양서협동조합은 광주시내 중고등학교 교사들과 대학교수들이 주축이 되어 학생들에게 좋은 책을 읽히기 위한 목적으로 만들어져서 광주YWCA 건물에 책을 진열할 수 있는 공간을 마련하였다. 광주양서협동조합에 대동고의 윤광장, 박행삼, 박석무, 전남고 김준태, 중앙여고 송문재, 임추섭 등 교사들이 참여하였다. 그 교사들의 지원으로 각 학교 학생들이 독서회를 조직하고 양서협동조합 학생회원으로 활

---

10) 김길자(사망자, 문재학(광주상고 1) 모친) 모친, 한국현대사사료연구소 편, 『광주오월민중항쟁사료전집』(풀빛, 1990), 1268쪽.
11) 김향득(대동고 3), 한국현대사사료연구소 편, 『광주오월민중항쟁사료전집』(풀빛, 1990), 868쪽.

동하였다. 특히 대동고 독서회원들은 1980년 5월 들어 대학가의 거리 시위에 20~30명 이상의 학생들을 조직하여 참여하기도 하였고, 5월 16일 횃불시위에 70~80명의 학생을 조직하여 참여하기도 했다.[12] 광주양협의 활동으로 독서회가 활동을 공개적으로 시작한 것은 학생들에게 의미가 깊었다. 5·18민주화운동에 참여했던 청소년들의 증언을 보면 고등학생 수습대책위원장을 맡았던 최치수도 '월계문학동인회', 월산동에서 유인물을 제작했던 임호상(숭일고 3)은 광주 시내 고교 연합 문예 서클인 '초롱회' 활동 경험이 5·18민주화운동 참여의 밑바탕이 되었다고 말하였다.[13]

1980년 당시 광주YWCA 2층 광주양서협동조합의 사무실에는 고교생, 대학생, 교사, 회사원, 노동자, 농민, 빈민 등이 모여들었고 1,400여 명이 광주양서협동조합의 조합원으로 활동했다. YWCA 건물에서는 극단 '광대'의 단원들이 정기적인 연습을 하기도 했고, '엠네스티'와 '기독교인권위원회'도 같은 공간을 사용하였다. 독서회 활동을 하던 고교생들 다수가 5·18민주화운동에 참여하였고 5·18민주화운동 이후에도 항쟁의 정신을 계승하기 위한 활동을 지속하였다. 대동고 독서회 회원으로 5·18민주화운동에 참여하여 시민군으로 활동했던 이덕준, 김향득 등은 1980년 11월 독서회 재건을 시도하였다. 그러나 이 사건으로 대동고 2학년 조병현, 표정두, 김지호 등과 3학년 김향득 등은 퇴학과 무기정학의 징계를 받았다.[14]

그해 11월쯤 나는 다시 독서회 재건을 시도했다. 1, 2학년으로 구성된 30여 명의 학생들이 충장로 모밀집에서 모임을 갖고 독서회에 대한 이야기를 나누었다. 나는 친구 덕준 등과 함께 5·18의 정신 계승과 그 방법의 일환으로써 독서회 재건 취지를 설명했다. 모두들 대찬성이었다. 나는 후배들의 초롱초롱한 눈동자를 보면서 독서회 재건의 꿈을 꼭 실현시켜야겠다는 다짐을 더욱 다졌다.

1980년 12월 31일 그 노력의 일환으로 2학년 후배들이 학교 도서관에서 『한국 현대사론』과 일부 사회과학 서적 자료를 등사기로 밀었다. 그런데 그것이 선생님들에게

---

12) 이영재, 「유신체제기, 광주·전남 교육민주화운동의 재조명」, 『기억과 전망』 33 (2015), 180쪽.
13) 한국현대사사료연구소 편, 『광주오월민중항쟁사료전집』(풀빛, 1990), 215쪽.
14) 이영재, 앞의 글, 183쪽.

발각되었다. 학교가 다시 한 번 발칵 뒤집혔다. 후배들은 학교 선생님들에게 불려가 형사가 죄인 조사하듯 조사를 받아야 했다. 그 와중에 나의 이름이 후배들 사이에서 거론되어 함께 이 사건에 휘말리게 되었다. 이 일로 교감을 비롯한 몇몇 선생님들이 졸업을 며칠밖에 앞두고 있지 않은 덕준이와 나를 퇴학시키겠다고 으름장을 놓았다. 그러나 이미 고등학교 3학년 학사일정은 끝나 있었고, 덕준이는 이미 전남대 어문계열에 합격한 뒤였다. 또한 교장선생님인 김종대 선생님이 강력하게 퇴학시켜야 한다는 일부 선생님들의 주장을 반대하고 나섰기 때문에 우리는 무기정학을 받는 데 그쳤다. 하지만 2학년 후배들(조병현, 표정두, 김지호)은 퇴학을 당하고 말았다. 나와 덕준이의 무기정학 공고는 졸업하는 날까지 게시판에 크게 붙어 있었다.[15]

결 어

5·18민주화운동이 전개되었던 열흘 동안에 10대의 고등학생과 청소년들이 20대에 이어 두 번째로 많은 수가 항쟁에 참여하였다. 그만큼 희생자 수도 많았다. 어린 나이에 죽고, 부상을 당하고, 체포되어 두들겨 맞고, 고문을 당한 청소년 당사자 본인들이야 자신들이 고통을 감당했지만, 그들의 부모형제들의 고통은 누가 보상해주어야 할까. 그들의 부모형제들도 가슴속에 쌓인 원한과 고통 때문에 온전한 수명을 누리지 못하고 일찍 세상을 뜬 분들이 부지기수이다. 1980년 오월항쟁 당시 고등학생 등 어린 청소년들에게 행해진 국가폭력의 실체를 다시 파헤치고 다시는 되풀이되지 않아야 할 것이다.

왜 청소년들이 오월항쟁에 그렇게 열렬하게 참여하였는가. 청소년들이 순수하고 정의감이 강하기 때문이다. 1929년 광주학생독립운동의 젊은 학생들이 외쳤던 "우리는 피 끓는 학생이다. 오직 바른길만이 우리의 생명이다"라는 구호가 다시 떠오른다.

전용호 (작가, 『죽음을 넘어 시대의 어둠을 넘어』 공저자)

---

15) 김향득(대동고 2), 한국현대사사료연구소 편, 『광주오월민중항쟁사료전집』(풀빛, 1990), 873쪽.

제1부

별이 된 소년들

5월 별이 된 소년들

채영선

1980년 5월 27일 새벽 햇살은
계엄군의 총알을 맞고
땅에 떨어지지 못했다

광주는 홀로 대한민국이 되어
역사의 바른 궤도를 공전하였고
민주주의의 축을 자전하였다

우박처럼 쏟아지는 총알
삶과 죽음을 갈랐고
세상의 때 묻지 않은 맑은 영혼
5·27 새벽을 지킨 십대들은
도청 금남로 논두렁에서
땅속 깊이 슬픔으로 스며들었다

죽은 자의 꿈은
슬픔에 머무르지 않고
산 자들의 가슴 깊이 새겨졌다
자유평등 세상의 주춧돌이 된
열한 명 5월 십대들의 영령

십대들의 맑은 영혼은
아무도 모르게 성큼 다가온
새로운 역사가 되었다
우리는 그들을 기리며
굳건한 대동세상의 성을 쌓는다

산자와 죽은 이들은
꽃이 되고 푸른 잎 되어
대한민국 역사의 들판에서
사람 세상의 강물 되어 만나리

공부하는 어린 영혼마저 곤봉으로

故 박기현 / 당시 동신중학교 3학년

5·18민주화운동 셋째 날인 5월 20일에는 중학교와 고등학교에도 휴교 조치가 내려졌다. 전날 저녁부터 내리던 비가 오전 9시쯤 그치자 금남로를 중심으로 시민들이 모여들었다. 5월 18일부터 이어진 계엄군의 만행에 분노하며 함께 목이 터져라 구호를 외치고 노래를 부르며 격렬하게 저항했다. 오후가 되자 시위대는 수만 명으로 불어났다. 점점 더 거세지는 시위대의 열기에 불길을 당긴 것은 택시기사들이 시작한 차량 시위였다. 200여 대의 택시가 도청을 향해 진격했고, 버스와 트럭 등이 합세해 전조등을 켜고 경적을 울리면서 금남로를 가득 메웠다. 하루 종일 계엄군과의 치열한 공방전으로 지쳐있던 시민들에게 이것은 새로운 힘을 불어넣었다. 계엄군은 엄청난 양의 최루탄을 쏘아댔고, 든든한 지원군을 만난 시위대는 돌을 던지면서 차량과 함께 나아가며 맞섰다. 밤이 되자 금남로를 빠져나온 시위대는 광주시내 전 시가지로 퍼져나갔다. 그 중 5천여 명의 시민들은 계엄군의 만행과 시민들의 저항을 왜곡 보도하는 방송국에 항의하기 위해 광주MBC 앞으로 향했다. 그리고 저녁 8시 무렵, MBC를 시작으로 KBS가 화염에 휩싸였다.[16]

□ 증언자: 어머니 이정애, 형 박영현

16) 이때까지도 MBC 뉴스에는 단 한마디도 광주 상황이 보도되지 않았다. 계엄 당국의 발표만 되풀이되고, 오락프로그램만 방영되었다. 불이 나자 MBC는 모든 사원을 퇴근시켰다. 경비를 서던 31사단 계엄 병력 10여 명도 철수해버렸다. 불길은 새벽 1시쯤 수그러들었고, 4시가 돼서야 완전히 꺼졌다. (광주민주화운동기념사업회 엮음, 『죽음을 넘어 시대의 어둠을 넘어 (전면개정판)』, ㈜창비, 2017, 163쪽).

불에 탄 광주 MBC 방송국. / 5·18기념재단

방송국이 불 타던 그날 밤, 동신중학교 3학년이었던 박기현은 산수동에 살고 있었다. 조그만 복덕방을 하는 부모님 밑에서 2남 1녀 중 늦둥이 막내로 자랐다. 3학년이 된 그는 5월 15일에 들뜬 마음으로 수학여행을 갔다. 하지만 5월 18일에 광주로 돌아왔을 때에는 계엄군으로부터 통행허가증을 받고서야 집에 올 수 있었다. 박기현은 우등생들이 받는 금배지를 1학년 때부터 3학년 때까지 줄곧 가슴에 달고 다닐 만큼 공부를 잘하는 학생이었다.

아주 공부 잘하는 외골수적인 성격 있잖아요. 그런 성격이었어요. 뭔가 열악한 환경에서도 자기 할 거 다하고, 집에 누구 손님이 와도 자기 공부시간 되면 다 하고 그랬었죠. 사교성도 좋았고 주판을 잘 놓거든요. 그때 당시에 4단인가 돼 가지고, 주판을 잘 놓으니까 중학교 내내 성적 계산할 때는 선생님들한테 불려들어가지고 하고 그랬어요. 그때는 계산기 대신 다 주판으로 했잖아요. / 故 박기현의 형 박영현

5월 20일에도 오후까지 밖에 나가지 않고 집에서 책을 보며 시간을 보냈다. 아버지가 끓여주신 라면으로 저녁을 때웠다. 집에는 아버지와 단 둘뿐이었다. 누나는 결혼을 해 부산에서 살고 있었고, 형은 서울에서 대학에 다니고 있었다. 그리고 어머니는 박기현이 수학여행을 가던 날 대전에 있는 이모가 수술을 하게 돼 병문안차 며칠 다니러 가셨던 것이다.

　　5월 20일에 (집에) 오려고 했는데 동생이 아파서 못 왔어요. 그런데 즈그 아빠 말이, 기현이가 저녁에 엄마 오실란가 모르것다고 별라게도 대문 소리만 나면 열어봤다여. 우리 집 앞에 골목이 있는데 사람들이 방송국에 불 났다고 막 지나가더래요. 그랬는데 우리 애기가 "아빠, 나 책 사가지고 올게. 나 얼른 책 사가지고 올게" 그런께 즈그 아빠가 "가지 마라. 전남여고 앞에서도 사람이 총을 맞아서 죽었단다." 그러니까 "나는 학생이니까 괜찮아요. 나 얼른 책 사가지고 올게요" 하고 자전차를 타고 나갔어요. / 故 박기현의 어머니 이정애

얼른 다녀오겠다던 아들은 어찌된 일인지 통행금지 시간인 9시가 지나고, 10시가 넘어도 돌아오지 않았다. 박기현은 자전거를 타고 계림동 오거리 쪽으로 나갔다. 계림동 광주고등학교 부근엔 헌책방들이 모여있었다. 지금도 헌책방 거리가 남아있다.

계림동 헌책방 거리.

그 동네 아주머니들이 본께, 자전차를 받쳐놓고 책 사갖고 그 계림동 책방에서 막 나온디 군인 두 사람이 애기를 잡더라고 해요. 잡은께 기현이가 나 동신중학교 3학년이라고 바로 외치더라고 해. 외친디, 그냥 머리를 막 치더래. 머리를. 그러니까 애기가 나중에는 폭 꼬부러지더라고 해요. 그래서 그 여자들 말이, "세상에 저 썩을 놈들이 학생들 저렇게 때린다"고 막 욕을 한께 쫓아올라서 그래서 숨어버리고 그랬다고… / 故 박기현의 어머니 이정애

1980년 5월 20일, 금남로에서 시민을 곤봉으로 내리치는 공수부대.

중학생이라는 항변에도 인정사정없이 곤봉을 내리친 계엄군들은 박기현이 고꾸라지자 어디론가 끌고 갔다. 시위에 참여를 한 것도 아니고, 항쟁 기간 동안 처음 집 밖을 나갔다가 그런 일을 당한 것이다. 사정을 모른 채 집에서 애를 태우며 기다리던 아버지는 밤 늦도록 여기저기 아들을 찾아 돌아다녔다. 자전거만 봐도 쫓아가 살펴봤지만 허사였다. 끝내 아들을 찾지 못한 채 날이 밝았다. 대전에 있던 어머니가 소식을 들은 건 다음 날 이른 아침이었다. 이게 무슨 일인가 싶어 놀란 어머니는 바로 대전 터미널로 달려서 광주행 고속버스를 탔다. 그러나 버스는 광주에 들어가지 못했다. 정읍이나 장성쯤 왔을 때였다. 맞은 편에서 오던 버스 한 대가 다가와, 지금 광주에 난리가 났으니 절대 가지 말라고 했다.

그 버스는 다시 서울로 가고 나는 어떤 아주머니랑 내려서 한참을 걸어서 온께 기차역이 나오데요. 그래서 기차를 타고 송정역에서 내렸어요. 그래도 택시가

있어서 택시를 막 타고 오는데 상무댄가 어딘가 군인들이 많이 있는데 거기서부터는 못 가게 하더만. 그래서 우리 동생이 막둥이 주라고 사준 딸기를 이고 하천을 타고 동명동으로 걸어왔어. 집에 온께는 다 기현이 찾으러 나가고 없대요. / 故 박기현의 어머니 이정애

친척들까지 찾아 나섰지만 어머니가 집에 돌아온 그날도 아들의 행방은 알 수가 없었다. 다음 날인 5월 22일 아침, 병원에 다치거나 사망한 사람들이 많다는 이야기를 들은 아버지는 전남대병원으로 찾아갔다. 병원은 계엄군의 총에 맞고, 대검에 찔리고, 곤봉에 맞은 부상자들로 넘쳐났다. 그런데 아들 기현이는 영안실에 누워 있었다. 아버지는 아들의 교련복 바지를 첫눈에 알아보았다.

박기현이 사망 당시 입고 있던 교복 상의. / 5·18 기록관

여기서 쫓아서 그냥 달려간께 애기가 거기 누웠데요. 송장들 누워있는 데가. 그걸 보고 내가 쓰러져 버렸어. 깨어나 본께 집에 데려다 놨길래 다시 병원으로 갔어. 세상에 얼마나 때렸는고 머리하고 요런 데 (목 근처)가 시퍼렇고, 입은 얼마나 앙당 물었는가 이런 데는 다 들어가 있고…… 그런디, 피는 안 터졌어. 남편 친구들이 널(관)을 사가지고 왔더만요. 옷을 입힐 것이 없어서 여름에 입힐라고 양장점에서 맞춰놓은 교복 하복을 가져다가 갈아입혀서 입관을 했어요. 상무관에도 제일 먼저 들어왔어. / 故 박기현의 어머니 이정애

상무관 앞에 붙은 사망자 명단 맨 윗 줄에 박기현의 이름이 적혔다.[17] 그의 관번호도 1번이었다. 그날부터 박기현의 부모님은 상무관에서 살다시피 했다. 사망자 명단을 보고 깜짝 놀란 친구들이 찾아오기도 하고, 동신중학교 선생님들이 와서 위로했지만 어머니는 한없이 눈물만 흘렸다. 5월 27일 새벽, 계엄군이 다시 광주로 들어왔고 그날 오후 상무관에 있는 사망자들의 검시작업이 시작됐다. 아버지가 그 모습을 지켜봤다.

세상에 눈알이 다 빠져버렸데요. 머리를 그렇게 때려버러서 눈알이 빠져버렸는가봐. 다 빠져불고 없다고 해. (아들이 죽고 나서) 밥 한 숟가락 안 먹고 물만 마시고 그래도 또 삽디다. 그래갖고, 그 망월동에 묻은 날 거기서 쓰러져 버렸어. 아이고, 그 말을 어디다 다 하것소 참말로..... / 故 박기현의 어머니 이정애

5월 29일, 중학교 3학년 박기현은 여름 교복을 입고 학교가 아닌 망월동 묘지에 묻혔다. 부모님은 가방 가득 모아두었던 박기현의 수많은 상장과 유품을 태우며 피맺힌 눈물로 늦둥이 막내 아들을 떠나보냈다. 그리고 그 해 6월, 유족회가 결성되자 아버지는 재무를 담당하기도 하며, 진상규명 투쟁에 열성적으로 나섰다. 시위에 나갔다가 유치장 신세를 지기도 했다.

부산에 사는 누나가 그 해에 첫 애를 낳았는데 일부러 어머니한테 맡겼어요. 애기라도 키우면서 그러라고 (마음 추스리라고) 그런데 한 3년 동안을 매일 그 손자를 업고 망월동 동생한테 다녔죠. 그때는 거기가 비포장 도로였거든요. 거리를 항상 손주 업고, 안고 걸어서 왔다 갔다 했죠. 그때는 같이 다닌 분들이 많았어요. 유족들이. / 故 박기현의 형 박영현

---

17) 시민군이 장악한 도청 상황실에서는 행방을 찾지 못한 사람들의 명단을 아침부터 접수하여 여러 병원 환자 및 사망자 명단과 대조하는 작업을 하고 있었다. 가족의 생사를 몰라 잠을 설친 채 그들의 행방을 찾고자 시내로 나온 사람들의 행렬이 끝없이 이어졌다. 대학생과 고등학생이 주축이 된 자원봉사자들은 남도예술회관 벽면과 인근 담벼락에 사망자 명단과 함께 병원에서 죽어가고 있는 부상자들의 흑백사진을 붙여 이들이 가족을 찾을 수 있게 도왔다 (5·18기념재단, 『너와 나의 5·18』, 오월의 봄, 2019, 93쪽).

몇 년 동안은 형사들이 두 명씩 조를 짜서 집 앞을 지켰다. 그럼에도 아버지는 자식을 죽인 군사독재정권을 향한 분이 풀리지 않는다며 서울까지 시위를 쫓아다녔다. 독한 최루탄 가스도 숱하게 마셨다. 그러던 중 어머니의 건강이 악화돼 눈이 잘 보이지 않게 되자, 가족들은 박기현의 누나가 사는 부산으로 이사를 했다. 형사들은 죄없는 박기현의 가족들을 부산까지 따라 다녔다. 결국, 가슴에 피멍이 든 아버지마저 병이 들고 말았다.

독한 최루탄 가스를 너무 거시기해서 그랬는가 어쨌는가 머리에 종양이 나가지고 암으로 돌아가셨잖아요. 그 원한을 못 풀고 돌아가셨어. 그래서 기현이 앞에다가 묻어드렸어. 애기라도 쳐다보라고..... / 故 박기현의 어머니 이정애

1990년, 아버지는 그렇게 막내아들 곁으로 떠났다. 가족들도 다시 광주로 돌아왔다. 내내 건강이 좋지 않았던 어머니는 거동이 불편해져 최근엔 병원 신세를 지고 있다. 동생이 마지막 떠나는 모습조차 보지 못했던 형은 종종 망월묘역에 있는 동생을 찾아가 어머니를 부탁하곤 한다.

국립 5·18민주묘지 박기현의 묘.

걔 (동생) 몫을 제가 또 보태가지고 더 잘해야 되는데 그렇지 못한 회한도 있고...... 솔직히 옛날에는 더 되새기면서 "미안하다. 내가 더 노력해볼게" 그런 것도 했었는데, 지금은 어머님이나 조금 더 오래 계시게, 편안히 계시게 힘이 있으면 그런 거라도 해 달라고 부탁하죠. 비극적인 일이지만은 결과적으로 보면은 그 아픔이 좋은 걸로 승화됐다고 그렇게 위안을 삼고 있습니다. 우리나라 민주화의 큰 전환점이라고 말하잖아요. / 故 박기현의 형 박영현

광주시민 여러분! 피가 부족합니다

故 박금희 / 당시 춘태여상 (現 전남여상) 3학년

"광주시민 여러분, 피가 부족합니다. 공수부대 총탄에 여러분의 아들딸이 피를 흘리고 있습니다. 헌혈을 해주십시오."

계엄군의 무자비한 폭력이 며칠 째 이어졌지만 광주 시민들은 굴복하지 않고 공포와 두려움에 맞서며 함께 싸웠다. 5월 21일, 시위는 광주 전역으로, 그리고 전 시민의 참여로 확산됐다. 아침부터 버스나 트럭을 타고 시민들이 금남로로 모여들었고, 마을마다 반상회에서는 쌀을 걷어 시위대에게 줄 주먹밥을 만들기도 했다. 어느새 금남로는 30여 만 명의 시위대로 가득 찼다. 계엄군은 금남로의 시위대를 향해 총을 겨누고 집단 발포를 했다. 계엄군의 총에 맞은 환자들이 밀려들면서 아수라장이 된 병원들의 모습은 마치 전쟁터의 야전병원을 방불케 했다. 의료진의 일손도 부족했고, 의약품도 태부족이었다. 수혈을 해야 하는데 혈액마저 부족한 상황이었다. 그 사실이 알려지자 병원마다 헌혈을 하러 온 시민들의 행렬이 줄을 이었다. 당시 춘태여상(現 전남여상) 3학년이었던 박금희는 5월 19일부터 부상자들을 위해 자신의 피를 나눠주었다.

□ 증언자: 언니 박금숙, 친구 문순애

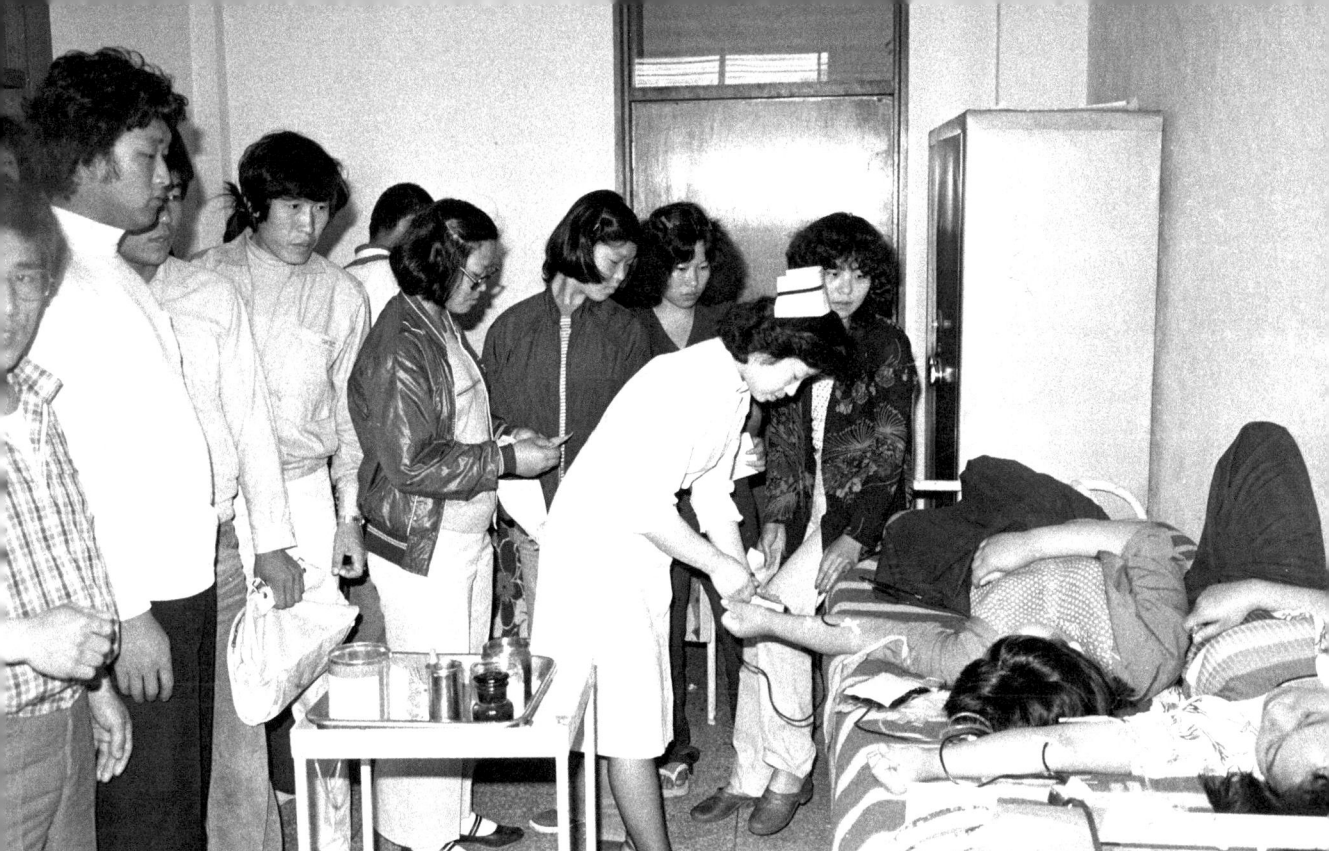
헌혈하는 시민들, / 5·18기념재단

그 전전 날(19일) 학교에서 오다가 헌혈을 하고 왔다고 집에까지 못 가겠다고, 계엄군들이 무서워서 못 가겠다고, 내가 대인시장 있는 데에 살았는데 거기로 왔더라고요. "언니, 헌혈을 하고 와서 어지럽고 메스껍다"고 그래서 우리집에서 재워가지고 그 다음 날(20일) 아침에 택시로 보냈어요. / 故 박금희의 언니 박금숙

광주 농성동에 살던 박금희는 4남 4녀, 8남매 중 막내였다. 하지만, 막내라고 응석이나 부리며 자랄 수 있는 처지는 아니었다. 옛 농촌진흥원 부근에 세 들어 살며 인근 공터에서 오이나 호박 등 채소를 가꾸어 팔아 어렵게 생계를 꾸려가는 가정 형편 속에서 박금희는 일찍 철이 들었다. 양동시장에서 장사를 하던 어머니를 위해 아침 일찍 자전거로 채소를 실어다 주기도 하고, 밤늦게까지 깻잎을 다듬고 포장하는 일을 돕기도 했던 착한 딸이었다. 학교에서도 박금희는 선도부장을 맡을 만큼 적극적이고 재주 많은 모범생이었다. 형편이 어려워 상업고등학교에 진학했지만 간호사가 되어 해외에 나가고 싶다고 말하곤 했다.

금희가 정말 화통했거든요. 그래서 좀 친하게 지냈어요. 굉장히 밝고 활달하고 노래도 잘하고 앞에 나서기도 잘하고 리더십도 있었던 거 같아요. 기타도 잘 쳤어요. 오빠한테 배웠다고 하더라고요. 좀 다재다능했어요. 수업 중에 가끔씩 선생님이 "나와서 노래 부를 사람" 하면은 본인이 나가서 노래도 부르는데 영어 팝송 같은 것도 잘 했고. / 故 박금희의 친구 문순애

5월 21일에도 박금희는 일찍 일어나 집안 청소부터 교복 빨래까지 다부지게 했다. 그래도 어머니는 문을 밖에서 걸어 잠그며 당분간 집에만 있으라고 신신당부했다. 언니 집에서 자고 들어왔던 날, 군인들이 학생들이며 시민들을 다 죽인다고 말하던 막내딸이 행여 시위를 하러 나갔다가 험한 일을 당하지나 않을까 걱정이 됐던 것이다. 박금희는 그런 어머니에게 화장실에 간다고 말한 뒤, 슬러퍼를 신고 집을 나왔다. 그리고 걸어서 방림동에 있는 친구 문순애의 자취방으로 갔다.

저는 무섭기도 하고 그래서, 동생도 못 나가게 하고 자취집에 있는데 오후 2, 3시 쯤인가 금희가 왔더라고요. 그러면서 배가 고프다고 밥을 좀 달라는 거예요. 그래서 제가 밥을 해서 줬어요. 밥을 먹고 얘기 좀 하고 놀다가 4시가 좀 못 됐으려나… 집에 간다고 그래서 제가 바래다 주려고 집 밖으로 나왔거든요. 저희 집 바로 앞이 대로였는데 그때 마침 헌혈차가 지나가면서, 지금 학생들이 피가 부족해서 죽어가고 있으니까 헌혈을 좀 해달라는 거예요. / 故 박금희의 친구 문순애

민주주의를 위해서 싸우던 사람들이 피를 흘리며 죽어가고 있다는 말을 들은 박금희와 문순애는 자신들이 할 수 있는 헌혈이라도 하자며 함께 차에 올랐다. 두 소녀를 태운 헌혈차는 바로 병원으로 가지 않고 "헌혈합시다. 헌혈합시다. 학생들이 지금

---

18) "(기독병원) 입구서부터 양림동 오거리까지 줄을 섰어요. 저희들도 헌혈을 했죠. 저도 했어요. 해야 되니까. 피가 부족하다는데, 방송에 나오고 이렇게 계속 돌아다녔잖아요" (5·18기념재단, 『5·18의 기억과 역사 10-구술사를 통해 본 간호사 편』, 도서출판 심미안, 2020, 82쪽, 당시 광주기독병원 분만실 책임간호사 소연석 증언 중에서).

5·18 당시 헌혈차. / 5·18기념재단

피가 부족해서 죽어가고 있습니다. 헌혈해주세요" 하는 방송을 하며 한동안 시내 여기저기를 돌아다녔다. 그러다 양림동에 있는 기독병원에 도착했다. 시민들과 함께 줄을 서서 박금희가 먼저 헌혈을 했다.[18] 그리고 문순애의 차례가 되자, 더 이상 헌혈을 받을 수 없다며 그냥 돌아가라고 했다. 헌혈을 하러 온 시민들이 너무 많아서 혈액을 보관하는 병이 다 찼다는 것이었다. 두 소녀는 타고 왔던 헌혈차에 다시 올랐다. 차는 지원동 쪽으로 우회를 해서 간다고 했다.

지원동 쪽이 (시내버스) 1번 종점이었어요. 거기서 유턴을 하는데 그때 마침 군인 트럭 있잖아요. 위에 다 열려있고 군인들이 이렇게 옆으로 2열로 쭉 앉아 있는 그런 차가 지나갔어요. 그런데 누군가 "엎드려!" 이러는 거예요. 그러면서 막 콩볶는 소리가 다다다다 나는 거예요. 그래서 저는 저도 모르게 의자 밑으로 들어갔던 거 같아요. 어떻게 들어갔는지도 잘 모르겠어요. / 故 박금희의 친구 문순애

5·18 당시 트럭 타고 이동하는 공수부대. / 5·18기념재단

군용차량 예닐곱 대가 헌혈차에 대고 계속 총을 쐈다. 도청에서 퇴각해 광주 외곽을 봉쇄하기 위해 이동하던 계엄군이었다. 빨간 마이크로버스에는 적십자 표시가 붙어있어 한눈에도 시위 차량이 아님을 알 수 있었지만 계엄군의 총격은 무자비했다. 헌혈차 유리창이 모두 깨졌고, 의자가 뜯겨져 여기저기 나뒹굴 정도로 참혹한 상황이었다. 잠시 후, 한동안 마구 쏘아대던 총소리가 그쳤다. 정적이 흐르는 버스 안에서 누군가 내리라고 했다.

제가 일어나서 이제 "금희야, 내려가자" 이러고 봤어요. 이제 봤더니 금희가 등에, 허리 척추 있는 데 정중앙 허리쯤에 총을 맞았어요. 그런데 사람들이 차에 있으면 위험하니까 내려가야 된다고 그래서 금희를 잡고 내려갔어요. 그런데 피가 나올 법한데 피가 나오지 않더라고요. 피는 나오지 않는데 거기에서 막 하얀 게 꽃처럼 피어나는 거예요. 그래서 '이게 뭐지?' 싶었는데 사람들이 내장이 나오고 있다고 그러더라고요. / 故 박금희의 친구 문순애

그날 총격으로 헌혈차에 타고 있던 20여 명 중 세 사람이 총상을 입었는데, 박금희가 가장 중태였다. 사람들은 서둘러 박금희를 다시 차에 태워 병원으로 이송했다. 병원으로 가는 동안 친구 문순애가 "금희야! 금희야!" 하며 애타게 불렀지만, 박금희는 그저 신음소리만 낼 뿐 아무리 불러도 대답조차 하지 못했다. 기독병원에 도착하자 간호사들은 조금 전에 헌혈을 하러 온 학생들이 이렇게 총을 맞아서 왔다며 깜짝 놀랐다. 박금희가 응급실로 들어간 뒤, 누군가 지금 밖에 나가면 위험하다며 문순애

를 산부인과 병동으로 데려다 주었다. 그리고 그날 저녁, 헌혈차에 함께 탔던 사람 중 한 명이 찾아와 금희의 사망 소식을 전해 주었다. 분노와 슬픔 속에서 피범벅이 된 옷을 입은 채로 문순애는 그날 밤을 병원에서 지새웠다. 병원 밖에서는 밤새 총소리가 들렸다.

그 당시에 세상에 사람이 이렇게 허망하게 갑자기 죽을 수도 있는가 싶고, 나라라고 하면은 자기 국민을 보호해줘야 되는 거 아닌가요. 어떻게 헌혈차에다 적군도 총을 쏘지 않잖아요. 어떻게 자기 국민한테 헌혈차에다 그렇게 마구 쏘아요? 이게 제대로 된 나라일까 싶었어요. / 故 박금희의 친구 문순애

그날 밤, 박금희 집에서는 늦도록 돌아오지 않는 딸을 애타게 기다리며 어머니도 뜬눈으로 밤을 보냈다. 집 밖에서 총소리가 들려올 때면 그저 딸이 살아있게만 해달라고 빌었다. 다음 날, 어머니는 아침 일찍 딸을 찾아 도청으로 향했다. 금남로 지하상가 계단에 나뒹구는 신발들이며, 거리에 가득한 최루탄 냄새에 어머니의 불안은 커져만 갔다. 물 한 모금 마시지 못한 채 헤매고 다녔지만 찾을 길이 없었다. 그렇게 하루가 지났다. 대인시장 근처에서 양장점을 하던 박금희의 언니집으로 학교 교장과 교감 선생님이 찾아왔다. 그렇게 살아만 있게 해달라고 빌었던 딸의 사망 소식을 가지고 온 것이었다.

식구대로 이제 전부 다 영안실로 갔지. 갔는데 금희 옷이 피범벅이 돼 있을 거 아니에요. 그때 아무리 그런다고 시신을 그냥 아무런 조치 없이 옷 입었던 그대로 던져놓은 거예요. 전쟁은 아무것도 아니야 진짜. 냄새도 나고 얼굴도 붓고 알아보기도 힘든 지경이었는데 저희 남편과 아버지가 겨우 확인을 하고 당장 보기가 흉하니까 같이 갔던 동네 아주머니 몇 분이 같이 메리야스를 벗어가지고 그걸로 피를 닦고 입관을 했죠. 관에 넣었어도 피가 피가 말도 못하게 흘렀어요. 비닐을 사다가 그 관을 싸가지고 피가 안 흘러 나오게 했죠. 그걸 누가 하겠어요. 부모 형제간 아니면 못 하지. / 故 박금희의 언니 박금숙

망월 묘역에 안장되는 5·18 희생자들. / 5·18기념재단

계엄군의 총알은 박금희의 하복부를 왼쪽에서 오른쪽으로 관통했다. 학교 선생님들은 금희의 시신을 집으로 데리고 가자고 했고, 주위 사람들은 도청으로 가자고 했다. 가족들은 도청 앞 분수대를 빙 둘러놓은 다른 사망자들의 관 옆에 박금희를 데려다 놓고, 하염없이 눈물을 흘리다 집으로 돌아왔다. 박금희의 관은 다음 날 상무관에 안치됐다.[19] 어머니는 매일 상무관에 가서 딸의 시신 곁을 지켰다. 그러다 5월 27일 계엄군에게 도청이 진압됐고, 계엄당국은 박금희를 비롯한 상무관의 희생자들을 쓰레기차에 실어 망월 묘역으로 옮겼다. 죄없는 딸이 억울하게 죽었지만 아무리 분통이 터져도 당시에는 하소연할 곳도 없었다. 오히려 폭도라며 숨죽이며 살 것을 강요당했다

무조건 폭도야. 우리는 폭도로 찍혔어. 재소자들이 죄지어가지고 빨간 줄에 오른 것처럼 우리도 정보과에 다 빨간 줄이 올라가 있어. 학교도 못 다녀. 취업도 안 돼. 우리가 이렇게 자유가 없었어요. 항상 안기부가 따라 다니니까 나는 혼자 못 다녔어요. 오빠가 데리고 다니고 여럿이 같이 유족회원들하고 다녔어요. 잘못하면 납치되니까. / 故 박금희의 언니 박금숙

죄인 아닌 죄인이 되어 버린 여고생 박금희. 군부독재정권은 제사조차 지내지 못

---

19) 도청 앞 광장 맞은편 상무관에는 희생자들의 시신을 안치한 수많은 관들이 가지런히 놓여 있었고 미처 관을 구하지 못해 입관되지 못한 시신들은 무명천에 덮여 그 주변에 놓여 있었다. 시민들은 줄을 이어 엄숙하게 분향을 하고 눈물을 흘렸다(5·18기념재단, 『너와 나의 5·18』, 오월의 봄, 2019, 93쪽).

하게 막았다. 어머니는 눈만 뜨면 "금희야~ 금희야~"하며 눈물로 하루 하루를 보냈다. 제대로 먹지도 자지도 못하는 어머니를 걱정한 이웃들이 가져다 주는 막걸리를 한잔씩 마시고 겨우 눈을 붙일 정도였다. 그러다 망월동에 다니며 비슷한 처지의 유족들과 알게 된 어머니는 1981년부터 유족회 활동을 시작했다. 전두환이 광주에 온다거나 무슨 행사가 있다고 하면 형사들이 집 주위를 지켰다. 툭 하면 유가족들을 차에 싣고 가서는 다른 지역에 한 명씩 내려놓고 가버리기도 했다. 하지만 가족들의 억울한 죽음과 5·18의 진실을 밝히고자 하는 유가족들의 의지를 꺾을 수는 없었다.

전남여상 교정에 세워진 故 박금희 순의비.

유족들은 눈에 보이는 것이 없어. 내 자식이 죽었는데, 그런데다가 폭도라고 하다가 뭔 간첩이 와서 5·18을 했다 하니까 얼마나 우리가 억울해요. 우리 국민이 우리 군대한테 죽은 것도 억울한데 그냥 폭도래. 그런데다 또 그것만 하간디? 제사도 못 지내게 해. 뭐 폭도는 사람 아니에요? 죄수들도 죽으면 제사 지내잖아요. 세상에 묘지에서 제사 지내고 있으면 백골단이 들어온다니까. 최루탄 쏘고 들어와. 이제 6·25 참전용사들하고 내가 만날 일이 있어서 물어보니까 전쟁 때도 이렇게는 안 했대. 전쟁 때도 살려줄 사람은 다 살려주고 애기들이나 임산부한테는 총격하지 않았대. / 故 박금희의 언니 박금숙

40년 전, 박금희가 살던 집에는 지금 대인시장에서 양장점을 했던 언니 박금숙 씨가 살고 있다. 금희가 살던 집이니 팔지 말고 누구라도 지켜달라던 어머니의 유언 때문이다. 5·18의 진실을 완전히 밝히지 못하면 죽어서 딸을 다시 만나도 할 말이 없

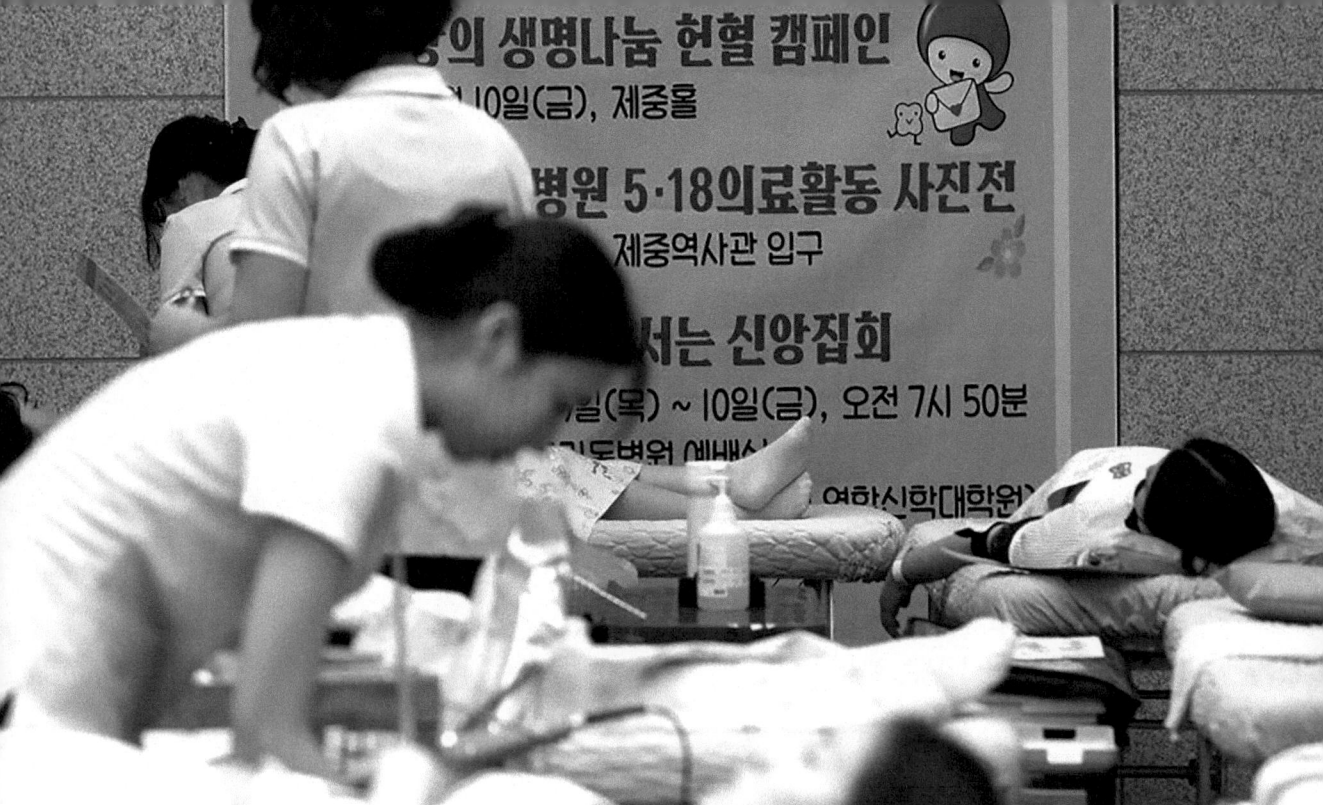

박금희의 모교 전남여상 헌혈캠페인 모습, 2019년 5월 10일.

다며, 어머니는 유족회 활동에 누구 못지 않게 열심이었다. 여든 살 무렵부터는 심장박동기를 달게 되어 조금만 걸어도 숨이 찼지만, 기어이 망월동에는 다녀오시곤 했다. 그러다 아흔 살이 되던 해, 박금희가 사망했던 5월 21일에 막내딸 금희의 곁으로 가셨다. 그저 우연이었던 걸까. 어머니보다 앞서 떠난 아버지의 기일도 5월 21일이다. 그토록 애절하게 그리던 딸 박금희와 같은 날, 부모님이 모두 세상을 떠난 것이다.

> 그래서 동생이 어머니 아버지 모시고 갔는가 보다 생각이 들더라고요. 지금 하늘나라에서 멋지게 살고 있을 거예요. 저 하고 싶은 대로 안 아프고. 뭐 나쁜 생각 안 하고 이제껏 살았으니까 엄마 아빠랑 훨훨 재밌게 살았으면 좋겠어요. 그래서 한 날 한 시에 그렇게 같이 모셔간 걸로 생각하고 있어요. 같이 그렇게 모여서 살면 좋겠다 생각하고 있어요. / 故 박금희의 언니 박금숙

광주기독병원은 지금도 5월이면 '박금희 열사'를 추모하며 사랑의 생명나눔 헌혈캠페인을 개최한다. 이 헌혈캠페인에는 박금희의 모교 후배들인 전남여자상업고등학교 학생들도 함께 참여하며, 사람다운 삶을 위해 밥과 피를 나누며 생명공동체를 실

현했던 오월 정신을 이어가고 있다. 모교에는 '박금희 열사 순의비'가 세워져 있다. 당시 담임이었던 변옥희 선생님(정년퇴직)은 제자를 기리는 비석 앞에서 "우리 금희는 늘 내 손을 잡고 학교 교정의 꽃길을 걷기 좋아했다"면서 "정말 감성이 풍부한 아이였으며, 그래서인지 총에 맞은 시민들의 치료를 위해 헌혈을 하러 기독병원에 갔을 것"이라고 말하며, "금희에게 스승의 날에 검정 실내화를 선물로 받았는데, 얼마 되지 않아 변고를 겪게 돼 본인의 죽음을 암시한 것 같아 마음이 너무 너무 아팠다"고 회고했다.

어머니, 조국이 우리를 부릅니다

故 전영진 / 당시 대동고 3학년

대한민국 군대가 쏜 총탄에 목숨을 잃은 고등학생 전영진. 그는 군인의 아들이었다. 해군 위생사였던 아버지가 경상북도 포항에 있는 해병대 제1사단에서 파견 근무를 나가 있던 무렵, 지독한 난산 끝에 얻은 첫 아이였다. 1975년, 해군 상사였던 아버지는 광주 국군통합병원으로 부임했다. 아버지의 전출로 인해 전영진도 광주 산수동 장원초등학교로 전학을 오게 된다. 산수동 부근에서 셋방살이를 전전하다 1980년 초 풍암동 광주교육대학교 앞으로 이사를 했다. 아버지는 당시에도 현역 군인 신분이었지만 9월 예편을 앞두고 출근을 하지 않고 있었다. 광주에도 소위 '민주화의 봄[20]' 이 찾아왔다. 이 무렵, 전영진이 재학 중이던 광주 대동고등학교에서는 보충수업 폐지, 교련 수업 반대 등 학내 민주화를 요구하는 교내 시위가 일어났다. 당시 광주 대동고 2학년 영어 교사였던 박석무 선생님이 자주 들려주었던 민주화운동에 대한 이야기는 전영진을 비롯한 학생들에게 많은 영향을 끼쳤다.

ㅁ 증언자: 아버지 전계량, 어머니 김순희, 친구 방창현

20) 1979년 10월 26일 박정희의 사망으로 유신 독재가 막을 내리면서 학원 자율화와 민주화를 외치는 시위가 봇물처럼 터져나왔다. 이 시기를 1968년 체크슬로바키아의 '프라하의 봄'에 비유하여 '서울의 봄' 또는 '민주화의 봄'이라 일컫는다.

1979년에 저희들이 2학년이었습니다. 아마 전국에 있는 모든 고등학교, 중학교를 통틀어서 저희 고등학교가 처음으로 그런 시위를 했을 거예요. 저희 문제가 굉장히 컸는데 10·26사태가 일어나면서 수면으로 가라앉아버렸죠. 그래서 저희들이 다른 또래 애들보다 조금 더 그런 어떤 세력에 대한 문제 의식이 남달랐죠. / 고 전영진의 친구, 방창현

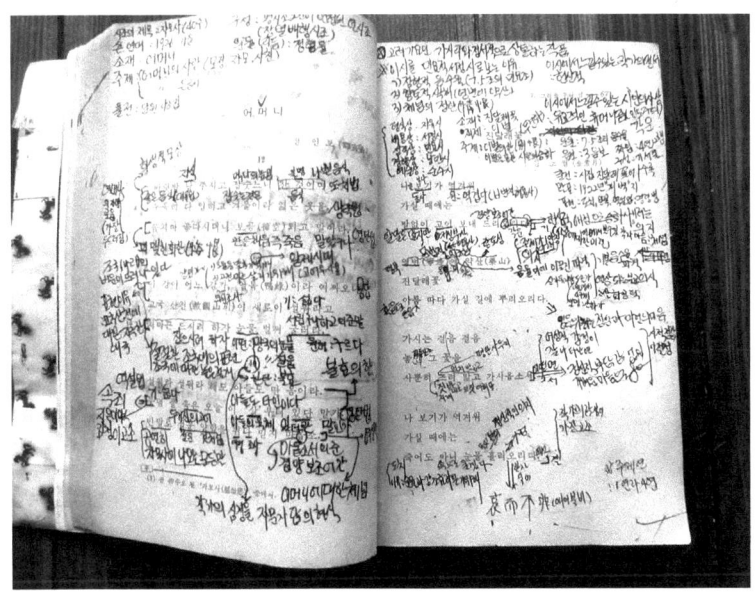
전영진이 쓰던 교과서.

1980년 5월 14일, 15일, 16일까지 광주 금남로 옛 전남 도청 앞에서는 민주화를 요구하는 집회와 가두 행진이 이어졌다. 16일 '민족민주화를 위한 횃불대성회'에는 수만 명의 학생과 시민이 모였다. 그 시민들 속에는 전영진의 아버지도 있었다. 가두 행진의 맨 선두에 섰던 전남대학교 교수진의 뒤를 따라다니며 끝까지 함께 한 후, 집으로 돌아왔다. 조용했던 5월 17일 자정, 계엄령이 전국으로 확대됐다. 그리고 5월 18

1980년 5월 16일 민족민주화를 위한 횃불대성회. / 5·18기념재단

계엄군이 시민들을 폭행한 후 트럭에 싣고 있다. / 5·18기념재단

일 새벽, 전영진의 집 옆 광주 교육대학교 운동장에 하얗게 불이 밝혀졌다. 공수부대가 주둔한 것이다. 날이 밝자, 아버지는 세 들어 살던 2층에서 밖을 내려다 보았다. 충격적인 광경이 벌어지고 있었다.

(계엄군이) 시민들, 젊은이들을 때려잡기 시작하는 거예요. 내가 그걸 직접 봤어요. 셋방 2층에 살았는데 바로 옆에 교대(광주교육대)고, 큰 길이 있고, 뒤에 공간이 있는데 젊은이들만 보면 이놈들이 쫓아다녀. 몽둥이 들고 쫓아다니면서 두들겨 패고, 잡아가고, 조그만한 쓰리쿼터(군용트럭)에다가 싣는 거야. 두들겨 패가지고 짐 싣듯이 거기에 던져 버려. 그런 짓거리를 보면서 '이야, 이거 대한민국 국군이 국민을 이렇게 해도 되겠는가' 그런 생각이 들죠. 나도 현역 군인인데 '저렇게 해야 될 것인가' 그런 것을 느꼈죠. 거기서 막 악을 쓰고 싶더라고. "야!" 하고 싶지만 못 하지. 내가 현역 군인 신분이 아니었으면 했을런지도 모르지. 그런데 현역이기 때문에 차마 그런 식으로 못 하고, 그런 것을 겪었어요. / 고 전영진의 아버지 전계량

월요일이었던 5월 19일, 당시 고3 수험생이었던 전영진은 등교를 했다. 그런데 휴교령이 내려졌다며 일찍 집에 온 전영진의 몰골은 말이 아니었다. 하교하는 도중, 시내버스에서 계엄군에게 맞았다고 했다.

1979년 대동고 2학년 수학여행 때 찍은 사진. 전영진(둘째 줄 오른쪽 셋째)과 이덕준(둘째 줄 가운데).

그놈들이 대동고 거기를 둘러싸고 있으면서, 시내버스 타고 집에 오는데 버스 안에서 팼다는 거예요. 그래가지고 신발도 양쪽 다 벗겨진 상태로 집에 왔어요. (발이) 새카매가지고 왔어요. / 고 전영진의 아버지 전계량

그날 오후, 전영진은 시위를 하기 위해 다시 집을 나섰다. 여동생과 남동생도 각자 나가서 차를 타고 시위에 동참했다.[21]

그래가지고 집에 들어오면은 작은 아들은 연기를 얼마나 맞았는지 새카매가지고 들어와요. 그런데 또 영진이 여동생도 나갔다가 그런 모습을 보고 들어오고 그러더니 20일에도 또 나가요. 못 나가게 하는데 어느 틈엔가 살짝 나가 버리는 거여. / 고 전영진의 아버지 전계량

---

21) 19일 오후 들어서부터 광주 시민은 그동안의 소극적인 태도에서 벗어나 계엄군에 적극 대응했다. 그들은 화염병, 벽돌, 각목 등으로 계엄군에 맞섰고, 도로변의 대형 화분, 공중전화 부스, 가드레일, 버스정차장의 세움 간판 등을 뜯어 방어벽을 쌓고 계엄군과 투석전을 벌였다 (정해구, 『전두환과 80년대 민주화운동』, 역사비평사, 2011, 60쪽).

항쟁 나흘째 되던 5월 21일, 어머니는 전영진과 두 동생이 집 밖에 나가지 못하도록 단단히 단속을 했다. 못 나가게 말리는 부모님을 차마 뿌리치지 못한 전영진은 집 안을 왔다 갔다 하며 "하~" 하는 탄식을 내뱉곤 했다. 그 모습을 본 어머니는 "나가지 마라. 지금 나가면 개죽음 하니까 나가지 마라"라며 타일렀다. 그러자, 전영진은 대뜸 이렇게 대답했다. "어머니, 조국이 우리를 부릅니다" 어머니가 부엌에서 설거지를 하는 사이, 조국의 부름을 외면하지 못했던 전영진은 결국 뛰쳐나가고 말았다.

오전 11시경 집에서 나온 전영진은 백운동 학교 근처에 있는 친구 우영근의 자취방으로 향했다. 대중교통이 끊겨 버린 시내를 걸어가던 중, 백운동 까치고개 부근에서 같은 반 친구인 방창현을 만나 동행하게 된다.

> 영근이 집에 갔는데 문은 열려있는데 영근이가 없더라고요. 그래서 영근이 가방에서 철사 파일로 된 연습장을 꺼내가지고 둘이서 '조국이 우리를 부른다. – 전영진, 방창현' 이렇게 써놓고 나와서 그때부터 둘이 같이 시위에 참여해서 다니게 된 거죠. / 고 전영진의 친구 방창현

친구의 자취방에서 나온 전영진과 방창현은 백운동 인근에서 시위대의 버스에 올라탔다. 그리고 옛 전남도청 일대에 모여있는 시위 대열에 합류했다.[22] 같은 시각, 전영진의 아버지는 아들을 찾아 금남로로 나왔다. 옛 전남 도청을 앞에 두고 계엄군과 대치 중이던 시위대는 끝이 보이질 않을 만큼 거리를 가득 메우고 있었다. 오후 1시경, 시위대 속에서 애타게 아들을 찾던 아버지가 광주은행 앞에 서 있을 때였다. "다다다다~" 하는 총소리가 들리더니 큰 길가에 있던 흰옷을 입은 젊은이가 픽 쓰러지는 것이었다.[23]

---

22) 21일에는 아침 10시쯤부터 이미 10만 명이 넘는 시민들이 금남로 일대를 가득 메웠고, 시간이 흐를수록 그 규모는 커졌다. 일부 시민들은 아세아자동차에서 장갑차와 버스 등 수십 대의 차량을 몰고 나와 시위대에 합류하고, 변두리를 돌면서 시민들을 시내 중심가로 실어 나르기도 했다 (정해구, 『전두환과 80년대 민주화운동』, 역사비평사, 2011, 63쪽).
23) 전남도청 앞에서의 집단 발포는 5월 21일 낮 1시를 전후한 시점에 발생했다.

그 무렵, 전영진은 금남로에서 가까운 노동청 앞에서 한창 시위를 하고 있었다. 전영진과 친구 방창현 역시 "빠방! 빠바방!" 하는 소리를 들었다. 최루탄 쏘는 소리인가 보다 생각했다. 그런데 사람들이 피해야 한다며 흩어지자, 전영진과 방창현은 가까이에 있던 1톤 트럭에 올라탔다. 전영진은 트럭 맨 끄트머리에 앉았다. 트럭 앞 쪽에서 철제 안전바를 잡고 서 있던 친구 방창현은 "영진아, 너 거기 있으면 차 출발할 때 떨어질 수 있으니까 빨리 앞쪽으로 와라" 하며, 전영진을 앞쪽으로 데려갔다. 그렇게 트럭이 출발했다. 장동 쪽으로 방향을 튼 트럭 위에서 고개를 푹 숙이고 있을 때였다. "사람이 죽었다!" 누군가 이렇게 외치는 소리에 지산 삼거리에서 차가 멈춰섰다. 방창현이 고개를 들어 보니, 곁에 있던 친구 전영진이 머리에 총을 맞고 쓰러져 있었다.

1980년 5월 21일 금남로 시위. / 5·18기념재단

우리가 군대에서 M16 사격하고 그럽니다만 제일 잘 맞출 수 있는 실거리 사격이 250미터라고 말하잖아요. 그래서 아마 계엄군이 도청 옥상에서나 이렇게 저격병이 저격해서 쐈지 않는가[24] 저는 그런 생각을 항상 해 왔습니다. / 고 전영진의 친구 방창현

---

24) 공수부대원들은 전남도청에서 100~300미터 떨어진 곳까지 저지선을 설치하고 그 안으로 들어오는 시민들을 향해 조준 사격을 가했다. 이로 인해 금남로와 충장로 등지에서는 많은 시민들이 쓰러졌다. 금남로와 노동청 쪽 방향에 배치된 계엄군 장갑차도 금남로 쪽을 향해 기관총 사격을 실시했다. (노영기, 『그들의 5·18』, 푸른역사, 2020, 285쪽)

트럭 운전기사는 사람들을 다 내리게 한 후, 총상을 입은 전영진을 싣고 서둘러 병원으로 향했다. 그러나, 전영진의 몸은 이미 차갑게 식어가고 있었다.

그때 내가 영진이랑 같이 병원까지 갔어야 했는데 왜 그렇게 못 했을까. 그것이 굉장히 영진이한테 미안합니다. 그리고 영진이를 차라리 트럭 끄트머리에 있게 놔둘 걸, 괜히 제가 앞으로 오라고 해서 영진이가 총에 맞은 건 아닌가. 평생을 그런 생각에 사로잡혀 있죠. / 고 전영진의 친구 방창현

금남로에서 자식 같은 젊은이가 총에 맞아 쓰러지는 것을 눈앞에서 목격한 아버지는 불안한 마음에 다급하게 집으로 연락을 했다. 전화기가 흔치 않던 시절이라 세 들어 살던 주인집에 전화를 걸자, 주인 아주머니가 조금 전 아들 친구라며 두 사람이 와서 쪽지를 두고 갔다고 했다. 쪽지를 전해준 친구들은 대동고등학교 동창인 우영근과 송창근이었다. 주인 아주머니에게 "쪽지 내용이 뭡니까?" 하고 묻자, 아들이 다쳐 전남대병원 쪽으로 실려 갔다는 것이었다. 가슴이 덜컥 내려앉은 아버지는 부랴부랴 시위 대열을 헤치고 전남대병원으로 달려갔다. 병원 안은 총상을 입고 실려 온 환자들로 그야말로 아비규환이었다.[25] 눈길 닿는 곳마다 피가 낭자했고, 여기저기서 다급하게 외치는 소리가 어지럽게 들려왔다. 아버지는 아들을 찾아 정신없이 응급실과 시신 안치실을 뒤지고 다녔다. 가마니에 덮여있는 시신들은 차마 눈 뜨고 볼 수 없는 지경이었다. 아버지는 환자와 시신들의 처참한 모습을 일일이 확인했다. 그러나 아들 전영진의 모습은 보이질 않았다. 아들을 찾아다니면서도 한편으로는 아들이 이곳에 없기를 바라는 마음이었다. 적십자병원으로 갔다. 그곳에도 없었다. 교통이 끊긴 터라, 걸어서 다시 기독교병원까지 갔을 때는 오후 6시가 지나 병원 문이 닫혀있었다. 할 수 없이 들어가보지도 못하고 돌아섰다. 저녁 9시부터는 통행금지였기에, 바삐 걸어서 집으로 향하는 아버지의 마음은 참담했다.

---

[25] 이날 계엄군의 발포로 최소한 54명이 숨지고, 500명 이상이 총상을 입은 것으로 알려졌다. (윌리엄 글라이스틴 지음, 황정일 옮김, 『알려지지 않은 역사』, 중앙 M&B, 158쪽)

병원 영안실에 가족을 찾으러 온 시민들. / 5·18기념재단

나는 거의 실신한 상태였다. 가슴이 터질 것 같아 바닥을 기어다니면서 엉엉 울면서, 온갖 상상이 다 되었다. 우리 아들이 죽어서 병원에나 안치되어 있으면 좋겠는데, 어느 길바닥에나 도청 앞 길바닥에서 짓밟히고 있지나 않을까 하는 마음뿐이었다.[26] / 고 전영진의 아버지 전계량

다음날인 5월 22일, 아버지는 아침 일찍 다시 기독교병원을 찾아갔다. 광주 국군 통합병원에서 함께 근무했던 동료 육군 상사가 동행했다. 기독교병원 접수하는 곳에 가서 사정을 이야기 하자, 사진 한 장을 보여주었다. 머리 한 쪽이 총탄에 날아가 버려, 피투성이가 된 모습이 아들이라고는 믿을 수가 없었다. 병원 관계자는 "지금 이 시신이 저기 시체실에 있으니까 거기 가서 보십시오" 하고 말했다. 수술대처럼 큰 단상 위에 흰 천에 덮여 있는 시신 한 구를 확인해 보니, 아들이었다. 기가 막힐 노릇이었다.

---

26) 『광주오월민중항쟁사료전집』, 현사연 1990a, 3072: 739.

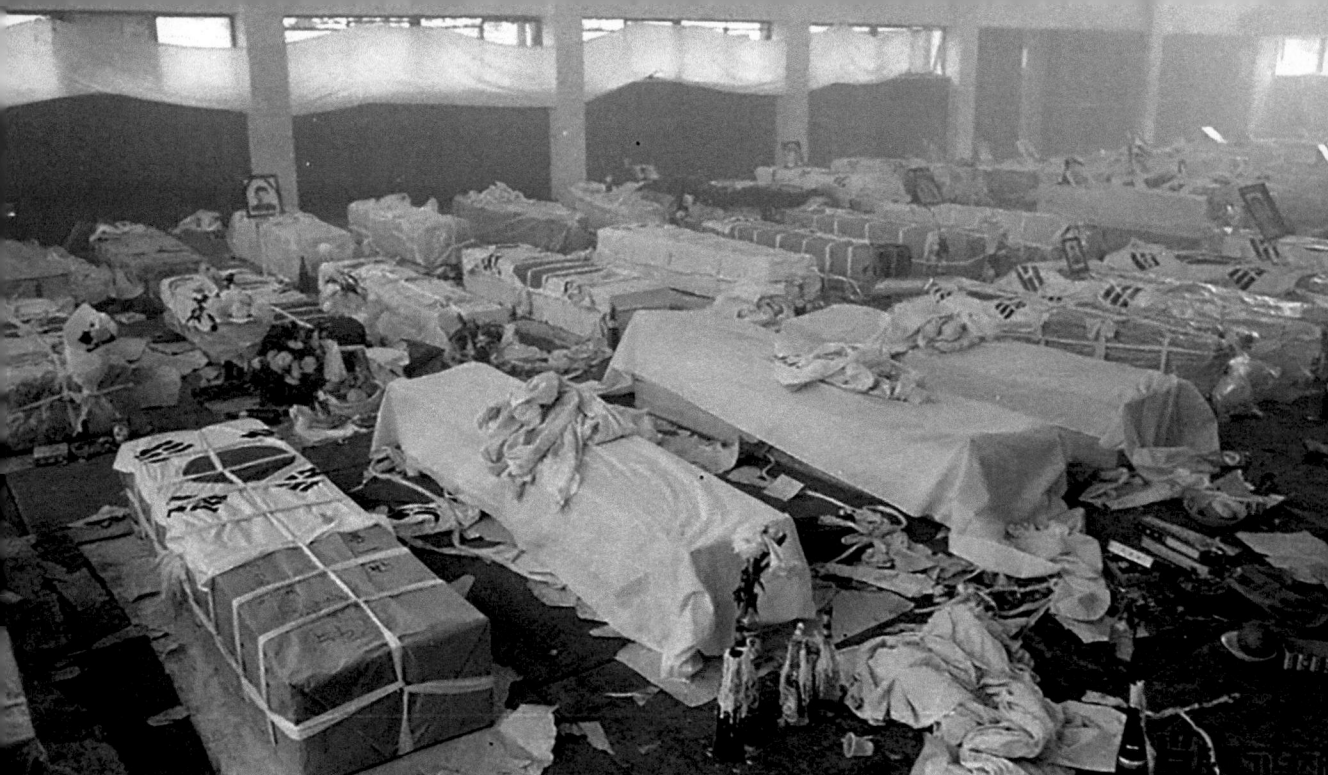
태극기에 싸여 광주 상무관에 놓인 희생자들의 관. / 5·18기념재단

세상에 그 어린 것이 눈도 못 감고 죽었더란 말이요. 그것이 그렇게 안 잊혀지고 너무 너무 아파요. 어린 것이 얼마나 한이 많으면 눈도 못 감고 이럴까 싶어서……
/ 고 전영진의 어머니 김순희

당장 입관을 해야 하는데 관도 없고, 수의도 구할 길이 막막했다. 망연자실해 있던 아버지를 대신해, 함께 갔던 군대 동료가 시내에 나가 어렵게 관을 구해다 주었다. 아버지는 아들의 시신을 입관한 후 그곳에 두고 나왔다. 그리고 시민군[27] 책임자를 찾아가 기독교병원에 아들을 입관해 두었다고 전했다.[28] 5월 23일, 시민군은 기독교병원에 있던 전영진의 관을 운구해 옛 전남도청 앞 상무관에 안치했다.

---

27) 계엄군의 집단 발포 이후, 이제 광주 시민들은 스스로를 지키기 위해서는 무장을 하는 것 외에는 다른 선택의 여지가 없는 상황으로 내몰렸다. 그리하여 이른바 '시민군'이 탄생했다. (5·18기념재단 기획, 김정인, 김정한, 은우근, 정문영, 한순미 지음, 『너와 나의 5·18』, 오월의 봄, 2019, 81쪽, 82쪽)
28) 5월 21일 오후 5시 30분 경 계엄군은 도청에서 퇴각해 광주 외곽으로 물러났다. 계엄군이 철수하자 도청에 모여든 시민들은 이른바 '자치 공동체'를 이루고, 스스로 질서와 규율을 유지하며 신원이 확인된 희생자들을 상무관에 임시로 안치했다.

아들의 시신을 태극기에 싸서 상무관에 안치해 놓고 내가 관 위에다 '장하다 내 아들아. 니가 다 하지 못한 꿈을 아버지가 이루겠다' 이렇게 썼어요. 이제 거기다 써놓고 또 은근히 걱정을 했어. 관에다 이렇게 써놓은 사람이 현역 군인이라면 어떻게 생각할까. 이런 생각이 들고, 상당히 마음 속으로는 좀 두려운 생각이 있었어요. 써놓고도…… / 고 전영진의 아버지 전계량

23일 이후, 상무관에는 분향을 하러 오는 시민들의 발길이 끊이지 않았다. 상무관에서 만난 몇몇 유족들이 시민군과 협의하여 27일에는 도청에서 합동 위령제를 지낸 뒤, 도민장을 치르기로 했다.[29] 하지만 합동 위령제는 끝내 치르지 못하고 말았다. 5월 27일 새벽, 탱크를 앞세우고 다시 광주 시내로 진입한 계엄군에 의해 도청이 점령되고 10일 간의 항쟁이 막을 내린 것이다. 동이 트고 아침이 밝자 계엄군은 도청 곳곳에서 끌려나온 시신과 부상자들이 널부러져 있는 앞에서 승리를 확인하듯 군가를 불렀다.[30]

5월 28일인가, 29일인가 엄청나게 큰 쓰레기차 10대가 와 가지고 상무관에 있던 시신들을 망월동으로 다 싣고 갔어. 우리는 그 차를 탈 수도 없고 걸어서 망월동으로 갔어요. 그때는 걸어 다녔으니까. 가보니까 각 동의 동장들이 각자 자기 동의 희생자들을 책임지고 매장을 해요. 영진이는 풍향1동장이 정해진 자리를 파서 묻으려고 하고 있더라고요. 그런데 보니까 영진이 시계가 있어요. 그래서 그 시계를 관 속에다 같이 넣어서 매장을 했죠. / 고 전영진의 아버지 전계량

1997년 5월, 국립5·18민주묘지로 주검을 이장할 때 다시 본 아들의 시계는 '수/31일'에 멈춰 있었다. 참혹했던 그해 5월의 마지막 날, 시계도 정지했던 것이다. 아버지 어머니의 시간도 이때부터 80년 5월에 멈췄다.

---

29) 『광주오월민중항쟁사료전집』, 현사연 1990a, 3072: 740.
30) 『너와 나의 5·18』, 오월의 봄, 2019, 114쪽.

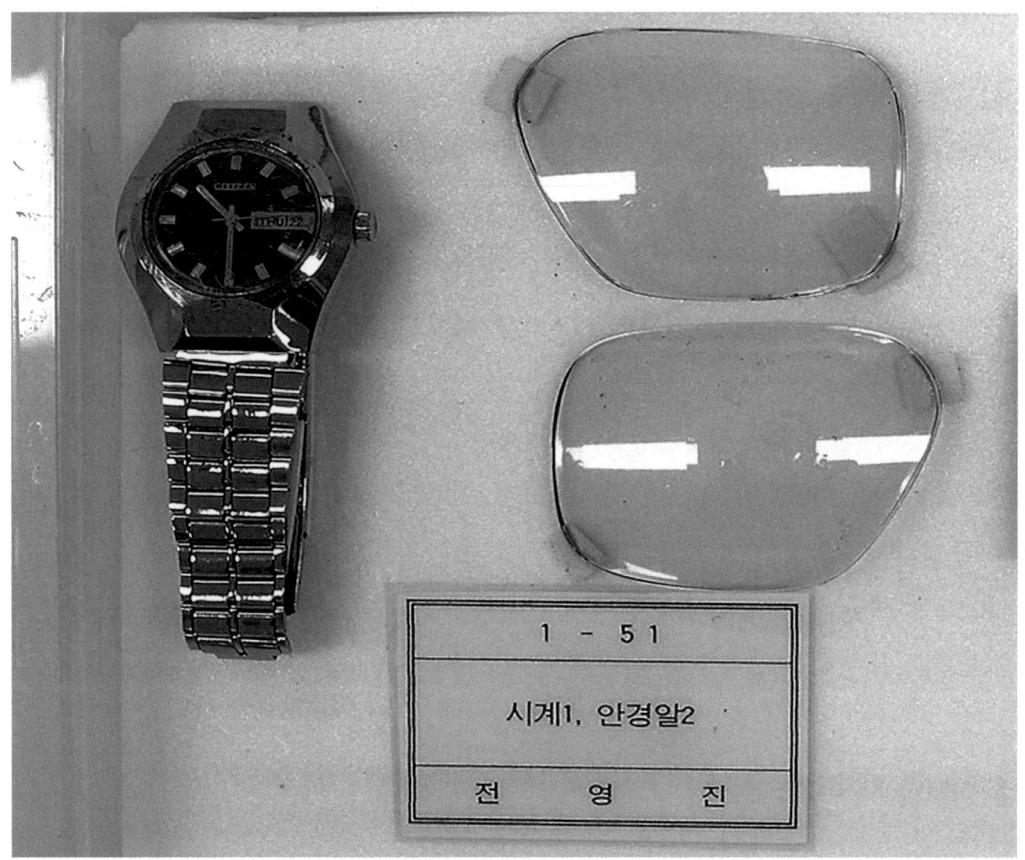

전영진 유품. / 5·18 기록관 소장

　빨갱이고 폭도라고 해가지고 경찰들이 우리 집에 와서 지키고 있었기 때문에 누가 찾아오는 사람이 없었어요. 80년대 그 나날을 집 안에 갇혀가지고 하루 종일 울었어요. 그러면서 내가 살아온 길을 딱 돌아봤어요. 돌아보니까 너무 너무 잘 못 산 것이죠. 그때 저는 아주 맹세를 했습니다. 부모들이 정의롭게 살았어야 하는데, 우리가 그런 것을 못하고 살았기 때문에 어린 자식이 죽어서 부모를 가르치고 정신 차리게 만들었다는 생각이 들어요. / 고 전영진의 어머니 김순희

　먼저 간 아들이 정의롭게 살 수 있는 길을 열어줬다고 말하는 전영진의 부모와 유족들은 1980년 5월 31일, 망월동에서 삼우제를 지내면서 '5·18 광주의거 유족회'를 창립했다.[31] 그리고 6월 6일 현충일에 총회를 개최하고 임원을 선출했다. 초대 회장은 박찬봉 씨였다. 전영진의 아버지는 총무를 맡게 됐다. 투쟁이라는 말조차 꺼내기

힘들었던 엄혹한 시절, 유족회는 1년 가까이 회장의 집 2층에서 매월 월례회의를 하며 '5·18을 어떻게 우리가 극복하고 이겨낼 것인가' '우리가 이제 앞으로 어떻게 살 것인가' 등에 대해 논의를 했다. 1981년 유족회는 5·18 1주기 추모제를 지내기로 했다. 제사 지낼 제물은 각자 집에서 조금씩 장만하기로 했다. 그렇게 추모제를 준비해 망월동에 갔지만, 추모제는 505보안대의 회유로 당일 날 무산되고 말았다. 이 일로 박찬봉 회장에 대한 불신이 커지면서 유족회장을 바꿔야 한다는 의견이 나왔다. 새 회장은 아버지보다는 어머니가 좋겠다고 해서, 송영도 씨가 2대 회장직을 맡았다. 임원진도 어머니들 중심으로 개편됐다. 그러나 전두환 정권의 회유책으로 송회장이 광주공원 매표관리원으로 취업 알선되면서 회장직에서 물러났다. 그리고 전영진의 아버지가 유족회 3대 회장을 맡아 10년 동안 활동했다. 1980년 9월, 군에서 예편한 아버지는 당시 계림동 성당 신자들이 조합원인 계림신협 상무로 근무하고 있었다. 아버지를 비롯한 유족들은 5·18 희생자의 유족이라는 이유만으로 정보과 형사들의 감시를 받아야 할 만큼 엄혹한 시절이었다. 그럼에도 유족회는 폭도라는 누명을 쓰고 희생된 오월 영령들의 명예를 회복하기 위해, 언제 어디서나 5·18 진상 규명 투쟁의 맨 선두에 섰다.

제가 다니는 곳마다 전두환에 대한, 살인마 처형하라 이런 거 하거든요. 결혼식 주례도 내가 자주 했는데, 주례사도 일반적인 주례사가 아니라 전두환 규탄이야. 5·18에 대한 악랄한 행위들, 이런 내용으로 주례사를 주로 했어요. 그러니까 그때마다 형사들이 그걸 다 기록을 한 거야. / 고 전영진이 아버지 전계량

신협에서 근무를 하던 도중, 갑자기 들이닥친 형사들에게 영문도 모르고 슬리퍼만 신은 채 끌려가 몇 시간씩 조사를 받기도 했다. 대학 학생회 초청 등으로 다른 지역에 갈 때면 미행 당하기 일쑤였다. 그래서 첩보작전 하듯이 새벽차를 타고 이동하는 일이 다반사였다.

---

31) 『광주오월민중항쟁사료전집』, 현사연 1990a, 3072: 740.

한번은 여수 해양대학교에서 초청을 받고 가야 하는데, 이제 어떻게 갈 것인가 궁리하다 유족회 어머니들 두 분을 모시고 셋이 버스 타고 갔어요. 거기도 역시 터미널에 내리니까 형사들 3,4명이 기다리고 있다가 나를 양쪽에서 붙들고 가자는 거야. 그러니까 한 어머니가 웃옷을 벗어 버리면서 "나 죽여라!" 하고 악을 쓰는 거여. 실갱이를 하는 거여. 그러는 동안에 한 어머니가 큰 길 가에서 택시를 잡아가지고 셋이 타고 해양대학교를 갔는데 그 학교 입구에 딱 지키고 있어요. 정보과 형사들이. 그런데 형사들이 택시 문을 열려고 해도 택시 기사가 꿈쩍을 안 해. 절대로 안 열어줘. 정말 그 운전기사 대단하드만. / 고 전영진의 아버지 전계량

지역감정이 극심했던 시절이었지만, 영남의 심장부라는 대구에도 마다하지 않고 달려가 5·18의 진실을 알렸다

대통령 선거 기간이었던 거 같아. 대구 달성공원에 초청을 받고 유족회 회원들이 같이 관광버스를 대절해가지고 갔어요. 달성공원에 시민이 꽉 찼드만. 내가 증언을 할 때는 정말 조용하게 들었어요. 그런데 내가 끝나고 나니까 김대중 총재가 부산에서 유세를 하고 거기로 왔어. 나는 끝나고 조용히 내려왔는데 감대중 총재가 올라가니까 여기 저기 돌멩이가 날아드는 거예요. 그러니까 비서들이 막 뭘로 전부 다 가려. 그렇게 돌멩이가 날아와도 다 하시드만. / 고 전영진의 아버지 전계량

'니가 다하지 못한 꿈을 대신 이루겠다'며 아들의 관 위에 새겼던 약속을 지키고자, 아버지는 5·18 진상규명과 민주화운동에 온 몸을 던졌다. 하루 하루가 독재정권과의 치열한 투쟁의 연속이었다. 코 끝에서 최루탄 냄새가 가실 날 없는 나날이었다. 어느덧, 팔순을 넘긴 아버지는 아직도 못다 한 일들이 남아있다고 말한다.

(지금) 학생들은 5·18을 겪어보지 않았기 때문에 실상을 몰라서 사실은 어떻게 진실을 말하기도 그럴 것이고, 아마 어떤 주장하기도 그러리라고 봐요. 그래서 앞으로 5·18진상 규명이 이루어지게 된다면 우선 헌법에 명시돼야 해요. 헌법 전문에 들어가야 되고 교과서도 나와야겠고..... / 고 전영진의 아버지 전계량

2021년 여름, 대동고 2학년 영어 교사였던 박석무 선생과 친구 이덕준 등이 전영진의 묘에 참배하고 있다.
앞줄 왼쪽 친구 김향득, 앞줄 오른쪽 이덕준, 뒷줄 가운데 아버지 전계량, 뒷줄 오른쪽 박석무 선생.

집에서는 말수가 적었던 아들, 전영진. 그런데 대동고등학교 친구들에게 전해 들은 아들의 성격은 정반대였다. 학교에서는 무척 쾌활해 소림사 영화에 나오는 중국 무술 흉내를 제법 잘 내기도 하고, 학교 소풍에서는 고고춤을 추기도 했다고 한다. 이 말을 들은 아버지는 어린 시절부터 너무 엄하게 키워, 집에서는 기가 꺾여 있었던 게 아닌가 후회가 된다고 했다. 그래서 천국에서 아들 전영진을 다시 만난다면 아버지는 이렇게 말해주고 싶다고 한다.

"나이 어린 민주투사로서 정말 값진 삶을 살았다. 니 덕분에 아버지도 바른 삶을 살 수 있도록 일깨워 준 것을 고맙게 생각한다."

지금 관이 부족합니다

故 박현숙 / 당시 신의여자실업고등학교
(現 송원여자상업고등학교) 3학년

1980년 5월 어느 날 밤이었다. 어머니의 꿈에 찾아온 고등학생 딸 박현숙은 "엄마 나 죽어. 나 죽어" 하며 울부짖었다. 놀라서 잠이 깬 어머니가 방문을 열고 나가보니 밤이면 항상 잠가 뒀던 싸리문이 활짝 열려 있었다. 상서롭지 못한 꿈 때문에 어머니가 담양에서 잠을 이루지 못했던 그날, 광주에서 박현숙의 언니도 기묘한 꿈을 꾸었다. 바로 손 아래 여동생인 현숙이 하얀 천이 달린 흰색 미니버스를 타고 가면서 손을 흔들고 있었다. "언니!" 하며 부르던 동생의 표정은 어쩐지 슬퍼 보였다고 한다. 당시 신의여자실업고등학교 3학년이었던 박현숙이 그렇게 어머니와 언니의 꿈에 찾아갔던 그날, 1980년 5월 23일. 광주 주남마을 앞을 지나던 시민군 버스를 향해 계엄군은 무차별 총격을 가했다. 그 미니버스 안에는 박현숙도 타고 있었다.

박현숙은 전남 담양군 남면에서 8남매 중 둘째로 태어났다. 다섯 살 되던 해, 가족은 고향을 떠나 광주 북동으로 터전을 옮겼다. 부모님이 채소장사를 하며 생계를 꾸려갔지만 넉넉지 않았던 집안 형편은 좀처럼 나아지지 않았다. 4년 만에 부모님은 다시 담양으로 내려갔다. 8남매 중 어린 동생 넷은 부모님이 데려가고 박현숙을 비롯한 4남매는 효죽동(지금의 광주 북구 우산동)으로 이사해 자취를 하며 학교에 다녔다.

□ 증언자: 언니 박현옥

수창초등학교 다니다가 효동초등학교로 전학을 했는데 현숙이가 2학년, 제가 4학년이었어요. 그 무렵에 동신고등학교 앞에 은행나무를 심었어요. 그런데 현숙이가 친구들과 선배들을 모아가지고 그 은행나무에 물주기 운동을 하는 거예요. 저도 생각지 못한 일이었죠. 그리고 그때는 화장실이 전부 푸세식이라 벌레가 많았는데 현숙이가 친구들이랑 담배꽁초를 주워서, 거기 남아있는 담배가루를 모아가지고 남의 집 화장실까지 다니면서 벌레 퇴치용으로 놔주고 그랬어요. 4학년 때도 봉사단장인가를 맡아서 노인 위안잔치를 했는데, 거기서 백합인가 하는 노래를 불렀던 기억이 나요. 그래서 초등학교 생활기록부를 보면 '의협심이 강하고 봉사성이 강하다' 이런 식으로 적혀있고 그랬어요. / 故 박현숙의 언니 박현오

당시 광천동에 있는 신의여중을 졸업한 박현숙은 신의여자실업고등학교에 진학했다. 성적이 우수해 실업고등학교에 진학하면 학비 전액을 국비로 지원받을 수 있었기에, 부모님의 부담을 덜어드리고자 실업계 진학을 선택한 것이다. 자작시를 쓴 공책이 열 권이 넘을 정도로 문학소녀

학창시절 박현숙의 모습.

였던 박현숙은 작가가 되는 것이 꿈이었지만 부모님의 희망에 따라 주산, 부기, 타자 등의 자격증을 취득하며 은행 취업을 준비했다. 그리고 3학년이 된 1980년 5월에는 이미 은행 취업에 성공해 7월 1일 자로 발령을 받아둔 상태였다.

광주에서 난리가 나서 시끄럽다는 소식을 듣고 아버지가 (5월) 19일에 광주로 올라오셨어요. 그래가지고 "가자. 이렇게 세상이 시끄러우니까 가자" 하니까, 현숙이 키가 167센티미터였는데 아버지랑 키를 대보면서 그러더래요. "아빠! 아빠! 내가 아빠보다 더 키가 크네. 아빠 이제 두 달만 더 고생해. 그러면 내가 돈 벌어서 아빠 호강시켜 줄게" 그래서 아버지가 "이놈아! 그래도 난리가 났으니까 담양으로 가자" 하니까 "아빠, 걱정 말고 가셔. 걱정 말고 가셔" 하더래요. 그래서 더 어린 여동생만 아버지가 데리고 가고, 현숙이랑 남동생은 남았죠. 저는 그때 직장에 다니고 있었고요. / 故 박현숙의 언니 박현옥

5월 22일, 계엄군이 광주 시내에서 철수하자 시민들은 도청 앞으로 모여들었다.[32] 누가 먼저랄 것도 없이 전날 시위 등으로 어질러진 도로를 청소하기 시작했다. 광주에 남은 박현숙도 고등학교 같은 과 친구인 고정순과 함께 도청에 나가 시민군의 일을 도왔다. 그리고 그날 저녁 집에 돌아와 늦게까지 빨래를 했다.

옆에 상하방 사는 아줌마가 보니까 저녁 내내 빨래를 하더래요. "아이, 이 난리통에 빨래를 하고 난리냐"고 아줌마가 그러니까 "아이고, 아줌마. 죽을 사람은 죽어요" 그러면서 "저는 죽어도 할 일 다 해놓고 죽는다"고 그러더래요. 제가 아침에 보니까 빨랫줄 세 줄에다 빨래를 다 널어놨어요. 그날 저는 일이 있어서 부산에 갔는데 남동생한테 도청에 가자고 그러더래요. 그때 집에 쌀도 떨어진 상황

---

32) 5월 22일 아침 일찍부터 시민들이 도청 앞 광장으로 모여들었다. 광주 시내에서 공수부대가 철수했다는 사실을 안 시민들은 서로를 얼싸안고 승리와 해방의 기쁨을 만끽했다. 곳곳에서 모인 사람들은 지난 며칠간의 사건들에 대한 무용담과 공수부대의 잔인성, 그리고 앞으로 서로가 해야 할 일들이 무엇이며 상황이 어떻게 될 것인 하는 얘기를 나누느라 시간 가는 줄 몰랐다. (5·18기념재단, 『너와 나의 5·18』, 오월의 봄, 2019, 84쪽)

버스에 탄 여성들이 계엄군에 의해 희생된 시민들을 위한 관을 나르고 있다. / 한국일보 촬영, 5·18기념재단 제공

이에요. 지 동생이 배가 고플 거 같으니까 뭘 먹이려고 데리고 간 거 같아요. 주먹밥이고 뭐고 주는 걸로 끼니를 해결해 주려고. / 故 박현숙의 언니 박현옥

5월 23일 오전, 박현숙은 무등중학교 1학년이었던 남동생 박대우를 데리고 집 앞에서 시민군 미니버스에 올랐다. 시내를 돌던 버스가 양산동 삼립 파고다빵 공장 앞에 가자 빵 두 포대를 차에 실어주었다. 슈퍼마켓 앞을 지날 때는 주인이 수고한다며 또 음료수 한 상자를 선뜻 내주기도 했다. 빵과 음료수를 먹고 난 후 박현숙과 남동생이 탄 시민군 버스는 광주사직공원으로 향했다.

사직공원 정도 가니까 외신 기자들이 있더라드만. 저희 남동생 기억에 버스 안에 영어를 할 줄 아는 대학생이 있었대요. 그래서 외신 기자 한 명을 버스에 태우고 도청으로 갔는데, 영화 택시운전사에 나오는 장면처럼 "너 이거 똑바로 보도해. 지금 우리 시민들이 이렇게 죽어가고 있으니까 똑바로 보도해" 막 그랬대요. / 故 박현숙의 언니 박현옥

광주 동구 주남마을 5.18 버스승강장 모습. 주남마을은 1980년 광주5.18민중항쟁 당시 계엄군이 광주에서 화순으로 가던 민간인 미니버스에 총격을 가하고, 안에 타고 있던 시민을 연행해 학살한 곳이다.

그렇게 시민군 버스가 도청 앞에 도착했을 때였다. 버스에 있던 무전기를 통해 "지금 관이 부족하다. 화순으로 가서 관을 구해달라"는 소리가 들렸다.[33] 그래서 몇 명만 도청에 내려주고, 버스는 다시 화순 방면을 향해 달려가기 시작했다. 얼마쯤 갔을까. 박현숙이 갑자기 차를 돌려달라고 소리쳤다.

현숙이가 "기사님! 기사님! 잠깐 저희 동생 좀 내려주고 가게요" 막 그러더래요. 그러니까 운전하시는 분이 "바빠 죽겠는데 그냥 간다"고 그러니까 거의 그냥 울부짖으면서 "저희 동생 내려주고 가야 된다"고 했대요. 그래서 서방으로 차를 돌려서 동생을 집 앞에 내려줬는데 현숙이가 배를 하나 주면서 "이거 먹고 있어. 누나 금방 갔다 올게" 그렇게 한 거예요. 그러니까 남동생이 "누나도 같이 내려" 하니까 "아니, 누나 금방 갔다 올게. 집에 있어. 누나 금방 갔다 올게"..... 이게 마지막이 된 거예요. / 故 박현숙의 언니 박현옥

---

33) 도청 앞 광장 맞은편 상무관에는 희생자들의 시신을 안치한 수많은 관들이 가지런히 놓여 있었고 미처 관을 구하지 못해 입관되지 못한 시신들은 무명천에 덮여 그 주변에 놓여있었다. (5·18기념재단, 『너와 나의 5·18』, 오월의 봄, 2019, 93쪽)

남동생을 내려준 시민군 미니버스가 광주-화순 간 국도에 들어서 광주 주남마을 앞을 지나던 때였다. 매복해 있던 계엄군이 정지시키려 했다. 당시 지원동 주남마을 뒷산에는 21일 오후 도청에서 철수한 7공수여단과 11공수여단이 주둔해 있었다.[34] 계엄군에게 잡히면 무슨 일을 당할지 모른다는 두려움 때문에 미니버스 운전기사는 멈추지 않고 더욱 속력을 내 앞으로 달렸다. 그러자 버스를 향해 계엄군의 집중 사격이 이뤄졌다. 18명이 탄 버스 안은 순식간에 생지옥으로 변하고 말았다. 운전기사마저 총에 맞아 쓰러지고, 미니버스 안은 피투성이가 되었다. 살아남은 사람들은 창 밖으로 손수건 등을 흔들며 쏘지 말라고, 살려 달라고 소리쳤다. 그러나 계엄군의 사격은 멈추지 않았다. 버스에 타고 있던 18명 중 부상자 3명을 제외한 모두가 그 자리에서 처참하게 목숨을 잃었다. 피가 흥건했던 그 미니버스 안에서 박현숙도 숨을 거두고 말았다. 사망자들을 확인사살까지 한 계엄군은 부상자 3명을 주남마을 뒷산 여단 상황실로 끌고 갔다. 그리고 부상이 심한 2명을 인근 야산 중턱에서 사살했다. 버스 맨 뒷좌석에서 박현숙과 나란히 앉아 이런저런 이야기를 나누며 친구가 됐던 홍금숙(당시 춘태여고 1년)만이 유일한 생존자였다.[35] 온 몸에 총알 파편이 박힌 채였다. 박현숙의 집에서는 영문도 모른 채, 며칠째 돌아오지 않는 박현숙을 찾느라 애를 태우고 있었다.

시골에 계신 부모님이 뭣을 얼마나 아시겠어요. 찾으러 다니는 것은 다 제 몫이었어요. "교도소에 있다, 전남대 뒤에 가면 있다. 상무관에 가면 있다" 시신이 있다는 곳은 다 쫓아다녔지만 찾을 수가 없었다. 상무관에 있었어요. 현숙이가. 그런데 저희가 너무 처참했기 때문에 못 알아본 거죠. 신발 색깔도 안 맞고 옷 색깔

---

34) 22일 새벽 6시경 11공수여단은 소태동에서부터 주남마을 앞까지 화순 방향 국도 주변에 61, 62, 63대대를 차례로 배치하고, 7공수여단 35대대 11지역대는 화순 쪽 너릿재 터널에 배치하여 도로를 차단했다. (광주민주화운동기념사업회 엮음, 『죽음을 넘어 시대의 어둠을 넘어 (전면개정판)』, ㈜창비, 2017, 258-259쪽)
35) 주남마을 뒷산에 위치한 11공수여단 상황실에서 부상자들의 상태를 본 11공수여단 장교가 부상자들을 왜 데려왔느냐며 책망하자 상황실 주변에 있었던 11공수여단 62대대 병사들이 부상자들을 처리했다. 인근 야산 중턱으로 손수레를 몰고 간 한 병사는 누군가 안락사시키자고 한 후 사살했다고 말했다. (노영기, 『그들의 5·18』, 푸른역사, 2020, 321쪽)

도 안 맞는 거예요. 나중에 보니까 지 친구 옷을 입고 갔더라고요. 고정순이라고, 현숙이 단짝이었는데 신발까지 그 친구 것을 신고 나갔으니까. 그래서 그 친구는 자기 대신 현숙이가 죽었지 않냐. 이런 식으로 막 자책하다가 수녀가 돼 버렸어요. 현숙이의 죽음으로 얼마나 아팠으면 그랬겠어요. / 故 박현숙의 언니 박현옥

망월동 3묘역 무명열사의 묘, 1980년 5월 당시 돌아가신 분들 중 신원이 확인되지 않은 시신을 모신 곳이다.

결국 항쟁이 끝난 뒤 박현숙은 신원이 확인되지 않은 무명의 시신으로 망월동에 묻혔다. 그런 와중에도 부모님과 언니는 만사 제쳐놓고 시신이 암매장되어 있다는 장소들을 정신없이 뒤지고 다녔다. 만에 하나라도 살아있기를 바라며 용하다는 무당들도 숱하게 찾아갔다. 그렇게 3개월이 흘렀다. 시청에서 연락이 왔다. 전대병원 검시 기록 등을 확인한 결과, 망월동 무명열사의 묘 중 한 기가 박현숙이라는 것이었다.

시청에서 (검시 조서에) 찍어놓은 사진이라고 보여주는데 혀는 혀대로 나와 있고 정말 참혹한 거예요. 부모님께는 쓰러지실까봐 차마 시신 사진을 못 보여드렸어요. 그 정도였어요. 그리고 복부 다발성 총상에다가 옆구리 이쪽에는 자상에다가 또 발바닥에 자흔도 있어요. (총 쏘고 나서) 죽었나 살았나 확인하느라고 대검으로 찔러보면서 자상이 생긴 거 같아요. / 故 박현숙의 언니 박현옥

그때부터 부모님은 박현숙의 어린 동생들을 제대로 돌볼 겨를도 없이 진상 규명 투쟁에 나섰다. 시골집까지 정보과 형사들이 찾아오고, 군수며 면장까지 나서 말렸지만 담을 넘어서라도 시위에 참여하곤 했다. 그러는 동안 부모님의 몸과 마음은 병들어갔다. 5·18 이후 그야말로 집안이 풍비박산이 났다고 해도 과언이 아니었다.

국립5·18민주묘지에서 박현숙의 언니 박현옥씨가 눈물을 흘리며 참배하고 있다.

　　80년 8월에 현숙이 찾았을 때 묘를 파보려고 하니까 정보과에서 와가지고 못 파게 하더라고요. 그때만 해도 폭도였잖아요. "당신 자식이 몇 명인디 남은 자식들 잘못되게 하고 싶냐. 안 파는 게 좋다. 파지 말아라"하면서 못 파게 하는 거예요. 그래서 "당신 딸이 여기 묻혀있소" 그 말만 믿었죠. 그러다가 97년 5월 5일에 신묘지로 이장할 때 아버지가 손수 솔잎으로 그 딸의 뼈를 다 맞추셨어요. 그때 정부에서 이장해주시는 분들에게 맡겨서 다 해 줬는데 아버지는 펑펑 울어가며 본인이 직접 하시면서 "이놈아! 니가 진짜구나. 니가 진짜구나. 니가 진짜 맞구나" 하시더라구요. 그 묘를 파는 순간 진짜 현숙이었어요. 진짜 현숙이야. / 故 박현숙의 언니 박현옥

　　딸의 묘를 이장하며 목놓아 울던 어머니는 다음 해 박현숙의 곁으로 떠났다. 그리고 6년 뒤, 아버지 역시 뒤따라 가셨다. 5·18 이후 딸을 가슴에 묻고 사는 동안 건강이 나빠져 내내 고생하시던 두 분은 그토록 바라던 진상규명의 한을 다 풀지 못한 채 눈을 감고 말았다. 박현숙이 주남마을로 가기 전, 차를 돌려세워가며 집 앞에 내려줬던 동생 박대우는 자신만 살아남았다는 죄책감과 극심한 트라우마에 시달리며 살아가고 있다. 지금은 언니 박현옥씨가 동생과 부모님의 뜻을 이어받아 5·18 유족회 활동을 하고 있다.

아아! 국군 아저씨!

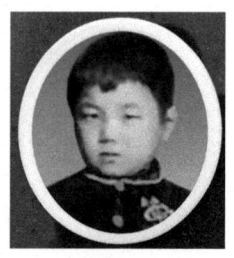

故 전재수 / 당시 효덕초등학교 4학년

곳곳에서 해맑은 아이들의 웃음소리가 오월의 햇살처럼 쏟아지는 2021년 5월 5일 어린이날, 국립 5·18민주묘지에서는 한 어린이의 추모제가 열렸다. 5·18 당시 계엄군의 총에 맞아 숨진 초등학생 전재수의 새로운 묘비 제막식과 함께 열린 추모제였다. 사망 당시 초등학교 4학년이었던 전재수는 사진이 없어 41년 동안 묘비에 영정사진 대신 무궁화를 새겨넣은 '얼굴 없는 희생자'로 남아 있었다. 그러다 형 재룡 씨가 우연히 아버지의 유품을 정리하다 발견한 사진첩에서 큼지막한 사진 뒤에 겹쳐져 있던 사진 한 장을 발견한 것이다. 전재수가 초등학교 입학을 기념해, 새 옷을 입고 아버지와 세 분의 고모들 사이에서 함께 찍은 사진이었다. 그 사진 속 얼굴을 영정사진으로 만들어 새로 묘비에 담은 것이다.

3남 2녀 중 넷째였던 전재수는 농사 짓는 부모님과 손 위 형제들의 사랑을 많이 받으며 자랐다. 1980년 5월 당시 광주시 남구 송암동 진재마을에서 살고 있던 전재수는 12살이었다. 아직 민주주의가 무엇인지, 독재가 무엇인지도 알지 못한 채 그저 천진난만하게 뛰어놀던 나이였다. 5·18민주화운동이 일어난지 일곱째 날인 5월 24일에도 전재수는 8살이었던 여동생 영애 씨와 마당에서 놀고 있었다. 전재수가 물총을

□ 증언자: 형 전재룡

2021년 5월, 국립 5·18 민주묘지에서 고(故) 전재수 군의 추모제가 열리고 있다.

쏘자 동생이 바가지로 물을 뿌리며 아웅다웅 다투다가, 아버지에게 시끄럽다며 야단을 맞고 집 밖으로 놀러 나갔다. 당시 아버지는 교통사고를 당해 발에 깁스를 한 채 쉬고 있었다.

> 24일에 우리가 일을 하니까, 돼지막도 짓고 하니까 동생이 그래요. "형! 나 나갔다 올라네" 나한테 그러더라고요. 그래서 "놀다 와라" 그때만 해도 (거리가) 조용하니까. 그래서 집에서 밥 먹고 나갔을 거예요. 12시 정도에. / 故 전재수의 형 전재룡

당시 스무 살이었던 전재수의 형 재룡 씨는 공업사에 다니며 자동차 정비일을 하고 있었다. 그러다 5·18민주화운동이 일어나자 시위대 차량을 운전하다 아버지에게 붙들려 집에 와 있던 참이었다.

지금 기아자동차 있는 데 아시아자동차라고 있어요. 거기 가서 운전할 사람을 뽑았습니다. 차에 가면서 운전할 사람 손 들어라. 그래서 거기 가서 운전을 했어요. 제가 한 이틀 간 했습니다. 사람을 실어다가 도청에 데려다 주고 또 돌아서 오는 진월동 코스였어요. 저는 진월동, 월산동 해가지고 다시 돌아오는 코스..... (여러) 코스가 있었습니다. / 故 전재수의 형 전재룡

전재수가 놀러 나간 그 무렵, 광주시 지원동 주남마을에 주둔해 있던 11공수여단[36]이 송암동을 향해 오고 있었다. 11공수여단은 하루 전인 5월 23일, 주남마을에서 시민들이 탄 미니버스를 향해 무차별 총격을 가해 여고생 박현숙을 비롯한 17명의 목숨을 앗아갔던 바로 그들이었다. 광주–화순 간 도로 차단 및 봉쇄 임무를 마친 11공수여단은 20사단과 교대한 뒤 장갑차와 차량 등을 이용하여 송정리 비행장으로 퇴각하고 있었다.[37] 공수부대 병력이 전재수가 살던 송암동 부근을 지나던 바로 그때였다.

5·18 당시 광주 시내에서 트럭을 타고 이동하는 공수부대. / 5·18기념재단

오후 1시 넘었는데 갑자기 콩 튀기는 소리가 나는 거예요. 우두두두. 그래서 "뭐

---

36) 21일 오후 도청에서 철수한 7.11공수여단은 지원동 주남마을 뒷산에 주둔하면서 22일부터 본격적으로 광주–화순 간 도로를 봉쇄하였다. (광주민주화운동기념사업회 엮음, 『죽음을 넘어 시대의 어둠을 넘어 (전면개정판)』, ㈜창비, 2017, 258쪽)
37) 노영기, 『그들의 5·18』, 푸른역사, 2020, 325-326쪽.

냐? 이거?" 아버지가 그래요. 무슨 전쟁 난 것처럼 하는 거예요. 그러더니 마이크 앰프에서 방송이 나오는 거예요. 전재수가 총에 맞아 쓰러져 있다고. 그래서 제가 그 자리에서 튀어 나갔습니다. / 故 전재수의 형 전재룡

총격을 목격한 주민들이 전재수가 쓰러지는 것을 보고 마을회관에서 방송을 한 것이다. 전재수와 동네 아이들이 놀고 있던 곳은 소나무 숲이 우거진 한씨 선산이었다. 마을 인근 도로에서 20여 미터 떨어진 나지막한 야산이었다. 형 재룡씨가 동생 전재수를 찾아 그곳으로 뛰어가는 도중에도 총 쏘는 소리는 계속 이어졌다.

가서 보니까 쓰러져 있더라고요. 쓰러져 있는데 비참스러워요. 뭐 진짜 앞에 아무 것도 없어요. 뒤에서 (총을) 맞았는데, 뭐 팔도 없어지고 이 안에 (배 안에) 아무 것도 없더라고. 얼마나 쏴버렸는지. 대충 보면 한 7~8발 맞은 것 같더라고요. 그래서 내가 도로에 가봤어요. 그 앞에 도로 어디서 쐈을까 봤더니 (도로) 앞에 탄피가 쫙 깔려버렸습니다. 가면서 자기들끼리 M16으로 다 쏴서 도로에 쫙 깔렸어. 탄피가. / 故 전재수의 형 전재룡

공수부대원들이 이동하는 차 위에서 눈에 띄는 사람이나 집을 향해 마구 총을 쏘아댄 것이다. 전재수가 총을 맞았던 송암동에 오기 전에도 진월동 원제마을 앞 저수지에서 목욕을 하던 중학교 1학년 방광범이 이들의 총에 맞아 그 자리에서 숨지기도 했다. 마을 야산에서 놀고 있던 전재수와 아이들은 갑작스런 총소리에 놀라 산 뒤쪽으로 무작정 도망을 쳤다. 그런데 비탈진 언덕길을 허겁지겁 뛰어가다 전재수의 고무신이 벗겨져 버렸다. 그 신발은 형 재룡씨가 5월 5일 어린이날, 월급을 받아 사준 새 신이었다.

새 신 신고 자랑하러 갔는데 놀다 보니까 땀이 찼을 거 아니에요. 그런데 그 놈을 자기 딴에는 안 잃어버리려고 다시 주우러 가서 올라오다가 죽은 겁니다. 그러니까 내가 신발만 사주지 않았더라도 우리 동생이 안 죽었지 않을까 이런 생각에 안타까워요. / 故 전재수의 형 전재룡

41년 만에 발견된 빛바랜 사진 속의 고 전재수 군. 아버지의 품에 안겨 있다.

날벼락 같은 소식을 듣고 형 재룡 씨를 뒤따라온 아버지는 총에 맞아 처참하게 쓰러져 있는 막내아들을 보고 오열했다. 초등학생 전재수를 죽인 계엄군의 만행은 여기서 멈추지 않았다. 오후 2시경, 11공수여단이 효덕 삼거리(현재 효덕지하차도)를 지나 송암공단 앞 도로에 접어들었을 때 근처 야산에 매복해있던 보병학교 교도대와 이들 간의 총격전이 벌어진다. 서로를 시민군으로 오인하여 벌어진 계엄군 간의 전투였다. 이 과정에서 계엄군은 근처 민가에까지 무차별적으로 사격을 가했다. 뿐만 아니라, 11공수부대원들은 근처 마을로 뛰어 들어가 주민들을 상대로 보복을 시작했다. 많은 시민들이 영문도 모른 채 목숨을 잃거나 다쳤다. 농장의 가축들도 떼죽음을 당했다.[38] 전재수는 마을 주민들의 도움을 받아 마을 앞산에 묻혔다. 어린 아이의 시신이었기에 관습에 따라 항아리에 담아 매장했다. 항쟁이 끝나고 5월 말 경, 관공서에서 시신을 확인해야겠다며 전남대병원으로 데려오라고 했다.

(죽은 지) 한 5일이나 지났을 거예요. 이미 부패가 됐어요. 사실 눈 뜨고 보기 힘든 정도였어요. 그 시신을 다시 파다가 관에 담아서 우리 집 경운기로 싣고 갔죠. 자기들이 그걸 확인하고 나서는 그 시신을 이제 밤에, 낮에는 못 갑니다. 밤에

---

[38] 광주민주화운동기념사업회 엮음, 『죽음을 넘어 시대의 어둠을 넘어 (전면개정판)』, ㈜창비, 2017, 332쪽~334쪽.

장례차에다 몇 개씩 해 가지고 꼬리표 붙여가지고, 밤에 망월동으로 실어갔어요. 거기 가서 제가 이장하고 왔습니다. / 故 전재수의 형 전재룡

동생을 이장하고 온 형 재룡씨는 항쟁이 끝난 후 보름 가까이를 숨어지내야 했다고 한다. 군인들이 마을에 시민군이 있을 거라며 수색을 했기 때문이다. 막내 아들을 잃은 아버지는 큰아들 재룡씨가 시위대 버스를 운전했던 일로 잡혀 갈까봐 그를 마루 밑에 있는 고구마 굴에 숨겼다. 그러던 중 택시 기사였던 매형 이정호씨가 5월 20일 차량 시위[39]에 참여했다는 이유로 상무대로 잡혀 갔다.

전재룡씨가 막내동생 전재수의 영정사진을 들고 있다.

카메라에 한신택시가 찍혀가지고 매형이 잡혀갔어요. 그래갖고 상무대 가서 얼마나 뚜들어 맞았는지 바보가 돼 버린 거예요. 무슨 말을 해도 안 해 버리고. 나중에 나왔는데 한 15일 있다가 갑자기 안에서 늑막염이 생긴 거예요. 그래서 돌아

---

39) (5월 20일) 저녁 7시쯤 갑자기 유동 쪽에서부터 수많은 차량이 일제히 전조등을 켜고 경적을 울리면서 도청을 향해 돌진해 왔다. 맨 선두에는 짐을 가득 실은 대한통운 소속 12톤 대형 트럭과 고속버스, 시외버스 11대가 잇따랐고, 그 뒤로 2백여 대의 영업용 택시가 금남로를 가득 메운 채 따라왔다...... (중략) 차량 행렬은 어마어마한 지진해일처럼 밀려왔다. 응축된 민중적 투쟁 역량이 한꺼번에 분출되어 나왔다. 오후 내내 치열한 공방전에 지쳐 있던 금남로 시위 군중들에게 이 격량은 새로운 힘이 되었다. (광주민주화운동기념사업회 엮음, 『죽음을 넘어 시대의 어둠을 넘어 (전면개정판)』, ㈜창비, 2017, 145쪽)

가셨어요. 지금 망월동 묘지에 있습니다. / 故 전재수의 형 전재룡

어린 아들과 사위를 잃은 어머니는 눈물 마를 날 없는 나날을 보냈다. 그러다 홧병이 점점 깊어져 위가 나빠지고, 간경화까지 와서 결국 4년 만에 아들을 따라 가버렸다. 벗겨진 신발을 주우려는 어린 아이에게 무자비에게 총을 쏘아댄 이들을 도전히 용서할 수 없었던 아버지는 1982년부터 유족회 활동을 시작했다. 아내까지 슬픔을 이기지 못하고 세상을 떠나자 아버지의 분노와 한은 더욱 깊어졌다. 전재수의 아버지와 형은 군사독재정권의 감시 대상이 되었다.

서부(경찰)서 앞에 안기부가 있어요. 안기부 사무실에서 좌우지간 국가 원수(전두환)가 왔다 간다 그러면 나를 잡으러 와요. 잡으러 온 게 아니라 회사에다 이야기하고 나 싣고 어디로 갑니다. 갔다 오면은 뭐가 끝나 있어요. 전두환이가 왔다 가고. 그러면서 안기부 애들이 뭐라고 하냐면 내가 자동차 정비 하고 있는데 "야! 너 자동차 하지 말고 다른 데 넣어 줄게 들어갈래?" 그러는 거예요. 그런데 내가 우리 아버지하고 약속했던 게 있어요. "우리 아버지하고 약속했기 때문에 나는 이거는 끝까지 제가 자동차 해야 됩니다"(하고 거절했다). 안기부에서 나한테 그런 제안도 들어왔습니다. 그런데 내가 그것도 다 안 했습니다. / 故 전재수의 형 전재룡

그렇게 10여 년 가까이 군사정권의 괴롭힘을 당해야 했다. 그럼에도 1988년 국회 광주 특위 청문회[40]에 출석해 아들의 죽음과 계엄군의 만행을 증언하기도 했던 아버지는 지난 2000년 64살의 나이에 세상을 떠났다. 아버지의 제사를 앞두고 유품을

---

40) 전두환은 (1988년) 4월 국가원로자문회의 의장직과 민정당 명예총재직 등 일체의 공직에서 물러나지 않을 수 없었다. 총선 결과 야대여소의 국회가 만들어졌고, 이를 계기로 공조체제를 갖춘 야당들이 5공 청산을 강력하게 주장하고 나섰기 때문이다. 국회는 여야의 논란 끝에 6월 27일 7개의 특별위원회 구성에 합의했다. 7개의 특별위원회 중 가장 중요한 특위는 광주 문제에 대한 진상조사를 수행할 광주특위와 대통령 친·인척 중심의 권력 비리를 조사할 5공비리특위였다. (정해구, 『전두환과 80년대 민주화운동』, 역사비평사, 2011, 187쪽)

정리하다 동생 전재수가 죽은 지 41년 만에 아버지와 동생이 함께 찍은 사진을 발견했다. 동생의 영정사진을 되찾아준 형 재룡 씨에게는 오랜 바람이 있다. 5·18 희생자의 형제·자매도 법률상 유족에 포함시켜 주었으면 하는 것이다. 현행법상으로는 직계가족만 유족으로 인정받을 수 있기 때문이다.

80년 5.18 한 송이 꽃도 피워보지도 못한 12살 전재수 죽음

80년 5월 24일. 날이 좋았던 그 날. 내 어린 동생 재수는 그날도 동네 아이들과 물놀이를 한다며 집을 나섰다.
물놀이 가는 그 길에 공수부대 차량이 지나갔다. 난생처음 군인을 보는 순박했던 시골아이들은
"와!! 우리나라 군인 아저씨 지나간다!! 아저씨~!!!" 하면서 손을 흔들었다.
지금이라면 손을 흔들며 답해줬을 우리나라 군인 아저씨들은 그 어린 시골아이들을 향해서 총을 쐈다.
그 총소리에 아이들은 혼비백산하며 도망갔고, 어떤 아이들은 물 속으로 뛰어들어 살았고 어떤 아이들은 풀숲으로
뛰어들어 살았다. 그러나 내 동생 재수는 돌아오지 못했다. 그 전날은 집안에 가장이었던 나의 월급날이었고,
닳아진 고무신을 말없이 신고 다니는 어린 재수가 안쓰러워 "어머니, 이번에 재수 고무신 한 켤레 꼭 사다주쑈.
어린 녀석이 말도 안 하고 닳아진 신발 신고 다녀요, 어머니" 그날 밤 우리 어린 동생 재수는 그 새 고무신을 꼭 안고
잠자리에 들었다. 다음날 재수는 활짝 웃으며 "엄마, 나 다녀올께요!! 요놈 고무신 신고 나가려요!!" 하며
친구들에게 새 고무신을 보여준다며 집을 나섰고, 그저 나라 지키는 군인 아저씨가 신기하여 손을 흔들었던 시골아이에게
화답 대신 M16총을 쐈던 공수부대를 피해 도망치다 새로 받은 고무신 한 짝이 벗겨지는 바람에 그걸 주웠다고 다시
돌아갔다가 다시는 우리에게 돌아오지 못했다.
그때 군인들에게 손을 흔들지 않았더라면... 그때 물놀이 가는 동생에게 가지 말라고 했더라면.....
그때 그 고무신을 사주지 않았더라면.... 그저 군인들이 신기했던 아이였고 그저 새로 선물 받은 고무신이 소중했던 아이였다.
몸에 장기 하나하나가 끊어질 것 같은 고통을 경험해본 적이 있는가. 몇만 개의 바늘이 목구멍으로 넘어가는 듯한 고통을
경험해본 적이 있는가. 밥을 넘기면 몇만 개 바늘이 목구멍으로 넘어가는 듯하여
우리는 곡기를 끊었고, 눈을 감으면 6발의 총알이 박힌 우리 동생의 처참한 주검이 보여 눈을 감고 잠을 자지 못했다.
눈을 뜨고 있으면 "아버지, 어머니, 형아... 무서워요, 아파요.." 하는 우리 어린 재수의 모습이 눈에 선해서 우리는
눈을 감지도, 뜨지도, 곡기를 목으로 넘기지도 못했다. 자식은 부모가 돌아가시면 무덤에 묻지만,
부모는 자식을 가슴에 묻는다고 한다. 우리 막둥이 어린 내 아들 같았던 착했던 동생... 나는 그 아이를 가슴에 묻었다.
반복됐던 그 고통의 시간 속에 어머니는 병을 얻으셨다. 온몸에 부었고 새까맣게 타버린 속처럼 몸도 새까맣게 변해갔다.
그리고 마지막 그날 "우리 아들 재수 보러간다." 며 세상을 떠나셨다. 아버지는 뉴스와 청문회에서 많은 사람에게
그날의 현장을 말씀하셨다. 그러나 어디에서도 잘못한 사람은 나타나지 않았다. 죽은 사람은 있으나...
잘못한 사람은 없었다. 누군가의 자녀일 수도, 누군가의 어머니, 아버지일 수도 있는 죄없이 죽어간 소중했던 사람들.
아버지는 남겨진 자들의 기약 없는 그 절절한 고통을 알기에 누구보다 절실히 활동하셨다. 누구보다 더 열심히 말씀하셨다.
들어주는 이는 많지 않았으나 그래도 말씀하셨다. 누군가는 귀 기울여 들어줄 거라고... 그리고 어머니 뒤를 따라
세상을 떠나셨다. 나의 소중했던 가족들이 내 곁을 하나둘 떠나갔다. 우리 가족 따스하게 음식과 이부자리를
내주었던 아궁이는 식어갔고, 소중했던 가족들이 떠나가 버린 그곳에서 오로지 나만이 그 자리를 지키고 있었다.
몇십 년이 지났다.
주름이 생겼고, 흰머리가 생겼고.. 손녀가 생겼다. 여러 번의 정권이 바뀌었고, 동생과 살던 집 주변은 어느새 아파트가
한 채 두 채씩 들어섰다. 그리고 세상도 변했고, 이제 우리들의 이야기를 들어주는 이들도 생겨났다.
동생의 이야기가 티브이에서 흘러나왔다. 그러나 나는 여전히 그대로다. 가족을 모두 떠나보냈던 그 고통은
가슴속에 말뚝으로 박혔고, 5월의 그 날만 되면 나는 목놓아 운다. 40이 되도, 50이 되도, 이제 60이 되어도...
그 고통은 여전히 그대로 남아있습니다. 어린나이에 떠난 내 동생 재수는 향 피워주는 이도 없습니다.
유가족인 부모님은 몇십년전, 바뀐 세상 보지 못한 채 떠나셨고, 나는 유가족이 아니기에 518행사에 참여할 수 없고
내 불쌍한 동생에게 향 한번 피워줄 수도 없었습니다. 외롭게 갔던 내 동생은 그곳에서도 외롭습니다. 이제 용기내서
다시 한번 말해봅니다. 동생을 보내고 40년이 흘렀습니다. 내 나이 어언 60... 내가 얼마나 더 살 수 있을지
모르겠지만, 이제 내 생에 앞으로 남아있는 시간만이라도
내 동생의 묘를 지키고 관리할 수 있는 유가족으로 인정해주십시오.
40년이 지나서야 형 전재룡의 가슴속 아픈 말들을 읊조려 봅니다.

5·18 유가족 방계 인정을 요청하며 故 전재수의 형 전재룡씨가 만든 호소문

고 전재수의 희생을 기리는 추모의 나무 앞에서 광주 효덕초등학교 학생들이 고인을 추모하고 있다.
광주시교육청 제공

이번에도 보훈청에 얘기했어요. "부모님이 안 계신데 누가 관리를 할 것이요. 묘 관리를. 향이라도 피워야 할 것 아니에요. 직계는 없는데 형 혼자 남아있다. 묘 관리는 해야 할 거 아니냐. 형제 한 사람이라도 유가족 인정해주면 가서 묘도 관리하고 하겠다" 그런 바람입니다. 내가 오죽해서 그랬어요. "안 되면 내가 묘를 파다가 차라리 우리 선산에다 하겠다. 보상해 주라는 것도 아니다. 내 동생이니까 5·18 때 죽어서 아픔이 있는 동생인데 내가 하다 못해 술이라도 한잔 따라놓게 해달라" 그랬는데 모르겠습니다. 어떻게 될지는..... / 故 전재수의 형 전재룡

망월묘역 이팝나무에 하얗게 꽃이 피는 5월이 되면, 효덕초등학교 교정에서는 초등학생들이 '고 전재수를 기리는 추모의 나무' 아래 모여 참배를 한다. 1989년에는 4학년을 다 마치지 못하고 세상을 떠난 전재수에게 명예 졸업장을 수여하기도 했다. 이렇게 그를 잊지 않고 있는 어린 후배들은 해마다 5월이면 전재수의 추모비와 추모의 나무를 중심으로 5·18민주화운동의 뜻을 기리는 행사들을 이어가고 있다. 하지만 누가, 왜 전재수를 쏘아 죽였는지와 발포 명령자 등은 아직도 규명되지 않고 있다.

수말스러운 내 딸 명숙아!

故 김명숙 / 당시 서광여중 3학년

국가와 국민의 안전을 지키라며 총을 쥐어 준 국군이 부당하게 권력을 쟁취하기 위해 민주주의를 외치는 국민을 향해 총을 쏘았던 1980년 5월. 계엄군 발포로 인한 최초의 부상자도 학생이었지만[41] 계엄군의 총탄에 쓰러진 마지막 희생자 역시 서광여중 3학년 김명숙 학생이었다.

김명숙의 집은 5·18민주화운동의 시발점이었던 전남대학교 정문 용봉천 옆 주택가였다. 5월 18일 새벽 전남대학교를 점령한 7공수여단 33대대는 학교를 폐쇄하고, 학교는 물론 인근 집이나 상가까지 난입해 무자비하고 무차별적인 폭력을 행사했다. 전남대학교 정문 일대는 공포에 휩싸였다.[42]

그냥 우리 이웃 사람 아들도 막 도망가는데 때려가지고 부상자가 되고, 우리 밑에 저기 아저씨는 옥상 위에서 구경하고 있는데 공수부대들이 쫓아오니까 그냥 내려와 가지고 화장실에 숨었는데 공수부대들이 끄집어 내가지고 때려서 죽여버

□ 증언자: 어머니 양덕순

41) 5월 19일 오후 4시 30분경, 당시 고등학생이었던 김영찬 군은 계림파출소 인근에서 계엄군이 쏜 총에 맞아 중상을 입었다.
42) 계엄군에게 붙들린 학생들의 일부는 학교 안 어딘가로 끌려갔고, 또 일부는 가혹한 폭행을 당했다. 이는 이전에 익숙히 봐오던 시위 진압 양상과는 달리 몹시 잔인했다. 일찍이 이런 광경을 보지 못했던 시민들이 계엄군에게 항의하자, 계엄군은 이들에게도 폭력을 행사했다. (5·18기념재단, 『너와 나의 5·18』, 오월의 봄, 2019, 56쪽)

1988년 용봉천 복개공사 모습 / 광주시청, 광주 100년 사진 자료

리고 그랬어. 영판 사람이 좋거든요. 생긴 것도 좋게 생겼는디 그래가지고 죽어버렸잖아. / 故 김명숙의 어머니 양덕순

그런 공포 속에서 김명숙의 어머니는 집 앞으로 도망치는 학생들을 숨겨주기도 했다. 그리고 열흘 뒤, 계엄군의 진압 작전이 종료된 후 12시가이 지나 5월 27일 저녁, 김명숙의 집에서는 여느 때처럼 가족들이 둘러앉아 식사를 했다. 5남매 중 셋째였던 김명숙은 위로 오빠와 언니가 있고, 어린 여동생이 둘 있었다. 언니는 일찍 결혼을 했던 터라, 김명숙은 장녀 아닌 장녀 노릇을 하며 집안일을 거들곤 했다. 학교에 갔다 오면, 바로 방으로 들어가지 않고 가방을 든 채 부엌으로 들어가서 "엄마, 밥 차릴까?" 하고 먼저 물어보던 착한 딸이었다.

내가 하도 옹삭하게 살아와서 일을 다녔거든요. 일을 다니니까 공휴일 날도 지 신발 다 닦아놓고 빨래 다 하고, 일 갔다 저녁에 오면 밥해서 딱 차려놓고, 공휴

101

일에도 놀러 한 번을 못 갔어. 한 번은 "엄마, 엄마. 친구는 공휴일에 놀러 오고 그러는데 나는 놀러 한 번도 못 가" 그러더라고. 그래서 "너희 아버지가 돈을 많이 못 버니까 내가 너희들 가르치려고 일을 다니면서 고생하는데 너희들이 놀러나 다니고 그러면 되겠냐" 내가 그랬거든. 그랬더니 "엄마, 그 말도 맞아." 너무나 너무나 수말스러웠어. / 故 김명숙의 어머니 양덕순

그날도 김명숙은 일을 다니느라 힘든 어머니를 쉬게 해 드리려고 자청해서 저녁 설거지를 했다. 그리고 어머니가 안방에서 쉬고 있는 사이, 조용히 집을 나왔다. 휴교령이 내려 학교에 가지 못하는 동안 내내 무서워서 문 밖 출입을 못하며 지내다 친구에게 책을 빌리러 나선 길이었다. 김명숙이 뒷집에 사는 친구 인숙이 집으로 향하던 그때였다. 갑자기 들리는 총소리에 놀란 김명숙은 하천 밑으로 뛰어내렸다. 전남대 정문 앞에 주둔해 있던 계엄군이 김명숙을 대학생으로 오인하고 하늘에 대고 공포 두 발을 쏜 것이었다.

공수부대들이 저쪽에서 굴을 파고 있었든가봐. 그래도 인자 그런 줄도 모르고 우리 딸이 책을 빌리러 저녁에 가니까 학생들이 또 데모하러 나온다고 공포를 쏴버렸어. 우리 딸한테. 우리 딸이 놀래가지고는 그 길 높은 데를 그냥 안쪽으로 들어와야 하는데, 요 집 쪽으로 들어와야 하는데 냇가로 뛰어들어가버렸어. / 故 김명숙의 어머니 양덕순

1980년 5월 광주 금남로에 출동한 공수부대. / 5·18기념재단

순간 총소리가 멈추자 김명숙은 다시 하천에서 도로로 올라왔다. 그때 또 한 번의 총성이 울렸다. 이번에는 공포가 아니었다. 계엄군이 쏜 총탄은 김명숙의 왼쪽 허벅지에 박히고 말았다. 김명숙은 비명을 지르며 그 자리에서 쓰러졌다. 총소리와 비명소리를 들은 김명숙의 아버지와 옆 방에 세 들어 살던 아저씨가 깜짝 놀라 밖으로 나갔다. 그리고 피를 흘리며 쓰러져 있는 김명숙을 안고 집으로 돌아왔다.

토재(마루)로 데려다가 눕혀놓으니까 "엄마! 나 살려" 그러드만. 우리 딸이. 그래가지고는 지 방에다 들여다 놓으니까 손이 딱 오그라져 버렸더만. 나는 마당에서 막 홀딱 홀딱 뛰고 있는데 그러자 공수부대들이 들어오더라고. 네 명인가 다섯 명인가 왔어. 그래가지고는 그냥 우리 딸 죽었다고 우리 딸 살려라고 내가 막 소리를 치니까 안 죽었다고 그러데. 넙덕지를 맞아서 안 죽것다고. / 故 김명숙의 어머니 양덕순

하천을 건너 집으로 들어온 계엄군들은 군홧발로 김명숙이 누워있는 방으로 들어갔다. 대학생들인 줄 알고 쏴버렸는데 민간인이라며 서로 이야기를 나누었다. 그리고 육군본부에 연락해 지프차를 보내달라고 했다. 잠시 후 지프차 한 대가 와서 김명숙과 아버지를 태우고 통합병원으로 갔다.

데리고 갔는데 우리 아저씨가 조금 있으니까 왔어. 어째 왔냐고, 우리 명숙이 어쨌냐고 막 내가 울고 거시기 하니까 병원에다 입원을 시켜놓고 왔다고 우리 아저씨가 그러더라고. 나는 그런 줄만 알았지. 그런데 나중에 알고 보니까 죽었다 그러더라고. / 故 김명숙의 어머니 양덕순

김명숙은 제대로 손 한 번 써보지도 못한 채 병원으로 가던 중 차 안에서 숨을 거두고 말았던 것이다. 그러자 계엄군은 시신을 통합병원 영안실에 안치시키고, 수속이며 처리는 알아서 해준다면서 아버지를 집으로 돌려보냈다. 김명숙의 시신은 그렇게 4일 동안 통합병원에 안치돼 있었다.[43)] 가족들은 김명숙을 화장시키기로 했다. 통합병원 측이 내 준 적십자 차로 광주 북구에 있는 화장터로 향한 김명숙의 유해는 그렇

게 한 줌 가루가 되어 밭에 묻혔다. 그러다 이후에 망월묘역으로 옮겨졌다. 몸이 아파 식구들의 만류로 화장터에도 가지 못한 어머니는 혼자 집에 남아 울부짖었다. 착하디 착했던 딸에게 부모로서 해 준 것이 너무 없어 더욱 가슴이 무너져 내렸다.

생긴 것도 또 예쁘게 생겼네 우리 딸은. 맹상하니 얌전하고. 한 번은 "엄마, 엄마 나 2학기 때 되면 돈 3천 원만 주소" 그러데. 그래서 "뭐하려고 그러냐?" 하니까 "우리 친구들 다 내가 사진 찍어줘 가지고 돈 좀 벌라네" 그래요. "오메, 3천 원 갖고 돈을 번다냐" 그랬더니 대체나 사진을 찍어가지고 돈 얼마나 벌었든가 그 무거운 가방 들고 평화시장까지 가서 아빠 난닝구(런닝셔츠) 하나, 내 난닝구 하나 그렇게 사가지고 들어왔어" 그런 딸이 죽어버리니까 내가 횃병이 겁나게 들어갖고 시방까지도 몸이 안 좋아. / 故 김명숙의 어머니 양덕순

생각할수록 애틋하고 미안하기만 한 딸을 떠난 보낸 후, 어머니는 병명조차 제대로 알 수 없는 횃병으로 목이 퉁퉁 부어올랐다. 전주로, 담양으로, 나주로 병원을 찾아 다니며 정신과 치료를 받으며 삶을 지탱해 왔다. 10여 년 전에 김명숙의 곁으로 떠난 아버지도 한동안 술로 딸을 잃은 고통을 달래며 힘겹게 버텨야 했다. 1982년부터 유족회 활동을 시작한 어머니는 5·18의 진상을 규명하라며 도청으로, 국회의사당으로 뛰어다녔다. 전두환 정권의 감시와 탄압 속에서 숱한 고초를 겪기도 했다. 지금도 어머니는 어린 나이에 계엄군의 총에 맞아 세상을 떠난 딸을 생각하면 견딜 수 없이 입이 타고 목이 뜨거워져 밥을 넘기기도 힘들어지곤 한다.

그때 당시 공수부대들이 그랬는가 어쨌는가 도청에 한 번 오라고 해서 가니까, 데모도 안 하고 그랬는데 자기들이 민간인을 총으로 쏴버려가지고 그랬으니까 정

---

43) 이날(5월 27일)의 희생자들을 보면 당시 계엄군이 신분을 확인하지 않은 채 무차별 총격을 한 것이 증명된다. 상무충정작전의 지침 중에는 생포하라는 내용이 있었으나, 공수부대가 침투한 곳뿐 아니라 특공작전이 끝난 뒤의 광주 시내에서도 이는 제대로 지켜지지 않았다. (노영기, 『그들의 5·18』, 푸른역사, 2020, 415-416쪽)

부에서 꼭 보상을 해줘야 한다"고 그렇게 말합디다. 그래가지고 그때 5천만 원 나왔대. 속 모른 사람들은 시방 5·18 국가 유공자 돼서 다달이 돈이 나온 지 알고, "집이 돈 많으니까 어찌라" 하고, "돈 많으니까 팍팍 쓰라"고 하고 그렇게 말을 해. 나는 그런 말이 제일 억울하고 분해. / 故 김명숙의 어머니 양덕순

새 학기가 되면 좋은 친구를 사귀고 싶다며 천진하게 웃던 딸의 그 싱그러운 미소를 다시는 볼 수 없는데, 세상을 다 준들 무슨 소용이 있을까. 어떤 부모가 자식의 목숨값으로 돈 몇 푼을 받았다고 잘 먹고 잘살 수 있을까. 중학교 3학년 앳된 딸을 묻은 어머니의 가슴은 영원히 아물지 않을 상처로 시퍼렇게 멍이 들었다.

故 김명숙의 모교인 광주서광중학교 교정에 심어진 추모 식수.

어머니! 친구 창근이 시체를 지키겠어요

故 문재학 / 당시 광주상고 1학년

'그날, 기어이 아들의 옷을 잡아 잡아끌어서라도 집으로 데려왔어야 했는데...'
돌이킬 수 없어 더욱 가슴 저미는 이 후회와 함께 어머니는 막내아들 문재학을 가슴에 묻었다. 1980년 5월 26일, 광주시 외곽으로 물러났던 계엄군이 탱크를 앞세우고 시내로 진입한다는 최후 통첩이 항쟁지도부가 있던 옛 전남 도청에 전해졌다.[44] 이러한 사실은 도청 앞 광장에서 궐기대회에 참석해 있던 시민들에게도 전해졌다. 소식을 들은 김길자 씨는 며칠 째 도청에서 시민군으로 활동하던 아들 문재학을 찾아갔다. 당장 집으로 가자고 설득했지만, 아들은 저녁에 들어가겠다며 어머니를 돌려 보냈다. 그것이 마지막이 될 줄은 꿈에도 몰랐던 어머니는 그날 자신이 아들을 데려오지 못했다는 죄책감에 시달리고 있다.

2남 1녀 중 막내였던 문재학이 네 살 되던 1968년, 그의 가족은 전남 영암에서 광주로 이사했다. 광주 동산초등학교와 동성중학교를 졸업한 문재학은 스스로 상업고등학교 진학을 선택했다.

□ 증언자: 어머니 김길자

44) 5월 26일 새벽 4시, 계엄군이 광주 외곽에서 탱크를 앞세우고 시내로 진입하고 있다는 소식이 무전기를 통해 도청 상황실에 보고되었다. 계엄군의 탱크는 시민군이 설치한 바리케이드를 깔아뭉개버리고 1킬로미터쯤 밀고 들어와 농성동 한국전력 앞길에 진을 쳤다. 전 시민군에 비상령이 하달되었다. (5·18기념재단, 『너와 나의 5·18』, 오월의 봄, 2019, 102쪽)

"누나는 인문계를 갔는데 왜 너는 상고를 갈라고 그러냐?" 하고 물었더니 아무 소리 안 하더라고요. 애기가 속이 참 깊어요. 속이 깊어. 아무 소리 안 하고 있더니, "엄마, 나 생각해본께 상고를 가야 돈을 빨리 벌것다"고 그러면서 상고를 가야 한다고 그래요. / 고 문재학의 어머니 김길자

고 문재학(오른쪽)이 고등학교 친구와 함께.

풍족하진 않지만 부족함도 없었던 문재학의 집안은 당시 아버지가 하던 사업이 실패하면서 형편이 어려워졌다. 대한통운 하역인부로 일하며 고생하는 아버지가 안쓰러워 빨리 돈을 벌고 싶다고 했던 문재학은 광주상업고등학교에 진학했다. 그런데 새로 맞춘 고등학교 교복을 미처 받아보기도 전에 계엄령에 이어 휴교령이 내려졌다. 1980년 5월이 시작된 것이다. 5월 18일, 일요일이라 외출을 했던 문재학은 집으로 전화를 했다. 학교에서 조금 떨어진 백림약국 앞이라고 했다. 계엄군이 쫙 깔려서 학생들을 잡아간다며, 친구 광호의 집에 있을 테니 데리러 와 달라고 했다. 그날은 그렇게 어머니와 함께 무사히 집으로 돌아올 수 있었다. 다음 날 휴교령이 내려 학교에 가지 못하게 된 문재학은 5월 21일이 되자 친구 집에 다녀오겠다며 집을 나섰다.

저녁에 늦게 들어왔는데 목이 확 쉬어가지고 왔어. 그래서 "왜 그렇게 목이 쉬었냐?" 물었더니 "차를 따라 다녔제" 그래서 "차를 따라다녔는데 왜 그렇게 목이 쉬었냐?" 그러니까 선배들이 막 거시기 전두환이 물러가고, 김대중 씨 석방하고 그러라고 하니까 저도 같이 했단 것이여. 그래갖고 목이 쉬었다고 그래. / 고 문재학의 어머니 김길자

107

도청에 모여든 시민들과 시민군, / 5·18기념재단

그 이야기를 들은 문재학의 형이 계엄군이 언제 올 지 모르니 나가지 말라고 신신당부했다.[45] 이틀 뒤인 5월 23일, 가족들의 걱정 어린 당부에 수긍하는 듯하던 문재학이 보이질 않았다. 말없이 집을 나가버린 것이었다. 다음 날이 돼서야 집으로 전화를 건 문재학은 도청 상황실에 있다고 했다. 5월 25일, 부모님은 아들을 찾아 도청으로 달려갔다. 정문에서 이리 저리 살펴보고 있는데 민원실 2층에 서 있던 문재학이 마침 부모님을 보고 내려왔다. 집에 가자며 설득하는 부모님에게 그는 초등학교 동창이었던 친구가 죽었다고 말했다.

창근이[46] 시신이 이제 들어와가지고 아직 처리도 안 했다고, 관에 들어가지도 않았다고, 관에 들어가는 것이라도 봐야지 나만 가것소? 그렇게 말을 해. 창근이를 한 번 보고 가야지 나만 가것냐고 그렇게 마다 하니까 '남의 자식은 죽었는데 내 자식만 데리고 가것냐' 그때는 또 그렇게 생각이 들어가더라고요. / 고 문재학의 어머니 김길자

문재학의 부모님은 도청에 남아 심부름이라도 하겠다는 아들을 두고 집으로 돌

---

45) (5월 21일) 계엄군과 무장한 시위대 간에 총격전이 전개되었지만, 오후 4시쯤 광주의 계엄군은 상부로부터 철수 명령을 받았다. 그리하여 도청, 조선대, 전남대에 주둔하고 있던 그들은 광주 외곽으로 철수하기 시작했다. (정해구, 『전두환과 80년대 민주화운동』, 역사비평사, 2011, 65쪽)
46) 광주 숭일고등학교 1학년에 재학 중이던 양창근은 시위대에 합류해 시위를 하던 중 5월 22일 경 계엄군의 총에 맞아 사망했다.

아왔다. 그리고 5월 26일, 계엄군의 광주진입작전이 임박했다는 소식을 듣고 다시 도청을 찾아갔다. 도청 본관 앞에서 문재학을 만난 어머니는 더욱 간곡하게 아들을 설득했다. 저녁에 계엄군이 들어온다고 하니 집에 가자고 호소하는 어머니에게 문재학은 걱정 말라며, 통행금지가 되기 전 집에 들어가겠다며 이번에도 어머니를 안심시킨 후 돌려보냈다. 꼭 집에 오겠다는 다짐을 받고 돌아와 이제나 저제나 아들의 기척이 들리기만 기다렸다. 그러는 사이 시계는 어느새 통행금지 시간인 저녁 7시를 넘어가고 있었다. 애타게 기다리는 아들은 오지 않고 전화 한 통이 걸려왔다. 문재학이었다. 집에 오려고 했는데 차가 끊겨서 못 온다는 것이었다.

이제 그때는 저도 못 오고, 나도 못 가고 딱 발이 묶여가지고 있제. 저녁에 계엄군은 들어온다고 하고, 걱정이 돼서 밤새 잠을 못 잤죠. 그래서 새벽에 옥상에 올라가서 보니까 전남대 후문 쪽에서 군인들이 시내로 아주 엄청 가요. 아마 새벽 2시 반에서 3시 사이 됐을 거예요. 그렇게 총소리가 났어요. 그냥 기가 막혀서 '오메, 어쩌면 우리 새끼들 다 죽었네. 우리 새끼들 다 죽었네' 이제 그때는 니 새끼 내 새끼 없이 도청에 있는 사람들 다 죽었네 했죠. 그래도 무서워서 못 가고, 자식은 죽었을 것이다 하면서도 내 목숨이 중요했던가 얼른 못 가고, 5시 반쯤이나 됐던가? 아빠하고 도청으로 갔어. / 고 문재학의 어머니 김길자

중흥동에서 도청까지 걸어가는 사이, 날이 훤하게 밝았다. 그 무렵, 문재학은 도청 앞마당에 누워있었다. 1980년 5월 27일 독일기자 위르겐 힌츠페터가 촬영한 사진 속에 그의 마지막 모습이 담겨있다. 계엄군에게 진압당해 등 뒤로 손이 묶인 채 엎드려 있는 사람들과 총을 든 계엄군들, 그 옆에 붉은 피가 흥건한 채 땅바닥에 널브러져 있는 시민군 사망자들 중 한 명이 바로 문재학이었다. 계엄군의 총에 맞아 숨을 거둔 것이다. 교련복 바지와 쑥색 티셔츠를 입고 있는 그의 옆에는 광주상고 1학년 친구였던 안종필이, 그리고 그 옆에는 조대부고 3학년 박성용이 역시 싸늘한 주검이 되어 나란히 누워있었다. 하지만 그날 아침, 문재학의 부모님은 그 모습을 볼 수 없었다. 부모님이 도청에 도착했을 때는 언제 그런 일이 있었냐는 듯 말끔하게 치워진 뒤였다. 이미 계엄군에 의해 점령된 도청 안으로는 들어갈 엄두조차 낼 수 없었다.

1980년 5월 27일 계엄군이 전남도청을 진압한 직후 최후까지 남았다가 총에 맞아 숨진 문재학군(왼쪽, 상하의 교련복)의 시신을 계엄군이 옮기고 있다. 외신기자 노먼 소프가 당시 촬영했다가 최근 공개했다.

그래서 이제 어디로 오고 갈지를 모르고 집으로 돌아왔제. 그때 심정은 발이 뭐 땅에 닿는가 안 닿는가 모르고 왔제. 어디로 찾으러 가야 할지 어쩔지를 모르고 한 이틀을 보냈지. 그러다가 재학이 외삼촌 친구가 국군통합병원 장교로 있어서 거그다 연락을 했어. "재학이가 혹시 계엄군한테 잡혀갖고 있는가 한 번 알아봐주라"고 하니까 금방 또 전화가 왔어요. 재학이가 잡혀갖고 있다고 전화가 왔어.
/ 고 문재학의 어머니 김길자

아들이 살아있다는 말에 어머니는 가슴을 쓸어내렸다. 현충일이 되기 전에 집으로 서류가 갈 거라고 했다. 거기에 자필로 주소와 성명을 쓴 후, 계엄사에 가져가면 아들을 내보내 줄 거라고 했다. 그런데 어찌된 일인지 현충일이 하루 앞으로 다가왔지만 계엄사에서 보낼 거라는 서류는 감감무소식이었다. 다시 연락을 해 보니 그때서야 나이가 몇 살인지를 물었다. 고등학교 1학년이고 17살이라고 했더니, 계엄사에 잡혀 있는 재학이는 훨씬 나이가 많다고 했다. 동명이인이었던 것이다. 아연실색해 어찌할 바를 모르고 애만 태우던 무렵, 문재학의 담임 선생님이 찾아왔다.

27일 지나고 신문에 나왔는가 보더라고요. 며칠 날 나왔는가는 모르는데 선생님이 그 신문을 가지고 와서 '상고머리 고교생, 교련복 차림, 17세 가량 고교생' 그렇게 자세히 써졌다고. 재학이가 고등학교 댕길 때 사복 한나 사 주들 못했어. 근게 맨날 추리닝 아니면 교련복만 입고 다녔제. 그때 도청에서도 교련복 그놈 입고 죽었어. 이 저기가(사망자가) 망월동에 가묘가 돼 있다고 그러니까 가서 파보면 틀림없이 재학이일 것 같다고 선생님이 그래요. 그렇게 하니까 식구들이 다 망월동에를 갔지. 망월동이 어디 있는지도 몰랐어. 선생님이 데리고 가니까 갔지. / 고 문재학의 어머니 김길자

선생님의 도움으로 찾아간 망월동에서 묘지번호 104번, 관번호 94번 신원미상 사망자의 묘를 찾아갔다. 그런데, 묘지에 있던 공무원이 지금은 시신을 확인할 수 없다며 막아섰다. 시청이나 경찰서에서 묘지를 확인해도 된다는 문서를 받아오라는 것이었다. 자식의 죽음 앞에 겁날 것이 없었던 아버지는 화를 내며, "내 자식이 아니면 (시신은) 안 가져갈 것인데 왜 (묘를) 못 파게 하냐"며 근처에 있던 삽을 들고 거세게 항의했다. 그렇게 겨우 묘를 파고 시신을 확인할 수 있었다. 하지만 그 순간에도 어머니는 거기 묻혀있는 이가 아들 문재학이 아니기를 바랬다. 대충 흙으로 덮어 가매장을 해 놓은 시신은 처참한 모습이었다. 제대로 된 옷 한 벌도 입지 못한 채 광목천에 감겨 비닐에 싸여 있었다. 그리고 이미 얼굴을 쉽게 알아보기 힘들 만큼 부패가 된 상태였다.

선생님 교무수첩에 이만한 증명사진이 있었는데 그 수첩 사진을 보고 다 재학이라고 그래요. 나만 아니지 우리 식구들 모두, 그 이종사촌들까지 다 간 사람들은 다 재학이라고 그래요. 그래서 재학이 아버지가 확인을 한다고 머리를 만져봤어. 어려서 시골에 살 때, 내가 냇가에서 빨래하는디 다리 위에서 "엄마" 하고 내려다보다가 밑으로 떨어져서 머리 한쪽이 오그라졌는디, 거그를 만져보더니 고개를 끄덕 끄덕 해. / 고 문재학의 어머니 김길자

어머니 김길자씨가 아들 문재학의 묘비를 닦고 있다.

묘지번호 104번이 아들 문재학인지 확실히 알아보려면 검찰청 8호 검사에게 가보라고 했다. 가족과 친척들은 5·18 사망자들의 검시 조서와 사진을 확인하기 위해 찾아갔다. 검사가 내놓은 사진 속에 아들 문재학이 있었다. 그렇게 가매장된 그대로 장례를 치렀다. 아들의 중학교 졸업 사진은 영정사진이 되고 말았다. 장례를 치르고 난 뒤, 담임 선생님은 부모님에게 시청에 가 보라고 했다. 영문도 모른 채 시청에 가 보니, 5·18 사망자 유가족에게 4백만 원씩 위로금을 전달하기 위해 접수를 받고 있었다.

(사망자) 이름이 누구냐고 그래서 문재학이라고 하니까 서류를 뒤적뒤적하더니 재학이한테는 위로금이 못 나간다고 그래요? "왜 못 나가냐?"고 그런께 도청에서 계엄군하고 총 들고 싸워서 폭도라 못 나간다고 그래. 그러니까 아빠가 "추잡스러운 놈들, 자식 팔아서 내가 그 돈을 뭣하냐. 느그나 많이 잘 먹고 살아라"고 그 서류를 시청 마당에다 싹 흐쳐버렸어. / 고 문재학의 어머니 김길자

착하고 순하기만 했던 아들을 두고 폭도라 부르는 말을 듣고 온 어머니는 몸져 누웠다. 겨우 물과 죽만 넘기며 석 달을 누워있던 어느 날, 어머니는 어떻게든 아들의 누명을 벗겨야지 이렇게 누워만 있어서는 안 되겠다는 생각이 들었다. 민주주의를 위해서 싸우다 생떼 같은 목숨을 잃은 아들에게 폭도라니…… 힘겹게 자리를 털고 일어난 어머니는 옥상에 올라가 하염없이 도청 쪽을 바라보았다. 길을 지나가던 한 사람이 눈에 띄었다. 망월동에서 봤던 유족이었다. 한달음에 뛰쳐 내려갔다. 문재학의 집과 가까운 곳에 살았던 박순례 씨[47]였다. 그 역시 하나 뿐인 아들을 잃었다. 아들의 장례까지 치렀지만, 그 죽음이 도저히 믿기지 않아 무속인을 찾아가는 길이라고 했다. 두 어

머니는 서로 부둥켜 안고 울었다. 그 만남을 계기로 다른 유족이나 구속자 가족들을 알게 된 어머니는 그들과 함께 아들의 폭도 누명을 벗기기 위한 길고도 힘든 싸움을 시작했다.

> (1980년에) 정수만 씨가 오토바이를 타고 와서 나를 싣고 날마다 망월동에 갔어. 수만씨가 안 오면 비포장 도로를 걸어서라도 가. 그렇게 다니면서 유족들 주소를 하나 둘 알아가지고 같이 투쟁하자고 저기하면, 그때는 모두 없이 사니까 (전두환 정권이) 연탄 주고, 쌀 주고 그러면서 나가지 말라고 (회유하기도 했다) / 고 문재학의 어머니 김길자

전두환 광주 방문 자료 사진.

군부정권의 감시와 방해에도 불구하고 부모, 자식을 잃은 유가족들은 진상 규명을 위해 '5·18의거 유가족회'를 결성했다. 어머니는 경찰과 안기부의 감시를 받으면서도 끊임없이 전두환 정권을 향해 '내 자식은 폭도가 아니다. 내 자식 살려내라'고 소리치며 다녔다. 전두환의 광주 방문 계획이 있을 때마다 경찰의 감시는 더욱 심해졌다.

> 전두환이가 광주 올 때면 한 3일 전에 우리를 데리고 나가려고 집에 있어요. 우리 집 담당 형사는 안방에 들어 앉아 있고, 또 전경들은 한 이십 명씩 대문 앞에 지키고 있었어. 그래서 내가 한 번은 물을 찌끄러 버렸어. 차마 뜨거운 물은 못 찌끌것대. 그것들이 뭔 죄가 있어. 그래서 차마 뜨거운 물은 못 찌끌고 미지근한 물을 갖다가 찌끌러 버렸어. / 고 문재학의 어머니 김길자

---

47) 고 백대환의 어머니. 당시 송원전문대 1학년이었던 백대환은 1980년 5월 23일 지원동에서 계엄군의 총에 맞아 사망했다.

1984년 2월, 전두환의 광주 방문 당시에는 경찰들 몰래 옥상에서 담을 넘어 집을 빠져나갔다. 그리고 도청 앞에서 현수막을 들고 시위를 하다 경호원들에게 끌려가기도 했다. 어떻게 해서든지 유가족들의 억울함과 5·18의 진상규명을 외쳤지만 그때마다 구속되거나, 경찰차에 실려 다른 지역에 연금당하기 일쑤였다.

이제 한 군데에다 가만히 못 놔두지. 전국 일주를 하고 돌아다니다가 여관 잡아서 우리 자라고 하고…… 한 명씩 담당 형사가 다 있어. 그러니까 담당 형사들하고 전경들 한 이십 명씩 데리고 가. 그래가지고 자기들은 술 퍼먹고 놀고, 전경들은 우리 숙소 문 앞에서 의자 놓고 교대로 지키고 있어. 그래도 우리가 뭐 사러 간다고 나가서 또 악을 썼어. 경찰들이 뒤에 따라 오면 "전두환이가 이러고 이러고 했는데 저것들이 지금 전두환이 온다고 우리 데리고 이러고 나왔다"고 악을 악을 쓰고 다녔어. / 고 문재학의 어머니 김길자

1983년 5월부터 유가족들은 망월 묘역에서 묘를 이장하라는 회유와 압박에 시달렸다. 다음 해인 1984년 교황의 광주 방문[48]을 앞두고 5·18의 흔적을 지우려는 의도였다. 묘를 이장하면 돈 천만 원과 이장비 오십 만 원을 주겠다고 회유했다. 그러면서 한편으로는 묘를 이장하지 않으면 뼈도 못 추리도록 불도저로 밀어버릴 거라고 협박하기도 했다. 묘지 이장은 사람들의 눈을 피해 한밤중에 이뤄졌다. 하나 둘 이장하는 묘들이 늘어나자 문재학의 어머니 김길자 씨와 박순례 씨, 구선학 씨 등 유가족 세 사람은 밤을 새워가며 망월묘역을 지켰다.

인자 26기째 팔 때 여자들 셋이서 "우리가 이라고 있어서는 묘 다 파가것다"고 한 번 묘지에 가서 지켜보끄나 하고 그랬어요. 새벽 한 3시나 됐을까. 4시나 됐을까. 관리실에 있는데 묘지에서 무슨 말 소리가 두런 두런 난다고 그래요. 그래서 우리가 얼른 나갔지. 갔더니 그 캄캄한 데서 이미 뼈는 박스에 담고, 비석도 갖

---

48) 1984년 5월 4일 '한국 천주교 200주년'을 기념하기 위해 방한한 교황 요한바오로 2세는 광주를 찾았다. 옛 무등종합경기장에서 미사를 집전했으며, 5·18민주화운동으로 상처 입은 광주 시민을 위로했다.

광주 5·18 옛 묘역 (민족민주열사묘역).

고 갈라고 비석도 팝디다. 그래서 막 인자 "자식은 느그 자식이어도 송장은 우리 것"이라고 막 뺏고 어짜고 막 넘어지고 밀치고 그래갖고 싸웠어요. 그 사람들은 남자들 셋이서 왔드만요. 그 뒤로는 안 파냈어. / 고 문재학의 어머니 김길자

아들의 목숨을 앗아간 전두환 군부정권은 어머니에게까지 폭력을 가했다. 1984년 4월이었다. YWCA에서 유가족회 2세들이 청년회 발족식을 가졌다. 김길자 씨는 딸과 함께 옛 호남전기에 모여 YWCA가 있는 광주 유동으로 행진하려 했다. 하지만 경찰이 앞을 가로막아섰고 몸싸움이 벌어졌다. 그러다가 김길자 씨가 한 경찰의 귀에 꽂혀 있던 무전기 리시버를 잡아챘다. 그러자 경찰은 무전기로 어머니의 머리를 내리쳤다. 시뻘건 피가 흘러내려 땅바닥을 적셨다. 병원에서 여덟 바늘을 꿰맨 어머니는 병원 옥상에 올라가 현수막을 들고 구호를 외치며 농성을 했다.

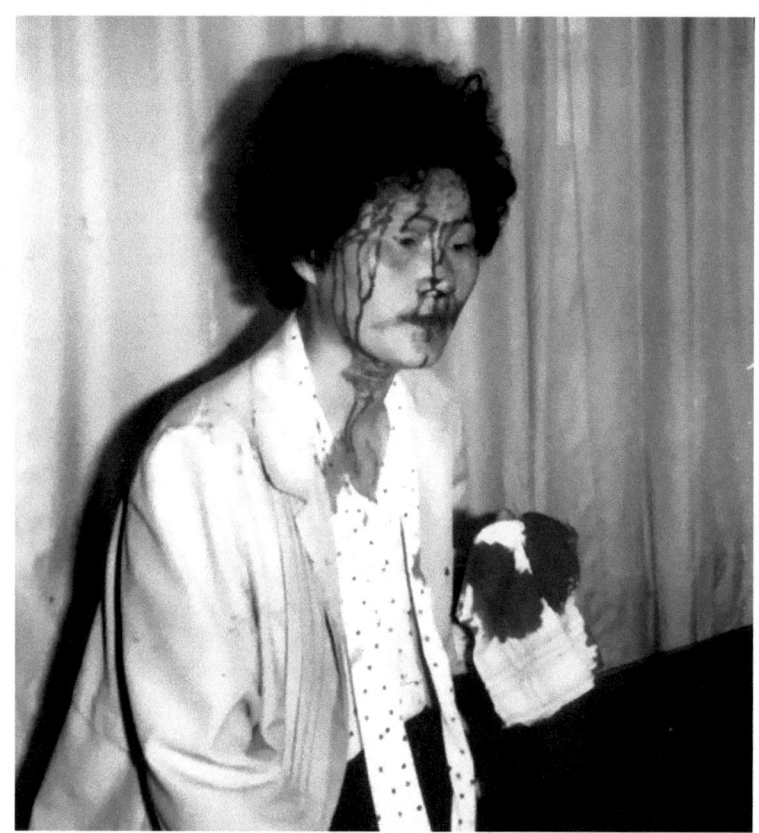
5·18민주화운동 당시 아들 문재학을 잃은 김길자 씨가 1984년 4월 시위 도중 경찰에 맞아 피를 흘리고 있다.

그러던 어느 날엔가는 505 보안대에서 전화가 왔다. 차를 보낼 테니 부대로 들어오라는 것이었다. 보안대 사무실에 가자 그들은 각서 한 장을 내밀었다. 다시는 소란을 피우지 않겠다는 각서를 써주면, 고향인 영암에 논 100마지기를 주겠다고 했다. 어머니는 단칼에 거절했다.

"에이, 이 양반들아. 나는 노동이라도 해서 내가 벌어서 먹고 살지. 당신들이 준 것 안 먹는다"고, "아들 폭도 누명 벗길라고 내가 이라고 다니지, 각서 쓸 만한 죄 안 지었다"고 그렇게 말을 하니까 "과연 그 집구석이다"고 해. 그 집이라 소리도 안 하고 집구석이라고. 그때 보안대에서 하라는 대로 했으면 나 이렇게 안 살겠죠. 그렇지만은 나는 어디다 내놓던지 떳떳해요. 내 자식 얼굴에 똥칠 안 하려고 뒤도 안 돌아보고 여기까지 왔어. 그러니까 내가 그래요. 여자는 약해도 어머니는 강하다는 거. 진짜로 내가 우리 재학이 덕분에 많은 공부를 했어. 그러니까 내가 묘에 가면 그래요. "재학아! 네가 못다한 거 엄마가 할게. 걱정 말고 친구들이랑 편안하니 즐겁게 지내." 근디 대답을 안 하데. 그러겠다고 대답을 안 해. / 고 문재학의 어머니 김길자

어느덧 팔순의 나이에 접어든 어머니와 아버지가 트라우마센터에서 미술 치료를 받을 때였다. 아버지 문건양 씨는 찰흙으로 큰 집을 짓고 울타리를 만들었다. 왜 이렇게 만들었냐고 묻자 "우리 재학이 공부방 하나 못해줘서 공부방도 만들고, 혹시라도 나쁜 놈들이 또 해칠까봐 울타리도 쳤다"고 말했다. 그 말이 가슴 아팠다는 어머니는 아들의 폭도 누명을 벗겼으니, 이제 죽기 전에 제대로 진상 규명되는 것이 소원이라고 했다.

무슨 국회의원들, 지만원 같은 사람들이 '5·18 유공자들이 괴물 집단이네' '북한군이 있었네' 이런 소리하는데, 자기 자식들도 그런 정권에서 죽어봐야 우리 속을 알지. 안 당해본 사람은 모른당께 진짜. 전두환이 같은 사람도 '내가 그렇게 했던 것이 잘못됐다'고 용서해주라고 했으면 우리도 사람이니까 용서해줄 수 있어요. 그렇지만 끝까지 거짓말하고 버틸 때는 우리도 할 때까지 해야지. / 고 문재학의 어머니 김길자

울분의 상무관이여!

故 박성용 / 당시 조대부고 3학년

　5·18민주화운동 40년이 되던 2020년 5월, 조선대학교 부속고등학교(이후, 조대부고) 30기 동문 20여 명이 모였다. 1980년 5월 27일 새벽, 도청에서 벌어진 최후의 항전에서 계엄군의 총탄에 숨을 거뒀던 한 친구 박성용을 추모하는 기념탑을 세우기 위해서였다. '박성용 열사 기념탑 추진위원회'를 만든 이들은 조대부고 총동창회와 재경동문회 등과 뜻을 모아 교정 안에 기념탑을 세우고 '5월의 쉼터'까지 마련했다. 그 앞에서 기념사진을 찍은 친구들은 이제 중년이 되었지만, 그들의 기억 속에 남아있는 친구 박성용은 여전히 고등학생의 모습 그대로다. 친구들이 입을 모아 "나이답지 않게 생각이 많고 어른스러웠다"며 "일을 추진할 때도 옳다고 생각하는 것을 우직하게 추진하는 친구"로 기억[49]하는 박성용의 꿈은 경찰이었다.

　걔가 경찰대에 간다고 공부를 했거든요. 책임감도 강하고 의협심도 있고 친구들도 좋아하고 그런 동생이었죠. 추모비 세우면서 "아유, 우리 엄마 살아계셨으면 너무 좋았겠다." 40년 만에 했잖아요. 그쪽에다 쉼터도 해 놓고 그러니까 제가 우리 엄마 대신 참석하긴 했지만 감회가 새로웠어요 / 故 박성용의 누나 박해숙

□ 증언자: 누나 박해숙

49) 전남일보, 5·18주년 특집 "80년 오월 그 후–또다른 영웅을 기억하는 이들–조대부고 박성용 열사," 2021년 6월 17일.

박성용을 기리고자 고등학교 동창들이 조대부고 교정에 세운 추모비.

친구와 함께 인근 산에 올라가 기념사진을 찍은 박성용(왼쪽)의 모습.

박성용은 경찰이었던 아버지와 전업주부였던 어머니 슬하에서 자랐다. 3남 1녀 중 둘째 아들이었던 그는 학창 시절 내내 부모님 기대에 크게 어긋난 적이 없는 착실한 학생이었다. 1980년 5월 19일 월요일, 당시 고등학교 3학년이었던 박성용은 학교에서 돌아와 "군인들이 우리 학교를 지키고 있다"고 말했다. 당시 조선대학교에는 5월 17일 밤에 7공수여단 35대대가 주둔해 있었다. 이들은 학교를 수색한 뒤 학교방송국에 있는 학생들을 연행하며 심하게 구타했다. 5월 18일 오후 6시 무렵에는 광주로 추가 파병된 11공수여단이 조선대학교에 주둔했다.[50] 조대부고에 다닌 박성용이 학교에서 본 군인은 이들이었을 것이다. 휴교가 되면서 학교에 가지 않게 된 그는 다음 날부터 거리로 나섰다. 그리고 분노한 시민들에 의해 집 근처 학동파출소가 불타는 모습을 목격했다. 시위에 동참했던 박성용은 집에 들어오면 밖에서 보고 들은 공수부대의 폭력과 광주시민들의 처참한 죽음에 대해 이야기를 하곤 했다.

엄마한테 (이야기를) 많이 했다고 그래요. 신역(광주역) 앞에 가니까 많이 사람들이 다치고 총 쏘고 하더라 그런 것들...... (내용이) 기억은 잘 안 나는데 대학노

---

50) 11공수여단의 선발대가 광주에 도착한 시간은 (5월 18일) 오후 5시 50분이었다. 이들은 곧바로 송정리 비행장에서 조선대로 이동하여 군장을 풀었다. (노영기, 『그들의 5·18』, 푸른역사, 2020, 174쪽)

1980년 5월 24일 도청 앞 궐기대회. / 5·18기념재단

트에 지가 돌아다니면서 느꼈던 것을 써놨드라고. 그런데 그걸 기자가 와서 가져 갔다고 하더라고요. 그 애가 날마다 울분이 좀 (있었던 거 같아요.) 우리도 울분이 쌓였잖아요. 제가 그때 스물 여덟, 아홉 됐을 거예요. 날마다 그 상무관이며 적십자병원 돌아다니면 울분이 자연히 쌓일 수밖에 없었어. 왜냐면 눈 앞에서 총 맞고 단검으로 찔려서 넘어지고 막 그런 길 보니까. / 故 박싱용의 누나 박해숙

흉흉한 이야기를 들은 어머니는 불의를 보면 참지 못하는 아들이 걱정되었다. 5월 25일에도 집에 들어온 박성용에게 이제 나가지 말라며 신신당부했다. 그런데 "알았다"며 방으로 자러 들어갔던 아들은 다음 날인 5월 26일 아침, 말없이 또 집을 나가고 없었다.

25일에 집에 들어오기 전에도 한 번 안 들어온 적이 있어서 막 찾으러 다니고

1980년 5월 27일, 계엄군의 무자비한 전남도청 진압 작전이 끝난 직후의 사진. 외신기자가 찍은 것을 유족이 복사해 보관하고 있다. 좌측 상단 3명의 인물이 5·18 고등학생 사망자인 문재학, 안종필, 박성용(위쪽부터)이다.

했어요. 그러다 이제 들어오니까 우리는 안도를 하고 "어디가 있었냐?" 하니까 친구랑 같이 있었다고 하더라고요. 그래서 26일에 나갔어도 한편으로는 '그래도 어디가 있겠지. 어디가 있겠지' 뭐 죽었다는 생각은 이만큼도 안 했으니까. '어디가 있겠지. 지혜로운 놈이니까 지가 알아서 잘하겠지' 그렇게 생각을 했죠. 도청 간다는 생각은 못했어요. / 故 박성용의 누나 박해숙

가족들의 생각과 달리, 집을 나온 박성용은 도청으로 향했다. 그날은 시 외곽으로 물러났던 계엄군이 다시 광주를 진입한다는 최후통첩이 전해진 날이었다.[51] 그 소식은 도청 앞 궐기대회에서 참석해있던 시민들에게도 전해졌다. 항쟁지도부는 사회자를 통해 최후까지 싸울 수 있는 사람만 남아달라고 했다. 그러면서 고등학생이나 여

---

[51] 5월 26일 전교사는 각 부대에 충정작전 제4호를 내렸다. 이 명령은 광주권과 기타 지역으로 구분하여 작전을 실시하되, 광주권 작전은 20사단과 31사단이 내곽에 대한 공격 및 잔적 소탕작전을 담당하고 잠정부대(보병학교, 포병학교, 기갑학교)가 외곽 봉쇄작전을 실시한다는 것이었다. (노영기, 『그들의 5·18』, 푸른역사, 2020, 397쪽)

1980년 5월 27일 도청 진압 후 가족을 찾으러 온 시민들, / 5·18기념재단

성들을 간곡히 설득하며 집으로 돌아가라고 권유했다.[52] 하지만 박성용은 시민군들과 함께 끝까지 도청을 지키는 길을 선택했다. 5월 27일 새벽, 광주시내의 모든 전화가 끊겼다. 적막한 도시의 어둠을 뚫고 중무장을 한 계엄군이 도청을 장악했다. 1층부터 꼭대기까지 각 방을 수색하며 시민군을 향해 무차별 발포했다. 그 총은 고등학생 박성용의 목숨마저 앗아갔다. 동이 트자 계엄군은 도청 곳곳에 널부러져 있는 사망자와 부상자들 앞에서 승리의 군가를 불렀다. 가족들은 그 사망자들 사이에 박성용이 있으리라곤 꿈에도 생각지 못했다.

    도청에 있을 거라고 생각했더라면 찾으러 갔을지도 모르죠. 그런데 도청에 간다는 생각은 안 하고 친구랑 같이 돌아다니다 친구집에서 잘 수도 있다고 생각을

---

52) 『너와 나의 5·18』, 오월의 봄, 2019, 108쪽.

박성용의 누나 박해숙씨가 동생의 묘에 참배하는 모습.

한 거죠. 그랬는데 28일인가 우리 민간인들이 돌아다닐 수 있을 때 친구들을 수소문했더니 광주 친구들은 모른다 그래요. 그래서 화순 친구가 있어서 거기까지 엄마하고 저하고 갔죠. 갔더니 그 친구집에도 안 왔다 그래요. 그때부터 걱정이 되기 시작하죠. 혹시 병원에 있는가 싶어서 알아보기 시작했는데 병원에도 없고 그래서 1주일 정도 그냥 못 찾고 있었어요. / 故 박성용의 누나 박해숙

경찰에서 퇴직한 후 여수에 계셨던 아버지는 광주 외곽 봉쇄가 풀리지 않아 올 수가 없었다. 그래서 당시 동부경찰서에 근무하던 작은 아버지에게 박성용이 집에 들어오지 않으니 알아봐달라고 부탁했다. 5월 27일 도청 사망자들의 사진 속에서 박성용을 발견했을 때, 시신은 이미 망월동으로 옮겨져 있었다. 서둘러 쫓아가서 확인한 시신은 처참했다.

빨리 못 찾은 이유가 성용이가 자기 형 추리닝을 입고 나간 거예요. 형 이름이 박철민이에요. 옛날에는 추리닝에 이름을 수로 놨잖아요. 그런데 '철'자의 'ㄹ'에서 위에가 날아가버렸어요. 그러니까 사망자 이름이 박천민으로 써진 거예요. 천민으로. 그러니까 사진을 보기 전에는 작은 아버지도 이름이 아닌 걸로 생각을 한 거지. / 故 박성용의 누나 박해숙

형사들은 시신이 심하게 부패되어 더 이상 방치할 수 없다며 서둘러 매장했다. 제대로 장례조차 치르지 못한 것이다. 광주 봉쇄가 풀리자마자 아버지가 여수에서 한달음에 달려왔다. 아들의 죽음이 믿기지 않은 아버지는 직접 확인하겠다며 다시 무덤을 파보라고 역정을 냈다. 자식 잃은 아픔을 견디지 못한 아버지는 몇 년을 술로 살다 결국 일찍 세상을 떠났다. 마지막 눈을 감는 순간에도 아들 성용이와 자신의 목숨을 바꾸자고 했다. 어머니는 자신이 죄인이라며 두문불출한 채 식사도 제대로 하지 못했다. 누구보다 기대가 컸던 아들이기에 그만큼 상심도 컸던 것이다.

저희 엄마가 태몽을 좋게 꾸셔가지고 둘째 아들에 대한 기대치가 엄청 높았죠. 꿈을 꿨는데, 사람들이 많이 모여서 산으로 올라가더래요. 그래서 엄마도 우리 이모들하고 같이 산에 가셨대요. 그런데 하늘에서 뭐가 떨어진다고 사람들이 다 하늘만 쳐다보고 있더래요. 그래서 '뭐가 떨어져서 그러지?' 하고 하늘을 쳐다보는데 뭐가 엄마 치마에 떨어지드래요. 그래서 그걸 치마로 싸안고 와서 펼쳐보니까 그 물체에서 하얀 구름이 뭉게뭉게 피어나더래요. 그러더니 나중에 딱 금관으로 변하드라는 거예요. 금관으로. / 故 박성용의 누나 박해숙

학생들의 하교 시간이 되면, 어머니는 매일 문 앞에서 세상을 떠나 다시는 오지 않을 아들을 기다렸다. 그 모습을 보다 못한 가족들은 박성용과의 추억이 가득한 집을 떠나 백운동으로 이사를 했다, 광주를 폭력으로 짓밟고 대통령의 권좌에 오른 군사독재정권은 그런 가족들조차 가만히 내버려두지 않았다. 유족회 활동을 하는 어머니의 뒤에는 항상 형사들이 따라다녔다.

전두환이 오기 한 3일 전만 되면 형사하고 안기부하고 우리집에 두세 사람씩 진을 치고 같이 살았어요. 엄마 못 나가게 할라고. 거기 못 가게 할려고. 그러다 나중에는 실어가버리던데요. 차에 실어서 한 3일씩 어디 갔다 와요. 난지도에다 내버리고 오기도 하고, 뭐 현충사도 갔다 오고, 어디도 갔다 오고 막 그랬어요. 어느 날 아침에 엄마가 없어져 버려요. 그놈들이 잡아가 버린 거지. / 故 박성용의 누나 박해숙

그런 탄압에도 어머니는 굴하지 않았다. 무엇보다 억울하고 분한 것은 아들을 폭도라고 매도하는 것이었다. 폭도라는 불명예를 안고 죽은 아들의 억울함을 풀고, 5·18의 진실을 밝히기 위해 어머니는 물불을 가리지 않고 싸웠다. 정권의 서슬이 퍼렇던 시절이었지만 온 몸에 현수막을 두르고 정부종합청사 앞에 누워 시위를 하다 잡혀가기도 했다. 잡혀간 경찰서에서는 5·18이 뭔지도 모른다고 했다. 도리어 그런 일이 있을 수가 있냐며 반문하기도 했다. 그만큼 군사독재정권이 5·18의 진실을 은폐하고 왜곡했던 것이다. 아들 같은 대학생들이 시위 도중 연행되면 어머니를 비롯한 유족회원들은 경찰서로 쫓아가기도 했다.

우리도 같이 집어넣으라고 경찰서 안으로 엄마들이 막 들어가버린 거예요. 그래가지고 그 안에서 같이 있는 거예요. 다 내보지 않으면 우리도 같이 여기 있겠다고. 밥 주면 다 엎어버리고. "내가 느그 개같은 놈들 밥 얻어먹고 앉았냐"고 밥 안 먹어요. 그렇게 투쟁을 했어요. / 故 박성용의 누나 박해숙

군사독재정권이 돈으로 회유하며 망월동 오월 영령들의 묘를 이장하려고 했을 때는 유가족들과 함께 밤을 새워가며 묘지를 지켰다. 정권의 이런 치졸한 방해와 탄압 속에서도 해마다 5월이면 망월동에서 추모제를 지냈다. 1985년에는 추모제를 지낸 후, 광주가톨릭센터 앞에서 시위를 하다 얼굴에 최루탄을 맞아 치아 한 쪽이 다 빠지는 큰 부상을 입기도 했다. 왼쪽 허벅지에도 최루탄을 맞아 하얀 한복이 까맣게 타버리고 시퍼렇게 멍이 들었다. 경찰은 그런 어머니를 몇 시간이나 차에 가둬 두었다가 한밤중에야 집에 데려다주었다. 그렇게 몸과 마음이 성할 날이 없었던 어머니는 5·18민주

화운동 30년이 되던 오월에 크게 앓으셨다.

> 5월 17일 추모제에 다녀오시고는 몸이 좀 안 좋다고 그래요. 항상 오월이 되면 아프시거든요. 그래서 이번에도 그러려나 보다 생각했는데 18일 아침에 기념식을 못 가겠다고 하더라고요. 기념식에는 빠지지 않는데 못 가시겠다고 해서 집에서 TV로 보라고 그랬는데 그날부터 딱 일주일간 아프셨어요. 아무것도 못 드시더라고요. / 故 박성용의 누나 박해숙

기독병원에 예약을 하고 진료를 받으러 가는 날 아침, 어머니는 못 걷겠다며 주저앉아 버렸다. 급히 119 구급차를 불러 10여 분 만에 병원에 도착했다. 그러나 구급차에서 내려 응급 침상으로 옮기는 도중, 어머니는 숨을 거두고 말았다. 모든 것을 던져 폭도라는 아들의 누명을 벗기고 난 후, 그토록 애달프게 그리던 아들 박성용의 곁으로 떠난 것이다. 어머니가 못다 하신 5·18의 남은 진상규명을 위해 지금은 누나 박해숙 씨가 유족회 활동을 이어가고 있다.

주검마저 청소차에

故 안종필 / 당시 광주상고 (現 광주동성고) 1학년

"우리 가족처럼 광주의 일 년은 5월에서 시작해서 5월로 끝난다고 이야기한다. 일 년 내내 5·18을 이야기하고, 일 년 내내 5·18의 기억에서 벗어나지 못하기 때문이다. 그래서 5·18은 애증이고 아픔이고, 기억 그 자체이다."

국립 5·18민주묘지에서 열린 제39주년 5·18기념식, 단상에 오른 20대 여성은 그의 가족이 겪은 5·18 이야기를 풀어놓았다. 한 오월 영령의 조카인 그는 동생의 처참한 시신을 수습했던 아빠에게 삼촌 얘기를 차마 물어보지도 못했던 사연과 가슴 절절한 유가족의 아픔을 전했다. 기념식 참석자들과 대통령의 눈시울을 붉히게 만든 사연의 주인공은 당시 17살이었던 고등학생 시민군 안종필이다.

1980년, 안종필은 광주상업고등학교 1학년에 재학 중이었다. 3남 1녀 중 막내 아들로 태어난 그는 세 살 때 아버지를 여의었지만 그 빈 자리를 어머니와 형제들이 사랑으로 채워주었다. 그래서인지 유독 정이 많아 막내답지 않게 주변 사람들도 잘 챙기는 아이였다.

사람이 집에 오면은 좋아하고, 지가 또 그렇게 모든 사람을 도와주는 것을 좋

□ 증언자: 어머니 이정님, 누나 안경순

(좌) 편지를 읽고 있는 안종필의 조카 안혜진씨.
(우) 문재인 대통령과 임을 위한 행진곡을 부르고 있는 안종필의 어머니 이정님씨와 조카 안혜진씨.
/ 5·18 39주년 기념식 화면 캡처

아하고 그랬어요. 그때 시청 앞에서 식당을 했는데, 사람들이 우리 집에 식사를 오시면 "너는 인사하는 걸로만 해도 출세를 할 것이다. 너는 크게 될 놈이다." 우리 아는 사람은 (자녀) 넷 중에 고놈 하나만 믿고 살아라. 나한테 밤나 그랬죠. / 故 안종필의 어머니 이정님

1980년 5월 19일 월요일, 광주 시내 모든 학교에 휴교 조치가 내려지자 안종필도 일찍 하교를 했다. 그날 저녁, 안종필은 집에 들어온 누나에게 무슨 일이 생긴 거냐고 물어보았다. 금남로에 직접 나가 계엄군의 만행과 참상을 직접 목격했던 누나는 자신이 봤던 상황을 동생에게 가감 없이 전해주었다.

80년 5월 18일 오후에 우리는 그 소식을 처음 접했거든요. 군인들이 광주에 쳐들어와서 학생들을 다 때려죽이고 있다. 처음에는 믿기지 않았는데 그 다음 날 제가 도청에 나가봤어요. 금남로를 나갔더니 그 공수부대원들이 곤봉을 들고 다니면서 막 학생들을 닥치는 대로 막 치는 거예요. 그 국민은행 앞에서. 저도 거기서 한번 정말로 죽음이 바로 코앞에 닥칠 정도의 상황까지 접했는데, 어떤 아저씨가

고등학교 1학년 봄소풍 당시 교련복을 입은 안종필.

이쪽으로 빨리 들어오라고 해가지고 그 중학교 안으로 피신을 시키면서 저도 살아났는데…… / 故 안종필의 누나 안경순

다음 날도 누나는 친구들과 시위에 나갔다. 그리고 집에 있던 안종필도 한 통의 전화를 받더니 교복을 챙겨입고 나갔다. 시위 대열에 합류한 것이다. 시위 현장에서 종종 누나의 눈에 띄기도 했다. 밤새 시위가 이어지고 방송국과 세무서 등이 불에 타자 어머니 마음도 아들 걱정에 타들어갔다.[53] 5월 21일에는 계엄군이 시민들을 향해 마구잡이로 총을 쏘았다는 소식이 들렸다. 혹여 아들에게 무슨 일이 생기지나 않았을까 애를 태우고 있는데, 아들 안종필이 집으로 들어섰다.

중간에 한 번은 쫓겨 들어온 거같이 막 들어왔대요. 그래가지고 내가 교복을 싹 벗겨가지고 물에다가 처넣어부렀어요. 처넣어불고, 운동화도 쓰레기통에다 넣

---

53) 한편 시민들은 이와 같은 엄청난 상황들을 왜곡 보도하는 방송국을 불태우려 했고, 시청을 점령하고 광주역을 포위했으며, 극단적 진압에 대해 항의하며 각 동 파출소 및 도심에 위치한 노동청과 세무서를 파괴했다. 밤 10시경에는 광주경찰서와 서부경찰서도 시위대에 의해 점거되었다. 벌겋게 불타오르는 MBC 방송국은 마치 '봉홧불' 처럼, 가로등도 꺼져버린 채 칠흑같이 어두운 밤을 밝히며 밤새 투쟁을 독려했다. (5·18기념재단, 『너와 나의 5·18』, 오월의 봄, 2019, 75쪽)

어불고. "시방 죽으믄 개죽음한다고 하더라. 그러니까 나가지 마라"고 그러니까 어머니는 모른께 그런다고. 김대중씨가 어떻게 되고 우리 거시기가 어떻게 되지 엄마는 모른께 그런다고 막 하면서, "사람이 죽으면 동태하고 똑같습디다" 그래. 공원 앞에선가 어디선가 죽은 사람을 봤던갑데요. 그러면서 엄마는 모른께 그런다고 그러데요. / 故 안종필의 어머니 이정님

이렇게 시위에 참여했던 일이 나중에라도 학교 다니는데 지장이 생길까봐 어머니와 가족들이 강하게 말렸다. 하지만 다음 날 안종필은 다시 몰래 집을 나왔다. 어머니는 아들을 찾아 온 시내를 돌아다녔지만 찾을 재간이 없었다. 그러던 중, 누나가 도청에서 활동하고 있는 안종필을 우연히 만났다.

처음에는 상무관 앞에 이렇게 하얀 장갑을 끼고 서 있더라고요. "너 여기서 뭐 하냐. 엄마 걱정하니까 빨리 집에 가라"고 하니까, 여기 현장 일 조금만 도와주고 갈 거라고 이렇게 얘기를 하고, 한 번은 도청 앞에 줄이 이렇게 서 있는 거예요. 그래서 무슨 일인가 궁금해서 나도 줄을 섰는데 어떤 아주머니가 나오시면서 들어가지 마라고, 너무 끔찍하다고 하더라구요. 그 줄을 따라서 쭉 들어가봤더니 양쪽으로 (신원) 미확인된 시신들이 있는 거예요.[54] 정말로 어떻게 표현할 수 없을 정도의 무서운 그런 모습의 시신들이 안치돼 있는데, 이렇게 보니까 저쪽에 우리 막내가, 종필이가 있는 거예요. 그래서 너 무서운데 여기 왜 있냐고 빨리 집에 가라고 하니까, 하나도 안 무섭다고 곧 갈 기라고 하더라구요. 다음 날 집에서 만났을 때 "종필아, 누나가 봐도 끔찍하고 무섭던데 너는 무섭지도 않더냐?" 했더니 "누나, 무섭기는 뭐가 무서워. 그렇게 끔찍하고 비참하게 죽어간 선배들 우리가 피라도 닦아줘야 하지 않겠냐"고 하나도 안 무섭다고..... / 故 안종필의 누나 안경순

---

[54] 도청에서는 아침부터 가족들의 생사를 확인하려는 사람들이 줄을 이었다...... 대부분의 시신은 형상을 제대로 알아볼 수 없을 정도로 심하게 훼손돼 있었다. 총상을 입거나 곤봉에 맞아 사망한 시신은 머리와 얼굴이 짓뭉개졌고, 대검으로 난자된 시체는 붓거나 부패했다. (광주민주화운동기념사업회 엮음, 『죽음을 넘어 시대의 어둠을 넘어 (전면개정판)』, ㈜창비, 2017, 307쪽)

옛 전남 도청 민원실과 본관 사이, 신원이 확인되지 않은 사망자들. / 5·18기념재단

계엄군이 광주시 외곽으로 물러난 후, 5월 22일부터 안종필은 도청에서 시신을 수습하는 일을 돕고 있었던 것이다. 잠깐 집에 들렀다가 말려도 또 나가고, 또 나가고 하는 막내 아들 걱정에 어머니는 몸져 누웠다. 그러다 토요일인 5월 25일, 힘겹게 몸을 일으킨 어머니는 아들을 찾아 도청으로 갔다. 도청에서 만난 안종필은 그렇지 않아도 일요일에 교회 가야 하니 들어가려고 했는데 왜 오셨냐며 어머니를 따라 나섰다.

가자고 그러니까 따라오다가 벽보에 뭐 써놓은 걸 보고는 이것 좀 읽어보고 가자고 그러데요. 그렇게 집에 데리고 왔는데 내가 아파서 밥을 못 해주고 있으니까 저도 굶고 나도 굶고 그러고 잤어요. 그러고 다음 날 아침에 교회에 간다고 갔죠. 즈그 누나가 산수동 오거리에 사는데, 2층에서 피아노를 치고 내려와서 냉장고를 보니까 밥을 먹었더래요. 반찬을 내서 먹고 간 흔적이 있더래요. 그래갖고 거기에서 도로 도청으로 나간 거여. 26일 날. / 故 안종필의 어머니 이정님

5월 26일은 안종필 아버지의 제사가 있는 날이었다. 어머니는 누나에게 빨리 가서 막내를 데리고 오라며 재촉했다. 하지만 어머니를 도와 제사 준비를 하느라 분주했던 누나는 어두워지자 내일 데리러 가겠다며 어머니를 안심시켰다. 그런데 제사를 마치고 난 새벽. 천지를 가르는 듯한 총소리가 쏟아지기 시작했다. 가슴이 덜컥 무너진 어머니는 아들을 찾아와야겠다며 뛰쳐 나갔지만, 다른 자녀들의 만류에 주저앉을 수밖에 없었다. 아침이 되자, 온 가족이 안종필을 찾아 나섰다. 하지만 이미 계엄군에게 점령당한 도청에는 들어갈 수가 없었다. 다음 날, 경찰서에서 연락이 왔다.

전화 와갖고 누구 친척을 좀 보내라고 그랬는갑데요. 그러니까 딸이 외갓집 오빠한테 가보라고 했대요. 식구가 전부 도청에 있다가 그리 싹 갔죠. 경찰서 부근에 모두 서 있는디 우리 오빠가 애기한테 돈 준 일 있냐고 그래서 즈그 이모한테 갔는데 5백 원 줬다고 하더라고 그랬어요. 그러니까 교련복을 입고 나갔는데 몸에가 그 돈 5백 원인가 하고 여름 교련복 맞춘 영수증하고 들어있어서 노란 봉투에 담아서 경찰서에 보관해 놓았다고, 그놈 주더라고 하데요 / 故 안종필의 어머니 이정님

형과 외삼촌이 상무관에 들어가 안종필의 시신을 확인했다. 어머니와 누나에게는 못 보게 했던 시신에는 종아리와 오른쪽 머리에 총상이 있었다. 부상당한 안종필이 살아있는 것을 확인하고 계엄군이 다시 겨냥하여 확인 사살한 것 같다고 했다. 5월 29일, 안종필의 시신은 청소차에 실려 망월동으로 옮겨졌다. 어머니는 아들을 땅에 묻기 전에 한 번만 보게 해달라고 애원했지만 형사들은 냉담하게 뿌리쳤다. 마지막으로 집에 왔던 날, 따뜻한 밥 한 그릇 해 먹이지 못하고 어린 아들을 그렇게 험하게 보낸 것이 어머니에겐 평생 한으로 남았다.

어디 총이라도 맞고 병원에 가서 하루라도 있다가 죽었다면 그런 한이 없을 거 같아. 그렇게 시방도 도청 앞만 지나면 어디가 죽은 자린가 그것을 알고 싶어. 어떻게 해서 죽고, 니가 갈 때 누구를 부르고 갔것냐. 엄마를 불렀는가 하나님 찾았는가. 니가 살라고 나오다가 손을 들고 죽었는가. 같이 대항을 하다 죽었는가. 그

1980년 5월 27일 계엄군에게 마지막까지 저항하다 숨진 사망자들의 주검이 담긴 관이 이튿날 청소차에 실려 망월동 묘역으로 가고 있다. / 5·18기념재단

런 것도 알고 싶고…… 종필이 아버지 제사가 26일 저녁인데 종필이가 27일 새벽에 죽어서 제사를 한 날에 치르고 있어요. 그 심정을 어떻게 말하겠어요. 죽지 못해 살고 있지. / 故 안종필의 어머니 이정님

어머니가 그토록 알고 싶어했던 아들의 마지막 순간은 41년이 지난 2021년에야 밝혀졌다. 5·18민주화운동이 계엄군의 유혈진압으로 막을 내린 직후 옛 전남도청 내부 상황을 찍은 사진이 처음으로 공개되면서였다. 한 외신기자의 카메라에 담긴 사진[55]에

---

55) 당시 아시아 월스트리트 저널 서울지부 기자였던 노먼 소프가 도청 진압작전 이후 가장 먼저 내부를 취재하며 촬영한 사진.

는 도경찰국 2층 복도에서 계엄군이 교련복을 입은 학생 두 명의 시신을 옮기고 있었다. 안종필과 같은 학교 친구였던 문재학이었다. 그렇게라도 마지막 모습을 볼 수 있어 감사했다는 어머니와 가족들은 사진을 하염없이 바라보며 눈물을 흘렸다.

그 사진 속에서 동생을 만나니까 슬프면서도 너무 좋더라구요. (사진 기자에게) 너무 감사했어요. '이렇게 갔구나. 이렇게 친구랑 같이 갔구나' 그런 생각이 들었습니다. 당시 거기(도청에) 있었던 선배들이 내일 아침(5월 27일)에 이런 일들이 벌어질 거라고 돌아가라고 다 얘기를 했다고 들었어요. 정이 많은 놈이라 분명히 내가 여기서 도망가면 선배들 죽음이 개죽음이 될 거라는...... 그 얘기를 엄마한테 했었기 때문에 '그 선배들 죽음이 개죽음이 안 되게 하기 위해서는 내가 끝까지 여기서 같이 있어야 되겠구나' 그런 생각으로 분명히 갔을 거라고 생각해요.
/ 故 안종필의 누나 안경순

1980년 5월 27일 사망 당시 사진. / 노먼 소프 촬영

1984년 안종필의 누나 안경순씨가 소복을 입고 5·18 민주화운동 희생자를 기리는 행사에서 추도문을 읽고 있다.

막내 아들을 폭도라는 이름으로 떠나 보낸 후, 어머니는 식당 문을 닫고 7개월 가까이 매일 망월동 묘역에서 살다시피 했다. 그러면서 자연스럽게 어머니와 누나는 5·18유족회 활동을 시작했다. 하루가 멀다 하고 정보기관 사람들이 찾아와 가족들을 괴롭혔다. 1981년 누나가 유족회 총무를 맡게 되자, "시집도 가기 전에 호적에 빨간 줄 올라가고 싶냐"며 협박하기도 했다. 그럼에도 폐업한 식당 앞에 오가는 사람들이 읽어볼 수 있도록 유인물과 대자보를 붙여두며 5·18의 진실을 밝히기 위해 더욱 치열하게 싸웠다.

  우리가 폭도가 아니라는 걸 나름대로 투쟁하면서 엄청난 정신적인 고통을 많이 당했거든요. 그런데 가장 안타까운 건 지금 사람들이 서로 용서하고 화해하자는 말을 많이 합니다. 가해자가 자기가 했던 모든 것을 인정하고 우리에게 용서를 구했을 때 우리도 용서해주고 화해하고 서로 지나간 것은 지나간 대로 더 밝은 세상을 위해서 손을 잡고 갈 텐데, 아직도 가해자는 인정을 하지 않고 있어요. 5·18에 대해서. 그러니 아직 우리는 가슴에 남아있는 한이 정말로 하나도 녹아지지 않고 있어요. 우리는 마음의 준비가 돼 있어요. 얼마든지 용서해주고 정말 더 늦기 전에 그런 날이 왔으면 좋겠습니다. / 故 안종필의 누나 안경순 억울하고 처참하게 막내아들 안종필을 잃은 어머니에게는 세월도 약이 되지 못했다. 오히려 세월이 흐르고 사람들의 기억이 희미해질수록 어머니의 눈물은 늘어만 간다. 아들이 그리워서 울고, 아들의 죽음이 억울해서 울고, 아들과 5·18의 명예를 더럽히는 자들 때문에 운다. 그렇게 눈물 속에 어머니는 팔순의 백발 할머니가 됐지만 아들은 여전히 17살 고등학생으로 차가운 비석 아래 누워 있다. 그 묘비에는 이렇게 적혀있다.

"종필아, 살아남은 자로서 부끄럽지 않도록 열심히 살아갈게. 너의 숭고한 정신 이 땅의 민주화에 길이 빛나리라. 천국에서 다시 만나자. 너를 죽도록 사랑하는 형과 누나가"

국립 5·18민주묘지 안종필의 묘비.

온 몸에 파편이

故 백두선 / 당시 살레시오고등학교 2학년

　　1980년 5월, 전남 장흥군 용산면의 한 시골마을에서는 모내기가 한창이었다. 여느 때 같으면 농번기 특유의 분주함으로 활기가 넘쳤겠지만, 광주로부터 들려오는 심상치 않은 소식에 마을 사람들의 마음은 어수선하고 심란했다. 그런 가운데, 광주로 유학을 보냈던 학생들이 학기 중임에도 하나둘 고향으로 내려왔다. TV가 있는 집도 마을에 한 곳뿐이었고 전화기조차 마을 회관에만 놓여있던 시절, 광주에서 온 학생들이 들려주는 이야기는 흉흉하기만 했다. 6·25 전쟁보다 더한 난리가 터졌다고 했다. 그런 소식이 들릴 때마다 박순금 씨는 초조한 마음으로 이제나 저제나 아들 백두선이 오기만 기다렸다. 5남매 장남이었던 백두선은 장흥에서 중학교까지 졸업하고, 당시 광주 살레시오고등학교 2학년에 재학 중이었다.

　　남의 애기들은 다 오는데 우리 애기만 안 와. 그러니까 마음이 막 이상한데요. 모를 심어도 우리 아이만 안 오니까 밥도 못 먹겠고, 전화가 있어 뭣이 있어 연락도 없고. 근심 걱정만 하고 있지. 그런데 옆집에 광주에서 여상고 다니는 아이가 있는데 어떻게 왔든가 와가지고 우리 아들이 다쳐서 병원에 있다고 하면서, 나를 안심시키려고 그랬는가 조금 다쳤다고 그러데요. 그 말을 들으니까 넋이 하나도

□ 증언자: 어머니 박순금

없어. / 故 백두선의 어머니 박순금

그 길로 어머니는 갓 낳은 백두선의 막내 동생을 들쳐업고 광주로 가기 위해 장흥읍 터미널로 달려갔다. 하지만 그냥 발길을 돌려야 했다. 광주로 가는 차가 모두 끊겼다고 했다. 이미 계엄군이 광주를 외부

계엄군에 의해 시 외곽이 봉쇄돼 차량이 통제된 광주, / 5·18기념재단

로부터 차단하고 고립시키기 위한 봉쇄 작전에 돌입한 것이었다.[56] 어쩔 수 없이 집으로 되돌아온 어머니는 발만 동동 구르며 광주 봉쇄가 풀리기만을 기다렸다. 그러다 5월 27일이 되어서야 광주로 가는 버스를 탈 수 있었다.

차가 다녀서 4월에 낳은 놈, 애기를 업고 광주로 왔어. 그러니까 버스가 저기 백운동 들어온 데에 퍼불드란 말이요. 그때는 금남로 (근처)에 터미널이 있었어.[57] 그래서 버스가 못 들어간다드라고. 그때 시내버스 차비가 70원인데 내가 차비도 없어서 (기독병원이 있는) 양림동끼지 걸어갔어, 딱 1시간 반 걸립디다. 가는 길에 보니까 '오늘 임자 없는 송장들 쓰레기차에 싹 실어다 버리고 시내 물청소 한다' 그러데요. / 故 백두선의 어머니 박순금

---

56) (5월 21일) 계엄군이 광주 시내에서 퇴각한 것은 작전상 후퇴일 뿐 진압작전의 근본적인 수정을 의미하는 건 아니었다. 계엄사령부는 처음부터 끝까지 광주 시민들을 폭도로 규정하고 토벌해야 할 대상으로 간주했다. 광주는 '외부의 불온세력'과 연계된 '폭도'들이 점거한 '불량도시'로 규정됐다. 계엄군의 작전은 광주와 외부를 단절시키는 것으로 변경되었다. (노영기, 『그들의 5·18』, 푸른역사, 2020, 310-311쪽)
57) 1980년 당시에는 광주시 동구 대인동에 시외버스종합터미널이 있었다.

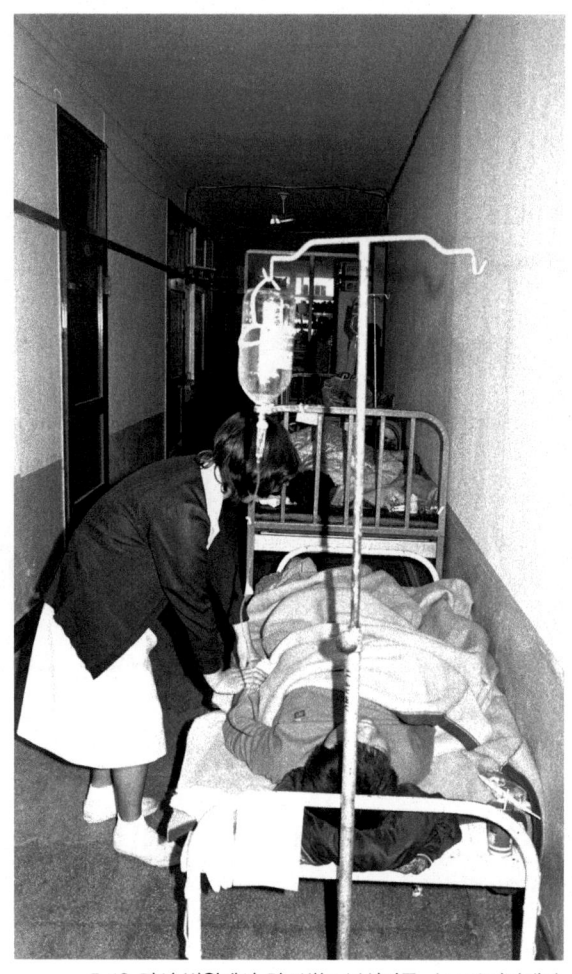
5·18 당시 병원에서 치료받는 부상자들, / 5·18기념재단

그렇게 물어 물어서, 걸어 걸어간 끝에 마침내 기독병원에 도착해 누워있는 아들 백두선을 만났다. 가난한 형편에도 어떻게든 가르쳐 보겠다고 빚을 내서 광주까지 학교를 보낸 장남의 모습은 처참했다. 계엄군이 쏜 총에 맞은 백두선의 몸 곳곳에는 총탄의 파편이 박혀 있었다. 그 모습을 어머니는 지금도 잊지 못한다.

찾아가서 보니까 얼굴이고 등거리고 굴이(구멍이) 요만한 것이 열두 방이(군데가) 있어. 그때 심정은 말로 다 할 수 없어요. 장흥 우리 동네 각시 하나가 기독병원에서 청소를 했는데 (환자 중에) 우리 아이 이름이 있길래 가서 봤는데 얼굴을 못 알아보겠더라고 해. 피를 얼마나 흘려서 붓어가지고. / 故 백두선의 어머니 박순금

'피의 수요일'이라고 불리는 5월 21일, 계엄군이 금남로의 시위 군중들을 향한 집단 발포를 했던 그때 백두선도 총에 맞은 것이다. 열흘의 5·18민주화운동 기간 동안 가장 많은 사상자를 낸 날이다.[58] 집단 발포 후 시민들은 누가 먼저랄 것 없이 우선 쓰러진 사람들을 부축하여 계엄군의 총격이 미치지 않는 안전한 곳으로 후송하거나 가까운 병원으로 옮겼다. 그런 손길들이 있었기에 백두선도 그나마 목숨을 구할 수 있었다.

---

58) 이날 오후 3시 50분경 금남로에서는 한 여성이 공수부대의 집단발포로 사망자가 54명, 부상자가 467명(적십자 및 전남대 병원 수용, 작은 병원에도 환자 다수) 발생했다고 방송했다. (노영기, 『그들의 5·18』, 푸른역사, 2020, 289쪽)

(우리 아이가) 도청에서 쓰러져가지고 있으니까 어느 시민이 기독병원에다 데려다 놨던가 봐요. 애기가 깨어나서 보니까 그 사람도 팔이 하나 없는 것 같더라고 그럽디다. 그러니까 그 분도 팔을 다쳤는데도 환자들을 (병원으로) 데려갔던가 봐요. / 故 백두선의 어머니 박순금

어머니는 하루 걸러 광주와 장흥을 오가면서 밤잠을 아껴가며 아들의 병간호를 했다. 갓난아이에 두 명의 초등학생까지, 장흥에 있는 백두선의 어린 동생들도 돌봐야 했기 때문이다. 그러다가 그 해 10월, 어머니는 온 가족을 데리고 광주로 이사를 했다. 아픈 아들을 보면서 죽어도 같이 죽어야겠다는 맘이 들었다고 한다.

그때 즈그 아부지가 광주로 와서 공사장 노동자로 일하면서 두선이랑 같이 살고 있었는디, 애기가 집에 안 들어온게 적십자병원도 찾아보고 도청 앞에 송장은 다 떠들어보면서 찾아 헤매 댕갰다요. 그러다가 쓰러져 갖고 친구가 병원에 입원시켜 놨는디 나중에 애기가 그렇게 된 거 보고 여영 더 아파버리데요. / 故 백두선의 어머니 박순금[59]

백두선은 다시 학교에 나갔지만 총상의 후유증에 시달렸다. 그런 아들의 병원비도 당장 마련하기 힘들 만큼 가정형편은 어려웠다. 장흥에서 가져온 것이라곤 단출한 세간살이에 쌀 한 가마니와 고구마 한 가마니가 전부였다. 그렇게 일곱 식구가 광주 서구 유덕동에서 단칸방을 얻어 살았다. 당장 생계를 꾸려야 했기에 어머니는 양동시장에서 채소장사를 시작했다. 식당 일에 일용직 일자리까지 마다 하지 않고 억척스럽게 아픈 아들을 뒷바라지해주신 어머니 덕분에 백두선은 무사히 고등학교를 마칠 수 있었다. 장남으로서 어머니의 짐을 덜어드리고 싶었던 백두선은 불도저 기사 면허증을 따서 공사현장에서 일을 하기도 하고, 택시 운전을 하기도 하며 생활비와 동생들의 학비를 보탰다.

---

[59] 『월간 전라도닷컴』 2020년 5월호 (통권 217호), 12쪽 기획특집 '마흔 번의 오월' 인터뷰 기사 참조.

故 백두선씨가 생전에 어머니와 함께.

우리 집이 곤란하니까, 아는 선배가 택시운전을 하니까 면허증을 따가지고 그 사람이 쉬면은 택시 운전을 하고 다녔어. 그래가지고 (5·18) 택시기사 모임이 있습디다. 아들이 거기 가서 활동하기도 했어요.
/ 故 백두선의 어머니 박순금

하지만 그마저도 총상의 후유증이 점점 심해지면서 못하게 되고 말았다. 백두선의 어머니는 때로는 아들과 함께, 때로는 아픈 아들을 대신해 5·18 진상규명을 위해 싸웠다. 1980년대와 90년대 민주화 운동 현장에 거의 빠지지 않고 달려갔다. '5·18 때 자식을 잃은 사람들도 있는데, 그래도 나는 아들이 살아 있으니 더 열심히 싸워야겠다'는 마음이었다.

인자 아들이 다치면 죽을까 싶으니까 '죽어도 내가 죽을란다' 하고 내가 막 그러고 다녔지. 다 엄마들이 그랬어. 일하다가도 던져버리고 가야제. 이철규[60]도 자장면 먹고 죽었다 그러는데, 말하자면 저희들이(군사정권)이 때려죽였제. 그러면

---

60) 1989년 국가보안법 위반 혐의로 경찰 수배를 받던 이철규(당시 25세, 조선대학교 재학 중)열사는 그해 5월3일 경찰 검문을 피해 도주하다 돌연 실종됐고 일주일 뒤 광주 제4수원지 상류에서 숨진 채 발견됐다. 이철규를 경찰관이 체포하고서 고문해 죽였다는 의혹이 제기되었으나 실족사라는 당시 수사 결과를 뒤집는 진상은 밝혀지지 않았다. 2004년 5월 21일, 의문사진상규명위원회는 이 사건에 안기부가 개입했다고 밝혔다.

5·18항쟁고등학생동지회 최치수 회장에게 아들의 이야기를 들려주는 백두선의 어머니.

서 그렇게 거짓말을 하니까 우리들이 열이 나서 다닐 수밖에 없죠. 금남로에서 시위를 할 때면 이 자리를 우리 아들이 다녔다 그런 마음으로 우리가 걸어 다니제. / 故 백두선의 어머니 박순금

1980년 5월 이후 홧병으로 시름 시름 앓던 백두선의 아버지 백행윤 씨는 1987년 세상을 떠났다. 백두선의 고통도 계속 이어졌다. 비가 오거나 흐린 날이면 총 맞은 곳이 견딜 수 없이 아프다며 병원을 전전했다. 그러다 서른두 살 되던 1993년, 결국 부상의 후유증을 이기지 못해 세상을 등지고 말았다. 결혼한 지 3년 만이었다. 두 명의 어린 자식들과 "어머니를 잘 보살펴 달라"는 유언을 남긴 채 짧은 생을 마감한 백두선의 사진을 어머니는 지금도 휴대폰 케이스에 넣어 고이 간직하고 있다.

죽은 날 아침에 우리 마당에 까치가 와서 돌아다니드만. 8월에 죽었는데 망월동 구 묘역에다 묘를 쓰는데 또 소나무에서 까치가 울어쌓네. 그러니까 지금도 집을 나가다가도 까치가 "엄마 어디 간다" 그러고 가. 그리고 영선이라는 아이가 광천동 농협에서 결혼을 했어. 그 결혼식에 갔는데 까치가 또 그 농협 지붕에서 울고 있어. 누구한테 말은 못하고 "너 내 아들이냐. 엄마 여기 있다" 그랬어. 나 혼자 그러고 다녀. '우리 아들 까치 됐는갑다' 내가 혼자 그러고 다녀. / 故 백두선의 어머니 박순금

백두선의 어머니 박순금 씨가 아들의 묘비 앞에서 오열하고 있다.

그해 5월에 총을 맞지만 않았다면, 어쩌면 백두선은 또래의 친구들처럼 건강하게 살아 있을지도 모른다. 그렇지만 그에게 총을 쏜 가해자는 끝내 그 사실을 인정하지도, 반성하지도, 사죄하지도 않았다. 죄 없는 어머니만이 아들에게 못해 준 것들이 가슴에 얹혀 자책하고 있다.

뭣이 제일 걸리냐면, 광주에서 자취할 때 토요일 저녁에 장흥 집에 오면 김치 조금 담아서 샘에 담궈놨다가 주일날 저녁에 그놈 갖고 올라가. 그때는 냉장고도 없으니까. 그런 것이 제일로 생각 나. '어떻게 신김치를 일주일 동안 먹고 살았냐' 싶고 그런 것이 걸려. 우리는 지금 냉장고 있제, 김치 냉장고 있제 그러고 사는데, 먹을 때마다 생각이 나요. 먹을 때마다. 자나 깨나 지금도 생각만 나제. / 故 백두선의 어머니 박순금

어머니는 해마다 세상을 떠난 아들이 '살아 있다면 올해는 몇 살이겠구나' 하며 백두선의 나이를 헤아린다. 그리고 비슷한 또래들을 볼 때면 너무 빨리 세상을 떠나 버린 아들을 떠올리곤 한다. 5월이 되면 그 슬픔은 더 짙어진다.

어디 또래들이 가면 꼭 우리 아들 닮은 것만 같고 말을 못 하지. 그러니까 그것들 볼라고 못 갈 일이 있어도 내가 5·18 때면 망월동을 가지. 친구들 보려고. 지금 남아있는 사람들이 거의 그 나이 또래더구만. 우리 아들은 (5·18민주묘역) 3묘지 66번에 있어요. "잘 있냐" 그러고 와. "엄마 왔다" 그러고. 뭐라고 말을 하겠어요. "너희 자녀들, 너희 부인, 너희 동생들 여기 있어도 다 살펴라" 그러제. / 故 백두선의 어머니 박순금

어느새 팔순의 노인이 된 어머니는 나이가 들수록 마음이 바쁘고 쫓긴다고 말한다. 아직 5·18의 진실을 다 밝히지 못했는데, 아직 해야 할 일들이 남았는데 함께 싸웠던 엄마들이 하나 둘 세상을 떠나고 있기 때문이다. 5·18 유족회 어머니들은 옛 전남도청 별관이 철거될 때[61]도 누구보다 천막농성에 앞장섰고, 최근까지 원형복원을 촉구하며 매일 금남로에서 살다시피 했다.

그래야 후대에서 우리 아들을, 또 이 역사를 기억할 거 아닌가요. 그런데 "5·18 어지간히 우려먹지 지금까지 저라고 있다"고 그런 소리 하는 사람들이 있어요. "그런 소리 마씨요" 하고 좋은 말로 하지만, 돈 받아 먹었다는 소리가 제일 억울해요. 시민들이 그 돈으로 사는 줄 알어. 다달이 뭐 나오는 줄 알어. / 故 백두선의 어머니 박순금

집에 혼자 있을 때면 성경책을 보고 쓰면서 혼자 위로를 받는다는 백두선의 어머니는 '그 누가 나의 괴로움 알며 또 나의 슬픔을 알까' 하는 찬송가가 마치 자신의 마음 같다고 한다.

---

[61] 5·18민주화운동 당시 계엄군에 맞선 시민군이 최후 항전을 벌였던 옛 전남도청 별관은 국립 아시아문화전당을 짓는 과정에서 철거됐다.

고 박기현 (동신중 3)

고 박금희 (춘태여상, 현 전남여상 3)

고 전영진 (대동고 3)

고 박현숙 (신의여고, 현 송원여상 3)

고 전재수 (효덕초 4)

고 김명숙 (서광여중 2)

문재학 (광주상고, 현 동성고 1)

박성용 (조대부고 3)

안종필 (광주상고, 현 동성고 1)

백두선 (사레지오고, 현 살레시오고 2)

제2부

시민군이 된 소년들

5월의 십대들 새 세상을 꿈꾸다

채영선

1980년 5월
십대들의 맑은 영혼은
사는 곳이 달라도 동지가 되었고
계엄군에 쫓기며
바른 역사의 길을 찾았다

상무대 영창은 성스런 학교
고문으로 상한 육신은
온전한 민주주의를 공부하였고
허기진 몸둥이는
절실한 정의로 가득채웠다

살벌한 계엄군의 거리에서
아비규환을 겪은 십대들은
미래를 위해 다시 태어났다
서로의 경험을 나누며
사람 사는 세상의 뼈대를 세웠다
군부독재의 심장에 꽂기 위해
5월 금남로 햇살로 빚은 비수를
가슴에 품었다

다시 태어난 십대 시민군은
희생자들의 희생이 바래지 않게
대한민국 각지에 흩어져
새롭게 찾은 역사의 길을 걸었다

어느 하루 마음을 쪼갠 적 없다
오늘도 온 마음 다하여
무등산 바라보며
민주인권평화가 살아 숨쉬는
올바른 나라
사람사는 세상을 꿈꾼다

굴곡진 역사에 정면으로 맞서다

최치수 / 당시 광주 사레지오(살레시오)고등학교 3학년

옛 전남 도청 분수대 광장에 봄날의 햇살이 가득했던 2020년 5월, 중년의 두 남자가 5·18민주화운동 40년을 맞은 광장을 찾았다. 40년 전 고등학생 시민군이었던 최치수와 경창수였다. 이들의 발길은 도청 앞마당을 지나 상무관으로 향했다. 그 길은 당시 고등학생 경창수가 신원이 확인된 희생자들의 시신이 담긴 관을 어깨에 매고 애국가를 부르며 걸어갔던 길이기도 했다. 거대한 장례식장이나 다름 없었던 상무관,

옛 전남도청과 분수대, 2020년 김항득 촬영.

그곳에서 당시 고등학생 수습대책위원장이었던 최치수는 합동추모식에서 눈물로 추모시를 읽기도 했다. 그들이 당시를 떠올리며 눈시울을 붉히면서 상무관으로 들어가던 그때, 상무관과 도청 사이 광장에서는 십대 아이들이 스케이트보드를 타고 환한 웃음을 터트리며 놀고 있었다. 그것이 어쩌면 40년 전 스스로 총을 들고 시민군이 되었던 수많은 고등학생과 대학생, 그리고 시민들이 바라던 세상이 아니었을까.

5·18 민중항쟁 이전, 선배와의 대화

최치수는 영산강이 가로지르는 나주평야의 끝자락 전라남도 나주시 동강면에서 4남 2녀의 막내아들로 태어났다. 그의 아버지는 일본 강점기 오사카로 끌려가 갖은 고초를 당하며 강제 노역을 하다 해방이 되자 천신만고 끝에 고향으로 돌아와 정착했다. 최치수는 나주 동강에서 초등학교, 중학교를 마치고 광주에 있는 살레시오고등학교로 진학했다.

그가 고등학교 1학년이었을 무렵, 휴전선 넘어 북한에서 파고 내려오는 땅굴이 자

고등학교 1학년 문학의 밤(살레시안 향연) 행사에서 시를 낭독하는 최치수, 1978년 8월 광주학생회관.

주 발굴되었다. 제3 땅굴이 발견되었을 때, 광주 공설운동장에서는 광주시 중·고등학교 학생 총궐기대회가 열렸다. 여기 참가한 최치수는 북한의 만행에 치밀어 오르는 분노로 손가락을 물어뜯어 "북한의 만행을 규탄한다"는 혈서를 쓰기도 했다. 교내 웅변부와 문예부 활동을 했던 그는 당시 광주시 고등학교 문예반을 중심으로 구성된 '월계 문학 동인회'에 가입하여 창작한 작품들을 함께 읽으면서 비평을 하고, 전시회를 열기도 했다. 문학동인회 선배들은 다양한 사회문제에 대한 이야기도 자주 들려주었다. 최치수는 평소 대학에 다니는 친구 형들과도 자주 대화를 나눴다, 이러한 대화와 토론, 독서 등을 통해 그는 당시의 어수선한 시국을 정확하게 바라볼 수 있는 관점을 세웠고, 올바른 국가관과 철학을 정립할 수 있었다, 이것은 1980년 5월, 어린 나이임에도 불구하고 거리낌 없이 항쟁에 참여하게 된 밑바탕이 되었다.

최치수가 처음으로 공수부대원들의 만행을 목격한 것은 5월 18일 오후였다. 일요일이었던 그날, 월산동에 사는 시골 친구 정종태(광주일고 3학년) 집에서 같은 고향 친구인 임춘원(숭일고 3학년)과 만나기로 약속했다. 풍향동에서 3번 버스를 타고 월산동으로 가던 길이었다. 양영학원을 지나 노동청 앞을 지나면서 최치수는 도청 광장에 전투 경찰이 도열해 있고, 공수부대원들이 이리저리 어지럽게 움직이고 있는 것을 보았다. 그들은 철망이 달린 철모를 쓰고 대검이 꽂힌 총을 둘러맨 채, 손에는 진압봉을 들고 있었다. 시내버스가 공용버스 터미널을 돌아서 금남로 5가 사거리를 지나갈 때 차장 밖으로 도청 쪽을 바라보니 조흥은행 앞에서는 공수부대원들이 학생들을 이리저리 쫓아다니며 곤봉으로 인정사정없이 내려치고 있었다. 곤봉에 머리를 맞고 쓰러지는 학생, 등짝을 맞아서 움츠리면서 도망가는 학생들이 보였다. 돌덩이들과 빈 병들, 최루탄 파편과 가루 등으로 어지럽혀진 도로 위엔 학생 서너 명이 쓰러져 있었다. 수창초등학교 앞에는 도로를 따라 군용트럭 여러 대가 주차되어 있고, 도로 가운데에서 학생들이 공수부대원들의 방망이질에 속수무책으로 당하고 있었다. 그야말로 살육의 현장이었다.

친구 종태 집에 가자, 춘원이가 먼저 도착해 있었다. 끔찍한 광경을 목격하고 충격에 빠져있던 최치수가 금남로에서 보았던 상황을 이야기하자 친구 춘원 또한 오는 길에 비슷한 장면을 보았다고 했다. 그렇게 흥분하여 서로 목격한 것들을 이야기했다. 최치수는 그동안 살레시오고등학교 동창인 친구 윤태현의 대학생 형(윤철현, 당시 전남대 2학년)에게 들었던 시국 상황에 관해서도 전해 주었다. 중앙정보부장 김재규가 쏜 총에 박정희 대통령이 죽자, 전두환을 비롯한 신

1980년 5월 19일 거리에서 시민들을 무차별 폭행하는 계엄군. / 5·18기념재단

군부가 12·12군사반란을 일으키고, 김대중 선생을 비롯한 양심적인 지식인과 학생, 재야 인사들을 구금하고 구속 시킨 일을 비롯해 왜 전국의 대학생들이 거리로 나오게 되었는지 등에 대해 열변을 토했다.

최치수와 두 친구는 "앞으로 어쩌면 고등학생들도 합류해야 될 상황이 올 수 있다고 하니 정말 큰 일이 일어나면 종태 집에서 만나자"고 약속하고 헤어졌다. 월산동에서 버스를 타고 가면서, 금남로 조흥은행 윗쪽 중앙 교회와 가톨릭 센터 부근에서 공수부대와 학생들이 대치 중인 것을 목격했다. 그런데 치치수가 탄 버스가 공용 터미널에서 우회전을 하다가 갑자기 멈춰 섰다. 순간 버스 문이 열리고 20여 명의 대학생들이 우르르 올라탔다. 신발이 없는 사람, 머리에 피 흘리고 있는 사람, 최루가스를 온통 뒤집어 쓴 사람, 어깨를 움켜쥐고 있는 사람 등 대학생들은 몰골이 말이 아니었다. 그들을 따라 들어온 최루 가스 냄새 때문에 버스 승객들은 재채기를 하고 눈물, 콧물 흘렸다. 그런데 대학생들이 '전두환을 기필코 죽여야 한다' '공수부대 저것들 모조리 없애 버려야 한다' '친구가 잡혀 갔다' 는 등을 외치자 버스 안은 순식간에 분노의 도가니가 됐다. 버스는 전남공고 앞까지 쉬지 않고 달렸다. 대학생들은 동명여중 앞에서 모두 내렸다. 그리고 최치수는 집 앞에서 내리지 않고 서방 4거리에서 내렸다.

학교 옆 중흥동에 살고 있는 친구 태현의 집에 가서 그의 형을 만나서 지금의 시국 관련 상황에 대해 듣고 싶었기 때문이다. 태현이 집에 가보니 형 철현이 시내에 나가서 들어오지 않았다고 했다. 군대에 가기 위해서 휴학을 했는데, 저렇게 데모를 하고 다니니 걱정이라고 했다.

다음 날인 5월 19일 아침, 학교 앞 버스 정류장이 어수선했다. 당시 살레시오(사레지오)고등학교는 전남대학교 정문 쪽에 있었다. 9번과 20번 버스 종점이었다. 살레시오고등학교 담을 타고 쭉 들어가면 전남대학교 정문 앞 다리로 길이 이어졌다. 최치수가 버스에서 내려 전남대학교 정문 쪽을 바라보니 학교에 들어가지 못한 대학생들이 돌을 던지고 있었다. 가까이 가서 보니 전남대학교 정문 쪽에서 공수부대원들이 곤봉을 들고 학교로 들어오는 학생들을 잡고 있었다. 학교 안 수위실 뒤쪽에는 학생들이 팬티만 입은 채 머리를 땅에 박는 소위 원산폭격을 하고 있었고, 또다른 학생들은 머리에 피를 흘리며 무릎을 꿇고 있었다.

최치수가 학교로 들어가자 교실 안이 시끌벅적했다. 몇몇 친구들이 그에게 와서 어떻게 해야 할까 하고 물었다. 모두가 누군가 앞장 서 '나가자' 하고 외치기를 기다리고 있는 눈치였다. 최치수는 친구들과 어제 시내에서 목격했던 이야기들을 주고받으며 "결국은 우리 고등학생들도 대학생 형들을 따라서 나서야 되지 않겠냐"는 의견 일치를 보았다. 하지만 일단은 조금 더 상황을 지켜보자고 했다. 잠시 후, 담임인 박청광 선생님이 교실에 들어왔다. 선생님은 평소 "청년 학생은 시사에 눈이 밝아야 한다"고 말씀하던 분이었다. 2학년 때도 최치수의 담임이었는데, 79년 10월 26일 박정희 대통령이 사망했을 때에는 "너희들 각자가 생각하는 박정희 대통령 죽음에 대한 본인의 자세를 어떻게 할 것인가"라는 주제로 학생들의 토론에 붙이기도 했다. 최치수는 그때 "하루 종일 웃지 않겠다" 발언하고, 실제로 웃지 않았다. 최치수가 5월 27일 도청에서 연행되어 상무대 영창에 구속되었을 때는 담임인 그가 나서 교감 선생님과 함께 계엄 당국에 선처를 바라는 탄원서를 계속 올리며 제자의 석방을 위해 갖은 노력을 하기도 했다.

그날 담임 선생님은 "고등학교도 휴업령이 내렸으니 모두들 집으로 돌아가. 시내에 나가지 말고 고 3의 의무를 다하라"고 하셨다. 그러면서 학교에 기관(계엄 당국) 사람들이 왔다고 했다. 기관 사람들이 왜 학교에 투입되었는지 확실치는 않지만, 친구들을 선동한 듯한 행동을 했던 최치수가 걱정되었던 담임은 그를 따로 불러 정문으로 나가지 말고 다른 데로 가라고 했다. 불안해진 최치수는 유덕동 극락강 옆 유촌마을에 살고 있는 친구 오환열(살레시오 3학년) 집으로 피신했다. 학교에서 나올 때 선생님이 "될 수 있으면 자취방에 있지 마라" 했기 때문이다.

　친구 오환열의 아버지는 전남 신안군 도초초등학교 교장이었다. 환열이 집에 있다가 밤이 되자 버스 종점으로 가 보았다. 시내버스가 끊긴 지 오래라고 했다. 옆집에서 자전거를 빌리려고 했지만 친구 어머니는 "고등학교 3학년인데 너희들은 밖에 나다니지 말고 공부해야 한다"면서 나가지 못하게 말렸다. 어쩔 도리 없이 하룻밤을 환열이 집에서 보냈다.

　20일 아침, "책을 안 가져와서 집으로 책 가지러 갔다 오겠습니다" 하고, 옆집에서 자전거를 빌려 타고 집으로 돌아왔다. 그리고 10시 무렵, 전남대학교 정문으로 갔다. 어제와 같이 정문 안은 공수부대가 지키고 있고, 정문 앞 다리 건너에는 200여 명의 대학생들이 학교를 향해서 보도블럭과 돌멩이를 던지고 있었다. 최치수도 대학생들과 함께 돌을 던졌다. 최루탄을 쏘면 흩어졌다가 최루가스가 가라앉으면 다시 도로에 나와서 돌을 던지는 공방전이 계속되었다. 인근 상점들에서는 도로에 물을 뿌려주고 학생들에게 물을 제공해 주었다. 공수부대원들은 정문 앞 다리까지 쫓아 나왔다가 물러가곤 했다. 그러던 중, 서방 4거리 쪽에서 학생과 시민들이 공수부대에 밀리고 있으며, 광주역 쪽에서는 2~30대의 택시들이 금남로로 밀고 들어가려고 준비 중이라는 소식이 전해졌다. 학생들 대다수는 서방 4거리로 진출해 갔다. 최치수는 일부 대학생과 시민들을 따라 광주역 쪽으로 갔다. 광주역에 거의 다다랐을 무렵, 대형 트럭이 시민들을 가득 태우고 가다 멈춰섰다. 차에 타고 있던 시민들이 모두 내리자, 운전석 옆에 앉아 있던 청년이 최치수에게 시내 외곽의 시민들을 시내로 실어 나르는 일을 함께 하자고 제안했다. 그가 고등학교 교복을 입고 있으니 적임자라고 했다. 최치수를 태운 트럭은 운암동 쪽으로 행했다. 공설운동장에 조금 못 미치는 곳에 다리가

트럭에 탄 시민들. / 5·18기념재단

있었는데 그곳에 사람들이 많이 나와 모여 있었다. "시내로 가고 싶은 분들은 차에 타십시오. 지금 공수부대가 우리 학생, 청년, 시민들을 무자비하게 탄압하고 있습니다. 광주 시민이 나서서 공수부대를 몰아내야 합니다. 시내로 갑시다!" 하고 외치니 대부분의 사람들이 차에 올라탔다.

트럭은 북성중 앞에서 시민들을 내려주고 다시 시민들을 실어 나르기 위하여 출발했다. 양동 발산다리를 지나가자 아주머니들이 주먹밥을 나눠주고 있었다. 최치수 일행은 차를 멈추고 "갑시다 시내로! 극악한 공수부대와 싸우고 있는 학생들과 시민들을 도와서 함께 싸웁시다. 싸워서 공수부대를 광주에서 몰아냅시다!" 하고 외쳤다. 시민들은 남녀노소를 가리지 않고 모두 차에 올라탔다. 아주머니들은 주먹밥이 들어있는 바구니를 통째로 차에 실어 주며, 시내에 나가면 시민들에게 나누어주라고 했다. 광주일고 4거리에서 시민들을 주먹밥과 함께 내려준 트럭은 다시 농성동 방향으로 달려갔다. 그렇게 밤늦게까지 최치수는 시 외곽에서 시민들을 시내로 실어 나르는 일을 계속 했다. 그러다 계림동 로터리에 시위대가 너무 많아서 차가 움직일 수가 없게 되자 최치수는 차에서 내려 시위대열에 합류했다. 시민들은 모두 돌덩이나 몽둥이, 쇠파이프 등 무기가 될 만한 것들을 들고 있었다. 최치수도 돌덩이와 각목을 주워 들었다. '공수부대 물러가라' '김대중을 석방하라' '구속학생, 청년, 시민 석방하라' '전두환이 물러가라' 등 구호를 외치며, '우리의 소원은 통일' 홀라송과 '애국가' 등을 부르면서 노동청 쪽으로 전진해 갔다.

노동청 앞에 가자 공수부대들이 최루탄 페퍼포그를 쏘아댔다. 대열의 뒤쪽에 있었던 최치수는 뒤돌아서 MBC 방송국을 지나 시민회관 쪽으로 이동해 갔다. 그때였다. 뒤쪽에서 펑펑하는 큰 소리가 났다. 그리고 주위가 환하게 밝아지면서 MBC방송국이 불타올랐다.

최치수와 시위대열은 금남로 4거리로 방향을 틀어 그곳에 있던 시위대와 합류했다. 시민들은 도청을 향해 연좌한 채 '계엄군 물러가라' '전두환 물러가라' '김대중 석방하라' '구속학생 석방하라'고 외치며, 홀라송을 부르고 있었다. 공수부대는 도청 광장에서 노동청 쪽으로 페퍼포그를 계속 쏘아대면서 금남로 쪽으로 줄을 맞춰 서서 뚫어지게 바라보고 있었다.

새벽이 되어서야 집에 돌아와 잠깐 눈을 붙인 최치수는 21일 오전, 광주일고 앞에서 다시 트럭에 올라탔다. 전날처럼 오전 내내 시내 외곽을 돌며 시민들을 차에 태워 금남로로 실어 날랐다. 그러다 오후 1시경 금남로 중앙교회

1980년 5월 20일 불에 탄 광주 MBC. / 5·18기념재단

앞에서 내린 그는 금남로를 가득 메운 시위대에 합류했다. 도청 광장에서는 공수부대가 시위대를 향해 총을 겨누고 있었다. 그때 시위대 뒤쪽으로 군용 트럭이 한 대가 다가왔다. 트럭 뒤에 타고 있던 청년이 도청을 향해 돌진할 거라며 최치수에게 차에 타라고 했다. 몽둥이를 집어들고 그가 막 트럭에 올라타자, 그 모습을 본 한 아주머니가 차에서 내리라며 막무가내로 소리를 질렀다. 자신의 아들도 고등학생인데 생사가 확인 안돼서 찾으러 나왔다며, 교복을 입고 있는 최치수를 보고 '제발 내리라'며 울부짖었던 것이다. 하는 수 없이 차에 타고 왔던 청년들이 모두 내렸다. 그리고 군용 트럭은 액셀레이터에 돌덩이를 올려놓고 차에 불을 붙인 후 도청 공수부대를 향해 돌진시켰다. 트럭은 전일빌딩 건너편 관광호텔 가로수를 들이받고 멈췄다. 그 이후, 시민들은 계속해서 몇 대의 차에 불을 붙여 도청으로 돌진시켰지만 모두 가로수들을 들이받고 멈춰 섰다.

시위대 앞쪽으로 나간 최치수가 구호를 외치며 노래를 부르고 있을 때였다. 장갑차 한 대가 앞으로 달려나왔다. 상의를 벗은 청년 한 명이 태극기를 들고 타고 있었다. 시위대의 함성과 박수에 장갑차는 멈칫하다가 도청 광장을 향해 돌진해 갔다. 시민들은 더욱 더 크게 함성을 지르고 박수를 쳤다. 장갑차가 전일빌딩 앞에 다다랐을 무렵이었다. 도청 쪽에서 '탕!' 하는 총소리가 들렸고, 동시에 장갑차 위에 타고 있던 청년의 몸이 뒤로 확 젖혀졌다. 공수부대가 조준 사격을 한 것이다. 장갑차는 청년의 시체를 싣고 노동청 방향으로 빠져나갔다. 잠시 후, 또 다른 장갑차가 시위대 선두에 들어섰다. 이 장갑차는 뚜껑을

1980년 5월 21일, 장갑차에 탄 시민군. / 5·18기념재단

광주공원에서 총을 들고 차에 탄 시민군. / 5·18기념재단

닫은 채 도청으로 진격해 갔다. 역시 전일빌딩 앞에 도착하자 도청 쪽에서 장갑차를 향해 총을 쏘아댔다. 장갑차는 잠시 멈칫하다 시위대 쪽으로 방향을 틀어서 뒤쪽으로 빠져나갔다. 이것을 본 시위대는 분노가 끓어올라 도청을 향하여 나아갔다. 금남로 4거리에서 도청 쪽으로 몇 발자국쯤 옮겼을 때였다. '탕!탕!' 총소리가 계속 들리더니 여기저기서 사람들이 쓰러졌다. 시민들은 우르르 골목으로 뛰어 들었고 최치수는 중앙교회 앞 골목으로 뛰어갔다. 골목에서 도청 쪽을 바라보던 최치수와 시민들은 총소리가 더 이상 들리지 않아 금남로로 뛰어나와 다리에 총을 맞고 쓰러져 있는 시민들을 부축해서 병원으로 옮겼다. 그리고 최치수는 시위대와 함께 금남로 중앙교회 앞에서 대오를 정비한 채 연좌농성을 이어갔다. 그러자 도청에서 '드르륵' 하는 연발의 총성이 계속 울렸고 대열 앞에서 구호를 외치던 한 대학생이 왼쪽 어깨를 움켜쥐면서 최치수 앞으로 푹 쓰러졌다. 그는 대학생을 부축해 중앙교회 건너편 골목으로 몸을 숨겼다. 총을 맞은 시민들은 적십자병원으로 옮겨졌다. 그러던 중 광주공원에서 총을

나눠주고 있다는 소식을 들은 최치수는 연좌 농성을 하고 있는 시민들에게 "지금 광주공원에서 총을 나눠주고 있으니 광주공원으로 갑시다" "우리도 총을 들고 저 흉악무도한 공수부대와 싸웁시다" 외쳤다. 모두가 광주공원으로 향했다.

하지만 총을 나눠주던 시민군은 교복을 입고 있는 고등학생에게는 총을 줄 수 없다고 했다. 그래서 총을 받는 것을 포기하고 돌아서는데 공원 광장 한 켠에 세워진 군용 짚차 뒷좌석에 빨간 핸드마이크(메가폰)가 놓인 것이 눈에 들어났다. 최치수는 사람들 모을 때 도움이 될 것 같아 손을 넣어서 그 핸드마이크를 집으려 했다. 그때 누군가 그의 등에 권총을 들이댔다. 놀라서 어쩔 줄 몰라 하고 있는데 마침 근처를 지나가시던 살레시오고등학교 백은준 화학 선생님이 이 광경을 보고, 신분을 증명해주었다. 그리고 광주공원 인근 선생님 댁으로 데리고 갔다. 그곳에서 물과 과일을 먹으며 한참을 쉬었다. 선생님은 "니가 이왕 나서서 하는 것이니 하지 말라, 못 한다 하지는 않겠으니 항상 조심해라, 매사에 차분하게 해라" 당부를 했다. 다시 광주공원으로 나온 최치수는 시민들과 합류해 금남로 광주일고 앞으로 갔다. 도청을 향해 가고 있는데 한 트럭에서 시민들을 내리고 있었다. 최치수는 다시 그 트럭에 올라탔다.
    트럭은 백운동 쪽으로 갔다. 백운동 로타리는 나주, 해남, 목포 방향으로 나가는 시위 차량과 나주 방향에서 들어오는 차들로 상당히 번잡스러웠다. 대동고 앞을 지나 주월동 광복천 입구에 많은 사람들이 나와서 시위 차량들을 향해 손을 흔들고 박수도 치며, 함성을 지르고 있었다. 아주머니와 할머니들은 지나가는 차들을 세워놓고 주먹밥과 물을 나눠주기도 했다. 최치수가 타고 있던 차도 잠시 멈춰 물과 주먹밥을 먹으면서 시내 상황 내용을 사람들에게 얘기해 주었다. 그러면서 "지금 금남로에는 계엄군이 시민들에게 총을 쏴대고 있고 시민들도 총을 가지고 계엄군과 격전을 치르고 있으니 금남로에 나가서 시민들과 합세해 힘을 보탭시다. 그리하여 계엄군을 몰아냅시다." 최치수가 외치니 많은 시민들이 차에 올라탔다. 어린아이와 여자들은 내리게 하고 남자들만 태워서 금남로로 향했다. 도청 쪽 가톨릭센터 부근과 공용 터미널 쪽은 여전히 상황이 심각한 듯 시끄러웠다. 시민들을 내려준 후 신안다리 앞으로 가자, 공설 운동장 쪽에서 많은 차들이 사람들을 싣고 광주역 방향으로 이동해 가고 있었다. 광주역에서 계엄군과 크게 싸움이 나 차량이 많이 불탔다고 했다. 그때 최치수는 문득 계엄군이 총을 쏘아대는 위험한 곳에 총을 들지 않은 시민들을 데려가도 되는 것인지 갈등이 생겼다. 그러나 광주를 온통 무법천지로 만들어버리고 이유 없이 시민들을 학살하고 있는 악마 같은 공수부대를 하루 빨리 광주

5월 22일 첫 시민궐기대회, 도청 분수대 광장에 놓인 희생자들의 관.

에서 몰아내려면 보다 더 많은 사람들의 함성과 응원이 필요하다는 생각이 들었다. 그래서 수시로 망설이면서도 독하게 마음 먹고 '계엄군을 몰아내자'고 외치고 또 외쳤다. 유난히 맑은 저녁 하늘 여기저기에선 분노의 총소리와 총알의 빛줄기들을 쏟아졌다. 어린 그에겐 감당하기 힘든 밤이었다.

고등학교 수습대책위원장

22일 아침, 가두 방송 차량이 시내를 돌아다니며, 시민들이 계엄군을 몰아냈으니 도청 광장으로 모이자고 했다. 광주시민들은 하나같이 흥분과 감격에 젖어 이른 아침부터 도청 광장으로 모여들었다. 최치수도 거리에서 나눠주는 투사회보를 보며 도청 광장으로 갔다. 거리에는 불타버린 각종 차량과 돌덩이들, 각목 등이 어지럽게 널려있었다. 도청 광장 분수대 주변에는 광주 시내 병원 영안실에서 실려 온 희생자들의 관이 놓이고 있었다. 이것을 바라보며 시민들은 계엄군의 만행에 다시 한번 치를 떨었다.

도청으로 들어가니 시민들과 청년, 대학생들이 각기 정리를 하고 있었다. 최치수는 그동안 같이 행동했던 대학생 형들을 도와 사람들이 많이 몰려든 도청 안의 질서 확립에 열성을 다했다. 2층 부지사실에는 정시채 전라남도 부지사를 비롯해 지역 유지들과 재야 인사들이 모였다. 그리고 이종기 변호사를 위원장으로 하는 '5·18 시민

수습대책위원회[62]'를 구성하고, 계엄사와 협상을 시도하기로 했다.

　시민들로 가득찬 도청 분수대 광장에서는 시민 보고대회를 준비 중이었다. 국무총리 서리가 광주를 방문한다는 뉴스가 보도되어 이 소식을 들은 광장의 시민들은 총리 서리를 기다리고 있었다. 구용상 광주시장은 헬기를 타고 폭도들에게 동조하지 말라고 호소 전단을 뿌렸다.

　오후 3시경, 시청 앞 분수대 광장에서 시민보고 대회가 개최되었다. 원하는 사람은 누구든 분수대 연단에 올라와서 앉아 있다가 순서에 맞춰서 발언을 했다. 시민도 있었고, 노동자도 있었고, 농민 대표도 있었다. 대부분 '광주시민 단결과 질서 확립'에 대한 발언들이었다. 최치수는 고등학생 대표로 연단에 올랐다. "지금 우리 고등학생들이 해야 할 일들이 너무 많으니 고등학생 여러분은 적극적으로 동참해 주십시오. 내 말에 동의하시는 고등학생들은 궐기 대회가 끝나면 민원실 앞으로 모여 주십시오" 하고 호소했다.

　사회자의 제안으로 매일 오후 3시에 도청 분수대 광장에서 시민궐기대회를 갖기로 했다. 또 시가행진 코스와 요령 및 시내 치안 방법을 다양하고 광범위하게 토론했다. 그리고 계엄사에 다녀온 수습위원들이 연단에 올라 협상 내용을 설명했다. 최치수의 옆에 앉아 있던 '5·18시민수습대책위원회'의 장휴동씨가 일어나서 마이크를 잡고 "우리가 이런 식으로 하면 결국 폭도밖에 되지 않는다. 빨리 무기를 회수하여 계엄사에 반납하고 시내의 치안을 경찰에 맡기자"고 발언을 했다. 그러자 갑자기 무대 밑에서 한 청년이 뛰어 올라와서 마이크를 빼앗아 들고 외쳤다. "무고한 광주 시민들이 수없이 많이 죽었는데 사태의 수습만을 얘기해서는 안 됩니다. 수습을 할 수 있는 구

---

62) 이종기 변호사, 조비오(신부), 최한영(독립투사), 윤영규(YMCA이사), 이석연(전남대 교수), 박윤종(전 광주시장), 김상형(전남대 교수), 장휴동, 신용순씨 등 15명으로 구성되었다. 수습대책위원회는 계엄당국에 다음과 같은 7개의 요구 조건을 내걸었다. 1.사태수습 전에 군대를 투입하지 말라. 2.연행자 전원을 석방해라. 3.군의 과잉진압을 인정해라. 4. 사후 보복을 금지해라. 5. 책임 면제하라. 6.사망자 보상해라. 7. 이상의 요구가 관철되면 무장해제를 하겠다.

1980년 5월 22일 시민궐기대회가 끝난 후 거리청소에 나서려고 전남도청 앞에 모인 고등학생들.
원 안에 검은 교복 입은 학생이 최치수. / 5·18기념재단

체적인 대안을 내놓으시오. 그 수습 방안이 나오지 않는 한 총기 회수와 수습은 없습니다!"라고 외쳤다. 광장의 시민들은 하늘이 떠나갈 것 같은 함성과 박수를 보냈다. 나중에 알고 보니 그 청년은 학생수습대책위원장이자 항쟁지도부 위원장이었던 조선대학교 3학년 김종배였다. 이날 박충훈 국무총리 서리는 시민들은 만나지 않은 채 계엄군의 보고만 듣고 서울로 올라가버렸다.

시민보고 대회가 끝난 후, 도청 민원실 앞에는 200여 명의 고등학생들이 모였다. 옆에서는 300여 명의 대학생들이 모여 회의를 하고 있었다. 최치수는 "우리 고등학생들도 나서서 이 어수선한 난국에 우리의 역할을 합시다. 우리가 자발적으로 해야 할 일은 아주 많이 있습니다. 우선 우리가 조직적으로 움직여서 대학생 형들이 하는 일들을 거들어야 하고, 쓰레기로 가득찬 거리를 청소하면서 거리 질서 확립 캠페인을 하고, 도청 내에서 각자 역할을 맡아서 행동을 합시다." 하자 모두 그 말에 동의를 해주

었다. 고등학생들은 먼저 줄을 지어서 '전두환 물러가라' '구속학생 석방하라'고 쓰인 두 개의 플래카드를 들고 거리 행진을 했다. 행진을 마치고 최치수가 도청 안으로 들어가자 1층 상황실에서는 대학생 형들이 회의를 하고 있었다. 그리고 민원실 1층과 2층에서는 총을 소지한 시민군들이 식사를 하고 있었다. 식사는 김밥 조금에 주먹밥이었다.

최치수는 집으로 돌아가지 않은 고등학생들과 함께 식당 2층에서 주먹밥으로 식사를 했다. 식사를 막 마치고 일어서는데 취사반에서 "사람들이 많아서 준비된 주먹밥이 부족하니 밥과 쌀을 구해다 달라"고 했다. 최치수는 고등학생들을 이끌고 도청 주변의 가정집들을 방문했다. "도청에 있는 시민들 식사가 부족해서 그러니 혹 남은 밥이 있으면 조금만 주시면 고맙겠습니다"하고 읍소를 하자 거의 모든 집에서 기꺼이 밥이나 쌀은 물론이고 김치까지 내어 주었다. 그렇게 구해온 밥과 쌀을 식당에 전달한 후, 도청 본관 1층 상황실로 향했다. 식당 앞 뜰에는 처참한 모습의 시신들이 담긴 관이 늘어서 있었고, 유족들의 오열이 멈추지 않았다. 상황실에 들어가 대학생들이 회의하는 것을 지켜보았다. 사회자는 투쟁 현장에서 보았던 전남대학생 정해민이었다. 회의 안건은 '학생수습대책위원회'를 구성하자는 것이었다.

그 회의 이후, 학생수습대책위원회가 구성되면서 무기 회수가 시작되었고 어수선한 거리의 차들도 통제되었다. 무기 수거는 학생들이나 시민군들이 들고 있는 것을 제외하고 거리에 버려진 총들을 중심으로 이뤄졌다. 최치수는 대학생들이 수거한 총들을 도청 내 민원실 지하(무기고) 입구로 옮기는 일을 했다. 지하 무기고는 들어가 보지 못했다. 그곳은 처음부터 철저하게 통제 하에 유지되었기에 무기고 안에 들어가 본 사람은 손가락에 꼽을 정도였다. 도청 진압 작전을 세우던 계엄군들도 25일 저녁부터 지하무기고에 계엄군 특공조를 잠입시켜, 이곳에 있던 TNT 뇌관을 제거한 후, 5월 27일 도청을 점령했던 것이다.

최치수가 무기 회수를 돕다가 다시 들어간 상황실은 이전과 달리 사람들이 너무 많아 통제가 되지 않고 있었다. 그러자 갑자기 청년 한 명이 책상 위로 올라가 "여러분, 지금 상황실이 통제되지 않고 믿지 못할 사람들이 많이 들어와 있으니 모두 밖으로 나가시오. 필요한 사람들은 부를 것이니 지금부터 상황실을 통제합니다. 모두 나가시오!"하고 외쳤다. 최치수는 고등학생 교복을 입었고, 그동안 투쟁 현장에서 서로 얼굴들을 익혔던 터라 그냥 한쪽 의자에 앉아 있었다. 어느 정도 상황실이 정리되자 책상 위에 올라갔던 청년이 상황실 출입증을 만들어야 하겠다면서 책상 서랍에서 도장을 꺼냈다. 그렇게 출입증명서를 만들어 상황실에 남아있던 사람들에게 한 장씩 나눠주었다. 그때부터 도청과 상황실은 증명서가 없으면 출입이 통제되었다. 5월 23일부터는 '학생수습대책위원회'라는 어깨띠가 도청 출입 증명서가 되었다. 최치수는 상황실에서 대학생들과 논의해 앞으로 고등학생들이 자발적으로 해야 할 일을 몇 가지로 정리했다.

첫째, 고등학생들은 대학생들처럼 도청에 상시적으로 상근하는 것이 어려우니 상근할 수 있는 학생들을 선발하여 최소 3~4명씩 약 4~5개 조를 만들어 놓을 것.
둘째, 가두 행진 시 구호를 외칠 때 항상 거리질서 확립과 정리정돈, 거리 청소에 대한 내용을 포함할 것.
셋째, 항상 웃고 시민들에게 경직된 표정을 짓지 말고 겸손할 것.
넷째, 될 수 있으면 많은 지역을 행진할 것.
다섯째, 도청에서 필요한 식생활 필수품을 조달하는 역할을 할 것 등이었다.

저녁 늦은 시간, 도청 안에서는 총기를 회수하고 계엄군과 협상을 하자는 대학생들과 광주시민의 피값을 받아내지 않고는 절대로 물러설 수 없다고 주장하는 시민들 간의 의견 차이로 분위기가 무겁게 바뀌었다. 상당수의 시민들은 집으로 돌아가기도 했다. 최치수는 이러한 상황을 지켜보면서 '지금에 와서 아무 대안이 없는 협상이나 수습이란 게 필요한가?' 하고 지난 며칠 간의 투쟁 현장을 생각해 보았다. 무자비하게 곤봉을 휘두르고 총을 쏘아대던 계엄군을 생각할수록 치밀어오르는 분노가 주체할 수가 없었다. 아무리 생각해도 이대로 물러설 수는 없다는 시민들의 주장이 맞다고 생각됐다.

5월 23일, 최치수는 이른 아침부터 고등학생들과 청소도구를 챙겨들고 "거리 청소를 합시다"라는 구호를 외치며 금남로 청소를 했다. 금남로에서 유동 4거리, 양동까지 학생들이 가는 곳마다 시민들도 청소도구를 들고 나와서 함께 했다. 도청 민원실 앞을 출발할 때는 30여 명이었으나 각 지역을 돌면서 50여 명이 넘는 숫자로 늘어났다. 이른 아침인데도 아주머니들은 주먹밥을 해가지고 나와 건네주었다. 양동에서 청소를 마치고 고등학생 대오를 이끌고 다시 '우리의 소원은 통일'을 부르면서 도청으로 복귀했다.

1980년 5월 23일 거리 청소하는 고등학생들.

　　아주머니들이 싸준 주먹밥과 김치들을 식당에 전달한 후, 최치수와 고등학생들은 2층 식당에서 식사를 했다. 그리고 식당에 일손이 부족하다고 해서 여학생들 10여 명은 식당에서 일손을 도울 수 있게 했다. 잠시 앉아서 창밖으로 도청 여기저기를 보고 있던 최치수는 유족이 찾아온 시신들을 상무관으로 옮기는 모습을 보았다. 민원실 앞뜰에는 아직 유족이 찾아오지 않은 관들이 쭉 놓여 있었는데, 시신을 확인할 수 있도록 관 뚜껑을 비스듬히 열어놓고 있었다. 그 모습을 한참 내려다보고 있는데 바람이 휙 불었다. 그러자 관 뚜껑들이 바닥으로 떨어지면서 시신들의 모습이 적나라하게

민주수호 범시민 궐기대회. / 5·18기념재단

보였다. 온몸이 새까맣게 변해 퉁퉁 부어 있고, 머리가 깨진 시신, 얼굴이 깨진 시신 등 처참한 모습이었다. 하지만 역겹다거나 무섭다거나 하는 생각은 들지는 않았다. '내 부모 형제 같은 시민들에게 어떻게 이럴 수가 있을까? 내가 저 관 안에 있는 처지가 될 수도 있었다'고 생각하니 왠지 모를 서러움과 참을 수 없는 분노가 치밀어올랐다. 시신을 관리하는 장례 팀이 관 뚜껑을 다시 제자리에 원위치시켰다.

잠시 후, 최치수가 '시민수습대책위원회'가 열리는 부지사실을 지나 '학생수습위원회'가 회의를 하고 있는 내무국장실 앞을 지나갈 때였다. 서로 의견이 맞지 않는지 밖에까지 고성이 들렸다. 최치수는 조용히 들어가 회의하는 모습을 지켜보았다. 두 편으로 나누어져서 논쟁을 하고 있는데 한쪽은 '5·18시민수습위원회' 의견을 따라서 총기를 회수하자는 쪽이고, 다른 쪽은 계엄령 해제, 구속학생 석방, 광주시민에 보상 등의 문제가 해결될 때까지 싸우자는 의견이었다. 이른바 "온건파"와 "강건파"는 계속 갑론을박하면서 열띤 논쟁을 계속했다. 회의를 지켜보다 밖으로 나와 1층 상황실에 가자, 출입증명서가 없는 사람들이 너무 많이 들어와 있어 질서가 잡히지 않고 있었다. 건너편 조사실 또한 시민군들이 검문을 하다 수상쩍은 생각이 드는 사람들을 데려왔는지 "나는 죄가 있니 없니" 하면서 시끌벅적했다.

도청을 나온 최치수는 제1차 민주수호 범시민 궐기대회가 준비되고 있는 도청 광장으로 나갔다. 고등학생 대표로 연단에 서기로 했던 것이다. 광주시민들은 도청 앞 광장은 물론이고 금남로 4거리 너머까지 빼곡히 자리를 잡고 있었다. 분수대 연단에 오르자, 박효선과 김태종, 박몽구가 궐기 대회를 준비하고 있었다. 그리고 각급 대표들이 시민들에게 부문 단위의 입장과 성명서를 발표하기 위해 단상을 중심으로 반원 형태로 앉아 있었다. 시민대표로 소설가 홍희윤, 농민대표 윤기현, 노동자 대표 김영철(YWCA 신협), 고등학생 대표 최치수가 나섰다. 최치수는 윤기현 농민 대표 옆자리에 앉았다.

제1차 민주수호 범시민 궐기대회는 애국가, 먼저 가신 영령을 위한 묵념, 사회자 김태종의 개회선언 후, 각 대표들이 연단에 올라서 계엄군의 만행을 성토하고, 비상계엄 해제와 구속학생 시민 석방, 희생자와 부상자 보상 등을 촉구하며 광주시민들은 단결 투쟁하자는 성명서를 발표하였다. 또 사회자 김태종은 "이 나라 민주주의는 그냥 주어진 것이 아니라 피를 흘리고 싸워서 얻은 것입니다"라고 울부짖듯 외쳤다. 그 자리에 참석한 광주시민은 하나같이 함성을 지르고 박수를 치며 구호를 외쳤다. 최치수는 역사적으로 중요한 격변기의 중심에는 고등학생들이 항상 커다란 역할을 했다는 말을 하며 고등학생들의 단결과 동참을 호소했다. "고등학생 여러분! 제가 이 자리에 올라온 것은 고등학생 여러분들에게 총을 들고 싸우자거나 누구를 죽이자고 선동하기 위해서가 아닙니다. 그런 일들은 어른들께 맡겨 두고 우리는 거리를 청소하고 정리하는 등 고등학생들이 할 수 있는 일들이 많이 있습니다. 그러한 일들을 합시다! 제 말에 공감하시는 분들은 도청 민원실 앞으로 모여 주십시오!" 라고 외쳤다.

궐기 대회가 끝나갈 무렵 장례 준비를 위해 모금을 하고 있을 때, 21일에 사망한 대동고등학교 3학년 전영진의 시신을 리어카에 싣고 고등학생들이 애국가를 부르면서 광장으로 들어왔다. 그 자리에 모인 광주시민들은 모두가 애국가를 합창하며 눈물을 흘렸다. 고 전영진의 아버지(전계량)가 사지를 부들부들 떨면서 고등학생들과 같이 광장으로 들어오시는 모습은 그의 뇌리에 깊이 남았다. 훗날 전계량씨가 5·18유족회 회장을 하던 무렵, 최치수는 5·18민중항쟁 동지회(구속자) 소속으로 5월 운동협회 간사로 활동하며 5월 운동을 함께 하기도 했다.

5·18 당시 금남로 상공을 날고 있는 군용헬기. / 5·18기념재단

시민 궐기대회 도중에 상공에서는 헬기가 전단지를 살포하고 사라졌다. 하지만 궐기대회에 참석한 대다수의 시민들은 헬기가 살포하는 전단지에 대하여 관심을 두지 않았다. 다음 제 2차 궐기대회 때는 전두환 화형식을 하겠다고 사회자 김태종의 공고를 끝으로 집회는 마무리됐다. 고등학생들이 모여있는 민원실 앞으로 학교 선생님 한 분이 찾아와 무슨 영문인지 최치수한테 명찰과 학교 배지를 달라고 하여 가지고 갔다. 명찰과 배지가 없는 교복을 입은 채 민원실 앞에 모인 고등학생들을 이끌고 다시 거리 행진을 시작했다. 금남로 4거리-공용 터미널-시민관(대인시장)-광주고등학교 앞-산수오거리-동명동-도청 광장으로 행진을 하며 "거리를 깨끗이 청소합시다" "내 집 앞은 내가 정리합시다" "매일 새벽에 모두 나와 내 집 앞 정리를 합시다" 등의 캠페인을 했다. 아저씨, 아주머니, 할머니, 할아버지, 학생들 모두 나와 박수를 쳐주고 함성을 질러주었다. 가끔은 앞장 서 구호를 외치는 최치수를 보고 학교 친구들이 눈인사를 하곤 했다.

시가행진을 마친 후 도청 광장에서 해산을 하고 돌아오자 식당에서 쌀과 채소가 부족하다고 했다. 최치수는 남아있는 학생들과 함께 남동과 광주여고 부근 가정집들을 방문하여 쌀과 채소, 김치를 도와 달라 부탁을 했다. 전날과 달리 쌀보다 밥을 내어주는 집이 더 많았다. 나중에 알고 보니 도청 주변의 일부 가정집들에서는 도청에 사람들이 많아 식량이 부족할 것이라 생각하고, 고등학생들이 초저녁에 밥을 구하러 다닌다는 소문을 듣고 미리 많이들 준비해 놓았다고 했다. '역시 광주 시민들은 위대하다'는 생각에 가슴이 뿌듯하기도 했다. 시민들이 도와주신 식량을 식당에 전달한 후, 최치수는 남아있는 학생들을 식당 2층에서 휴식을 취하게 하고 상황실로 향했다. 상황실은 낮처럼 시끄럽지는 않았다. 시 외곽에 배치된 시민군들과 무전을 주고받는 수신 소리들이 분주하게 들릴 뿐이었다. 눈 인사를 하고 의자에 앉아있는데 캐비넷으로 막아놓은 상황실 안쪽에서 누군가 최치수를 불렀다. 안쪽에는 책상들이 서로 마주보고 앉게 되어 있었는데, 5~6명의 대학생들이 얘기를 하고 있었다. 최치수를 부른 대학생은 전남대생인 안길정이었다. 오늘 낮에 확대 개편된 수습위원회(기존 5·18수습 대책 위원회에 15명의 대학생들을 포함)회의에서 결의된 8가지 항목을 알고 있으라면서 설명해 주었다.

계엄군 공수부대의 지나친 과잉진압을 인정하라. 연행자를 석방해라. 시민 학생 처벌 및 보복을 엄금하라. 정부 책임하에 사망자, 부상자의 피해보상하라. 방송재개 및 사실 보도를 촉구한다. 자극적인 어휘사용을 금지해라. 시외 통로를 열어라 등이었다.[63]

"앞으로 대학생 수습위원회가 주로 활동을 할 것이고 도청 출입 시 통제가 심해질 것이다. 이 어깨띠가 출입증이 될 것이다. 항상 하고 다녀라" 며 최치수에게 '수습대책위원회' 라고 쓰여 있는 어깨띠를 주었다. 그리고 고등학생 부위원장격인 문종호(전남공고 2), 박윤배(송원고 2)의 어깨띠까지 건네 주었다. 그리고 대학생들이 하는 일은 한계가 있으니 고등학생들이 계속 일손을 도왔으면 좋겠다고 했다. 식당에서 밥하고 설거지하고 정리하는 일, 부족한 식재료 조달하는 일, 시체를 관리하는 일, 조사실 일을 돕는 것, 상무관에서 안내하고 정리하는 일, 도청 내 정리정돈 하는 일 등 기존에 고등학생들이 하고 있는 일들에 대하여 다시 한 번 토의를 했다. 고등학생들은 도청 안에 들어온 대학생이나 시민군들처럼 계속 도청에 있기가 힘들어 매일 학생들이 바뀌는 문제가 있다는 것도 이야기했다.

5월 24일 아침에는 비가 많이 내려서 고등학생들 30여 명을 이끌고 간단하게 거리 청소를 했다. 도청에 들어오니 상황실에서는 학생 대표들이 회의를 하고 있었다.

---

63) 현대사회연구소 조사 참조.

상황실 밖으로 큰 소리가 들리는 것을 보니 회의가 원활하게 진행되지 않는 것 같았다. 최치수가 분수대광장으로 나오자 비가 내리는데도 불구하고 자유토론 형식으로 약식 집회가 열리고 있었다. 시민들은 하나같이 분노를 토하는 발언들을 했다. 상당히 늦게 제 2차 민주수호 범시민 궐기대회가 시작되었다. 사회자 김태종이 "지금 내린 비는 먼저 가신 영령들의 피눈물이니 모두가 우산을 접읍시다"라고 외치자 시민들은 일제히 우산을 접었다. 도청 광장과 금남로를 가득 메운 광주 시민들의 모습은 분수대 연단에서 내려다보는 최치수에게 너무도 결연하고 비장해 보였다. 애국가를 부르고 먼저 가신 영령들께 묵념을 하고 경과보고를 하고 시민, 농민, 노동자, 학생 각 부분 대표들의 결의를 발표하고 민주시도 낭독을 했다. 특히 청년 대표 신영일은 "지금 무기를 반납하면 그때부터 계엄군들은 우리를 강력히 탄압할 것이니 우리는 끝까지 싸우는 길 밖에 없습니다. 무기 반납은 절대로 안 됩니다"라고 외쳤다. 시민들은 떠나갈 듯 함성과 박수로 그 발언에 동의를 해주었다.

고등학생 대표 최치수는 입고 있던 교복 상의 옷깃을 가리키며 "저에게는 명찰도 없고 학교 배지도 없습니다. 우리가 왜 이렇게까지 해야 합니까? 우리 고등학생들은 우리가 할 수 있는 일을 하자는 것입니다. 거리 청소를 하고 거리를 정돈하고 시민 학생 형들이 하는 일에 우리의 작은 힘을 더하자는 것입니다. 그러한 일들을 제 명찰과 학교 배지를 달고 당당히 하고 싶습니다. 제가 우리 고등학생들과 같이 하고자 하는 일들은 불명예스럽지도, 두렵지도 않은 일들이기 때문입니다. 이 자리에 나와 있는 고등학생 여러분, 모입시다! 우리 모여서 우리의 작은 힘들을 광주 시민들을 위하여 보탭시다. 궐기대회가 끝나면 도청 민원실 앞으로 모여 주십시오!"하고 외쳤다.

마지막으로 하루 전에 예고했던 대로 전두환 화형식이 열렸다. 비가 많이 내렸지만 아주 잘 타올랐다. 궐기대회가 끝나고 민원실 앞에는 다시 50여 명의 학생들이 모였다. 최치수는 그들에게 간단히 해야 할 일을 설명하고 "설령 도청에 들어와서 함께 생활을 못하더라도 고등학생들이 거리 청소와 질서 확립 시가행진을 하고 있으니 집에 있다가 우리가 그 지역에 가면 그때 잠깐 동참을 해도 좋다, 그러니 부담 갖지 말고 서로 작은 힘을 광주를 위하여 보여주자"고 했다.

시민궐기대회에 참석한 학생들. / 5·18기념재단

고등학생들과 분임토의를 마친 최치수는 낮에 진행되었던 학생 대책회의가 궁금하여 상황실에 들어갔다. 회의는 내무국장실로 옮겨서 진행되고 있었다. 늦은 시간에 회의 결과를 들었다. 그동안 『학생수습대책위원회』 수습위원 일부가 빠지고 박남선 상황실장, 김화성 경비대장, 황금선 부위원장 등 일반시민을 포함시킨 수습대책위원회로 개편했다는 것이었다.

고등학생 투쟁위원장

5월 25일에는 비가 많이 내렸다. 식당에서 아침 식사를 하고 도청 본관 앞으로 가고 있는데 "독침 맞았다, 독침!"하는 외침이 본관 1층 지방과 쪽에서 들렸다. 뛰어가 보니 누군가 등에 사람을 업고 정문으로 뛰어왔다. 길을 비켜주며 돌아서 보니 업힌 사람을 차에 태워 정문을 빠져나갔다. 상황실에 들어가 내용을 들어보니 장계범이란 조사실 멤버가 화장실 앞에서 누군가에게 독침을 맞았고 그 옆에 있던 정향규라는 사람이 장계범의 독침 맞은 상처 부위에서 독을 빨아내다가 중독되어 쓰러져 전남대 병원으로 옮겼다고 했다. 책상 위에 독침이라는 것이 놓여 있는데 그냥 검정색 모나미

볼펜이었다. 볼펜심을 빼고 대신 독침을 넣은 것이라 했다. 한참 후 전남대 병원을 다녀온 시민군들이 독침 맞은 장계범의 상처 부위를 입으로 빨았던 정향규를 상황실로 데리고 왔다. 장계범을 치료했던 주치의가 상처에는 아무런 증상이 없고 가짜라고 했기 때문이다. 장계범은 이미 도망을 쳤고, 정향규도 도망가려는 것을 시민군들이 잡아서 데리고 왔던 것이다. 정향규는 조사부로 인계되었다. 나중에 광주가 진압된 후 시민군이 잡혀 갔을 때 주동자 색출을 한답시고 복면을 쓴 사람들이 사람들을 찍고 다녔는데 그들이 장계범과 정향규였다.

오후에도 비가 많이 내렸지만 수많은 광주시민들이 시민 궐기대회에 참석하기 위해 집결했다. 제 3차 민주수호 범시민 궐기대회가 김태종의 사회로 시작되었다. 시민 궐기대회가 시작되자 이날은 더 많은 대표들이 분수대 단상에 올랐다. 연설이나 호소문, 경과문을 읽은 대표들은 분수대 연단에 빙 둘러서 앉았다. 최치수도 그 속에 끼어 앉아 있었다. 그의 옆에 앉아 있던 대학생이 "우리의 결의"라는 선언문을 낭독했다. 키가 작고 눈이 부리부리했던 그 대학생은 전남대생인 윤강옥이었다. 이때부터 인연이었는지 훗날까지 최치수는 그를 모시고 5월 운동과 민주화 통일운동을 함께 했다. 그에게 평생 스승 같은 존재였다. 윤강옥이 낭독한 선언문의 내용은 다음과 같다.[64]

1. 유신 잔당들은 불법으로 계엄령을 확대 선포하고 피에 굶주린 맹수들을 풀어 무자비한 만행을 자행하고 무차별 학살 탄압을 하였다.
2. 우리 시민은 민주주의와 내 고장을 지키기 위해 분연히 총을 들고 일어섰다.
3. 우리 80만 시민은 최후의 일각까지, 최후의 1인까지 싸울 것을 죽음으로 맹세한다.
4. 과도정부는 모든 피해를 보상하고 즉각 물러가라.
5. 무력탄압만 계속하고 있는 명분 없는 계엄령을 즉각 철폐하라.
6. 우리 80만 시민의 피가 헛되지 않게 반민주 세력과 끝까지 투쟁할 것을 결의한다.

---

64) 현대사회연구소 자료 참조.

이어서 각계 대표들이 '광주시민께 드리는 글' '우리는 왜 총을 들 수밖에 없었는가!' '계엄당국을 규탄한다' '희생자 가족에게 드리는 글' '전국 종교인들에게 보내는 글' '국민에게 드리는 글' '전국 민주학생에게 드리는 글' 등을 낭독하였다. '고등학생들에게 바란다'를 낭독한 최치수는 "우리 고등학생들도 분연히 떨쳐 일어나 모두 단결하여 광주시민과 이 나라의 민주주의를 위하여 앞장서자"고 외쳤다. 이날 '범시민 궐기대회'는 모두 하나가 되어 끝까지 싸우자고 다시 한 번 결의를 다지는 자리가 되었다.

궐기대회에 참석한 시민들은 가슴에 검정 리본을 달고 '계엄 철폐하라' '구속자 석방하라' '전두환 물러가라' 등 구호를 외치며 도청 광장, 금남로, 광주역, 공영 터미널, MBC 등을 돌아 도청 앞으로 가두행진을 했다. 행진을 마치고 도청으로 돌아온 최치수는 한동안 상황실에 앉아 있다가 밤늦은 시간에 옷을 갈아입기 위하여 집으로 향했다.

계엄군이 들어온다는 숨 가쁜 보고

5월 26일 아침, 최치수는 교련복 상의에 고등학교 하복 바지를 입고 도청으로 향했다. 가두 방송차의 방송소리를 들으며 도청으로 들어갔다. 식당에 잠깐 들러 눈인사를 하고 나오는데 뒤에서 누가 잠깐 보자며 불렀다. 항쟁지도부 홍보부장 박효선이었다. 그를 따라 식당 2층에 올라가니 반가운 분이 기다리고 있었다. 고등학교 12년 선배이자 항쟁지도부 대변인이었던 윤상원(본명 윤계원)이었다. 그는 평소에도 도청에서 최치수를 자상하게 챙겨주곤 했다. 윤상원은 "고생 많다", "너희가 그렇게 활동해주니 이 안에서 활동하는 모두가 편하게 일을 할 수 있다"면서 어젯밤 수습대책위원회 회의에서 결정된 내용들을 얘기해 주었다. "그동안 위원장이었던 김창길과 황금선, 정해민이 수습대책위에서 물러났고 '수습대책위원회'가 26일 새벽부터 시민, 학생을 중심으로 하는 '민주시민투쟁위원회'로 바뀌었다"고 했다. 그러면서 고등학생들도 '고등학생 투쟁위원회'라고 하는게 좋겠다며 조직기구를 알려주었다.

민주시민투쟁위원회[65]

위원장 : 김종배(조선대)
부위원장 : 내무담당 허규정(조선대)
부위원장 : 외무담당 정상용(보성기업)
대변인 : 윤상원(사회운동가)
기획실장 : 김영철(YWCA신협)
기획위원 : 윤강옥(전남대)
기획위원 : 이양현(노동운동)
민원실장 : 정해직 (교사)
상황실장 : 박남선(골재업)
홍보부장 : 박효선(교사)
조사부장 : 김준봉(회사원)
보급부장 : 구성주(건재상)

시민학생 중심으로 조직이 확대 개편되었고, "예전 대책위원들이 빠져나가면서 같이 활동했던 학생들이 빠져 나가 당장 식당에서 취사를 담당하는 사람들이 턱없이 부족하니 더 많은 고등학생들이 식당 일손을 도와 주었으면 좋겠다"고 했다. 그리고 "오늘은 범시민 궐기대회가 오전부터 열릴 것이니 어디 멀리 가지 마라, 원래는 오늘 26일에 광주시민장으로 합동 장례를 치를 예정이었으나 사정상 장례 일정이 29일로 연기되었다. 오늘은 상무관에서 광주 시민들에게 추모 행사를 할 예정인데 장형태 도지사 등이 올 것이니 여학생 한 명과 같이 추모시를 읽어라" 하면서 추모시를 건네주었다. 최치수는 고등학생 부위원장 문종호에게 "오늘 있을 시민 궐기대회에 나 대신 고등학교 대표로 올라가 고등학생들 단결과 동참을 호소해 달라"고 한 뒤, 상무관으로 들어갔다. 상무관

---

[65] 현대사회연구소 자료 참조.

상무관 추모행사. / 5·18기념재단

에는 아침부터 많은 사람들이 들어와 1층과 2층이 가득차 있었다. 일렬로 놓여 있는 69개의 관들 앞에는 자욱하게 향이 피어오르고 있었고, 그 연기 속에서 유족들이 오열하고 있었다.

최치수는 상무관 중앙에 마련된 자리에서 추모시를 읽었다. 묵념을 하고 사회자가 간단한 설명을 한 뒤, 최치수와 여고생 한 명이 함께 추모시를 읽는 순서였다. 추모 행사는 시민 추모객들의 행렬이 이어지면서 반복해서 진행되었다. 정오가 넘어설 즈음, 장형태 도지사가 방문했다. 최치수는 추모시를 읽으면서 바로 눈앞에서 눈을 감고 서 있는 장형태 도지사를 바라보았다. 주체할 수 없는 무언가가 끓어올라 그의 목소리는 떨렸고 복받치는 눈물이 꾸역꾸역 흘러나왔다.

하루 종일 추모객들을 안내하고 추모시를 읽은 최치수는 가득 피어오른 향 연기에 목이 잠겼다. 해가 질 무렵 추모행사가 끝났다. 도청 분수대 광장으로 나오자 범시민 궐기대회도 조금 전 끝이 났는지 분수대 주위에 200여 명 정도의 고등학생들과 시민들이 앉아 있었다. 사회자에게 "왜 사람들이 모여 있습니까?" 물어보니 "오늘은 철야 농성을 할 예정이다, 이 사람들을 YMCA로 인솔해 가라"고 했다. YMCA로 가자 누군가 "오늘 밤에는 모두가 집에 가지 않고 도청을 사수해야 합니다. 총을 쏠 줄 아는 사람은 손을 들어 주십시오" 했다. 그러자 100여 명의 시민들이 손을 들었다. 그 사람들을 도청으로 데리고 가서 총과 실탄을 배급하고 도청 주변에 배치시키라고 해서 최치수는 그들을 데리고 도청 무기고로 갔다. 식당 지하 무기고 입구에서 최치수의 신원을 확인하고 총과 실탄 클립을 내주자 그것을 받아서 도열해 있는 사람들에게 나눠 주었다. 그리고 그들을 도청과 도경 사이와 도청 정문 쪽으로 안내 한 후 YMCA로 다시 갔다.

YMCA에서는 100여 명의 학생, 시민들에게 총 쏘는 법을 가르치고 있었다. 어느 정도 사람들이 익숙해 하자 최치수에게 이들을 도청으로 인솔해 총과 실탄을 나눠주라고 했다. 그 중 상당수는 고등학생들이었다. 최치수는 그들에게 "정말 총을 들겠습니까?" 하고 2번을 연속으로 물었다. 모두 결연하게 들겠다고 했다. 그러자 최치수는 무기고에 신호하여 시민들과 학생들에게 총과 실탄 두 클립씩을 나눠 주었다, 그리고 정문에서부터 도청별관 후문 쪽에는 시민들을 안내한 후, 전라남도 경찰국 별관 뒤, 쪽문 쪽이 유사시에 제일 안전하다고 생각되어 고등학생들을 주로 그곳에 배치시켰다. 그러나 이 일은 최치수에게 평생 트라우마가 되었다. 5월 27일 새벽에 계엄군과 공수부대가 도청으로 진입할 때, 정문이나 후문이 아닌 도청 뒤쪽 쪽문으로 치고 들어왔고, 도청 쪽문 상공에서 헬기를 타고 내려오면서 최치수가 배치했던 학생들 상당수가 사망을 했거나 총상을 입었기 때문이다.

인원 배치를 마치고 상황실에 들어온 최치수는 의자에 앉아 잠시 하루를 새겨보고 있었다. 맞은편에 앉아 있던 박남선 상황실장이 "오늘밤이 마지막이다. 곧 계엄군이 들어올 것이다"라고 했다. 그 말을 듣고 상황실 밖으로 나와서 바라본 도청 광장엔 아무도 없었다. 고요하기만 했다. 도청 마당에서 맞은편 전일빌딩 위로 하늘을 쳐다보니 별들이 많이 보였다. 별을 보며 '오늘 여기서 죽을 수도 있겠구나' 생각을 했지만 두렵거나 무섭지는 않았다. 마음이 오히려 차분해졌다. 다만 하늘을 보니 어머니가 보고 싶었다. '쉼 없이 달려왔던 며칠간의 우리의 함성이 여기까지 끝인가' 하고 잠시 생각을 했다. 한참을 그러고 있다가 상황실로 들어왔다. 의자에 앉아 잠시 눈을 감고 있는데 외곽에 배치된 시민군들로부터 무전이 들어오기 시작했다. "계엄군이 유덕동으로 들어왔다" "조대 뒷산 들어왔다" "서방 4거리 들어왔다" "월산동 파출소 들어왔다." 무전이 빗발치듯 들어왔다. 계엄군이 광주시를 에워싸고 도청을 포위해서 들어오고 있었다. 고요한 가운데 상황실에서 무전을 듣고 "도청으로 들어와라" "전원 도청으로 들어오라"고 답하는 박남선 상황실장 목소리만 들렸다. 이때 최치수는 '이것이 우리 힘없는 민초들의 한계인가?' 하는 일종의 무력감을 느꼈다.

자정을 넘어서자 멀리서부터 총소리가 들리기 시작했다. 거의가 '드르륵' 하는 자동소총 소리였다. 계엄군이 일방적으로 총을 쏘면서 도청으로 거리를 좁혀오고 있었던 것이다. 시간이 조금 더 지나자 도청 주변 가까운 곳, 특히 도청 뒤쪽에서 자동 소총 소리가 연속으로 들려왔다. 최치수는 상황실에서 나왔다. 복도 유리창 너머로 도청 정문과 도청 광장 분수대가 보였다. 불과 수시간 전만 해도 수만 명의 광주시민들이 모여서 결의를 했던 곳인데 너무 조용하고 아무도 보이지 않았다. 텅 빈 도청 광장을 한참 바라보고 있는데 그의 왼쪽에서 20미터쯤 떨어진 곳에서 유리창이 와장창 깨졌다. 도청 본관에서 별관으로 가는 복도 끝이었다. 반사적으로 그곳을 바라보자 '드르륵' 하면서 파란 불꽃으로 갈지(之) 자가 그려졌다. 복도 안이라 귀가 먹먹했다. 놀라서 주춤하고 있는데 상황실에서 박남선 상황실장이 문을 박차고 나오며 "2층으로 뛰엇!" 하면서 앞장서 뛰어올라갔다. 최치수는 뒤따라 2층으로 올라갔다. 2층에는 많은 시민군들이 창문 밑에서 창밖으로 총구를 겨눈 채 앉아 있었다. 최치수는 수습대책위원회실(부지사실)로 박남선 상황실장을 따라 들어갔다. 사무실 안에서 한 번 더 문을 열고 들어가니 수습대책위원이던 이종기 변호사와 시민군 두 명이 있었다. 박남선 상황실장은 다시 복도로 나가서 창문 너머로 총을 겨누고 있는 시민군들을 향해, "총 내려! 총 내려! 총 내려!" "총 쏘지마"를 몇 번이고 반복해서 말했다. 시민군들은 하나같이 울면서 총을 내렸다. 도청 안 이곳저곳에서 총소리가 계속 들렸다. 2층 창문을 통해 아래를 내려다보니 철모에 하얀 띠를 두른 계엄군이 도청 본관과 도경 사이 마당을 뛰어다니며 총을 난사하고 있는 것이 보였다. 분노가 끓어오른 최치수는 옆에 있는 총을 들고 창가로 다가갔다. 이것을 보고 있던 이종기 변호사와 박남선 상황실장이 쏘지 말라며 극구 만류했다. 어쩔 수 없이 들고 있던 총을 팽개치고 말았지만

1980년 5월 27일 아침, 계엄군의 총에 맞아 사망한 시민군. / 5·18기념재단

왠지 모르게 자꾸만 눈물이 흘러내렸다.

    한참이 지난 후 뿌옇게 유리창 너머로 날이 밝아오고 있었다. 복도에서 계엄군이 유리창을 깨고 손을 넣어 문을 꽈당 밀고 들어오면서 '드르륵 드르륵' 사정없이 총을 쏘았다. 그러면서 "나와. 새끼들아!" 하고 소리쳤다. 이종기 변호사가 "나갈 테니 총 쏘지 마세요" 하고 외치자 총소리가 멈추면서 "개새끼들, 기어서 나와!" 하는 소리가 들렸다. 밖으로 나가자 계엄군이 다가와 최치수의 허리띠를 풀더니 배를 바닥에 깔고 엎드리게 한 뒤, 등 뒤로 손을 묶어 2층 복도를 포복하게 했다. 복도로 나가니 100여 명 정도의 시민군이 고개를 바닥에 박은 채 엎드려 있었다. 계엄군은 여기저기 총을 쏘아 대면서 시민군의 등과 머리, 다리 등을 군홧발로 질근질근 밟고 다녔다. 그러면서 시민군에게 각자 가지고 있는 실탄을 전부 꺼내라고 고함을 질렀다. 만약 검사해서 실탄이 나오는 사람은 당장 쏴 죽여 버리겠다며 엄포를 놓았다. 최치수는 뒤로 묶인 손을 겨우 움직여 바지 주머니에 있는 실탄을 꺼내 놓았다. 그리고 계엄군의 지시로 포복으로 기어서 계단을 내려가 도청 마당까지 이동했다. 그곳에는 100여 명의 시민군이 바닥에 배를 깔고 엎드려 있었고, 식당(민원실) 앞뜰에는 아무렇게나 쓰러져 있는 사람들이 보였다. 총을 맞고 죽은 사람들이었다.

계엄군은 주머니를 뒤져 총알이 나온 사람의 등에 매직으로 '극렬분자'라고 쓰고, 부상을 입어 피가 흐르는 사람 등에는 '극렬'이라고 썼다. 그러면서 머리를 들지 못하게 했다. 혹여 머리를 들고 주변을 쳐다보면 가차 없이 쫓아와 군홧발로 머리를 짓이겼다. 시민군은 도청 앞에 대기 중이던 군용 버스를 타고 어디론가 이동을 했다. 고개를 숙인 채 한동안 앉아 있는데 차가 멈췄다. 계엄군들이 "고개를 숙이고 차에서 내려! 고개 들지 마!"하면서 내리게 했다. 바닥에는 모래가 많이 있었다. 상무대 연병장이었다. 최치수는 '아, 여기서 죽는가 보구나.'라는 생각이 들었다. 계엄군은 고개를 땅에 박으라고 했다. 그러면서 쉼 없이 겁을 주고 구타하면서 시민군을 분류하기 시작했다. "간부들은 모두 일어나! 간부들 없어? 빨리 일어나! 만약 우리가 찾아내면 바로 죽여 버리겠다"고 소리 소리 질렀다. 최치수는 한참을 망설였다. 그런데 계엄군이 지금 일어서지 않고 자기들이 찾아내면 죽여 버리겠다고 계속 소리를 질러서 결국 자리에서 일어섰다. "넌 뭐야?" 대위가 물었다. "고등학생 위원장이었습니다."하고 대답하자, 의자에 다리를 꼬고 앉아 있던 공수부대 중령이 "너 이리 와"하고 손가락을 까딱까딱했다. 그리고 최치수를 때리기 시작했다. 진압봉으로, 군홧발로, 주먹으로 인정사정없었다. 한참 구타를 하던 공수부대 대령이 "내가 헬기를 타고 도청에 갔는데 꼭 너같이 교련복 상의를 입은 학생이 헬기에 총을 겨누고 있어서 오줌을 지렸다"는 것이다. 옆에서 이 광경을 보고 있던 공수부대 소령이 "이 친구가 아닙니다." 했다. 교련복을 입고 총을 겨눈 학생은 안경을 안 썼다는 것이다. 그때서야 최치수를 때리던 중령이 멈춰 섰다. 도청에서 연행되어 간 첫날은 모두가 그렇게 짐승처럼 계속 두들겨 맞았다. 늦은 밤이 되어서야 반쯤 정신이 나간 채로 상무대 헌병대 영창으로 들어갔다.

최치수는 5소대로 배정을 받았다. 다음 날 정신을 차리고 살펴보니 헌병대 영창은 부채 모양으로 생긴 중앙 집중형이었다. 앞은 좁지만 각 방으로 들어갈수록 넓어져서 가운데에서 통제하기가 용이한 모양이었다. 중앙을 중심으로 왼쪽 1소대부터 시작하여 7소대까지 있었고, 4소대는 없었다. 3소대는 군 범죄자들이 수감되어 있고 나머지 5개 소대에 먼저 잡혀온 학생들과 시민들이 있었다. 도청에서 200여 명이 잡혀왔는데 분산되어 수감되었다. 영창 안에서는 항상 열을 맞추어 정자세로 앉아 있어야 했고 말은 한 마디도 허용되지 않았다. 조금이라도 열이 흩어지거나 말을 하면 쇠창

살 중앙에서 지키고 있는 헌병들이 나오라고 해서 무지막지하게 구타했다. 이런 생활을 하면서 불려 나가 조사를 받았다. 최치수를 담당한 최 형사는 정말 지독하고 악독한 사람이었다. 하도 두들겨 맞다 보니 때리는 형사도 맞는 최치수도 지치곤 할 정도였다.

"누가 너 보고 고등학생위원장 하라고 했냐?" "총을 들었느냐?" "총을 몇 발 쏘았느냐?" "고등학생들을 이끌고 무슨 일을 했느냐?" "언제부터 폭도에 가담했냐?" 하고 물으면서 형사는 최치수가 거짓말을 하고 있다면서 두들겨 팼다. 제일 참기 힘든 것이 석봉으로 목과 어깨를 끊임없이 툭툭 일정하게 때리는 것이었는데 그 고통은 정말 끔찍했다. 몽둥이로 때리거나 손과 발길질로 때리거나 의자 밑에 다리를 집어넣고 조이는 고통보다 석봉으로 연속적으로 때린 자리를 다시 때리는 몇 시간이 너무 고통스러웠다. 그러던 차에 최치수의 담당 형사가 바뀌었다. 대구 출신 윤 형사(윤홍의)였다. 최치수의 옆에서는 항쟁지도부였던 전남대생 정해민이 조사를 받았다. 최치수가 조서를 쓸 때면 옆에서 살짝 살짝 건네다 보며 수정할 곳을 지적해 주곤 했다. 조서 내용은 '언제부터 사태에 참여를 했는가? 사태에 참여하게 된 동기는 무엇인가? 도청에서 무슨 일을 했는가? 총을 들고 계엄군들에게 쏘았는가? 도청 어디에서 잡혔는가? 고등학교 대책위원장은 누가 시켰는가? 고등학생 조직이 무슨 활동을 했는가? 그들이 마지막 날 총을 들었는가? 총을 쏘았는가' 등이었다.

상무대 영창 5소대 수감생활은 최치수 인생에 있어서 아주 커다란 전환점이 되었고 평생을 살아가면서 만나게 된 진실한 벗들과 동지들을 만나는 자리가 되었다. 또 5소대에서 같이 수감생활을 했던 항쟁지도부 기획실장 김영철을 보면서 '적어도 조국과 민족을 위해 나를 버리고 투쟁한다면 저분 같은 열정과 동지들을 사랑하는 마음을 가져야 하는구나' 하는 깨달음을 얻기도 했다. 그는 총을 맞고 죽은 동지들에 대한 죄책감에 영창 안에서 끊임없이 자살을 시도했다. 김영철은 이후에 석방되어서도 제 정신으로 삶을 영위하지 못하다가 영면하셨다.

영창에서의 식사는 참으로 비참했다. 군용 식기 1개에 한 주먹씩 밥을 퍼주고 거기에 국물을 살짝 부어주면 그걸 두 사람이 양쪽에 앉아서 떠먹었다. 어떤 사람은 밥이 많이 들어 있고 어떤 사람은 밥이 적게 들어 있곤 했다. 그러면 밥이 많은 사람이 적은 사람에게 몇 숟갈 떠서 나눠주기도 했다. 함께 죽음의 사선을 넘은 동지애를 가슴 속 깊이 느낄 수 있었다. 그로부터 한참 후 훈방이 시작되었다. 2차 훈방자들이 나가고 이틀 후 '최치수!' 하고 이름이 불렸다. 잘못 들은 것이 아닌가 싶어 가만히 앉아 있는데 다시 '최치수' 하고 불러 대답을 하니 헌병이 나오라며 철창문을 열어주었다. 밖으로 나오니 담당이었던 윤 형사가 다가와 "니 오늘 나간다. 공부 잘하고 친구 어머니와 자취방 주인아주머니 은혜 잊지 마라" 하면서 등을 두드렸다.

상무대 영창에서 나오니 버스들이 늘어서 있었고 이틀 전에 훈방되었던 친구들이 타고 있었다. 버스는 상무대를 나와서 동명동에 있는 광주시 교육청으로 갔다. 교육청 과학관에서 이대순 교육감의 일장 훈시를 들은 다음 학교로 돌아왔다. 학교 교문에서 이태리에서 오신 원선호 신부가 "아들아 고생했다" 하며 최치수를 꼬옥 안아주었다. 그리고 친구들이 모두 밖으로 나와 반갑게 맞아주었다. 5월 27일 이후, 친구들도 최치수를 찾아 나섰다 했다. 그러는 와중에 공부를 포기해버린 3명의 친구들도 있었다. 한 친구는 최치수가 석방된 후 함께 학교를 다녔고, 2명의 친구는 1년 뒤에 후배들과 졸업을 했다. 그 두 친구 중 한 명이 중소기업중앙회 경제정책 본부장을 하다 더불어민주당 비례 2번으로 국회의원이 된 김경만이다.

80년대 서슬 퍼런 전두환 5공 시절은 모두에게 암울한 시대였다. 추모를 하기 위해 5·18 묘역(망원동 3묘역)을 참배하러 가면 백골단과 전경들이 묘지 입구에서부터 통제하였다. 전경들의 저지선을 뚫고 묘지로 들어가면 최루탄을 쏘아대고 진압봉을 휘두르면서 먼저 간 동지들에게 물 한 잔 부어줄 수 없게 했다. 백골단에 쫓겨 논두렁으로 도망을 가다 논으로 빠지기도 하고 산 속으로 쫓기기도 했다. 전두환정권 내내 이렇게 5·18은 계속되고 있었다. 청년 학생들이 끊임없이 희생되며 온 사회가 들끓고 있던 시절, 최치수는 이렇게 무기력하게 있으면 도저히 안 되겠다는 생각이 들었다. 1986년, 항쟁지도부 상황실장이었던 박남선과 김렬(시민군), 이무헌(시민군), 박윤배(송원고 2학년) 등과 함께 '5월 자주동지회'를 결성했다. 그러다 이런저런 문제로 탈퇴를 하고 당시 항쟁 지도부와 구속자 중심으로 '5·18 광주 민중항쟁동지회'(초대회장 정상용, 2대 윤강옥, 3대 이윤정, 4대 윤광장, 5대 위인백) 결성에 참여했다.

이후 최치수는 5월운동협의회(5·18유족회, 5·18부상자회, 5·18광주민중항쟁동지회, 5·18 청년 동지회, 5·18 민주 기사 동지회, 5·18 행방불명자회) 간사로 활동하면서 광주 전남 조직 운동과 국민운동 본부, 민주연합, 전국연합 연대 투쟁을 함께 했다. 1990년에는 광주대학교 교정에 전국 최초 5·18 항쟁탑을 건립하기도 했다. 항쟁탑은 5개의 계단에 5·18 당시 시민군을 상징하는 군상이 있고, 18개의 돌을 쌓아 만든 것이다.

광주대학교 5·18 항쟁탑. 1990년 5월 건립.

1991년, 전국 대학가와 노동 현장에서 민주주의와 생존권을 위해 투쟁하던 수많은 열사들이 자신의 몸에 불을 당기던 분신정국이 시작됐다. 최치수는 광주대학교 총학생회장을 하면서 전국 8개 개방체제 대학(광주 대학교와 체제가 같은 대학) 총학생회연합인 민청련 의장으로 학내 복지와 체제 개선 투쟁을 주도했다. 전대협(전국 대학 학생회 협의회)이 한총련(한국대학 총학생회 연합)으로 넘어가는 과정에서는 남총련 건준위(남대협: 광주 전남 대학생 협의회) 중앙의원으로 활동하면서 조국의 민주화와 통일 운동을 주도하였다. 그 후 1992년, 국가보안법 위반과 집회 및 시위에 관한 법률 위반 등으로 수배를 받다가 옥살이를 하기도 했다.

수배 생활을 하는 동안 최치수는 어머니가 보고 싶으면 한밤중에 전화를 드린 후, 곧바로 그를 경호하던 학생들과 함께 집으로 출발했다. 어머니께서는 아들의 전화가 오면 곧바로 밥을 지어놓고 기다리곤 했다. 그러면 최치수는 어머니의 밥상으로 든든하게 속을 채운 후 곧바로 광주로 돌아오곤 했다. 한밤중의 안부전화가 어머니와 최치수의 암묵적인 약속이었던 것이다. 나중에 고향 마을 사람들에게 들으니 그 무렵, 어머니가 홀로 사시는 나주 집에는 일주일에 2~3차례씩 형사들이 찾아다녔다고 한다. 처음에는 최치수가 어디 있냐며 으름장을 놓고 겁을 주다가 나중에는 아들을 자수시키라며 회유했다. 그런 형사들에게 어머니는 "당신들도 아이들을 키우고 있겠지만 그 아이들이 어디 고분고분 말을 듣던가요? 우리 아들 치수도 지가 옳다고 저렇게 하는데 내가 뭐라 한다고 듣겠습니까. 그러니 그런 말 하지 말고 가세요" 하며 매번 돌려보냈다고 한다.

그러다 광주서부경찰서에 잡혀 조사를 받고 있을 때였다. 어머니께서 셋째 형과 함께 면회를 왔다며 수사과장이 자기 방으로 최치수를 불렀다. 문을 열고 들어오신 어머니는 아들 최치수를 똑바로 바라보며 이렇게 말씀하셨다. "지금까지 니가 했던 행동과 말들이 정의라고 했고, 그것이 옳다고 믿고 해 왔으니 끝까지 마무리를 하고 집으로 돌아와라." 그 말을 끝으로 어머니는 형과 함께 수사과장실을 나갔다. 이 광경을 지켜보던 수사과장은 엄지손가락을 들어보이며 "역시 최치수 회장 어머니시다" 라며 박수를 쳤다. 그날 이후, 어머니는 최치수가 교도소로 넘어가 수감생활을 하는 동안 한 번도 면회를 오지 않았다. 석방되던 날, 교도소 문 앞에서 후배와 지인 3백여 명이 모여 최치수를 맞아주었지만 어머니는 형들과 함께 교도소 입구 먼 발치에서만 조용히 아들을 바라봤다. 최치수 또한 말없이 어머니에게 고개를 숙이며 인사를 드렸다.

1997년 9월에는 한총련 투쟁국장이었던 고 김준배 열사 사망 진상규명 투쟁위원회 집행위원장으로 활동하며 장례위원장을 맡아 김준배 열사를 망월동 3묘역, 박관현 열사 가묘 옆에 안장하여 망자의 한을 달래기도 했다. 1997년 12월에는 대통령 선거가 있었다. 한총련 투쟁국장이었던 김준배 열사의 죽음은 김영삼 대통령과 김대중 후보 측에도 초미의 관심사였다. 김영삼 대통령이 한총련을 이적 단체로 규명하고 탄

압했기 때문이다. 정부와 김대중 후보 측에서는 김준배 열사가 망월동 3묘역에는 절대로 들어갈 수 없다고 단언을 했다. 최치수는 자신이 5·18 묘지에 묻힐 자격을 포기할 테니 대신 김준배 열사를 민주열사들이 안장되어 있는 3묘역에 안장해 달라는 조건을 내걸었다. 그리고 광주·전남 7인 원로회의(문병란 교수 등 7명의 광주 재야 원로 어른 등)의 도움을 받아 정부를 설득했다. 결국 김준배 열사를 박관현 열사 가묘 왼쪽에 안장했다. 오른쪽에는 고 이한열 열사가 안장되어 있다.

최치수는 이렇듯 항쟁 이후에도 조국의 민주화 통일운동을 위해 쉼 없이 투쟁해 왔다. 그리고 지금까지 5·18 진상 규명을 위한 투쟁을 멈추지 않고 있다. 1980년 5월, 파릇파릇한 고등학생이었던 그는 이제 반백의 60대 중년이 되었다. 그러나 5·18은 아직도 올바른 진상 규명이 되지 않고 있다. 책임자 처벌은 고사하고 이미 법적으로 결정된 것까지 부정하는 짓을 서슴지 않고 있다.

하루 빨리 확실한 '5·18 진상 규명'과 '책임자 처벌'이 이뤄지고, 두 번 다시 역사 왜곡을 반복하지 못하도록 '역사 왜곡 처벌법'을 제정하여야 한다. 80년 5월을 교훈 삼아 다시는 이 땅에 불행한 민족의 비극이 일어나지 않아야 한다. 그리고 5·18 정신을 이어 받아 선진적 민주주의를 완성하고. 남과 북의 이념의 족쇄를 풀어 헤치고 통일로 가는 길에 초석을 놓아야 한다. 1980년 5·18 당시 전두환과 신군부의 정권찬탈에 맞서, 계엄군의 학살에 맞서 시민 모두가 맞섰듯이 이제는 각자의 자리에서 의로운 삶을 살아가는 것이 5·18 정신을 계승하는 것이라고 할 수 있을 것이다.

참조

여기에서 나오는 80년 5·18항쟁기간에 활동한 고등학생 수습대책위원회는 5·18항쟁지도부의 조직기구에 들어가 있었던 것이 아니라 당시 항쟁에 참여한 고등학생들이 자발적으로 만든 위원회였음을 밝혀 둡니다.

더불어 여기에서 명시되는 사람들 대부분은 당시에는 이름을 알고 있었던 것이 아니라 항쟁 이후 여러 문헌들과 서로 만남에서 알려진 이름이므로 항쟁 당시에는 착각이 있을 수도 있었다는 것을 밝혀 둡니다.

너는 살아서 이 역사를 증언하라

경창수 / 당시 동신고등학교 3학년

광주시 학동에서 나고 자란 경창수는 광주 학강초등학교에 다니는 내내 공부보다는 놀기에 여념이 없는 아이였다. 그런데 초등학교 6학년 때 집이 은행에 넘어가는 바람에 방림교 근처 농방 창고에서 살게 되었다. 이때부터 경창수는 '이렇게 살면 안

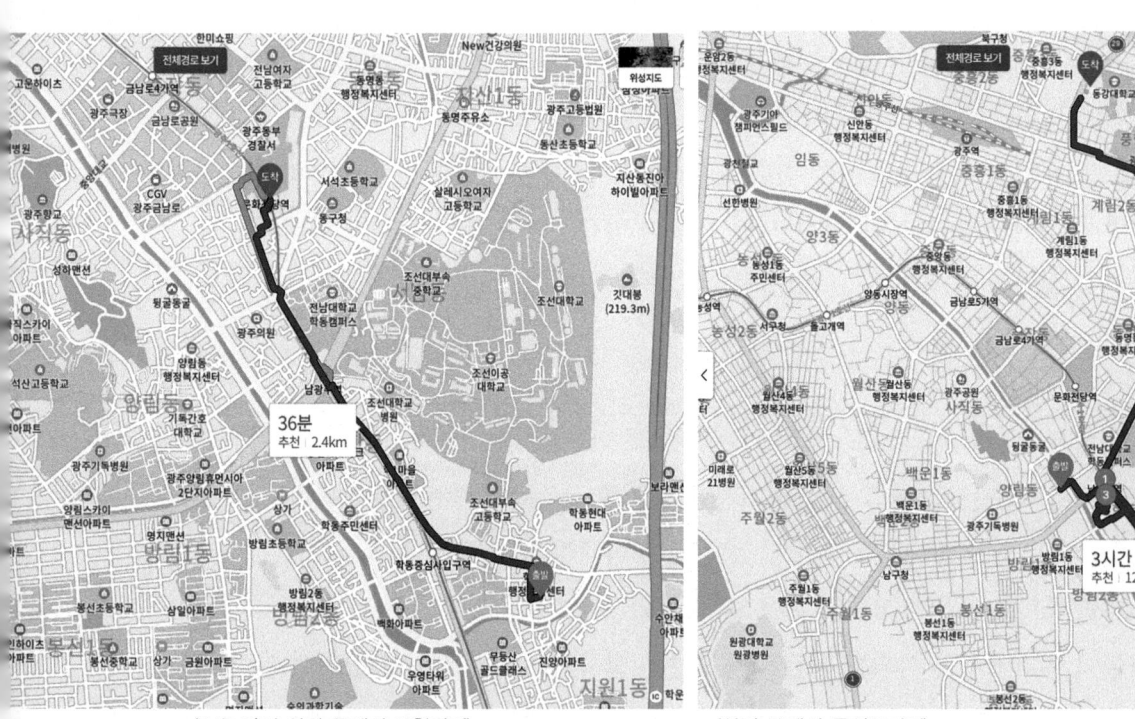

(5.18 당시 살던 곳에서 도청까지)
산 쪽으로 조대–숲실마을–배고픈다리–지원동, 소태동–주남마을이 공수부대 이동경로)

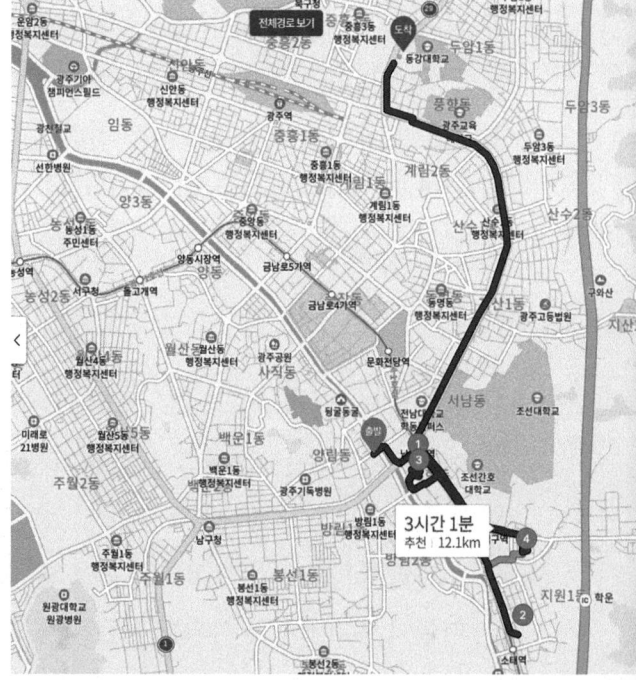

(살던 곳에서 동신고까지)

고등학교 졸업식 날, 오른쪽에서 세 번째가 경창수, 맨 오른쪽이 친구 지대위.

되겠다' 싶어 공부를 하기 시작하였다. 그래서 중학교, 고등학교 시절에는 제법 공부를 잘 했다. 하지만 가정 형편이 어려워 중학교 때는 신문 배달을 하며 학교를 다녔다. 그런데 그때 체력이 약해져 고등학교 2학년 때 폐결핵에 걸리고 말았다. 어쩔 수 없이 1년을 휴학하고 1980년 3월에 동신고등학교 3학년으로 복학하였다. 그리고 5·18을 맞았다.

5월 18일 저녁. 친구 지대위 어머니에게서 한 통의 전화가 걸려왔다. "대위가 집에 안 들어오니 찾아봐 달라"고 부탁하셨다. 그래서 경창수는 다음날인 5월 19일 친구를 찾으러 광주 시내로 나갔다. 그곳에서 고등학생 경창수로서는 상상조차 하지 못했던 무자비한 장면들을 목격하게 됐다. 공수부대는 남녀노소 불문하고 무차별하게 총검과 곤봉을 휘둘렀다. 총검에 찔린 사람, 곤봉으로 얻어 맞은 사람, 데모하다 쫓기는 사람, 그리고 잡혀서 트럭에 실려 가는 사람 등 상상을 초월하는 잔혹함, 그 자체였다. 나이 드신 할아버지들이 모여서 "6.25 때도 저러진 않았다"고 했다. 그날 경창수가 찾아나섰던 친구 지대위는 5월 18일 대인동 공용터미널에서 공수부대의 대검에

193

80년 5월 19일 10시 전일빌딩 앞. / 5·18기념재단

머리와 허벅지를 찔렸다. 그리고 공수부대의 트럭에 실려갔다. 그는 광주서부경찰서를 거쳐 상무대 영창에 갇혀있다가 5월 28일에 풀려났다. 친구 지대위는 트럭에 실려가면서 한 공수부대원이 "우리는 산에서 뱀 잡아먹고 훈련을 하다 평양에 투입되었다"고 말하는 것을 들었다고 했다. 광주가 평양인 줄 알고 왔다는 것이다. 또한, 공수부대원들의 얼굴과 눈이 시뻘겋게 달아올라 술을 잔뜩 먹은 것처럼 보였다고도 말했다.

공수부대원들이 인간 이하의 폭력을 휘두르는 것을 보고 피가 솟구치는 것 같았던 경창수는 5월 20일부터 시위대에 합류했다. 당시 경창수의 집은 학운동에 있었다. 그날 저녁 무렵, 학운동 삼거리에서 한 젊은 여성이 전파사에서 산 확성기와 엠프를 픽업 차에 싣고 있는 모습을 보았다.

1980년 당시 픽업차 모습.

"계엄군이 광주시민들을 죽이고 있다"면서 계엄군을 몰아내자고 애절한 목소리로 호소하는 가두방송을 하기 시작했다. 경창수를 비롯한 많은 시민들이 심금을 울리는 그 목소리를 따라 시위에 동참했다. 나중에 상무대 영창에서 알게 되었지만 가두방송을 하던 그 여성의 이름은 전옥주였다.

저녁 7시쯤 학동 방면에서 수만 명의 시민이 모여 도청을 향해 진격하였다. 공수부대는 도청을 지키기 위해 사력을 다했다. 이 과정에서 많은 시민이 죽거나 다치거나 끌려갔다. 학동 방면 쪽 도청 입구 길에는 폐타이어로 바리케이드를 치고 불을 지폈다. 도청 주위는 저녁 내내 일진일퇴의 격전장으로 변했다. 버스 한 대가 불이 붙은 폐타이어를 지나 도청을 향하여 돌진하기도 했다. 그 후 그 버스가 어떻게 됐는지는 알 수 없었지만 서너 명 정도가 타고 있는 것 같았다. 그렇게 시위에 참여하다 밤 10시 무렵이 되자 너무 지쳐 집으로 돌아가던 중, 경창수는 금동 서점가에서 러닝 차림

5·18민주화운동 당시 가두 방송 모습. 왼쪽 줄 세번째가 차명숙씨. / 5·18기념재단

불에 탄 광주세무서. / 5·18기념재단

20일 밤– 세무소 앞 가정집에서 숨은 후 도청 뒷담길을 따라 본진과 합류.

의 한 청년을 만났다. 그는 "학동 파출소 부근에 계엄군에 의해 사람이 찔려 죽은 시체가 있다"면서 외곽으로 나가지 말라고 당부했다. 그 말을 들은 경창수는 근처에 있던 제일교회를 찾아갔다. 예전에 다니던 교회였기에 문 앞에서 "목사님, 목사님" 하고 애타게 불렀지만 아무런 대답이 없었다. 목사님 집은 교회 뒤쪽에 있었고, 교회를 관리하는 소사[66] 집은 앞쪽에 있었지만 모두 묵묵부답이었다. 밤은 깊어가고 무섭기도 하였다. 그날 밤, 신앙에 깊은 상처를 입은 경창수는 이후 다시는 교회에 나가지 않았다.

결국 경창수는 집으로 가는 길을 포기하고, 확성기 소리가 나는 전남대병원 로터리로 가서 시위대에 다시 합류하였다. 노동청과 세무서를 사이에 두고, 시위대와 계엄군의 밀고 밀리는 격전이 벌어졌다. 시위대가 진격하다 계엄군이 장갑차를 몰고 오면 전부 후퇴하여 다른 쪽에서 다시 진격하는 등 말 그대로 일진일퇴를 거듭했다. 이 과정에서 노동청이 불타고 세무서가 불탔다. MBC방송국에서 불길이 치솟았다. 그런데 세무서에 불을 지르러 들어간 몇 사람은 계엄군의 진격으로 미처 빠져나오지 못하고 말았다. 경창수는 간신히 세무서 맞은편 길가에 있는 주택에 피신해 있었는데, 세무서에서는 아비규환의 목소리가 끊임없이 들려왔다. 그 소리를 들으며 세무서에서 계엄군에게 잡힌 그들은 어떻게 되었을까? 참담한 생각이 들었다.

---

66) 학교나 관공서 등에서 잔심부름을 하는 사람.

경창수가 몸을 피한 주택의 주인은 정말 좋은 분이었다. 5~6명 정도의 시위대를 집 입구에 있던 화장실 위 슬라브에 쭈그리고 숨을 수 있게 도와주셨다. 10여 분 정도 지나자 주위가 조용해졌다. 경창수는 '어떻게 할까?' 하다가, 충장로 입구 쪽에서 확성기 소리가 나는 것 같아 도청 뒷담 길을 따라 충장로 쪽으로 무조건 뛰기 시작했다. 정말 무서웠다. 다행히 아무 일 없이 시위대에 다시 합류했다. 시위대는 주로 훌라송에 맞춰 "계엄군은 물러가라" 등의 구호를 외쳤다. 그날 밤, 노동청과 세무서 앞 시위대의 규모는 5만 명에 이르렀다. 광주공원 등 광주 시내 전역에서 시민들이 싸우고 있다는 소식도 확성기를 통해 들을 수 있었다.

그렇게 시간은 자정을 지나 어느덧 5월 21일로 날짜가 바뀌었다. 새벽 1시 무렵, 시위 도중 계엄군의 장갑차와 대치하고 있었던 버스기사가 총에 맞아 죽었다는 소리가 들려왔다. 그리고 새벽 2시경에는 전남여고를 지나 무등경기장을 향해 행진하였다. "전두환이 물러가라 훌라

1980년 5월 21일 새벽 광주역 앞 시위. / 5·18기념재단

훌라~ 계엄령을 철폐하라 훌라 훌라" 하는 훌라송과 아리랑, 전우의 시체를 넘고 넘어 등의 노래가 거리에 울려퍼졌다. 경창수와 시위대는 무등경기장에서 잠시 휴식을 취한 후 광주역으로 향했다. 계엄군의 진압을 뚫고 승리했다는 기분 때문인지, 날이 새는지도 모르고 행진을 하였다.[67]

---

67) 21일 새벽 2시경 가두방송 차량이 선도하는 2천여 명의 시위대는 양동복개상가를 거쳐 광주천변을 따라 내려가다 일신방직, 전남방직, 무등경기장을 경유하여 광주역으로 집결했다. (광주민주화운동기념사업회 엮음, 『죽음을 넘어 시대의 어둠을 넘어 (전면개정판)』, ㈜창비, 2017, 168쪽)

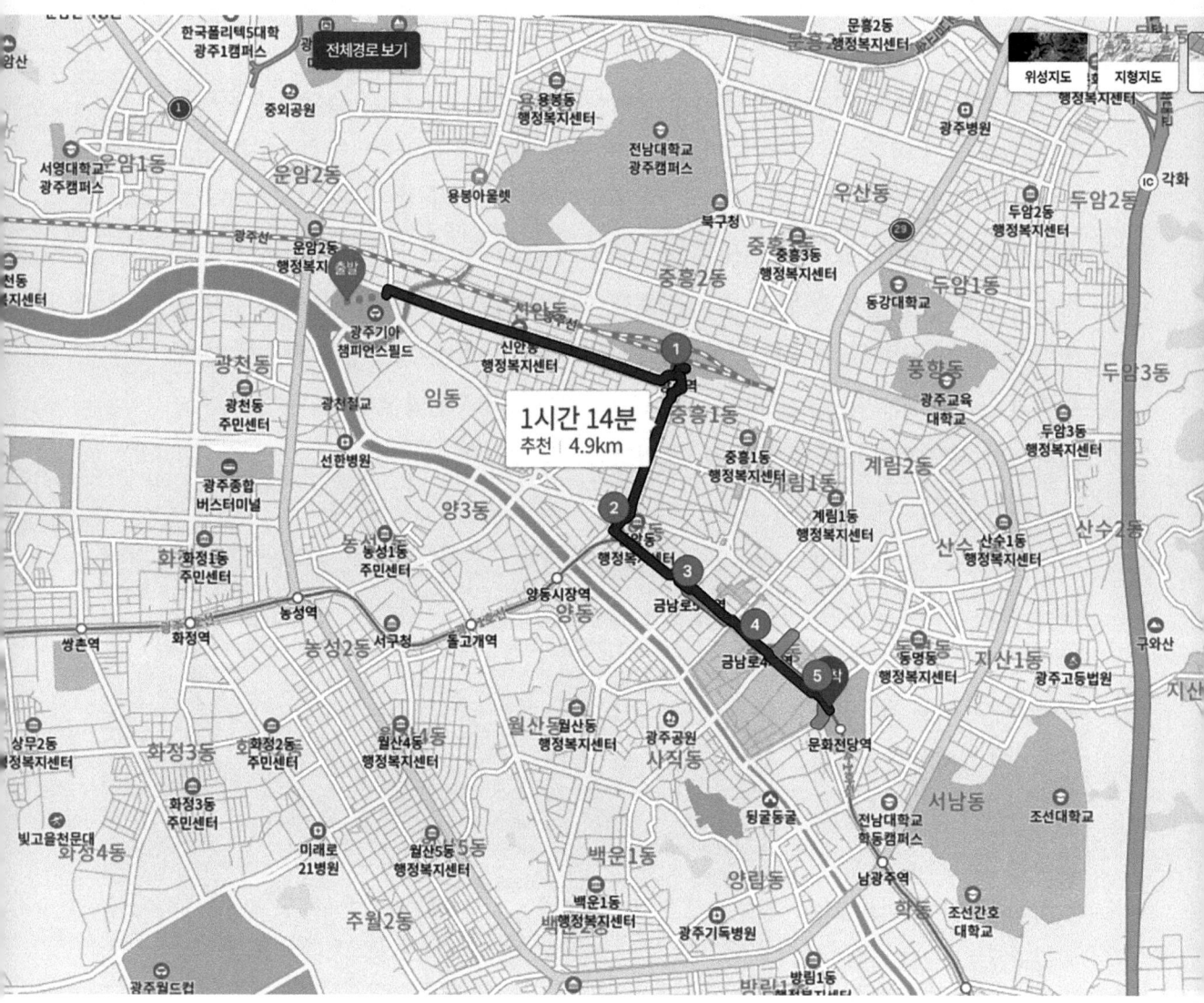

21일 새벽부터 발포 전까지. 무등경기장→신역→유동삼거리→금남로5가→금남로4가→전일빌딩 앞.

　　5월 21일 동이 틀 무렵, 시위대가 광주역에 도착하자 공수부대 옷을 입은 군인 2명이 황급히 도망쳤다. 특수부대 출신이라는 것을 자랑하기라도 하듯이 철도에 있던 화물열차를 훌쩍훌쩍 넘어갔다. 뒤쫓아 갔지만 너무 빨라 놓쳐버렸다. 공수부대가 도망친 광주역에서 처참하게 살해된 시신 2구가 발견되었다. 다른 시신도 있었던 듯한데 미리 치워버리고 두 명의 시신만 미처 처리하지 못한 것 같았다. 발견된 두 구의 시신들 중 한 분의 이름은 허봉이었다. 경창수는 훗날 허봉 씨의 동생 허오재의 이름으로 경기도 안양에서 위장 취업을 하여 노동운동을 하였다.

리어커에 시신을 싣고 금남로로 향하는 시민들.

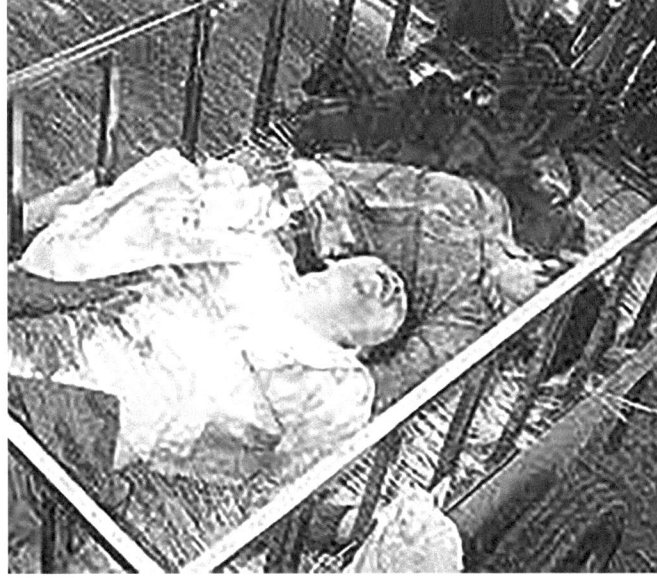
오른쪽이 故 허봉씨.

　　시위대는 리어카에 2구의 시신을 싣고 전남도청으로 향했다. 그런데 가던 도중 시신 2구가 더 발견되었다. 분노에 찬 시위대는 날을 새고도 기세가 꺾이지 않았다. 이날은 초파일이었다. 그래서인지 거리에서 떡을 많이 얻어먹을 수 있었다. 시민들이 건네주는 주먹밥과 박카스 등도 먹었다.

　　금남로 4가 사거리에서 시위대는 계엄군과 대치하였다. 그리고 몇 번의 협상이 이뤄졌다. 하지만 협상은 답보 상태였다.[68] 각목과 화염병을 든 시민들도 있었다. 금남로 일대는 그야말로 인산인해를 이루고 있었다.[69] 시민들은 조금씩 앞으로 나아갔다. 낮 12시 무렵, 시위대는 전일빌딩과 광주 YMCA 건물 근처까지 전진했다. 계엄군

---

68) 한편 시위대는 이날 오전 시민대표를 뽑아 유혈사태에 대한 당국의 사과, 연행된 학생과 시민들의 석방, 공수부대의 철수 등을 요구하며 당국과 협상을 시도하기도 했다. 시민들은 아직 평화적이고 명예로운 수습의 전망을 놓지 않고 있었던 것이다. 하지만 사실상 아무런 실권이 없었던 도지사와의 협상은 뚜렷한 결론을 이끌어내지 못한 채 결렬되었고 도청 앞 상황은 정면충돌의 양상으로 치달았다 (5·18기념재단, 『너와 나의 5·18』, 오월의 봄, 2019, 77쪽)
69) 아침부터 금남로에는 수만 명의 시민들이 발 디딜 틈도 없이 가득 몰려들어 10시쯤에는 10만 명 이상의 시민들이 운집했다. (5·18기념재단, 『너와 나의 5·18』, 오월의 봄, 2019, 76쪽)

1980년 5월 21일 금남로. / 5·18기념재단

과 시민들이 서로를 마주보고 대치한 거리는 불과 10미터 정도밖에 되지 않았다. 경창수는 시위대의 선두에 서 있었다. 일촉즉발의 상황이었다. 오후 1시가 됐을 때였다. 갑자기 시민들을 향해 총알이 날아들었다. 장갑차를 몰고 상반신에 태극기를 휘감고 도청으로 가던 중 총에 맞아 죽는 사람도 있었다. 계엄군 장갑차에 있는 총구에서 불이 붙은 듯 총알이 쏟아져나왔고, 주위 사람들이 쓰러졌다.

경창수의 귀 옆으로 총알이 핑~ 하고 지나가는 소리가 났다. 땀이 났고, 뛰기 시작했다. 전일빌딩을 눈앞에 두고, 옆에서 함께 뛰던 젊은 여성이 픽 쓰러졌다. 계엄군 총에 맞은 것이다. 등이 아닌 옆구리에 총탄을 맞은 걸 보니 전일빌딩 맞은편 옥상에서 저격수들이 쏜 총에 맞은 것 같았다. 경창수는 다른 사람과 함께 부상자를 부축하여 전일빌딩 뒤로 옮긴 후 병원으로 후송시켰다. 그분의 생사가 어떻게 되었는지는 알 수 없다.

쏟아지는 총소리와 비명소리로 가득차버린 금남로는 피바다가 되어버렸다. 계엄군이 지키고 있는 도청 앞 분수대 주위 광장에서는 헬기가 내렸다 떴다를 반복했다. 도청에 있는 중요 문서를 빼돌리거나 중요 인물이 피신하고 있는 것으로 보였다. 시민들은 도청 주위 도로에서 "연행자를 석방하라" "계엄령 해제하라" "전두환은 물러가라" "김대중을 석방하라"는 구호를 외치며 시위를 이어갔다.

날밤을 새워가며 시위에 참여했던 경창수는 몸이 너무 지쳐 있었다. 그래서 양림동에 있는 친구 최웅의 매형 집에 들러 눈을 붙였다. 그리고 오후 5시쯤 집으로 돌아갔다. 그 무렵 계엄군은 도청을 비우고 광주시 외곽으로 철수했다. 시민들도 잘 모르고 있다가 저녁 8시경 도청에 들어가 보고서야 텅 비어 있는 것을 알았다고 한다. 마침내 광주가 시민의 품으로 돌아온 것이다.

5월 22일부터 26일까지. 도청 앞 광장에서는 수차례의 궐기대회가 열렸고, 가두행진이 있었다. 경창수는 도청 앞 분수대 광장에 앉아 시민들의 호소와 연설을 듣고 눈물도 많이 흘렸다. 죽어 돌아온 아들을 살려내라고 외치는 어머님, 동생을 찾는 애타는 누나의 호소, 인간 이하였던 공수부대의 잔악한 살육에 대한 규탄, 결사항전의 결의, 계엄당국과의 협상 경과 보고 등 수많은 연사들의 애절하고도 비장한 호소가 이어졌다. 도청 앞 분수대 광장에는 5만여 명의 시민들이 꾸준히 모였다. 비가 와도 시민들은 자리를 뜨지 않고 궐기대회가 진행되었다.

궐기대회가 끝나면 가두행진이 있었는데, 경창수는 주로 플래카드 양옆에서 각목을 드는 일을 했다. 플래카드에는 "계엄령을 해제하라"고 적혀 있었다. 외신 기자들에게는 사실대로 똑바로 보도하라고 영어로 exactly report! exactly report! exactly report!를 반복하여 요구하였다. 경창수는 지금도 이 말을 정확하게 기억하고 있다. 그만큼 외부에서 진실을 정확히 알고 도움을 주었으면 하는 절박함이 컸던 것이리라. 당시 광주는 계엄군에 의해 외부와 철저히 봉쇄되어 있었다. 시내 어느 건물 기둥에는 미국의 미드웨이 항공모함이 광주를 지원하기 위하여 진주에 입항해 있다는 대자보가 붙기도 했다. 경창수는 낮에는 도청에서 활동을 하다 저녁에는 집에 들어가 잠을 잤다. 그런데 공수부대가 조대에서 주남마을로 이동하던 길목에 그의 집이

1980년 5월 26일 민주수호범시민궐기대회 이후 시가 행진을 하고 있다. 대열 맨앞 흰옷 상의 경창수.
/ 촬영: 노먼소프

있었던 터라 불길한 기운이 느껴지면 마루 밑에 숨어 있기도 했다. 당시 젊은이가 있는 그 근방의 집들은 다 불안해하였다.

　5월 26일 경창수는 전남 도청에서 사망자를 확인하기 위해 찾아오는 시민들을 정문에서 안내하는 일을 하였다. 도청 본관과 식당 사이에는 신원을 알 수 없는 시신 30여 구 정도가 있었다. 공수부대의 총과 칼, 개머리판 등으로 인해 잔혹하게 학살된 시신들은 얼굴조차 제대로 알아볼 수 없는 경우가 많았다. 그럼에도 가족의 생사를 확인하기 위해 도청을 방문한 시민들을 시신이 있는 곳까지 안내하고, 가족을 찾지 못한 분들을 다시 도청 정문까지 안내해 드렸다. 지방에서 광주 외곽을 봉쇄한 계엄군의 저지를 뚫고 도청까지 걸어오신 분도 있었다.

5월 26일 운구하는 사람들 중 흰 머리띠를 두른 사람이 경창수, 오른쪽에 총을 든 시민군이 백종환.
/ 촬영: 프랑슈아 로숑

신원이 확인된 시신은 입관한 후 태극기로 덮어 도청 앞 상무관으로 옮겼다. 경창수가 일하는 동안 3명 정도의 신원이 확인되었다. 경창수와 시민군들은 관을 어깨에 메고 애국가를 부르면서 눈물을 흘리며 시신들을 상무관에 안치했다. 정문 옆 창고 같은 건물에는 총기와 군복 등 많은 물자가 있었다. 오후 5시, 도청 앞 궐기대회에서 "내일 계엄군이 도청을 진압한다"는 얘기를 하며 "집에 가실 분은 가시고 끝까지 항전하실 분은 남으라"고 하였다. 경창수는 그날 저녁 도청에 남았다. 결사항전의 비장한 기운이 넘쳤다.

그날 밤 10시. 당시 식당 위층에서 총기 훈련받지 못한 40여 명 정도가 교육을 받았다. 칼빈 소총의 탄창을 장전하고 발사하는 방법과 발사 시 탄피에 데지 않게 조심하라는 등의 간략한 교육이었다. 철모와 군복과 군용 비옷을 지급받았다. 경창수는 도청 쪽문에 배치되어 자동차 뒤에 몸을 붙이고 총구를 쪽문으로 향한 채 경계를 섰다.

같이 있던 시민군이 서너 명 정도 되었다.

밤은 점점 깊어갔다. 그리고 도청 앞 시계탑의 바늘이 새벽 4시를 지나고 있을 때였다. 건물 안쪽에서 총탄이 날아왔다. 경창수가 "아군이다. 쏘지마라"하며 외쳤지만 막무가내였다. 나중에 알고 보니 공중 낙하를 통해 건물 위쪽부터 점령한 공수부대가 아래로 내려오면서 안쪽에서 총을 쏴버린 것이었다. 총알이 오고 가는 횟수와 소리가 점점 커졌다. 경창수는 함께 있던 시민군이 정문 쪽에 가서 상황을 알아보자고 하여 그쪽으로 따라갔다. 화단 경계석 아래로 포복해 정문 쪽으로 나아갔다. 얼마나 총알이 날아다니는지 귀가 멍할 지경이었다. 식당과 도청 본관 사이, 신원 미확인 시신들이 있는 곳을 지날 때는 무슨 폭탄 터지는 소리 같은 굉음이 울려 잠시 멈추기도 했다. 그때 순간적으로 '여기 죽은 척 하고 있을까'도 생각해 보았다. 정문으로 가니 그쪽에서 경계를 서던 시민군 백종환이 "모든 외곽선이 무너지고 연락이 두절되었다"고 했다.

그렇게 도청 정문 수위실 앞에서 몇 마디 나누고 있는데 갑자기 폭탄 같은 것이 도청 앞 분수대 쪽에서 날아와 터졌다. 장갑차가 있는 정문 쪽에 쏜 것 같았다. 경창수는 수위실 창구 밑에 쪼그리고 앉아 손으로 얼굴을 가렸다. 그리고 잠시 후. 살았나 죽었나 싶은 생각이 들어 자신의 허벅지를 꼬집어보았다. 꼬집한 자리가 아팠다. 그리고 손에서는 피가 나고 있었다. 여러 개의 파편이 손에 박힌 것이었다.

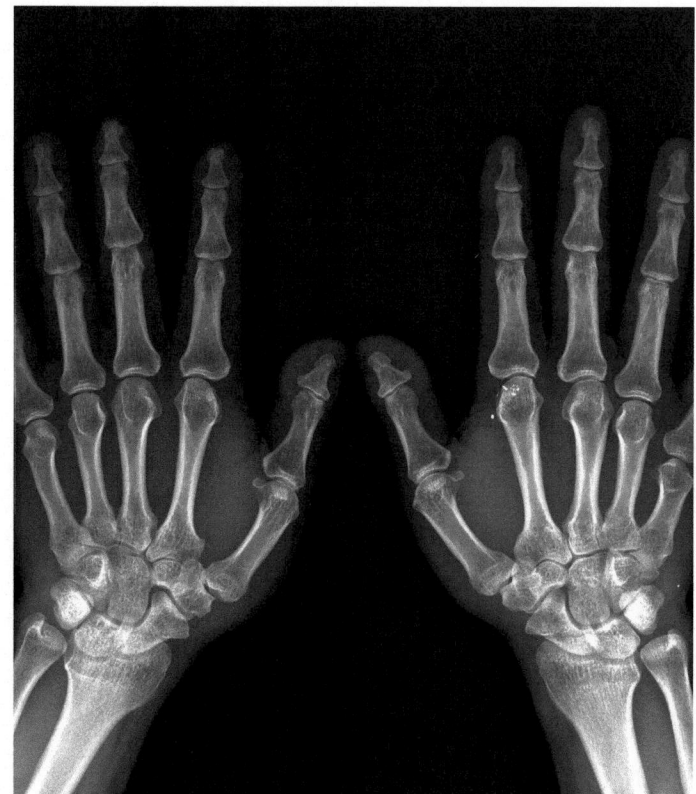

5월 27일 새벽 도청 정문 수위실 아래서 스턴탄의 파편에 부상당한 경창수의 손.

M16으로 긁어대는 총소리는 계속 요란하게 들렸다. 도청 정문 쪽 아스팔트에 연발로 쏴대는 총탄 흔적들이 계속 새겨지고 있었다. 경창수는 황급히 도청 본관 가운데 계단 아래로 피신하였다. 총을 들고는 있었지만 대적할 엄두도 낼 수 없었다. 도청 안 복도에도 계속 총알이 날아 다녔다. 경창수는 총알이 빗발치는 복도를 피해서 난간을 넘어 계단을 통해 2층으로 올라가자마자 왼쪽 첫 번째 방으로 들어갔다. 방에는 4명 정도가 있었다. 총알이 벽과 창문을 뚫고 들어왔다. 다 같이 책상과 의자를 들어 벽 쪽에 붙였다. 밖에서는 계속 건물 쪽으로 총질을 해댔고 복도에도 총알이 날아다녔다. 잠시 후, 복도 쪽에서 "투항하면 목숨만은 살려준다"는 메가폰 소리가 들렸다. 방 안에서는 '어떻게 할 것인가' 잠깐 논의가 있었다. 그때 나이가 좀 들어보이는 아저씨 한 분이 "니가 제일 어리니까 살아야 한다. 살아서 이 사실을 세상에 증언해라"고 말하면서 경창수에게 투항을 권고했다. 그분은 경창수의 철모를 벗겨주었다. 군복[70]과 비옷까지 벗어버린 경창수는 총을 놔두고 나왔다. 별관 쪽 계단 있는 곳까지 포복으로 기어가서 공수부대에게 체포되었다. 잡히자마자 "이 새끼 죽여 버려, 죽여 버려" 하면서 대여섯 명이 구타를 했다. 그곳에서 잡힌 사람이 네 명이었는데 모두 원산폭격을 시켜놓고 군홧발로 등을 지근지근 밟아 깔아뭉개고 개머리판으로 허리를 내리쳐댔다. 개머리판으로 등쪽 허리를 내리치면 허리가 끊어지는 것 같고 창자가 밖으로 튀어나오는 것 같았다. 종구를 머리에 갖다 대는 놈도 있었다. 그 동안에도 총소리는 계속 울렸다. 얼마나 지났을까. 정신없이 맞다가 옆을 보니 2층에 20여 명 정도가 있었다. 공수부대는 시민군 2명당 1개씩 수갑을 채웠다. 그런데 경창수는 1개의 수갑으로 양손이 묶였다.

　　5월 27일, 아침은 그렇게 처참하게 밝아왔다. 고개를 숙이고 1층으로 내려와 도청 앞 시멘트 바닥에 엎드렸다. 약 100명 정도가 일렬로 엎드려 있었다. 어떻게 잡혔는지 내용과 등급을 매겨 등 뒤 옷에 매직으로 썼다.[71] 군인 하나가 다가와 수갑을 풀

---

70) 경창수는 군복으로 기억하고 있는데, 당시 시민군 대부분은 전투경찰복을 나눠주어 입고 있었다고 증언한다.

어주려다 열쇠가 부러지는 바람에 중단하고 갔다. 경창수의 오른 손등에서 피가 너무 많이 나고, 수갑이 조여 피가 잘 통하지 않자 상처가 부패할까봐 선의로 수갑을 풀어주려 한 것 같았다. 결과적으로 그날 경창수는 가장 늦게 수갑을 풀게 됐다. 잠시 후, 붙잡힌 시민군들은 일렬로 고개를 숙이고 도청 정문을 나왔다. 눈동자만 돌려 앞을 보니 도청 분수대 주위는 장갑차로 뒤덮여 있고 몇 대의 헬기가 바삐 움직이고 있었다. 도청 앞에 대기하고 있던 닭장차에 실려 어디론가 갔다. 밖을 보지 못하도록 고개를 들지 못하게 했다.

닭장차가 시민군을 내려놓은 곳은 상무대 영창 앞 연병장 입구 광장이었다. 도착하자마자 헌병 차림의 키 큰 군인이 팬티만 입혀놓고 군홧발로 돌려차기 옆차기를 하며 얼굴과 온몸을 정신없이 구타하였다. 그런 뒤에 각자 신원과 기초 사실을 확인하였다. 여차하면 영창 연병장 담벼락에 세워 놓고 모두 총살시킬 분위기였다. 오후 3시쯤 상무대 영창 앞 연병장 입구에서 보안사에서 나온 요원이 바늘 2개를 이용하여 수갑을 풀어주었다. 공수부대 수갑 열쇠와 일반 군인 수갑 열쇠가 달라서 열쇠가 부러졌다는 것을 나중에야 알게 되었다. 오후 5시쯤 영창 앞 연병장으로 들어가서야 총살은 안시키겠구나 하는 생각이 들었다. 연병장에서 또 한참을 굴리고 나서 영창 안으로 들여보내주었다. 경창수는 '5방'으로 들어갔다. 40평 정도 되는 반원형을 6등분해 있는 곳에 130명 정도를 밀어 넣었다.

영창에서는 가부좌를 하고 꼼짝도 못하게 하였다. 눈동자만 돌아가도 철창 사이로 손을 내밀게 하여 곤봉으로 손등을 내리쳤다. 손가락이 떨어져 나가는 듯한 통증이 일어나도 피할 수는 없었다. 피하는 순간, 밖으로 끌려 나가 야구 방망이로 죽도록 맞고 들어오기 때문이다. 좁은 방에 130명이 수감되어 있으니 밤에는 칼잠을 잘 수밖

---

71) 27일 광주진압작전 때 사망한 시민은 모두 25명으로 밝혀졌다. 이 가운데 도청과 그 주위에서 사망한 사람은 16명으로 대부분 계엄군이 쏜 M16소총에 의해 희생됐다. 생존자는 '총기 소지자' '특수 폭도' 등으로 분류되어 군부대로 이송되었다. 이날 아침 도청에서 체포돼 연행된 사람은 모두 200명 정도였다. (5·18기념재단, 「너와 나의 5·18」, 오월의 봄, 2019, 114쪽)

에 없다. 목욕은 며칠에 한 번, 1분 동안 물만 붓고 나오는 게 고작이었다. 그렇게 4일쯤 지나자 부상자들을 치료해주기 시작했다. 경창수도 손등의 치료를 받았다.

식사가 나왔는데, 식판 국물 넣는 곳에 밑바닥에 깔릴 만큼 된장 국물을 붓고, 바닥에 꽁보리밥 한 자락이 깔려 나왔다. 하루 종일 굶어서 먹기는 먹었는데 그조차도 안 먹는 사람이 있어 눈치가 보였다. 점점 시간이 지나면서 영창 내 살벌한 분위기는 조금 나아져 갔다. 심야에 경계를 서던 헌병이 항쟁의 진실에 대해 알아가면서 조금씩 태도가 변했던 것이다. 경창수의 방에는 5월 17일 예비 검속으로 5방에 먼저 들어와 있던 박영선이라는 분이 있었다. 그분이 간수들의 눈을 피해 "총을 들었느냐, 어디

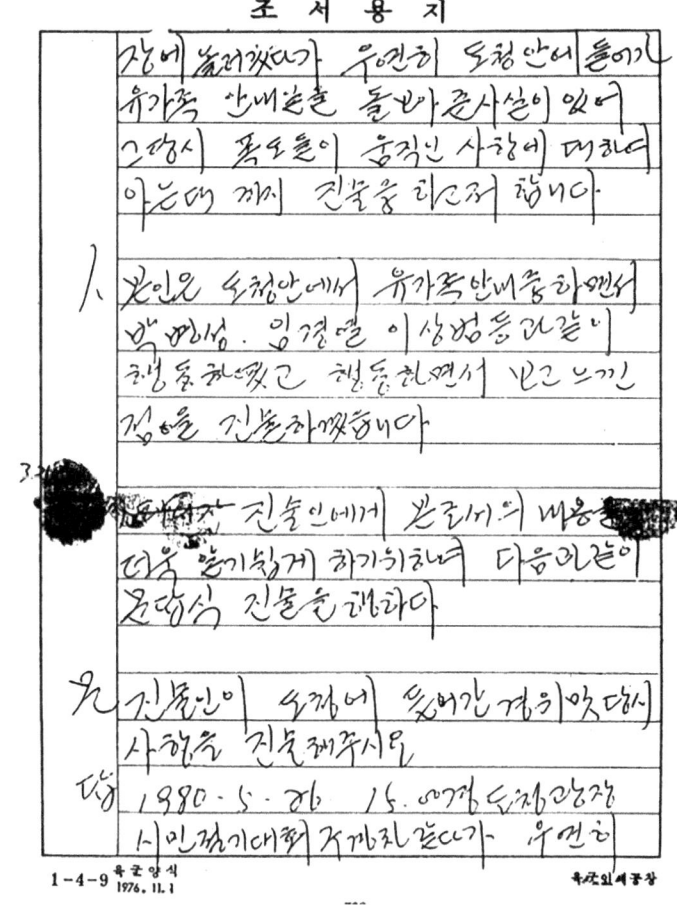

경창수의 당시 진술조서.

서 잡혔느냐"면서 몇 가지 물어보더니 "고등학생이니 10년 정도 징역 살 거다"라고 했다. 이런 쪽에 대하여 잘 아는 사람 같았다. 그래서 '약 10년 정도는 받겠구나' 생각하고 있었다.

수사는 중앙정보부, 보안사령부, 도경찰국으로 구성된 합동수사부에서 했다. 경창수는 합동수사단 헌병중사 문삼식에게 취조를 받았다. 5월 29일 오후 3시쯤 수사를 받으러 나갔는데, "언제부터 여기에 참가했느냐"고 심문해서 "26일 오후 3시에 집을 나와 도청에 들어갔다"고 진술했다. 그러던 중 민간인 한 명이 들어와 경창수의 맞은편에 앉았다. 민간인은 일체 출입을 못하게 되어 있었는데 고위직에 선이 있는 사람이 면회 온 듯하였다.

문 수사관이 잠깐 밖으로 나간 사이 경창수는 쪽지에 '26일 오후 3시'라는 글자와, 집 전화번호를 적어 그 민간인에게 넘겨주었다. 그분이 쪽지를 책상 위에서 잡는 순간 문 수사관이 들어 왔다. 가슴이 철렁 내려앉았다. 그 민간인은 슬그머니 쪽지를 주머니에 넣었다. 문 수사관은 봤지만 모른 체하는 것 같았다. 나중에 들으니, 쪽지를 받아간 민간인이 그날 경창수의 집으로 전화를 해서 쪽지 내용을 전달해 주었다고 한다. 그리고 다음날 도경에서 경창수의 집을 찾아가 "아들이 집을 언제 나갔냐?"고 묻자, 전화받았던 일을 떠올린 가족들은 "26일 오후 3시에 나갔다"고 대답했다고 한다. 그 덕분인지 아니면 피라미여서인지 별 고문이나 가혹 행위를 당하지는 않았다. 그런데 박남선 상황실장 등 항쟁지도부의 간부들은 잠 안 재우기, 구타, 물 먹이기, 통닭구이, 전기 고문 등을 받아 한번 나갔다 오면 초주검이 되어 돌아왔다.

경창수는 38일 간 상무대 영창에 갇혀 있다가 고등학생이라는 이유로 훈방되었다(동신고 구속 구금자는 양승희, 조대성, 윤영철, 곽봉극, 경창수 등 5명). 나오기 전에 "나가서 영창에서 보고 들은 것은 함부로 말하지 말라"는 특별교육을 받고 각서를 썼다. 교육청에서 줬다는 신발을 신고 나왔다. 1980년 7월 3일, 집에 가니 할머니와 가족들이 "우리 셋째가 살아 왔다"며 눈물을 흘리면서 기뻐하셨다. 부모님은 5월 27

일부터 도청과 각 병원을 돌아다니시며 경창수를 찾으러 돌아 다녔다고 했다.

곧바로 전남대병원으로 가서 다친 허리를 비롯해 여기저기 검사하고 치료를 받았다. 구타에 의한 치아 손상도 있었다. 양손에는 파편이 너무 많이 박혀서 빼내기가 어렵다며 "그대로 살아라"는 의사의 권유로 지금까지 몸에 지닌 채 살고 있다. 당시 계속 복용하고 있던 결핵약을 상무대 영창에서는 먹지 못했기에 기독병원에 가서 폐 사진도 찍어보았다. 그런데 "결핵이 다 나았다"고 했다. 어이없지만, 개인적으로 좋은 일도 있었던 셈이다. 도청에 갈 때 자전거를 타고 가 정문 옆 담장에 세워 놨는데 그 자전거는 어떻게 됐는지 모르겠다.

다시 학교에 다니게 된 경창수는 대학 입시를 마치고 겨울방학 동안 학동 삼거리에서 오방떡 장사를 하였다. 그렇게 번 돈으로 1981년 서울대학교에 입학했다. 그런데 그 해 5월 27일, 서울대 경제학과 4학년인 김태훈 열사가 침묵시위 도중 도서관 5층에서 "전두환이 물러가라!"를 세 번 외친 뒤 투신하여 산화해 갔다. 투신한 장소에 가보려 했지만 학교에 상주하는 백골단들이 둘러싸고 접근을 못하게 했다. 경창수는 이에 항의하다 관악경찰서로 끌려갔다. 80년 5월 27일 전남도청에서 영창으로 끌려간 지 딱 1년이 지난 후였다.

대학에서 학생운동은 농촌법학회(농법회-그 당시 언더써클이라 부름)와 민속가면극연구회(탈반)를 중심으로 이루어졌다. 1981년 6월 경창수는 선배를 따라 승용차를 타고 종로 YMCA 앞에 갔다가 다시 검은 세단을 갈아타고 30분 후에 도착한 곳에서 10여 명이 있는 방으로 안내되었다. 그 방에는 흑백 TV 주위에 열 명 정도의 청년들이 둘러앉아 있었다. 그리고 비디오를 보여 주었다. 1년 전 광주항쟁 당시 촬영된 비디오였다. 그리고 거기 모여 있는 분들은 경창수에게 "여기가 광주가 맞는지? 어느 장소인지? 어떤 상황인지?" 등을 물어보았다. 광주항쟁 당시의 상황과 100% 일치하였다. 외신기자가 찍은 영상으로 처음으로 한국으로 몰래 들여와 검증을 거치고 있는 것으로 짐작되었다. (지금 생각해 보면 독일 힌츠 페터 기자가 찍은 영상물이라고 확신하고 있다) 광주항쟁이 진압된 지 1년 만에 비디오를 보니 경창수의 기억이 생생히 살아났다. 거기 모인 청년들도 충격이 큰 듯하였다. 말로만 듣던 잔악한 공수부대의 만행을 직접 눈으로 보았으니 말이다. 한국 군인이 자국민을 칼로 찌르고, 총으로 죽이는 인간 이하의 참혹한 장면이 계속 나왔다. 그후 이런 비디오테이프가 음성적으로 널리 퍼져나가 광주항쟁의 진실을 알리는 데 많은 기여를 했다. 경창수는 당시 갔던 곳이 어렴풋이나마 은평구였고, 김근태 선배의 집이 아니었나 생각하고 있다. 이후 많은 곳에서 5·18민중항쟁의 진실을 알리고 증언하는 일은 수없이 반복되었다. 학생운동을 할 때나 노동운동을 할 때나 5·18망월동묘역 순례 및 투쟁은 필수 코스였는데 오가는 버스에서 경창수는 몇 시간이고 5·18의 진실을 알리고 증언하였다. 많은 학생과 노동자들과 함께 5·18 투쟁을 집회와 시위로 전개해 나갔다. 그렇게 항쟁은 계속되고 있었다.

학생운동에 뛰어들었던 경창수는 85년부터 안양 우신인더스트리 공장을 시작으로 리어카 시신 중 한 분이었던 故 허봉씨의 동생 허오재 이름으로 노동운동을 시작하고 안양노동자회를 결성하여 노동 현장에서 투쟁하였다. 노동조합을 결성하여 파업투쟁을 벌였던 합동메탈(평촌 소재)에서는 왼손 검지와 중지가 잘리는 산업재해도 겪었다. 87년 현장 노동자들과 함께 6·10민주항쟁과 노동자대투쟁에 참여하였다. 87년 대통령선거에서 노태우 선거 벽보 사진에 "살인마 노태우 대통령이 왠말이냐"라

1997년 민주주의민족통일전국연합 경기남부 집행위원장직을 맡고 있을 때 사무실에서.

5월 27일 아침 상무관 앞. 오른쪽 아래, 경창수의 아버지 경훈. / 5·18기념재단
지만원이 제93광수라며 날조 왜곡. / 5·18기념재단

제202광수   제155광수   제190광수   제191광수
제101광수
제102광수
제62광수
제163광수
제197광수
제49광수
제193광수
제194광수
제196광수   제189광수   제71광수   제93광수

211

고 쓰고 다니다가 안양경찰서에 체포되었다 풀려나온 후 수배된 상태에서 노동운동을 계속해 나갔다. 그동안 진짜 허오재(허봉씨 동생)는 수원 검찰에 잡혀가 선거법 위반 조사를 받고 관계없음이 증명되어 집으로 돌아가게 되었다. 1990년부터는 안산으로 현장을 옮겨 새한산업에서 노동조합을 만들기 위해 노동자 조직화 사업을 진행하면서 안산한벗노동자회를 결성하여 노동운동을 전개하였다. 1997년에는 민주주의민족통일전국연합 경기남부연합 집행위원장으로 있으면서 자주·민주·통일운동을 하였다. 그러다 1998년에야 대학에 복학하여 이듬해 졸업장을 받았다. 그리고 곧바로 안산의료생협을 준비하여 2000년부터 현재까지 사회적경제운동에 종사하고 있다.

5·18민주화운동 이후 계속 요구하였던 '진상규명, 학살책임자 처벌, 명예회복, 기념사업, 배상'이라는 5원칙은 모두 적당한 선에서 얼버무려진 채 지나가고 있다. 일제 잔재를 완전히 청산하지 못해 친일 후손들과 친일 논리가 발호하고 있듯이, 전두환이 합천 고향에 일해공원을 만드는 등 해괴한 일이 벌어지고 있는 것이다. '5·18민주화운동은 계속되고 있다. 지금도.'

아시아문화전당을 짓는 과정에서 도청 별관이 훼손되었다. 역사적 유물은 원형그대로 돌멩이 하나라도 있는 대로 보존하는 게 세계적인 상식인데 멀쩡한 원형 건물을 철거한다니 말도 안 된다. 열사들이 산화해 가신 자리를 잘 보존하는 것도 군부독재의 총검에 의해 쓰러진 열사들에 대한 최소한의 예의일 것이다. 5·18의 역사를 왜곡하고 있는 지만원은 아들을 찾으러 나온 경창수의 아버지 경훈 씨를 제93광수 최태복(북한 최고 인민회의 의장)이라고 날조하고 있는 만행을 저지르고 있다.

2019년 2월 11일부터 국회 앞에서 자유한국당 김진태, 이종명, 김순례 세 국회의원의 제명과 5·18역사왜곡 처벌법 제정, 5·18민주화운동진상규명위원회의 조속한 출범을 촉구하는 천막농성이 시작되었다. 경창수는 이 천막농성에 결합하면서 도청에서 생사를 같이했던 많은 동지들을 다시 보게 되었다. 영창에서 나온 후 보지 못했던 동지들을 39년 만에 살아서 만나게 되었던 것이다. 참으로 감격스러운 만남이었다. 12월 28일 5·18진상규명조사위원회 출범과 동시에 321일 만에 천막농성은 마무리되었다.

국회 앞 농성 중 경창수 최치수 김재귀. 　　2019년 국회앞에서 321일 동안 천막농성을 마치며.

　아직 많은 과제가 남아 있지만 5·18 정신과 민주주의 물결은 의연히, 도도히 역사의 장강을 따라 흘러가고 있다. 이 강물에 실려 열심히 투쟁하고 실천하는 삶을 살아야겠다. 자랑스러운 5·18의 투사답게 살아가자고 경창수는 다짐하곤 한다.

나는 편의대를 보았어요

문종호 / 당시 전남공업고등학교 2학년

호남 상권 1번지인 광주 충장로는 1970~80년대 문화의 중심지이자 젊음과 낭만의 거리였다. 광주 토박이인 문종호는 광주 서구 내방동에서 태어났지만 그의 집이 당시 상무대 부지로 수용되면서 성장기의 대부분을 충장로에서 보냈다. 그의 어머니는 충장로에서 각종 체육용품을 판매하는 큰 체육사를 운영하고 있었고, 아버지는 군부대나 관공서에 물자를 납품하는 사업을 했던 터라 가정 형편도 넉넉했다.

문종호는 서석국민학교에 입학했다가 전학을 하게 돼 동산국민학교에서 졸업을 한 후, 동성중학교를 거쳐 전남공업고등학교에 진학했다. 당시 전남공고는 전남도청에서 도보로 5분 거리에 있어 그의 집과도 가까웠다. 체격이 좋았던 그는 학도호국단[72] 기수로 활동하기도 했다. 집이 충장로에 있다 보니 오며 가며 5·18민주화운동 이전에도 시위하는 모습을 자주 보곤 했지만 당시 시국에는 별로 관심이 없었다. 활기 넘치는 충장로의 자유분방함을 누리며, 한 달에 몇 편씩 극장에서 영화를 보던 평범한 고등

---

[72] 학도호국단(學徒護國團)은 1949년 4월 22일 대한민국 국방부와 문교부에서 중학교부터 고등학교, 대학교 학생 전원을 대상으로 학도 층의 사상 통일과 유사시 향토방위를 위한다는 명분으로 조직한 학생 단체였다. 제1공화국에서 관변 단체로 이용되다가 1960년 5월 3일 해체되었는데, 1975년 5월 20일 박정희 군사정권에서 10월유신으로 정권을 유지하기 위해 학도호국단이 재설치되었다가, 국민의 민주화 요구에 따라 전두환 군부정권의 집권 중반기인 1985년 3월 14일에 대학교, 1986년 3월 1일에는 고등학교 학도호국단이 각각 공식적으로 해체되었다. (위키백과)

학생이었다.

화창한 일요일이었던 1980년 5월 18일, 문종호는 이날도 오전 10시 무렵부터 전남도청 앞에서 대학생들이 소규모로 시위하는 모습을 목격했다. 경찰들에 의해 금남로 5가까지 시위대가 밀려나는 양상이었지만 그다지 큰 충돌은 없었다. 점심 무렵이 되면서 시위는 잠시 소강상태가 됐고 광주의 중심가인 충장로와 금남로에는 사람들의 왕래가 많아지기 시작했다. 그런데 오후가 되자 갑자기 공수부대원들을 실은 차들이 금남로로 들어왔다.

그 공수부대들이 그때 차로 한 석 대인가, 넉 대로 왔던 것 같애요. 큰 차에다가 싣고 왔고, 그 다음에 한 2~30분 지나니까 짚차가 한 대 왔어요. 그런데 그 공수부대가 딱 와서 첫 번째 했던 것이 금남로 5가에서 시내버스를 붙잡았습니다. 그래서 시내버스에 있는 20대 승객을 전부 다 하차시켜서 구타를 하고, 그 다음에 옷을 전부 다 벗긴 다음에 화물차에다가 실었어요. 그 다음에 택시가 지나가니까 택시 승객인 남성하고 여성을 하차시켜서 먼저 남성을 구타해서 실신을 시키고, 여성도 옷을 벗기고 구타했습니다. 그래갖고 그 남성, 여성 둘 다 그 자리에서 실신했습니다. / 문종호

대한민국 군대가 난데없이 시민에게 폭력을 휘두르는 모습을 눈 앞에서 목격한 문종호는 충격에 얼어붙었다. 그가 고등학생 교복을 입고 있어서인지 곤봉을 든 공수부대원들은 그를 그냥 지나쳐갔다.

공수부대 한 명이 그때 내 앞에서 왔다 갔다 했는데 키가 1미터 60 정도밖에 안 됐어요. 삐쩍 말랐고, 술 냄새를 풍기면서 경상도 사투리가 막 나왔어요. 그 말투를 그때 아마 처음으로 들었던 것 같아요. 그리고 들고 있는 진압봉이 그 사람 키의 거의 한 2분의 1정도 되고 했던 거 같아요. / 문종호

공수부대의 폭력이 한바탕 휩쓸고 지나간 거리엔 시내버스가 끊기고 사람들의 모

청년들을 구타하는 공수부대. / 5·18기념재단

습이 거의 보이지 않았다. 그렇게 충격과 공포의 5월 18일이 지나고 날이 밝자, 금남로에는 차량 통행이 차단되었다. 아침 8시경부터 문종호의 집 부근인 충장로는 시위대와 공수부대의 충돌로 소란스러웠다.

> (아침) 8시 전후해서 공수부대가 20대 청년들을 막 구타하기 시작했던 것 같습니다. 그래서 인제 시민들이 그걸 보고 와서 그분들 석방하라고 했고, 그 청년 두 명은 심하게 다쳐서 땅바닥에 이렇게 앉아있는 상태였고 그랬습니다. 공수부대가 18일도 그랬지만 19일도 한 3~4명씩 이렇게 팀 짜서 움직이면서 20대 청년만 보면 막 붙잡아가고 했습니다. 그래갖고 사람들이 막 그때 말이 심하게 나왔습니다. 청년들 씨를 말린다고..... / 문종호

학교에 갔다가 휴교령이 내려지면서 일찍 하교한 문종호는 다음 날인 5월 20일까지 금남로 1가부터 5가까지를 왔다 갔다 하며 시위를 지켜보았다.[73] 그날 밤, 집에

들어간 문종호는 근처에서 연기가 피어오르는 것을 보았다. 사람들이 "저기는 MBC다. 저기는 세무서다" 하며 이야기하는 것을 들었다. 시민에게 총칼을 휘두르는 군부의 행태에 분노한 시민들이 방송국과 관공서에 불을 붙인 것이었다.[74]

> 20일에도 사람들을 막 거리에서 구타를 하고 붙잡아 가니까 '어? 이건 아닌데?' 그래갖고 제가 딱 3일째는 '이게 아니다'라는 생각을 했고, '이건 앞으로 뭔가 행동을 좀 취해야겠다'고 생각을 했습니다. / 문종호

그러던 중, 5월 21일 아침에는 가톨릭센터 앞에서 손수레에 실린 시신을 보기도 했다.[75] 시간이 지나면서 시위대는 빠르게 늘어났고, 금남로는 발 디딜 틈이 없을 정도로 분노한 시민들로 가득찼다.[76] 시민들은 계엄군이 퇴각할 것을 요구했다. 시위대 선두에는 아시아자동차 공장에서 가져온 장갑차를 비롯해 여러 대의 버스와 트럭이 서 있었고 시민들은 버스 위에까지 올라가 구호를 외쳤다. 공수부대는 가톨릭센터 앞에서 전일빌딩 앞까지 밀려났다.

> 장갑차가 21일 날 가톨릭회관 앞에 왔을 때 상황이 아주 급박했습니다. 그때 군인들이 총을 만지기 시작했습니다. 그러다가 총소리가 나드만 그 장갑차 운전자가 거기서 막 즉사를 했던 거 같애요. 그래갖고 사람들이 그때 "와!" 하고 막 피하고 했던 것 같습니다. / 문종호

---

73) 불과 수백 명에 지나지 않은 대학생들에 의해 산발적으로 이루어지던 시위가 19일 오후부터는 일반 시민들 수천 명이 참여하는 대규모 시위로 확대되었다. (『너와 나의 5·18』, 오월의 봄, 2019, 64쪽)
74) MBC방송국 전소에 이어 광주세무서, 노동청, KBS가 불탔고, 광주역이 점거됐으며, 광주지검, 법원 청사를 비롯하여 8개 파출소도 이날 밤 파괴되었다. (광주민주화운동기념사업회 엮음, 『죽음을 넘어 시대의 어둠을 넘어 (전면개정판)』, ㈜창비, 2017, 181쪽)
75) 전날 밤부터 이날(21일) 새벽까지 치열한 공방을 벌였던 광주역에서는 희생당한 시민의 시신 2구가 발견되었고 시위대는 이 시신을 태극기로 덮어 손수레에 싣고 도청을 향해 행진했다. 아침 6시쯤 이 시신들을 앞세운 시위대는 금남로 3가 가톨릭센터 앞에서 공수부대와 50여 미터 정도의 간격을 두고 대치했다. (『너와 나의 5·18』, 오월의 봄, 2019, 77쪽)
76) 아침 9시가 넘어서자 금남로 1가 도청 앞에서부터 금남로 3가 한국은행 앞까지 군중은 눈덩이처럼 불어났다. 10시쯤에는 5만여 명으로 불어나 6차선 도로가 인파로 가득찼다. (광주민주화운동기념사업회 엮음, 『죽음을 넘어 시대의 어둠을 넘어 (전면개정판)』, ㈜창비, 2017, 190쪽)

1980년 5월 21일 시민들이 전날 도청 앞 저지선을 뚫으려다 계엄군과 대치하고 있다. / 5·18기념재단

그 모습을 본 문종호는 시위대가 탄 군용트럭 한 대가 지나가자 바로 올라탔다. 트럭 화물칸에는 10여 명이 타고 있었다. 문종호가 탄 차량은 그렇게 나주 남평으로 이동했다. 그리고 잠시 후, 금남로에서는 시민들을 향한 계엄군의 집단 발포가 자행됐다. 차를 타고 달려간 나주 남평지서에는 실탄 없이 총만 보관돼 있었다. 그 총을 트럭에 싣고 서둘러 다시 광주로 올라왔다. 양동시장을 지나 광주공원 앞으로 가고 있을 때였다. 갑자기 하늘에서 헬기 세 대가 트럭을 향해 총을 쏘기 시작했다.

총소리가 두두두 나길래 그 운전자가 상가에다 차를 딱 붙였어요. 광주공원 앞에 자그마한 이런 상가가 있었는데, 차를 딱 붙여서 화물칸에서 바로 내려서 가게로 이렇게 피신을 했습니다. 헬기가 지나간 다음에 다리 건너편 보니까 10대 중반으로 보이는 사람 한 명이 손에 총격을 좀 입고 했었습니다. / 문종호

더 이상 무기가 실린 차를 타고 가는 건 위험할 것 같아 문종호는 걸어서 도청 쪽으로 이동했다. 도청 근처에 왔을 때 건물 옥상에 있던 계엄군이 총을 쏘며 위협했다. 간신히 간판 사이로 비켜가면서 도청을 향해 가고 있는데, 계엄군은 자전거를 타고 문종호의 뒤를 따라 오던 중학생에게도 총을 겨눴다. 총알이 그 중학생의 무릎 쪽을 스치며 넘어지자 문종호는 절룩거리는 중학생과 자전거를 길 옆으로 옮겨주기도 했다.

1980년 5월 22일부터 도청 앞 분수대에서 진행된 궐기대회에 모인 시민들. / 5·18기념재단

도청 앞의 상황을 좀 확인하려고 근처에 있는 옥상으로 올라가니까 (계엄군) 한 명은 씩스틴(M16)으로 총 쏘고 있었고 한 명은 도청 앞에 있는 건물 옥상에서 M1 총, 옛날 그 긴 총으로 내가 있는 곳 바로 아래, 무등극장 앞에 있는 시민한테 총을 쏴가지고 그분이 여기 허벅지 맞아갖고 악쓰고 했었습니다. (공수부대가) M1 총 쏘고 나서, 맞히고 나서 이제 그 총을 밑에 있는 사람한테 이렇게 던지더라고요. 그니까 밑에 사람이 총을 받고 또 움직이고 하는 것을 그때 봤습니다. / 문종호

그 모습을 본 문종호는 더 이상은 안 되겠다는 생각에 곧장 충장로에 있는 집으로 돌아갔다. 아침 일찍 외출한 아들 걱정에 노심초사하던 가족들은 어디 갔다 오는 거냐며 그를 보자 반색했다. 그리고 지금부터는 외출금지라며 엄포를 놓았다. 그런데 그날 오후 5시 30분경 계엄군이 도청에서 퇴각하여 광주 외곽으로 물러나자, 다음 날인 22일 아침 일찍부터 시민들이 도청 앞 광장으로 모여들었다.

22일 날 하도 시끄럽길래 나갔더만, 도청 앞 분수대 옆에 사람들이 많이 있는 상태였습니다. 그래갖고 제가 도청 그 분수대 올라가갖고 어제 시위차 타고 나주

남평 갔다 왔다는 얘기를 했습니다. 인자 시위차 타고 갔더만 뭐 식사도 주고 또 주유소에서 휘발유도 공짜로 넣어주고 해서 시위했는데 시민들이 다들 동참했다 그러면서 "고등학교 학생들 있으믄 우리도 동참하자" 했더니 민원실 앞으로 애들이 우르르 왔던 거 같습니다. / 문종호

그렇게 모인 고등학생들은 "전두환 물러가라"와 같은 구호를 외치거나 노래를 부르며 노동청에서 중앙초등학교까지 내려갔다가 다시 금남로 4가에서 도청으로 1시간 가량 행진을 했다. 이렇게 나름의 발대식을 한 후, 문종호는 학생들과 같이 도청 안으로 들어갔다. 다음 날부터 이틀 동안 문종호는 교련복 바지를 입고, 전투경찰 방석모를 쓴 채 시민수습대책위원회 어깨띠를 두르고 도청 정문에서 일을 하기도 했다. 가족을 찾으러 또는 사망자들의 신원을 확인하기 위해 찾아오는 시민들을 안내하는 일이었다. 사람들이 너무 많이 몰려와 줄을 서게 한 후, 한 명씩 도청 정문을 열어준 후 시신을 확인하게 했다. 계엄군에게 처참하게 희생된 가족의 시신을 확인한 유가족들의 울부짖는 소리는 수십 년이 지나도록 귓가에 쟁쟁했다.

외국인 기자가 이렇게 영사기를 들고 왔더라고요. 그 분 키가 1미터 80 될 거 같애요. 삐쩍 마르고. 흰색 와이셔츠를 걷어서 여기까지 올리고 영사기 들고 왔길래 내가 오라 했어요. 와갖고 우리 시체도 좀 찍고 허라고. 그래서 그분이 정문으로 들어와서 (희생자들) 영사기로 찍고 했습니다. 한 이틀, 사흘 그분이 계속 왔습니다. 올 때마다 내가 앞에 있다가 오라고 오라고 해서 좀 찍고, 찍고 했어요. / 문종호

시민들을 안내하는 틈틈이 문종호는 식당에서 필요한 식재료와 각종 물품을 보급하는 일을 도맡아 했다. 물품이 부족하다고 하면 도청에 있던 짚차를 타고 시내로 나가서 확보해오는 역할이었다. 고등학교 1학년이었던 여학생 한 명이 동행해 시민들을 향해 확성기로 물건이 필요하다는 방송을 했다. 그 방송을 듣고 시민들이 자발적으로 건네주는 물품을 싣고 오는 방식이었다.

옛 전남도청 시민군의 모습. / 5·18기념재단

밤 7시에 나가도 확성하면 (확성기로 방송하면) 주민들이 김치도 막 가지고 오고, 아파트 주민들이 서로 회의해서 그 밤에도 막 쌀 넣어줘요. 그럼 또 싣고 오고. 그래서 아침부터 밤까지 그냥 계속 활동을 했던 것 같습니다. 옛날에 광주극장 건너편 안쪽에 가면 식재료 만드는 업체가 있었어요. 가가 가서 된장이나 간장 같은 걸 얻어오기도 하고..... 그 외에도 무전기에 쓰는 그 밧데리 있잖아요. 건전지 없다 하면 또 로케트 (배터리) 공장 또 거길 갔어요. 그래갖고 무전기 보여주면서 여기 맞는 거 좀 주라고 그럼 또 거기에 맞는 거 싣고 오기도 하고. / 문종호

한편 5월 23일, 신군부 내부에서는 계엄군의 광주 재진입이 본격적으로 논의됐다. 광주의 시위가 다른 지역으로 확산되는 것을 막지 못하면 그들의 집권 계획이 어그러지는 상황이었기 때문에 시민들이 희생되더라도 조속한 진압을 추진하겠다는 것이었다. 다음 날인 24일 아침, 시민수습대책위원인 명노근 교수가 전교사 부사령관실을 찾아가 평화적인 해결책을 찾으려 했지만, 신군부의 강경함에 협상은 결렬되고 말았다.[77] 그래서였을까. 5월 25일 저녁, 계엄군이 들어올지 모르니 식당에 있던 학생들은 모두 집에 들어가라고 했다. 그 말을 듣고 문종호를 포함한 10여 명의 고등학

---

77) 광주민주화운동기념사업회 엮음, 『죽음을 넘어 시대의 어둠을 넘어 (전면개정판)』, ㈜창비, 2017, 319~322쪽 참조.

생들은 상무관을 방문하여 희생자들에게 묵념을 한 후 도청을 나왔다. 하지만 다음 날이 되어도 계엄군이 들어오지 않자 26일 낮, 문종호는 다시 도청으로 들어갔다. 그렇게 고등학교 2학년 남학생 한 명과 여학생 한 명, 그리고 고등학교 1학년 여학생 한 명과 함께 식당 활동을 이어갔다.

> 26일에는, 조선대에 주둔했던 군인들이 철수하면서 두고 간 대형 냄비, 한 1미터 이상 된 거 같아요. 그걸 가지러 가기도 했어요. 그걸 옮기려면 청년 3~4명이 필요해서 박남선 (상황실장) 씨를 내가 만났어요. 우리가 거기 가서 그 냄비 큰 걸 싣고 와야 한다. 애들이 냄비가 작아서 너무 힘들어한다. 그래갖고 안 된다는 것을 설득해갖고 오후에 시민군 청년 세 명하고 운전사 한 명하고 같이 차 끌고 가서 그걸 싣고 왔습니다. 나는 이것이(항쟁이) 계속 갈 줄 알고 식사를 더 많이 해주려고 그 큰 냄비를 싣고 왔습니다. / 문종호

하지만, 문종호의 예상과 달리 그날 오후 도청에 계엄군의 최후통첩이 전해졌고 항쟁 지도부는 죽음을 각오하고 최후까지 끝까지 저항하는 길을 선택했다. 문종호는 이날도 밤 9시 무렵까지 다른 학생들과 식당에서 일을 했다.

> 예전에 일하는 애들이 많이 있었거든. 그런데 26일 날 밤이 되니까 인자 두 명밖에 없어요. 두 명밖에. 여학생 두 명이 그 많은 음식을 해야 돼요. 애들이 늦게까지 하느라고 집에 갈 새가 없는 거예요. 다른 날은 밤 되면 집에 갔다 왔는데 갈 수가 없더라고요. 그래서 밤 9시 되니까 식당 문 닫고 여학생 두 명을 '너무 늦었으니 여기서 1박을 해라' 하고, (도청) 본관 뒷 건물에 경찰청 건물이 있었거든요. 경찰청 건물 2층에 경찰국장실이 있었어요. 거기 카페트가 있어갖고 숙소로 활용하기에 아주 좋았습니다. 그래서 여기서 좀 쉬고 있으라고 내가 그쪽으로 안내를 해줬습니다. 위험하다고 막 나가라고 그러는데 여학생 두 명을 데리고 내가 그 밤에 어디 이동할 수가 없더라고요. / 문종호

당시 도청에는 최후의 항전을 결심한 수백 명의 시민군이 남아 있었지만 경찰청

건물에는 아무도 보이지 않았다. 여학생들이 쉬고 있는 옆 방에서 문종호도 잠을 청했다. 어둠이 짙어진 새벽이었다. 밖에서 총소리가 들리기 시작했다. 겁이 난 문종호는 여학생 두 명을 데리고 나와 도청 본관 1층에 있는 상황실로 이동했다. 가는 도중에 도청 후문을 지키고 있던 시민군을 만났다.

한 5명 된 거 같아요. 다들 좀 어리고 앳됐는데 그 형들이 거기(쪽문) 지키고 있다가 너무 무서워서 이리 왔다고 하더라고요. 다들 나이도 어리고, 몸도 왜소했어. 근데 내가 잡힌 후에, 그 형들이 숨어있다가 수류탄에 맞아 다들 죽었다는 말을 들었는데 아직도 정확히는 어떻게 알 수가 없네요. / 문종호

문종호 일행이 도청 상황실로 몸을 피한 뒤, 얼마 안 있어 10~20여 분 정도 맹렬한 총격이 시작됐다. 사방에서 총탄이 쏟아지는 와중에 상황실에 같이 있던 시민군 한 명이 총에 맞았다. 그러자 한 방에 있던 간호조무사가 그 시민군을 치료하려고 일어나는 순간 그 역시 엉덩이에 총을 맞고 말았다. 총소리와 비명소리가 난무하는 가운데 어슴프레 날이 밝아오기 시작했다. 계엄군 세 명이 총을 들고 상황실로 들어왔다. 놀랍게도 낯익은 얼굴들이었다.

세 명이 들어왔는데 세 명 다 알았어요. 두 명은 한 팀인데 (항쟁기간 중에) 꼭 밤 늦게 식당으로 식사하러 왔어. 그때 계엄군들이 쓰는 차가 있어. 큰 차. 그 차 타고 한 (저녁) 8시쯤 되면 애들이 와요. 옷은 안전히 시민군이지. 옷은. 그리고 와서 (도청 정문에서) 빵빵 그러면 문을 오픈해줘. 그러면 거기서 덩치 큰 애가 있었어. 두 명. 거의 다 1미터 70에서 80 정도 된 애들이여. 식당에 들어와서 1시간씩 앉아 있어. 거기서 밥도 먹고 담배도 피우고 둘이 막 큰 소리로 얘기를 하고 그래 갖고 내가 그 사람들을 좀 지켜봤지. 그 분들을 내가 식당에서 밤 늦게 연 이틀을 봤어. 그리고 그 분들한테 음식 차려준 여학생들도 있었어. 그 여학생들도 그 사람들을 봤지. 계엄군들도 여학생들을 보더니 금방 알아보는 눈치드라고. 그리고 그 계엄군들 중에 한 명은 5일 동안 도청 안에서 나랑 같이 있었어. 나는 항상 그 취사반 입구에 있었거든. 그래서 뭐 없다고 하면 "뭐 없어?" 하고 얼른 나가서 확

보해 올리고 항상 취사반 입구에 있었거든. 근디 거기서 나랑 같이 있으면서 전(남)대 휴학생이래. 머리 짧드라고. 안경은 뿔테 안경 쓰고. 근디 그 사람이 상황실로 총 들고 왔드라고. 그때 나는 얼굴은 못 봤지. 왜 그러냐면 철모 쓰고 뿔테만 보이니까. 그런데 나를 보면서 씩 웃고 손짓하고 가드라고. 그래서 한참 있다 '아~ 나랑 5일 동안 같이 있었던 그 형이구나' 생각했지. / 문종호

문종호는 훗날 그 사람들이 어쩌면 항쟁기간 동안 편의대[78] 라는 이름으로 도청에 침투했던 계엄군이 아닐까 생각했다. 잠시 후, 시간이 아침 5시를 지나면서 날이 밝아오기 시작했다. 한 계엄군 중사가 "사격 중지!" 하고 외치자 총성이 멈췄다. 계엄군은 상황실에서 살아남은 이들에게 밖으로 나오라고 했다. 고개를 숙인 채 문을 열고 나가자 눈 앞에 펼쳐졌던 모습을 문종호는 지금도 잊지 못한다.

상황실 막 나가면 중간에 입구가 있어요. 그쪽으로 나가니까 일자 복도가 있고, 중간에 또 문이 있고 그랬는데 상황실 건너편 (도청 건물 밖 오른쪽)에 7~8명이 이렇게..... 어떤 사람은 쓰러져서 피 흘리고 돌아가신 분도 있고, 내가 가장 기억에 남은 것이 총 맞고 피 흘리고 돌아가신 분하고, 중3 정도 되는, 나이가 엄청 어려 보여. 근데 그 분이 총을 붙잡고 죽어 있드라고. 이렇게 딱 대고. 그것이 지금까지 생생해. 5·18 그러면 그 어린 애가 생각 나. 나는 그 애 보고 좀 찔리드라고. 나는 그 안에 (상황실 안에) 있었거든. 나는 여학생도 좀 지켜야 되니까 여학생들 맨 구석에 몰아놓고 내가 그 앞에 있었거든요. 그렇게 여학생들 좀 지키려고 안에 있었는데 나와서 보니까 싹 죽었네. 부끄럽고. 그것이 계속 마음에 걸리고 걸리고 그랬던 거 같애. / 문종호

잠시 후, 육군 중령이 와서 복도에 있던 사망자들을 확인한 후 상황실에서 나온 문종호와 일행들 데리고 나오라며 명령했다.

---

78) 5·18민주화운동 기간 동안 시민군으로 위장한 계엄군인 이른바 '편의대'가 존재했고, 이들이 시민군 사이에서 유언비어를 퍼뜨리고 무기탈취를 선동했다는 증언과 주장이 있다.

인자 밖으로 나가니까 사람들 전부 다 붙잡혀갖고 손 뒤로 묶고 차에다 싣드라고. 싣고 차 한 대가 남았어. "야! 너도 타" 그래갖고 여학생 두 명하고 나랑 같이 탔어. 그리고 간호조무사는 안 보이드라고. 근데 나중에 여학생들이 그러는데 잡혀가서 같은 감방에 있었대. 그런데 군인들이 이 여성 보고 악질분자라고 총을 맞았는데 거기서 치료를 안 해 줬대. 나중에 이 분이 생명이 위독해지니까 그때 데리고 나가서 수술을 했다고 하더라고. / 문종호

몇해 전에 그 간호조무사가 부상으로 고생하다 돌아가셨다는 이야기를 뉴스를 통해 전해들었다. 문종호와 일행들을 태운 차는 31사단으로 갔다.

이제 31사단에서 하차할 때부터 구타가 시작되더라고. 막 내리면서부터 개머리판으로 치고, 막 워커발(군홧발)로 차고 그랬는데 내 앞에 내린 여학생들이 "엄마!" 그렇게 하니까 거길 딱 보드만 여학생들은 구타를 안 한 거 같애요. 그래서 나도 같이 내려서 거기선 안 맞았어요. / 문종호

31사단에서는 도청에서 잡힌 사람들과 도청 밖에서 잡힌 사람들을 분리시켰다. 그리고 여자와 남자들도 따로 분류했다. 그렇게 다시 차에 태워진 문종호는 상무대로 이송됐다. 상무대 영창에 들어가서는 같은 방에서 박남선

1980년 5월 27일 아침 계엄군에게 붙잡힌 여성들. / 5·18기념재단

상황실장을 만났다. 그 무렵, 문종호의 집에서는 아들을 찾기 위해 병원 등을 뒤지며 백방으로 수소문을 하고 있었다. 그러던 중 상무대에서 그의 집으로 연락이 갔다.

누가 영창에 와서 "유도복집 아들!" 그러더라고요. 우리 어머니가 태권도복, 유도복을 만들어갖고 호남의 학교, 군, 교육청 다 보냈어요. 헌병대 병장이었던 내무반장이 광주 사람이었는데 "유도복집 아들!" 허길래 맞다고 했더니, 그분이 우리집에 연락했죠. 그래갖고 그때부터 밤 되면 날 불러요. 날 불러서 음식을 또 별도로 갖다 주고 내가 조사받고 할 때마다 이분이 와요. 옆에 와갖고 "내 조카다, 잘 봐주라"고. / 문종호

조사를 받으면 주로 총을 들었는가 안 들었는가를 캐묻곤 했다. 다른 사람들에게도 문종호가 무기를 들고 있는 걸 봤는지 계속 물어봤다고 했다. 하지만 그는 식당 일과 시민 안내 등을 하기에도 시간이 모자라 총을 들 생각조차 못했던 터라 큰 문제가 되지는 않았다. 결국 한 2주 만에 그는 영창을 나와 상무대 안에 있는 교회로 옮겨졌다. 그곳에는 시민군으로 활동하지 않은 일반 시민들이 대부분인 것 같았다.

그런데 상무대 거기 영창 안에서는 그래도 좀 끗발이 있으니까 누가 나 터치를 안 했다가 인자 그 교회에 가니까 내가 아는 분이 아무도 없네. 그래서 교회에서 한 3주 이상 있으면서 매일 구타, 기합, 구타, 기합 그랬어요. / 문종호

도청에서 잡혀간 지 37일 만인 7월 3일에 문종호와 여학생 두 명은 모두 훈방 조치되어 석방되었다. 집에 돌아온 문종호는 며칠 동안 멍한 상태로 내리 잠만 잤다. 그러다 다시 학교에 나가기 시작했다. 종종 충장로 파출소에서 그의 동향을 파악하는 전화가 걸려오곤 했다. 담당 형사가 바뀔 때마다 확인 전화가 오기도 했다. 여름방학이 시작되자 문종호와 도청에서 함께 활동했던 고등학생들 10여 명이 광주공원에서 다시 모였다. 그렇게 일명 '광주 5·18 학생회'가 결성됐다. 한 여학생의 부모님이 전남대병원 앞에서 식당을 하고 있어 그곳에서도 종종 모임을 갖곤 했다. 일 년 정도 만남을 이어오다 각자의 사정으로 언젠가 다시 보자는 약속을 하고 모임을 해체했다.

나랑 같이 붙잡혔던 여학생은 전남대 간호대 나와서 지금 전남대에서 강사하고 있어. 동신여고 여학생이었는데 이름이 이경임일 거야. 째깐해갖고 뿔테 안경 쓰고. 그리고 붙잡히지 않고 그 앞 날(26일) 나간 여학생도 있는데, 주소연이라고 교직에 있다가 지금은 수도권에 살고 있어. 그때 나는 고 2였고 그 여학생은 고 3인데 상당이 똑똑해가지고 같이 있으면서도 이 여학생이 주방 전체를 리드했어. 또 이 집이 전남대병원 앞에서 식당을 했어. 주먹밥은 이 여학생이 거의 다 만들었어. 그런데 나는 너무 짜서 못 먹겠더라고. 하여튼 이 분이 주방 안에서 역할이 컸어. / 문종호

이후, 문종호는 40여 년 동안 5·18에 대한 이야기를 거의 가슴에만 묻고 살아왔다. 하지만 언젠가는 그때 도청에서 함께 했던 친구들의 이야기와 희생됐던 학생 시민군들의 이야기를 반드시 역사에 남기겠다는 생각으로 나름대로 조금씩 준비를 해오고 있었다.

그러던 중 문종호는 최근 결성된 '5·18민중항쟁 고등학생동지회'에 참여하고 있다. 5·18민중항쟁 42주년 서울기념식에서는 당시 고등학생 시민군이었던 최치수, 경창수와 함께 연단에 올라가 이 땅의 민주주의를 향한 만세 삼창을 외치기도 했다.

2021년 5월 18일 서울 기념식에서 왼쪽부터 경창수, 문종호, 최치수.

10일

이덕준 / 당시 대동고등학교 3학년

"박정희 대통령이 김재규 중앙정보부장이 쏜 총탄에 맞아 향년 62세 일기로 서거했습니다."[79]

1979년 10월 26일, 길고 길었던 박정희 유신독재가 막을 내린 그날, 광주 대동고등학교에서는 학내 시위가 벌어졌다. 박석무, 윤광장, 박행삼 등 진보적인 의식을 지닌 선생들님의 지도에 힘입어 학생들이 스스로 학내 민주화를 요구하고 있었던 것이다. 화장실 개선 문제부터 시작된 요구사항은 점점 발전해 교련 수업 폐지와 보충학습 폐지까지 나아갔다. 특히, 군사교육인 교련 수업은 일제강점기에 시작된 것으로, 마치 군대처럼 학생들을 폭력적으로 다루면서 당시 큰 반발을 사고 있었다.

박정희 정권 마지막 날 저희가 데모를 한 거죠. 보충수업 폐지, 교련 철폐 이걸 가지고 했는데 교련선생님부터 시작해서 선생님들이 몽둥이 들고 (운동장으로) 내려와서 나머지 반들은 다 들어가버리고 2학년 문과 4개반이 이제 운동장을 계속 시위를 하면서 돌았죠. 그래서 선생님 50여 명이 몽둥이를 하나씩 들고 오셔 가지고 해체를 시켰죠. / 이덕준

---

79) 1979년 10월 26일 TBC 라디오 뉴스 속보.

신군부 세력이 12·12군사 반란을 일으키면서 불안한 정세가 이어졌지만, 독재자 박정희의 장기집권이 끝났다는 기쁨과 민주화에 대한 기대 속에 1980년 봄이 찾아왔다. 대동고등학교의 학내 민주화시위도 4월까지 계속되었다. 그 시위대열 속에는 3학년이 된 이덕준도 항상 빠지지 않았다. 이덕준은 고등학교 2학년 때부터 광주의 민주화운동가, 교사, 대학생 등이 운영하던 YWCA양서조합에 나가 이른바 진보서적들을 읽던 학생이었다.

박석무 선생님은 영어를 가르치셨는데 당시 영어 교과서 17과에 '새마을무브먼트'라는 대목이 있었어요. 그게 예비고사 볼 때 제일 많이 나오는, 영어 25문제 중에서 5문제 나오는 곳이에요. 근데 선생님은 그걸 안 가르쳐 버려요. 우리는 간접적으로 새마

무기정학으로 이덕준(앞줄 가운데)이 졸업을 못하자 친구들이 찾아와 함께 사진을 찍고 있다. 1981년 2월.

을운동은 독재자가 자기 치적을 하기 위해서 포장한 거라는 느낌이 오는 거죠. 대신 제 교과서의 그 부분에는 한시가 적혀 있었어요. 사육신 중 성삼문이 형장으로 끌려가기 전에 읊었던 '격고최인명 (擊鼓催人命)'이라는 시가 있거든요. 그 이야기는 무슨 이야기냐면 세조가 소위 쿠데타로 왕위를 찬탈한 거를 통해서 박정희 쿠데타를 이야기해주시는 거죠. 박석무, 박행삼, 윤광장 이런 선생님들이 저희들한테 직접적이지는 않지만 은유적으로 박정희 정권의 문제점들에 대해서 수업시간에 간간히 이야기를 많이 해주셨어요. 그래서 우리는 잘 모르지만 18년 독재라는 게 (당시) 우리 나이 아닙니까. 딱 그때 우리 나이니까 우리가 이제 그 동안 독재세상을 살았는데 이제부터 좀 자유로운 공기를 느낄 수 있지 않을까. / 이덕준

고등학생 이덕준은 올바른 길이라면 초개처럼 자신을 던질 줄 알고 죽음 앞에서도 자신에 넘쳤던 성삼문의 기개에 반했다. 혼자서 밤기차를 타고 노량진의 사육신묘를 찾아갈 만큼 그 가르침은 컸다. 1980년 5월 14일부터 16일까지 3일 동안 광주에서는 금남로와 전남도청 앞에서 대규모 집회인 '민족민주화성회'가 열렸다. 최루탄 한 번 터지지 않고, 오히려 시위대가 경찰의 보호를 받는 평화로운 집회였다. 이덕준도 교복을 입은 채 대동고 학생 100여 명과 함께 5월 16일 밤, '민족민주화 횃불성회'까지 참석했다.

같이 횃불도 들었죠. 굉장히 장엄하고 숙연하고 뭔가 결단을 해야 할 거 같은 분위기였어요. 횃불이 뜨겁잖아요. 밤에는 선선한 날씨였는데 뜨거운 열기가 느껴지고 아주 침묵 속에서 금남로로 해가지고 대인로타리, 전남여고로 돌아오는 행진이었어요. 경건한 마음으로 따라갔던 거 같습니다. 당시 고등학생들이 굉장히 적극적으로 참여를 많이 했어요. 제가 알기로는 중앙여고라든가 전남여고라든가 이런 친구들도 (전남도청 앞) 분수대에서 굉장히 많이 만났죠. 어느 학교 뱃지가 더 많이 왔는가를 서로 좀 체크해보는 신경전을 할 정도로 학생들이 굉장히 적극적이었어요. / 이덕준

다음 날인 5월 17일 계엄령이 전국으로 확대되었고, 일요일인 5월 18일, 친구들과 만나기로 약속한 이덕준은 아침 일찍 금남로에 나갔다.

아침 8시경부터 도청 앞에는 전투경찰이 있었고, 시민들은 금남로 2,3가 쪽에 대치를 하고 있는 상황이었는데 계속 밀렸죠.. 계속 전투경찰한테 밀리는 상황이었고 그때 제 기억으로는 10시 반 정도, 11시경에 처음으로 화염병이 나왔어요 광주에서. 저는 화염병을 그때 처음 봤습니다. 보도블럭을 깨가지고 하고 있었는데 그때 화염병이 나오면서 치열하게 전개가 됐는데 저희가 금남로 5가 그러니까 지금 광주일고 사거리 이쪽까지 쭉 밀렸죠. / 이덕준

치열하게 시위를 하던 중 점심 무렵이 되자 배가 고파진 이덕준과 친구들은 대인

동 공용버스터미널 앞에 있는 친구 집을 찾아 갔다. 당시 친구 집은 대륙제재소였다. 단짝으로 같이 다니던 친구 4명이 찾아가자 어머니께서 반기며 점심을 차려주셨다. 막 점심을 먹으려는데 갑자기 거리에서 비명소리와 함성소리가 들려왔다. 무슨 일인가 싶어 이덕준과 친구들은 목재사 나무더미 위로 뛰어 올라갔다. 곤봉을 든 공수부대가 트럭에서 뛰어내리고 있었다. 그 후 눈 앞에 펼쳐진 상황은 충격적이었다.

> 공용터미널 쪽으로 시민들이 엄청 오는데 제일 처음에 제가 목격했던 게 힐을 신은 여성이 뛰지를 못 해서 제일 뒤처졌죠. 그대로 개머리판으로 등을 찍어버리는 거예요. 그걸 보고 제가 너무 놀랐죠. 바로 건너편에는 3층 빌딩이 있었는데 거기서 시민이 벽돌을 던지는 걸 보고 공수부대 애들이 계단 뛰어 올라가는 것도 봤어요. / 이덕준

그때였다. 누군가 제재소 대문을 두드리는 소리가 들렸다. 놀란 이덕준은 원통형으로 된 나무 속으로 급히 몸을 숨겼다. 잠시 후, 제재소 대문 쪽에서 누군가 구타당하는 소리가 들렸다. 제재소 대문 앞에서 한 시민이 공수부대원에게 붙잡힌 것이다.

> 이 곤봉으로 내리치는데 사람 몸이 사람 같지 않고 그냥 고무에다가 때리는..... 그냥 사람이 아닌 무엇에 때리는 것 같은, 몸에서 툭툭 뭐 터지는 소리 같은..... 목재 실어놓은 트럭을 둔 대문인데 밑에 이 정도 공간이 좀 있었어요. 갑자기 손이 하나 쑥 들어오는 거예요. 어떤 시민이 이제 그 밑으로 들어오려 하다가 잡힌 기죠. 보니까 한 40대 정도, 약간 머리가 벗겨진 분인데 공수부대 애들한테 "아저씨 살려주세요" 하는 거예요. 그렇게 사람이 죽어가는데 (저는) 아무것도 할 수가 없잖아요. 소리를 지를 수도 없고, 뭐 나가서 구할 수도 없고..... 아무것도 못하고 치가 떨리는 상황인데, 질질 끌고 가더라고요. / 이덕준

그렇게 나무더미 속에서 20여 분쯤 있었을까. 다시 시위대가 쫓겨갔던 쪽에서 함성소리가 들려왔다. 조심스레 다시 나무더미 위로 올라가 보니, 공수부대가 금남로 5가 쪽으로 시신을 끌고 가고 있었다. 또 다른 공수부대원들은 택시기사가 도망치고 없

는 빈 택시에 시신 한 구를 발로 차서 집어넣으려 하고 있었다. 그러다 시신이 잘 들어가지 않자, 다시 끌고 갔다. 다음 날 공용버스터미널 주차장에서는 공수부대원들에게 살해된 사람들의 시체 7~8구가 축 늘어진 채 차곡차곡 쌓여 있는 것이 목격되기도 했다.[80] 치 떨리는 분노를 주체할 수 없었던 이덕준은 제재소를 나와 다시 시위대에 합류했다.

다음 날, 삼엄한 아침 공기 속에서도 관공서와 회사는 정상 출근을 했고, 학생들도 등교를 했다. 하지만 학교 분위기는 여느 때와 달랐다. 이덕준이 교실에 들어가자 친구들이 삼삼오오 모여, 5월 18일인 어제 광주에서 벌어진 일들에 대해 이야기를 나누고 있었다.

무슨 동네 형이 어쨌다더라, 뭐 대학생이 잡혀갔다더라. 우리 친구들이 전부 다 똑같은 이야기를 하는 거예요. 그래서 수업이고 뭐고 당장 우리가 금남로로 가야겠다. 아침부터 저희 3학년이 1,2학년 교실로 내려가가지고 "당장 다 나와. 1학년, 2학년 다 나와 빨리" 하면서 선생님들을 밀치고 전부 끄집어냈죠. 대동고가 이제 그 당시 백운동 로타리 언덕 위에 있었는데 운동장을 돈 거죠. 이제 천몇백 명이 자연스럽게 홀라송 부르고, 투사의 노래 부르면서 정문으로 나갔죠. 그런데 전투경찰이 이미 정문을 완전히 봉쇄해가지고 나갈 수가 없는 상황이에요. / 이덕준

당시 언덕 위에 자리잡고 있었던 대동고등학교는 출입구가 교문밖에 없었다. 그곳이 전투경찰들에게 막히자 학생들은 학교 담장과 뒷산을 넘어서, 금남로에서 만나기로 하고 흩어졌다. 이덕준은 백운동 로타리에서 8번 시내버스를 탔다. 그런데 버스가 광주천을 건너기 직전에 멈춰섰다.

버스 창문으로 이렇게 보니까 공수부대 트럭 한 열 대 가량이 현대극장 앞을 지나서 금남로 쪽으로 들어가는 거예요. 그러니까 버스기사가 이제 갈 엄두가 안

---

80) 5·18기념재단, 『너와 나의 5·18』, 오월의 봄, 2019, 65쪽.

시민을 구타한 후 끌고 가는 계엄군. / 5·18기념재단

나는 거지. 거기로 가야 하는데…… 그런데 그 다리 쪽에 있던 한 시민이 공수부대 트럭에 돌을 던졌어요. 그러니까 갑자기 모든 트럭이 다 멈추더니 공수부대원들이 전부 뛰어내려가지고 곤봉을 들고 주변에 있는 시민들을 닥치는 대로 두드려 패기 시작하는 거예요. 우리 버스도 막 두드리는데 버스 안내양이 울면서 문을 안 열어주니까 곤봉으로 막 창틀을 내리치고 그래서 우리는 고개를 숙이고 있는데 보니까 그 돌 던진 사람이 잡혀왔어요. / 이덕준

공수부대원들은 마치 보란 듯이 붙잡힌 시민이 초주검이 될 때까지 사정없이 곤봉을 휘둘렀다. 그렇게 거리를 피투성이로 만든 후 다시 트럭을 타고 금남로로 들어갔다. 이덕준이 탄 버스는 금남로를 가로질러 가는 노선이었지만 공수부대를 피해 양동을 거쳐 유동 쪽으로 빙 돌아갔다. 계림동에서 내린 이덕준은 친구 자취방을 찾아갔다. 자취방 주인 아주머니는 공수부대들이 고등학생, 대학생 가리지 않고 닥치는 대로 잡아간다며 나가지 못하게 했다.

그런데 정말 담벼락 너머로 보니까 공수부대 애들이 서너 명씩 이렇게 그 좁은 골목길을 일렬 횡대로 쭉 밀고 있는 거예요. 그러니까 못 나가고 그날 거기서 꼬박 밤을 샜죠. 그리고 다음 날부터는 어차피 (휴교령 때문에) 학교에 갈 수가 없었으니까 시위를 하다 저녁에 집으로 간 거죠. MBC 방송국이 불에 타가지고, 제가 지나갔을 때는 연기만 좀 있는 이런 걸 쭉 보면서 화정동 국군통합병원 육교 근처에 집이 있었는데 밤 늦게 들어갔죠. / 이덕준

다음 날인 5월 21일, 아침에 나와보니 상황은 완전히 바뀌어 있었다. 국군통합병원에는 군용 지프차가 서 있고, 거리에는 바리케이트가 쳐져 있었다. 농성 사거리로 걸어오자, 버스나 트럭을 탄 시민들이 구호를 외치며 다니고 있었다.

"도청으로 가자! 금남로로 다 모여라!" 하면서 시민들을 수송하는 역할을 한 거죠. 그래서 이제 그 버스를 잡아탔죠. 근데 이 버스들이 사람들이 많이 탈 때까지 계속 시내를 도는 거야. 이제 임동 저 일신방직 앞에 갔더니 여성 노동자들이 나와가지고 광목천을 막 차에다 둘러주는 거야. 그 다음에 페인트까지 가지고 나와가지고 '전두환 찢어 죽이자' 써주고 있는데 이제 버스 기사가 여성 노동자한테 "여자들이 선동하면 더 시민들이 많이 갈 거다. 타"고 해서 한 세 분 정도 탔어요. / 이덕준

그러다 점심 시간이 조금 지났을 때였다. 버스에서 버스로 전해지는 이야기가 들려왔다. 무기를 구해야 한다는 것이었다. 도청 앞에서 계엄군이 시위대를 향해 집단 발포를 하자, 이에 맞서기 위해서는 시민들도 무장을 해야 한다는 주장이 터져나온 것이다.[81]

---

[81] 오후 1시경 전남도청 앞에서 공수부대가 시민을 향해 집단 발포를 시작했다. 오후 1시 30분경 도청 옆 골목 '진내과병원' 부근에서 한 청년이 시민들을 향해 큰 소리로 외쳤다. "여러분 저는 학운동 예비군 중대장 문장우입니다. 지금 공수부대가 무차별 발포를 하고 있는데 우리는 돌멩이나 각목 따위로 싸울 수 없지 않습니까? 우리 모두 무기를 가져옵시다." 20~30명의 청년들이 그 주위로 몰려들었다. 시위대는 무기가 있을 법한 나주, 화순, 전남방직 등으로 몇 명씩 조를 짜서 빠져나갔다. 총을 가져온 후에는 곧바로 광주공원으로 모이자고 했다 (광주민주화운동기념사업회 엮음, 『죽음을 넘어 시대의 어둠을 넘어 (전면개정판)』, ㈜창비, 2017, 231쪽)

우리 버스 기사가 하필 해남 분이셨어. 그래가지고 자기 동네 가면은 이제 해남사람들도 많이 호응해서 우리를 도우러 올 거다 해 가지고 그냥 내려가 버린 거예요, 버스가 해남까지. 처음에 나주경찰서를 갔더니 시민들이 많이 모여있고 경찰서 벽이 부쉬져 있더라고요. 거기에 실탄은 없고 칼빈총이 있었어요. 그래서 우리도 남자들은 실탄 없는 칼빈총 하나씩 받고 영산포 경찰서로 갔어요. 거기는 돌담으로 이렇게 무기고를 만들어져 있어서 거기도 트럭으로 부쉈어요. 그 안에서 실탄이 쏟아져 나온 거야. / 이덕준

나주 영산포 지서에서 실탄과 수류탄까지 확보한 시민군 차량은 해남으로 내려갔다. 가는 길에 들른 주유소마다 시위대 차량에는 무료로 주유를 해주고, 고생한다며 우유와 먹을거리를 올려주기도 했다.

시위대에게 물과 음료수를 건네주는 시민들. / 5·18기념재단

해남에서는 이미 소식을 듣고 의용소방대를 중심으로 광주에 갈 준비를 하고 있었다. 이덕준이 탄 시민군 차량이 먼저 광주로 향했다. 그런데, 뒤따라 오기로 했던 해남 차량은 다음 날 우슬재에서 계엄군의 총격을 받고 말았다.[82] 한 발 앞서, 5월 21일 밤에 출발한 이덕준의 시민군 차량은 나주 남평에 도착했다.

---

82) 31사단 93연대 2대대는 22일 밤 9시를 기해 해남 우슬재와 복평리, 두 군데에다 각기 40명과 10명씩 무장병력을 배치했다. 23일 새벽 5시 30분경 우슬재에서 발포가 시작됐다. 시민 7~8명이 탄 지프가 우슬재를 지나다가 총격을 받고 차가 수렁에 빠져 탑승자가 모두 군부대로 연행되었다. (광주민주화운동기념사업회 엮음, 『죽음을 넘어 시대의 어둠을 넘어 (전면개정판)』, ㈜창비, 2017, 267-268쪽)

남평 쪽에 가면은 거기 전시에 비행장으로 쓰려고 만들어놓은 굉장히 넓은 도로가 있어요. 그 도로에 차들이 다 모인 거죠. 남쪽으로 내려갔던 우리 차들이. 승용차부터 지프차, 트럭, 그 다음에 우리같은 버스들. 제 기억으로는 얼추 이제 40대 가까이. 그런데 그 사이에 이제 (광주) 효천 쪽에 공수부대 애들이 진지를 구축한 거야. 뚫고 들어가기가 힘들어. 그래서 맨 선두 지프차에 무장이 좋았던 네 분이 타고, 이제 남자들이 많이 탄 차는 앞으로, 여자들이 탄 차는 뒤로 선 거예요. 근데 다행히 저희들은 여자분들이 좀 있어가지고 중간 정도에 배치가 됐지. / 이덕준

하늘에서는 계엄군의 헬리콥터가 감시를 하며 따라오고 있었다. 그렇게 광주를 향해 어두운 밤길을 달리기 시작했을 때였다. 이덕준과 함께 버스에 타고 있던 여성 노동자들이 찬송가를 부르기 시작했다.

우리는 바깥에 이렇게 총을 겨누고 있고. 쭉 진입을 하는데 찬송가 소리를 들으니까 아, 그때는 이제 막 너무 가벼워지는 거야 마음이 너무 가볍고 지금 광주를 가야겠다는 그런 생각이 있었는데 차가 다리 중간 정도를 건넜는데 그때부터 앞에서 엄청 반짝 반짝 빛나는 예광탄이 날아오는 거예요. 저쪽에서 우리한테 사격을 한 거지.[83] 그러니까 차가 앞으로 더 가질 못 해요. "작전상 후퇴! 작전상 후퇴!" 해가지고 다시 비행장에서 모여서 봤더니 앞에 있는 분들은 다 죽은 거 같고, 지프 트럭 운전사가 맞아가지고 트럭이 멈춰서는 바람에 더 이상 우리는 도저히 이쪽으로 진입을 못 한다. / 이덕준

어쩔 수 없이 시민군은 일단 나주로 후퇴를 했다. 나주 예식장에서 그날 밤을 보낸 이덕준은 다음 날 동이 트자마자 이번에는 광주 송정리 방향으로 가 보기로 했다.

---

83) 11공수여단 62대대장은 검찰에서 "검문을 하여 지역 주민 이외의 차량이든 사람이든 일체의 통행을 금지시키라는 지시를 받았으며, 전시와 마찬가지 상황이었기 때문에 검문에 불응하면 사격을 하라는 취지로 지시를 받았다"고 진술했다. (노영기, 『그들의 5·18』, 푸른역사, 2020, 314쪽)

나주 노안면을 지나갈 때 아침에 들른 한 슈퍼마켓에서는 주인이 밥이나 먹고 가라며 상을 차려주기도 했다. 그리고 다시 광주로 향하는 이덕준에게 고생한다며 얇은 여름용 점퍼를 건네주었다.

(광주) 송정리에 와서 광주로 들어가려면은 비행장 앞을 지나가야 되는데 가봤더니 탱크 네 대가 우리 쪽을 향해서 이렇게 시위를 하는 거죠. 포를 이렇게 돌려서. 그래서 안되겠다. 총을 갖고 들어가면 노출이 되니까 실탄 갖고 들어가자 해가지고 실탄만 주머니에 넣고 철길을 따라서 극락강 쪽으로 들어옵니다. 극락강 쪽에서 검문을 했는데, 거기서도 트럭이 왔다갔다 하면서 군인들이 들어가는 사람 검문하고 있어 가지고 어쩔 수 없이 실탄을 논두렁에 묻고 그냥 빈 몸으로 검문을 통과해서 들어갔어요. / 이덕준

광주로 들어오는 이덕준의 머리 위에는 헬기에서 최규하 대통령 이름으로 뿌리는 삐라가 흩날리고 있었다. 화정동 집에 돌아왔는데 통합병원 근처에서 바리케이트를 사이에 두고 시민군과 계엄군 사이에 총격이 벌어졌다. 이덕준이 집에서 보니, 시민군 예닐곱 명이 칼빈총을 들고 경계를 서기 위해 온 것 같았는데 그들을 향해 계엄군이 발포를 한 것이었다. 총격 후에는 부상을 당한 시민군이 실려가는 모습이 보였다. 이덕준의 집은 계엄군이 점령한 바리케이트 안쪽에 있던 상황이라 더 이상 바깥으로 나갈 엄두를 내지 못하고 있었다. 그런데 집에 들어온 지 이틀째인 5월 23일 오후, 친구에게 전화가 걸려왔다. 공용터미널 앞 대륙제재사에 사는 손덕8이었다. 함께 어울려 다니던 네 명의 단짝 친구 중 한 명인 전영진이 죽었다고 했다. 5월 21일, 계엄군의 도청 앞 계엄군의 집단 발포 당시 총에 맞은 것이다. 그 소식을 들은 이덕준은 엄청난 충격에 휩싸였다.

그냥 사람이 멍하고 그렇더니 갑자기 눈물이 막 쏟아지기 시작하는데, 얼마나 울었던지 쓰러졌어요. 엄마하고 할머니하고 저하고 셋이 살았는데 경련을 일으켜 가지고 할머니가 막 주무르고 밤새 그렇게 있다가 아침이 딱 되니까 '가야겠다' 시내로 나가야겠다는 생각이 들더라고요. 그냥 나와버렸죠. 큰 길은 바리케이드

가 쳐져 있는데 골목은 다 막지를 못했더라고요. / 이덕준

　　골목 골목으로 이어진 길을 따라 금남로까지 걸어온 이덕준은 YMCA 앞에서 대동고 친구들을 만났다. 그날부터 친구들과 함께 YWCA로 가서 〈투사회보〉[84]를 만드는 선배들과 시민군을 도왔다. 그리고 5월 26일이 되었다. 오후 5시, 도청 앞 궐기대회에서 계엄군이 도청을 진압하기 위해 다시 들어온다는 소식이 전해졌다. 시민들은 최후까지 결사항전을 결의하고 청년과 대학생을 중심으로 도청을 지킬 지원자를 모집했다. 고등학생과 여성들은 돌아가라고 했지만 이덕준은 남기로 결심했다. 끝까지 남아서 싸우기로 한 시민군은 도청을 중심으로 YMCA, YWCA, 계림초등학교, 전일빌딩 등의 주요지점에 배치됐다. 이덕준은 YWCA 1층에서 항쟁의 마지막 밤을 맞이했다.

　　(저녁) 7시부터 바리게이트를 치고 저는 1층 회의실에 전남대 1학년 한 명하고 배치가 되고, 친구들은 2층에 있었는데…… 새벽 3시 반인가 4시 반 됐을까. 그 안에서 졸았던 거 같아요. 조는데, 무슨 선풍기가 고장난 것처럼 드드드드 하는 소리가 들리는데 진동이 있어요. 건물이. 그리고 느닷없이 갑자기 뭐가 펑펑 터지고 금남로 쪽이 엄청 시끄러운 거예요. 그런데 그것이 10분도 안 돼서 조용해져. 그러니까 그 짧은 시간에 도청이 무너진 거죠. 우리는 그 상황을 몰랐는데 갑자기 2층에서 막 사격해라 이런 식으로 정확히는 모르겠는데 총을 쏘라고 이런 소리가 들려오는 거예요. 그래서 밖을 향해서, 사람 향해서 쏠 순 없으니까 하늘 향해서 두 번 쐈는데 갑자기 뒤쪽에서 엄청 총알이 쏟아져 들어온 거죠 1층으로. / 이덕준

　　그때 이미 2층은 진압이 끝나버린 상황이었다. 총알이 날아오는 창 밑으로 기어서 부엌 쪽으로 몸을 피하는 동안에도 벽에는 무수한 실탄이 박혀 들었다. 부엌에 있는 화덕을 끼고 주변을 살피는데 바닥에 엎드려 있는 여성 예닐곱 명이 눈에 띄었다.

[84) 신군부가 모든 언론의 보도를 검열·통제하고 광주 전남 신문 발행을 중단시키자. 윤상원과 들불야학이 중심이 되어 만든 저항언론이자 대안언론.

여성들은 돌아가라고 했지만 몰래 기숙사에 남아있던 사람들이 총소리가 들리자 무서워서 부엌으로 피신을 한 것이었다. 그런데 부엌에 있던 쟁반을 등에 대고 엎드려 있던 그들 사이로 갑자기 피가 흘러나왔다. 누군가 총에 맞은 것이다.

그래서 "쏘지 마세요. 사람 맞았어요." 우리가 악을 지른 거죠. 그랬더니 위협 사격을 하다가 총을 밖으로 던지래요. 이제 던지고 나왔죠. 머리에 손 올리고 고개 숙이고 오리 걸음으로 나와라. 그래서 나가는데 한 여성 분이 덜덜덜 떨면서 바로 제 앞에 앉았죠. 눈을 딱 떠보니까 사람 등에 구멍이 이만하게 있는 거야. 거기서 선지 피처럼 김이 모락모락 나고 피가 굳어가는 거야. 피비린내가 엄청 나서 저도 모르게 어깨를 꽉 잡았어요. 그랬더니 이제 (계엄군이) 여자 분 머리를 끄집고 갖은 욕설을 퍼부으면서, 죽여버리겠다 쌍욕을 하면서 끌고 가더라고. 그리고 우리는 이제 그 자리에서 얼굴을 시멘트 바닥에 대고 군화발로 얼굴을 짓이겨가지고 피를 줄줄줄 이렇게 흘렸죠. / 이덕준

80년 5월 27일 새벽 광주YWCA에서 싸우다가 생포돼 끌려 가던 시민군들.
천주교광주대교구정의평화위원회 광주민중항쟁 기록사진집.

통로에는 친구 김향득이 잡혀 있었고 2층에서 군인들이 내려왔다. 키가 좀 작은 공수부대원이 대검으로 가슴을 찔렀다. '니 OO파가? 그러면 살려준다'. 1센티 정도 깊이 칼끝이 들어오자 가슴에서 조금 피가 났다. 골목으로 끌려나온 시민군을 밟고 다니며 장교가 무전을 날렸다. '상황 종료!' 그날 YWCA를 공격했던 부대는 11공수여단 61연대 4대대 4중대였다. YWCA에서만 3명이 사살되고 28명이 체포됐다. '실탄 소지자'로 분류된 이덕준은 다른 시민군과 함께 굴비처럼 엮여 끌려갔다.

그때 그는 나주 노안슈퍼 주인이 주었던 점퍼를 입고 있었다. 계엄군의 버스에 오르면서 '이제 죽는구나' 하는 생각만 들었다. 38일 만에 상무대 영창에서 나왔다. 풀려나자마자 그는 버스를 타고 도청 앞을 찾았다.

마지막에 잡혔던 YWCA 앞으로 갔죠. 근데 제가 생각했던 것보다 훨씬 심한 총탄 자국…… 다시 서보니까 처참하더라고요. 그 유리마다 전부 총알이 박혀 있고, 이렇게 그때 우리가 그랬었나. 정말 꿈꾸고 온 것 같은 이런 느낌들이었죠. / 이덕준

1980년 5월 27일 그날 이후, 이덕준에게는 모든 것이 5·18과 5·18이 아닌 것으로 나뉘었다. 빗발치는 총탄 속에서 살고 죽는 것은 종이 한 장 차이였지만 살아남았고, 마지막까지 싸웠다는 자부심이 더 컸던 이들에게는 이제 살아가는 기준이 그 명예에 걸맞는 것이어야 했기 때문이다.[85] 이덕준은 1980년 7월 석방되어 8월에 학교로 돌아갔다. 하지만 10월에 또다시 무기정학 처분을 받았다. 대동고 독서회 회원이 아니었는데도 배후조종자로 몰렸다. 505보안대 요원들은 검은 승용차를 학교 앞에 대고 그를 불렀다.

사무실로 데려가 우유 한 잔을 건네준 뒤 '어떻게 지내?'라고 묻곤 했어요. 지켜보고 있으니 조심하라는 의미였지요. / 이덕준

---

85) 여기서부터는 2020년 3월 12일 자 한겨레신문 기사 〈오월 그날 그 사람들- 5·18항쟁 17살 고교생 시민군 이덕준〉의 내용이 인용되었다.

거의 날마다 술로 살았다. 무기정학이 풀리지 않아 졸업식에도 가지 못했다. 1981년, 대학에 입학해선 학생운동을 했다. 전남대 탈춤반에 들어가 마당극을 연출하다가 두 차례 구류를 살았다. 1982년 10월엔 유인물을 배포하다가 수배됐지만 구속을 피했다. 하지만 3학년 때 강제징집돼 군대로 끌려갔다.

1983년 여름방학 때 집에서 강제로 끌려가 전방에서 군 생활을 할 당시 이덕준 (왼쪽).

후배 입영 전야 파티에 갔다가 술에 취해 집에 들어가 자고 있었는데 형사들이 들이닥쳤어요. 징집 서류엔 문교부·내무부·국방부장관의 도장이 찍혀 있더라구요. 어머니가 보고 계시는 앞에서 그대로 군대로 잡혀가 인근 31사단에서 바로 머리가 깎였지요. / 이덕준

이른바, 데모하던 대학생인 그는 전방으로 배치됐다. 5사단 GOP에서 군 생활을 하면서도 가끔 보안대에 끌려가 정신교육을 받았다. 강제징집된 운동권 대학생 6명이 의문의 죽음을 당하기도 했던 시절이었다. 군장 구보를 열심히 해 남들은 8개월 만에 나오는 첫 휴가를 1년여 만에 받았다. 복귀하는 날, 일어판 금서를 몰래 갖고 들어가 막사 부근 땅 밑에 파묻었다. 그리고 일어 사전을 찾아가며 경제·철학 공부를 했다. 그리고 1986년 2월 제대한 이덕준은 학교로 복학하지 않고 노동현장을 선택했다. 친한 동기들이 전두환 군사독재정권에 저항하다 감옥에 가거나 노동현장에 투신하던 때였다.

1987년 7월 노동자대투쟁 때 광주의 한 사업장에서 노조 결성을 주도했던 이덕준.

노동자의 첫 시작은 용접공이었다. 1987년 6월항쟁 땐 한 달 동안 밤새 거리시위를 하다가 아침에 공장으로 출근하곤 했다. 6.29 선언 이후 7,8월 노동자대투쟁이 시작되었다. 이덕준은 기아자동차가 하청을 주는 하남의 영세한 부품업체에서 50여 명이 참여하는 노동조합 결성을 주도했다. 그리고 노조위원장이었던 그는 1989년에 해고됐다. 노동위원회에서 복직 판결을 얻어냈지만, 회사의 거부로 돌아갈 수 없었다.

전국노동조합협의회[86] 이후 노동조합에 대한 탄압이 심해지면서 좀 더 쉽게 노동자들이 모일 수 있는 공간이 필요해지자 다양한 형태의 노동자단체들이 생겨났다. 이덕준은 광주청년노동자회를 만들었고 한국노동운동단체협의회 호남권조직위원장을 맡아 일하며 현장을 지켰다. '영호남노동자 통일등반대회'나 '광주지역 노동자 통일사업단'을 조직하기도 했다. 그러면서 민주주의민족통일광주전남연합의 지역위원장으로 활동하기도 했다. 2000년에는 한국전쟁 당시 미군의 학살만행에 대한 진상을 규명하기 위해 남과 북, 해외동포가 함께 전민족특별조사위원회(약칭 전민특위)를 구성하였다. 이덕준은 그해 5월 베이징에서 열린 남북해외실무자회담에 남측대표로 참석하였고, 귀국 후 국가보안법 위반 혐의로 구속되었다.

---

86) 1990년 1월 22일 결성된 노동조합들의 전국 단일조직. 1987년 이후 급속히 성장·발전한 노동운동의 전국적 구심역할을 목표로 조직되었다.

2000년 남북해외실무자회담에 남측대표로 참가한 이덕준.

옥살이를 하던 어느 날이었다. 운동 시간에 2층 감시탑의 간수가 "선생님 여기 좀 올라오세요" 하며 불렀다, 웬일인가 하고 올라가 보니 간수의 눈에 눈물이 그렁그렁했다. 그가 가리키는 TV 화면에서는 김대중 대통령과 김정일 위원장이 포옹을 하고 있었다. 간수는 "선생님 같은 분들이 있으니 이런 날이 오네요" 라고 말했다. 2000년 6월 15일이었다. 덕분에 이덕준은 국가보안법 역사에 유례없다는 집행유예 2년형을 받고 석방되었다.

그가 광주를 떠난 것은 석방되던 해 9월 무렵이었다. 경기도 부천의 거화산업에 용접공으로 취업했다. 그런데 철탑 자재를 아연으로 도금하는 공장에서 일하다 용광로에 떨어질 뻔했다. 허리를 크게 다쳐 2년 동안 병원 신세를 져야 했다. 퇴원 후에는 생계를 꾸리기 위해 서울에서 6개월 택시운전을 하기도 했고 동네 선배의 고물상에 나가 고물을 분류하거나 철거작업을 따라가기도 했다. 그러던 중 그에게 뜻밖의 제안이 들어왔다. 2004년 17대 총선에서 국회에 진출한 민주노동당 보좌관으로 일하자는 것이었다.

5년 동안 현애자, 곽정숙 의원과 보건복지위원회 정무, 정책 일을 하면서 동료들과 저상버스 도입, 중증암질환 건강보험 적용 등 진보적인 법안을 만드는 데 힘

1990년 결혼한 아내 이혜원은 가장 든든한 동지.

을 보탰습니다. 유시민씨가 보건복지부 장관 시절이라 도움도 많이 받았죠. 활동가라면 꼭 권하고 싶은 좋은 경험을 많이 할 수 있었지만 정치 활동은 제 옷이 아니었어요. / 이덕준

이런 그의 가장 든든한 동지는 언제나 아내였다. 노동운동을 하던 시절 광주 대하전자 노조위원장이었던 아내 이혜원(55)씨를 만나 1990년 결혼했다. 아내는 부천에서도 갑을플라스틱 공장에 입사해 노조위원장을 지내던 중 해고됐다. 뛰어난 현장 활동가였던 아내는 진보정당에 투신해 정의당 경기도의회 의원(비례대표)으로 일하고 있다. 아들(29·이견우)은 중2 때 노래에 빠지더니 세종대 대학원 실용음악과를 다니며 무명가수로 살고 있다.

가난을 달고 살아 잘해준 것도 없는데 잘 커줘서 고맙지요. 끝까지 한길로 가는 것은 저와 비슷한 것 같아요. / 이덕준

현장을 고민하던 이덕준은 2012년, 경기도 부천으로 돌아와 거리 환경미화원이 되었다. 18대 1, 그동안 치른 시험에서 가장 높은 경쟁률이었지만 다행히 체력장을 통과했고 6년 동안 부천시 관내 거리의 쓰레기와 낙엽을 쓸었다. 지금은 소사국민체육센터에서 강당 관리를 하는 노동자로 일하고 있다.

저는 제 삶에 변곡점이 있을 때마다 '현장으로 가자. 그게 바른길이다'라고 생각하고 살아왔어요. / 이덕준

이덕준은 2017년 촛불혁명 때 광화문 거리에 앉아 있었다. 자꾸 '오월 광주' 생각이 나 혼자 눈물을 훔쳤다.

그에게 5월항쟁 기간에 희생된 친구 전영진은 언제나 삶을 돌아보게 하는 거울이다. 5·18 희생자들이 묻힌 망월동 구묘역에 갈 때마다 그는 친구에게 담

40년 만에 만난 박석무 선생님과 함께.

배 한 대를 건네며 다짐하곤 했다. "영진아, 나 여기까지 와 있어. 어디로 도망가지 않고 내가 그래도 여기까지 와 있어." 1997년 망월동 구묘역에서 국립5·18민주묘지로 이장하던 날, 처음으로 친구의 주검을 대면했다. "총을 맞고 얼굴이 날아가 정말 반쪽이 없더라구요. 주검을 보며 엄청 울었어요." 하지만 그는 요즈음 친구의 묘지 앞에 서도 많이 편해졌다. "영진아, 이젠 묘지에 유치원 아이들이 와서 뛰어놀고 그런다. 우리 여기까지 왔어."라고 말한다.

요즘 그에게 현장은 다시 '5월'이다. 40년 동안 5·18단체보다 현장을 택했던 그에겐 이례적인 일이다. 그는 5·18 진상규명을 촉구하는 국회 앞 농성 소식을 전하는 사진을 보다가 5·18 때 감방에서 함께 지냈던 동신고 출신 경창수를 발견했다. 이덕준은 이 만남을 계기로 지난해 10월부터 고교생 시민군 친구들과 '5·18민중항쟁 고등학생동지회'를 준비하고 있다. 앞으로 어떤 운명이 또 기다리고 있을 것인지 알 수 없지만, 이덕준은 1980년 5월 시민군이라는 이름으로 총을 들었던 그 어리고 무거운 어깨의 명예를 지키고 싶다.

투사회보팀 막둥이의 오월

김향득 / 당시 대동고등학교 3학년

2016년, 전 국민이 '박근혜 대통령 퇴진'을 외치며 촛불을 들었다. 모두 23차례에 걸쳐 1,600만 명이 참여했던 촛불항쟁은 사상 처음으로 대통령 탄핵을 이끌어냈다. 광주 5·18민주광장과 금남로에서 열린 '박근혜 퇴진 광주 10만 시국촛불대회'에서는 1980년 5월 시민들이 모여 시국을 논의했던 '민족민주화대성회[87]'가 부활해 36년 만에 횃불시위가 재현되기도 했다. 당시 횃불시위 모습을 담은 사진 한 컷이 2022년 베니스 비엔날레 광주특별전[88]에 걸렸다. 이 작품을 촬영한 사람은 5·18 당시 고등학생 시민군으로 활동한 김향득이다.

카메라를 들고 5·18민주화운동의 흔적을 기록하고 있는 그는 언제부턴가 '오월의 사진가'로 불리고 있고 있다.

뜻하지 않게 사진을 하게 되면서 자꾸 당시 같은 또래였던 오월 영령들이 생각나는 거예요. 왜 다들 억울하게 죽었는지, 왜 한 번 제대로 피어보지도 못하고

---

[87] 전남대의 가두시위를 시작으로 광주·전남 지역 대학생들은 5월 14일부터 16일에 걸쳐 전남도청 앞에서 '민족민주화대성회'를 열었다. 수많은 광주 시민과 함께 고등학생들도 이 집회에 참여했다. (5·18기념재단, 『너와 나의 5·18』, 오월의 봄, 2019, 46쪽)

[88] 광주비엔날레재단은 2020년 5·18 40돌을 맞아 열었던 5·18특별전 '꽃 핀 쪽으로'를 이탈리아 베니스 스파지오 베를렌디스 전시장으로 옮겨 '앙코르전'을 열었다. 5·18특별전은 4월 20일부터 11월 27일까지 약 7개월간 이어졌다.

2016년 11월19일 광주광역시 5·18민주광장에서 열린 '박근혜 탄핵 촛불집회.'

죽어야 했는지…… 그런 부채 의식이 남아서 15년 넘게 사진을 찍었죠. 그러다 현장에 '혹시 여기가 누가 돌아가신 자리는 아닐란가' 이런 생각이 들어서 카메라를 들기도 했어요/ 김향득

 이제는 총 대신 카메라를 들고 기억과의 투쟁을 벌이고 있는 사진작가 김향득은 1980년 대동고등학교 3학년이었다. 전남 장성군에서 3남 1녀 중 둘째로 태어난 김향득의 가족은 그가 초등학교 3학년 때 모두 광주로 이사했다. 공무원을 그만 두고 광주로 올라온 아버지는 출판업을 하면서, 대인시장 골목에 있었던 동양학원에서 한문을 가르치기도 했다. 광주 진흥중학교를 거쳐, 대동고등학교에 진학한 김향득은 중학교 때부터 사회문제에 관심을 갖고, 폭넓게 책 읽기를 하던 학생이었다. 그의 책가방에는 교과서 대신 소설책이나 사회과학 서적들이 들어 있었다.

옛 전남도청을 촬영하고 있는 사진작가 김향득.

1학년 때는 'Hi-Y'라는 서클을 했어요. 봉사단체인데 YMCA 고등부라고 생각하면 돼요. YWCA에는 'Y-Teen'이라는 단체가 있었는데 거기랑 문화 교류를 많이 했죠. 미팅도 하고. 그리고 2학년 때는 제가 'Hi-Y' 광주·전남연맹 회계를 맡았어요. 그러면서 여러 가지 일들을 많이 했죠. / 김향득

김향득이 고등학교 2학년이었던 1979년, YWCA 양서조합[89]에서는 당시 대동고 교사였던 박석무 선생이 다산 정약용의 편지글들을 편집하여 번역한 책『유배지에서 보낸 편지』출판기념회가 열렸다. 그곳에 참석하기도 했던 김향득은 이후 양서조합에 드나들며 당시 금서였던 김지하의『오적』과 같은 책들을 접하게 됐다. 그러면서 본격적으로 사회문제에 눈을 뜨기 시작했다. 그 무렵, 대동고등학교에서는 보충수업과 보

---

[89] 1978년 책을 매개로 전국에 설립된 협동조합으로 책을 읽고 토론·교육을 통해 민주의식을 높이자는 취지에서 만들어졌다. 1978년 11월에 설립된 광주 양서조합은 YWCA 2층에 있었다.

충수업비 폐지 등을 주장하는 학생들의 학내 민주화 요구가 뜨거워지고 있었다.

83년 철거되기 전까지 시민들의 '사랑방' 구실을 했던 동구 대의동 옛 광주YWCA 회관 모습. / 광주YWCA 제공

왜 우리가 보충수업비를 내고 보충수업을 받아야 되냐. 학비를 이미 냈고, 같은 선생님들이 보충수업을 또 하는데 또 비용을 지불해야 되니까 이중 비용이다 이거죠. 그러면서 이게 나중에는 두발 자유화, 교련 철폐 이렇게 점점 확대가 됐어요. 그 당시 문과반을 가르치던 선생님들 영향을 많이 받았죠, 박행삼 선생님 같은 경우는 정치 경제나 사회문화를 가르쳤기 때문에 해외 독재국가의 말로 사례를 수업시간에 이야기해 주시고, 박석무 선생님은 영어 시간에 그것을 영작으로 우리한테 가르쳤어요. 너네들은 반드시 올바르게 살아야 된다. 비양심적으로 살다가는 결국은 너희들도 이런 독재자와 같은 말로가 생긴다 이런 말씀을 주로 많이 하셨어요. / 김향득

1979년 10월 26일, 6교시가 끝난 후 대동고등학교 문과 학생들을 중심으로 운동장에 나가 보충수업비 폐지, 교련 철폐, 두발 자유화 등을 요구하는 학내시위를 벌였다. 그러자 광주서부경찰서에서 출동해 학생 몇 명을 끌고 갔다. 그런데 공교롭게도 그날 저녁 7시 무렵 박정희 대통령이 측근의 총에 맞아 사망하면서 비상시국이 되자 잡혀갔던 대동고 학생들은 별다른 조치 없이 풀려났다. 하지만 학교에서는 이 학생들을 무기정학 처분했다. 2학년 겨울방학이 되자, 김향득은 교내 독서회를 주도적으로 조직했다. 그리고 3학년이 된 1980년부터 회장인 김용필과 함께 부회장을 맡아 독서회를 이끌었다.

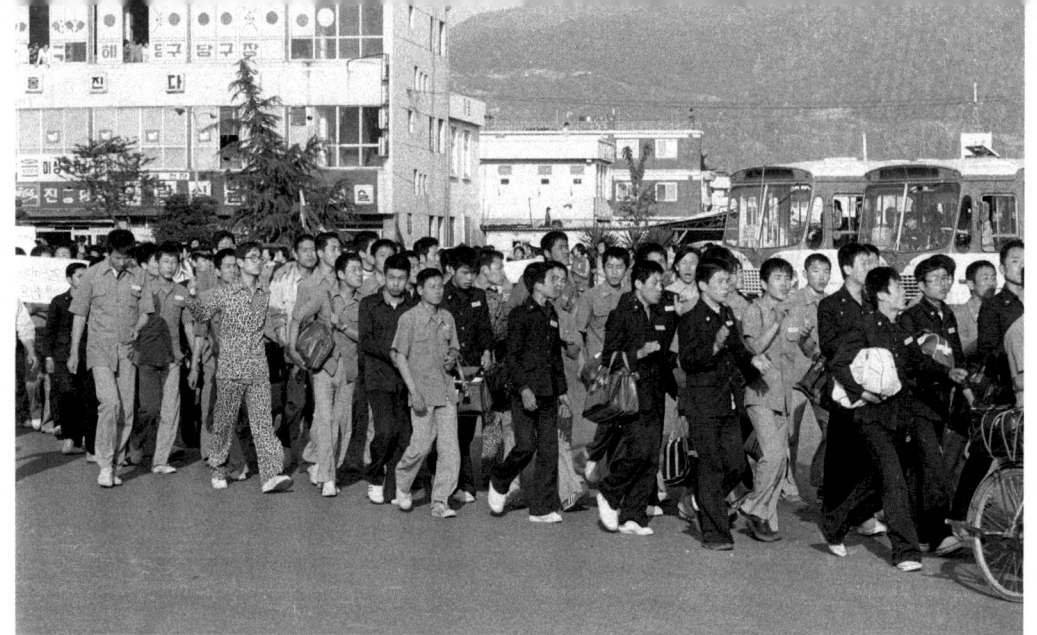
5월 14일~16일까지 열린 민족민주화대성회에 참여한 고등학생들이 시위대와 함께 행진을 하고 있다. / 5·18기념재단

학내 서클 자유화가 되면서 여기저기서 서클 등록을 했는데 우리가 조직한 독서회가 제일 학생 수가 많았어요. 회원 수를 200명에서 많게는 500명 사이로 잡는데 1,2학년들 중심으로 해서 반장, 부반장은 무조건 다 들어오고 그랬어요. 내가 백기완 소설 『자주고름 입에 물고 옥색치마 휘날리며』라든가, 『노동일기』 같은 책들을 양서협동조합에서 꾸준히 보급을 했어요. / 김향득

1980년, 민주화의 봄[90]이 시작되고 대동고등학교에서도 학내 민주화 요구가 이어졌다. 4월 들어, 학생회장 선출 시기가 되자 학생들은 직선제를 요구했다. 하지만 학교측은 이 요구를 받아들이지 않았고, 결국 학생회장 선거는 반장, 부반장들로 이뤄진 투표인단의 간접 선거로 이뤄졌다. 독서회 회장인 김용필이 출마했지만 당시 3학년 선거인단의 지지를 얻지 못해 탈락하고 말았다.

그 무렵 전국적으로 거리에서는 대학생들의 시위가 한창이었고, 광주에서도 5월 14일부터 5월 16일까지 금남로 일대와 전남도청 앞에서 대규모 민주화 시위가 열렸다. 3학년이 된 김향득은 대동고등학교 독서회원들을 이끌고 이 시위에 참여하기도 했다.

---

[90] 1979년 10·26사태로 인한 박정희의 사망으로 유신독재가 막을 내리면서 학원 자율화와 민주화를 외치는 시위가 봇물처럼 터져나왔다. 이 시기를 1968년 체코슬로바키아의 '프라하의 봄'에 비유하여 '서울의 봄' 또는 '민주화의 봄'이라 일컫는다.

독서회 회원들 동원해서 그 민주화대성회에 같이 참여했어요. 제가 동원한 숫자만 해도 한 50명 이상 됐어요. 백운동 로터리를 거쳐 까치고개를 넘어서 저기 도청까지 갔죠. 저처럼 조직을 동원해서 간 사람도 있고, 각자 참석한 친구들도 있었고…… / 김향득

1980년 5월 18일, 일요일이었던 그날 저녁 김향득은 부모님의 이야기를 통해 뭔가 심상치 않은 일이 벌어졌음을 알게 됐다. "전남대에서 큰 시위가 벌어졌는데, (공수부대가) 좌우간 사람들 때려 죽인다더라" 하시며 김향득을 비롯한 자녀들에게 조심하라며 단속을 하셨다. 다음 날은 월요일이었지만 그의 부모님은 등교하려는 김향득을 가로막았다. 당시 정보기관에 있던 한 친척이 고등학생 시위 주동자들까지 모두 파악이 됐다며, 검거령이 내려질지도 모른다고 연락을 해왔기 때문이다. 부모님은 서둘러 김향득을 장성 백양사로 데려가 피신시켰다.

그날, 등교를 한 대동고 학생들은 어제 광주 시내에서 벌어진 계엄군의 만행에 분노하며 운동장에 모였다. 학생들이 시내로 진출하려 하자 박행삼, 윤광장 등 교사 몇 명이 학생들을 저지했다. 유일한 출입구였던 교문 앞에서 '지금 나가면 죽는다'고 호소하며 온 몸으로 막아섰다. 대동고등학교 정문은 이미 전투경찰에 의해 봉쇄된 상태였다. 선생님들의 눈물 어린 호소에 학생들은 발길을 돌렸다.

절집에 몸을 숨기고 있던 김향득은 광주 소식이 너무 궁금한 나머지 5월 21일 조용히 백양사를 나와 광주로 향했다. 버스가 끊겨 무작정 걸어서 광주로 오는 도중에 대학생으로 보이는 시민들을 만났다. 21일 밤에야 집에 도착한 김향득은 계엄군이 광주 시내에서 퇴각한 다음 날인 5월 22일부터, 자주 다니던 YWCA 양서조합과 녹두서점[91]에 들르기 시작했다.

---

[91] 1977년 광주 계림동에 문을 연 서점. 사회 변화 의식이 담긴 서적류를 판매하는 곳으로 당시 활동가들의 거점이었다. 5·18민주화운동 당시 광주에 뿌려진 현수막과 유인물의 상당수가 이곳에서 만들어졌다.

금남로에 대자보를 붙이는 고등학생과 읽고 있는 광주 시민들. / 5·18기념재단

    이제 막 YWCA에 가서 보니까 피켓을 막 쓰고 계시고 대자보를 막 쓰고 계셔. 그냥 심부름이나 했었는데, 군대 갔다 막 제대한 김상집 선배라고 있어요. 머리 짧디 짧고 그랬는데 "아야, 이리 와 봐. 투사회보[92] 좀 뿌릴래?" 사실 투사회본지도 몰랐어요. "얼른 가서 너 붙이고 싶은 대로 붙여라" 그런께 장소가 정해진 것도 아니고 붙이고 싶은 대로 붙이고 그랬죠. 대자보도 내가 쓴 것은 아니고 그냥 다 써진 것이 있으면 전일빌딩 옆 건물이 대한항공이 있었어요. 대한항공 거기에다가도 붙이고 그 다음에 (도청) 민원실 있잖아요. 거기에다가도 붙이고 막 그랬어요. 내가 무슨 힘이 있는것도 아니고 그냥 이런 거는 누구나 할 수 있으니까 내가 좀 손을 거들어야 되겠다 한 것이 투사회보가 나오면서 돌리고 붙이고 또 외곽에 있는 광천동이라든지 백운동이라든지 이런 지역들만 골라서 또 갔어요. / 김향득

---

[92] 5.18 민주화운동 당시 언론은 완전히 광주의 진실을 외면했다. 이런 상황에서 윤상원의 지도로 들불야학 학생과 교사들이 참여하여 만든 유인물이다. 계엄군의 동향, 시위와 집회 전개 과정, 시민들의 정보 수집, 행동강령 알림 등을 넣은 투사회보는 3대의 등사기를 통해 밤새도록 하루 5-6천장씩 만들어졌고, 5월 21일 첫 1호를 배포한 이래 25일까지 8호까지 제작·배포됐다.

투사회보를 배포할 때면 시민들의 반응은 뜨거웠다. 계엄군의 통제 하에 기성 언론이 모두 침묵하고 있는 상황에서 투사회보는 진실을 알려주는 유일한 시민 언론이나 다름없었다. 그렇기에 김향득이 투사회보를 들고 가면 시민들이 다가와 2,30장씩 가져다가 알아서 배포를 해 줄 정도였다. 수고한다며 음료수 같은 것을 주기도 하고 허기질 테니 먹으라며 주먹밥을 주기도 했다.

그러다보니까 아 이게 바로 티비 역할을, 신문의 역할을 하는구나 해서 나름대로 자부심과 긍지를 느꼈죠. 투사회보가 시민들한테 소식을 알려줌으로써 많은 사람들이 알고 그러니까 진짜 중요한 역할을 했었고 투사회보를 적게 발행하면 시민들이 우리한테 물어봐요 투사회보 다음호 언제 나오냐. 그러니까 이제 빠른 소식을 접하기 위해서 시민들이 투사회보를 진짜 기다렸던 것 같아요. 유일한 소식지였고 각종 유언비어가 흉흉하지만 그나마 제대로 알 수 있었던 건 투사회보였어요. / 김향득 김향득은 그렇게 매일 YWCA와 녹두서점을 오가며 투사회보 배포를 비롯해 이런 저런 심부름을 했다. 그러던 중 5월 25일 오전, YWCA 총무실에서 재야인사들과 청년 학생들이 모임을 가졌다. 김향득도 우연히 그 자리에 있게 됐다.

전부 마지막까지 총을 들어야 하네, 마네 그것이 회의 주제였어요. 그러면서 윤상원을 도청으로 보냈어요. 나는 그 사람이 윤상원인지를 (그때는) 몰랐어요. 나중에서야 알았죠. 끝까지 싸워야 돼, 항복해야 돼. 그걸 좌우간 고민을 많이 했던 거 같아요. / 김향득

이날 오후, 새로운 항쟁지도부를 구성하기로 한 청년 학생들은 30명 가량의 무장한 대학생들을 데리고 도청으로 들어갔다.[93] 다음 날인 5월 26일, 김향득은 투사회보 제작팀의 김상집을 따라 전남대학교 출판부를 찾아갔다.

26일 오전 9시부터 투사회보 인쇄를 하기로 했는데 백날 등사기로 밀어봤자 몇 장 안 나온다고 전남대 출판부로 가자고 해가지고 갔어요. 그래가지고 27일부터 거기 있는 마스터기로 (인쇄를) 돌려버리기로 하고 왔어요. / 김향득

하지만 그 계획은 이뤄지지 못했다. 그날 오후 5시쯤, 계엄군이 광주를 진압하기 위해 다시 들어온다는 소식이 항쟁 지도부와 시민들에게 전달됐다. 끝까지 광주를 지키겠다는 시민군들과 함께 김향득도 도청으로 들어가 칼빈총을 지급받고 간단한 총기 교육을 받았다. 실탄도 1클립 받았다. 난생 처음 총을 잡아본 그는 가슴이 떨리면서도 벅차 올랐다. 총기 교육을 받고 난 뒤, 김향득은 다시 YWCA로 가서 투사회보 등사를 도왔다. 그리고 YMCA에서 있었던 결의대회에 참석한 후 YWCA로 돌아왔다.

25일날 비가 엄청 왔는데 이제 집에다, 그때는 약간 전화가 됐어요. 집에다 전

---

93) 5·18기념재단, 『너와 나의 5·18』, 오월의 봄, 2019, 100쪽

화하니까 어머님이 울고 불고 난리야. "너 이제 죽는다. 거기 있으면 죽는다. 광주가 군인들에 의해서 다 장악된다고 이야기가 막 나오는데 너 거기 있으면 안 된다." 자꾸 그러는 거예요. 그래서 "엄마, 하루만 하루만 있다 갈게" 한 것이 25일 날 전화였는데 26일날 하룻밤 자버리고 27일날 새벽을 맞이한 거죠. / 김향득

 5월 26일, 애가 탄 김향득의 어머니는 아들을 데려가기 위해 도청과 YWCA를 찾아와 수소문을 했다. 하지만 하필 그때 김향득이 다른 곳에 가 있었던 터라 만나지 못하고 돌아가야 했다. 함께 있던 대학생 형들이 그 소식을 전해주며 집에 들어가라고 했지만 김향득은 어머니께 허락을 받았다며 거짓말을 하고 끝까지 남았다.

 웬지 나 혼자 가기가 쑥쓰러웠어요. 만약에 가면, 진짜로 군인들이 와서 진압을 하면 저 형들 다 끌려갈 것이고 죽을 것인데 내가 박석무 선생님이나 박행삼 선생님한테 들은 교육하고는 전혀 별개의 행동을 한다는 건 이건 있을 수도 없는 일이다. 이래서 이제 오늘 하루만 넘기고 그 다음에 집에 가야지 그런 생각만 했죠. / 김향득

 계엄군에 맞서 시민군이 최후의 항전을 결의한 그날 밤, 김향득은 YWCA 사옥 마당에 배치됐다. 새벽이 되자 도청 쪽에서 계속 총소리가 들려왔다. 탱크 같은 것이 점점 가깝게 다가오는 소리도 들렸다. 그런데 날이 조금씩 밝아오는데도 YWCA에는 계엄군이 들어오지 않았다. 그러더니 선무 방송 소리가 들려

80년 5월 27일 아침, 계엄군에 의해 진압된 광주 YWCA / 5·18기념재단

왔다. "너희들은 포위됐다. 무기를 버리고 투항하라. 도청은 이미 점령됐다. 투항하지 않으면 전원 사살한다." 이런 방송이 계속 반복됐다. 그러면서 군용 헬기가 건물 위를 선회했다. 마당에 있던 김향득과 일행 2명은 급히 건물 안으로 피신했다. 그러자 엄청난 폭음과 함께 계엄군의 총격이 시작됐다. 시민군이 들고 있던 낡은 칼빈총으로는 교전조차 엄두를 내기 힘든 엄청난 화력이었다. 안 되겠다 싶은 마음에 김향득은 2층으로 올라갔다.

항복해라 항복해라 하는데 도대체 어떻게 우리가 항복을 한 건지 어쩐지 기억이 안 나요. 다만 기억이 나는 건 YWCA 2층 사무관사실하고 3층에 의상실인가 있었는데, 그 의상실 쪽으로 이렇게 보면 동부(경찰)서가 보여요. 거기를 이렇게 고개 한 번 딱 내다봤더니 철모에 흰 띠 두르고 한 사람들이 딱 봤는데 저하고 눈이 마주쳐버렸어요 그 계엄군하고. 그래가지고 계엄군이 집중 난사를 했는데 하필 이 시멘트 파편 조각 있죠. 그것이 내 머리를 타격해갖고 머리가 이렇게 돼버렸어요. 그리고 나서 이제 계엄사에 질질 끌려가다가 개머리판으로 맞아버렸거든요. 그래가지고 이연 선배가 그날 빨간 잠바를 입고 계셨는데 나한테 등을 대라 그러면 너 여기 상처가 피가 덜 나지 않겠냐 하면서 기대게 해줬어요. 지금 얼굴 보면 이쪽은 괜찮고 이쪽은 달라요. 개머리판으로 맞은 자국. 질질 끌려갔거든요. 근데 그것 때문에 또 이연 선배가 나중에 엄청 고초를 당했어요. 왜냐면 피가 범벅이고, 나도 피범벅이고 하니까 전투에서 너네들이 총 쏴서 그런 거 아니냐. 계속 그런 쪽으로 몰아간 거죠. / 김향득

YWCA에서 마지막까지 버티다가 붙잡히게 된 김향득은 다른 시민군들과 함께 포승줄에 묶여 당시 전일오락실 부근의 골목으로 끌려갔다. 골목에 들어서자마자 계엄군은 마구잡이로 짓밟고 두들겨 팼다. 그러더니 잠시 후 몸 수색을 하기 시작했다. 주머니에서 조금이라도 무기가 될 만한 것이 나온 사람은 초주검이 되도록 때렸다. 더구나 실탄이나 탄피가 발견된 사람 등에는 '총기 소지자' '극렬 폭도'라고 쓴 후 인정사정 봐주지 않고 더욱 극악무도한 폭력을 휘둘렀다. 김향득의 몸에서는 아무것도 나오지 않았지만 한 군인이 대검을 빼들고 목에 들이대며 위협하기도 했다. 한참을 맞

고 난 뒤, 굴비처럼 엮인 채 상무관 근처로 끌려갔다. 대기하고 있던 군용 버스가 시민군들을 태우고 어디론가 출발했다. 그렇게 도착한 곳은 상무대 전투병과 교육사령부 헌병대였다.

버스가 멈추기 무섭게 문이 열리더니 어떤 군인이 "야, 이 새끼들아! 빨리 빨리 내려" 하고 고함을 치는 거예요. 그러니까 겁에 질려서 우리가 서로 포승술로 묶여 있다는 걸 잊어버리고 놀라서 서로 뒤엉켜 버렸어요. 경황 중에 내가 발을 헛디뎌 가지고 넘어졌죠. 그래서 대열을 따라서 바닥에 누운 채로 질질 끌려갔어요. 그러니까 어떤 군인이 다짜고짜 군홧발로 걷어차는 거예요. 개머리판하고 군홧발로 얼굴, 가슴 안 가리고 사정없이 짓이겨버렸어요. 그때 이빨 세 대가 나가버렸죠. / 김향득

그렇게 끌려간 상무대에서의 생활은 산지옥이나 다름없었다. 김향득이 있었던 영창은 5소대로 불렸는데 도청 주변에서 잡힌 사람들이 대부분이었다. 이가 빠질 정도로 다쳤지만 제대로 된 치료조차 받지 못한 채 진통제 몇 알을 받아서 먹은 것이 전부였다.

들어갔는데 이덕준도 (대동고) 같은 학년이고, 또 지금 작고했지만 (대동고) 후배 유석이도 들어와 있고, 이거 깝깝시럽더라고요. 빨갱이 새끼라고 하면서 볼펜 이런 거를 손가락 사이에 끼워가지고 손을 짓이겨 버리고 그랬는데, 그러믄 손이 퉁퉁 부어. 살려달라고 울며 불며 빌었제. 거기선 어떤 힘 좋은 장사도 못 버텨. 헌병들한테 맞는 것이 제일 아팠어요. 화장실 갈 때도 "단결! 누구 누구 외 몇 명 화장실 용무 있어서 왔습니다" 하면 그 소리가 복창이 커야 돼. 군대식으로 커야되는데 안 크면은 철창 밖으로 손을 내밀라고 해 가지고 곤봉으로 다섯 대씩 맞아버리면 진짜 아닌 게 아니라 거의 앞이 안 보여버려요. 앞이 안 보여. 그런데 그 다음 번에는 또 다시 하라고 하면은 다시 하잖아요 그럼 또 보내줘. 그러니까 그 사람들이 의도적으로 매 때리는 것이 기본이에요 기본. / 김향득

조사를 받기 위해 들어간 방에는 김대중을 필두로 대동고등학교 교사들과 학생들이 그려진 조직도가 붙어 있었다. 그러면서 박석무, 박행삼, 윤광장 등의 교사들이 어떤 사람인지, 무엇을 가르쳤는지 등을 캐묻기도 했다. 아마도 광주 대동고등학교와 관련된 조직 사건이나 간첩단 사건을 꾸미고 있었던 듯했다.

동글바기(동그라미) 딱 그려놓고 독서회 멤버들 몇 명 조직도 비슷하니 지기들이 그려놨더라고. 근데 이제 박석무 선생님께서 그 해에 잡힌 게 아니라 그 다음 해에 잡혔던가 그래가지고 결국은 이것이 유야무야됐는데 제일 견디기가 힘든 것이, 이상하게 초저녁에 이렇게 조사받으면 괜찮은데 꼭 밤 12시 이쪽 언저리, 11시 반이나 새벽 3시 정도에 조사를 해요. 그런다 해서 뭐 조서를 막 심하게 꾸미거나 그러지도 않아. 한 대씩 툭툭 때리고 말 몇 마디 물어보고 또 자기들끼리 킥킥거리면서 우리한테는 "야! 너 꼴아박어" 해가지고 그냥 이렇게 하고 있는 거예요 그냥. / 김향득

수사관 3명이 한 조가 되어 조사를 했다. 돌아가면서 질문을 하고 대답이 자신들의 입맛에 맞지 않으면 웃으면서 때리는 수사관들을 보며 김향득은 2차 세계대전 당시 독일군에 의해 유대인 대학살이 이뤄졌던 아우슈비츠 수용소를 떠올릴 정도였다. 정신없이 맞다가 조사관들이 써놓은 서류에 무슨 내용인지도 모른 채 지장을 찍어야 했다. 상무대 영창에서의 생활은 그야말로 처참했다. 식사도 형편없었다. 시디신 김치 한 가닥에 짜디짠 국물에 눈꼽 만큼 주는 밥은 한창 나이의 청년들에게 턱없이 부족한 것이었다. 그런 상황에서 학생들이 얼마나 배가 고프겠냐며 자신의 밥을 덜어주는 이들도 있었다.

7월 3일 날 석방이 됐는데, 저는 등급이 꽤 높았어요. 그런데 B급에서 C급으로 조정이 됐던 이유가 제가 몸이 너무 약해져버렸어. 상처투성이에다가 몸무게가 너무 줄어들어버려가지고, 석방돼서 병원 가서 검사해보니까 폐결핵 3기, 간 수치 뭐 별놈의 것이 다 나온 거예요. / 김향득

건강이 악화돼 조기 석방이 결정된 김향득은 1980년 7월 1일, 상무대 영창에서 교회로 옮겨져 이른바 순화교육을 받았다. 그동안 있었던 일에 대해서는 발설하지 말고 공부나 열심히 하라며 각서를 쓰게 했다. 그 후 동명동에 있던 과학관으로 옮겨졌다. 당시 교육감이 찾아와 신발 한 켤레씩을 주며 다시 각서를 쓰게 했다. 다시는 절대 이런 일이 없도록 하겠다는 내용이었다. 그리고 나서야 부모님과 함께 집으로 돌아올 수 있었다. 3학년 2학기를 다니는 동안 김향득은 감시 속에서 학교 생활을 보냈다. 1980년 12월에는 졸업을 앞두고 독서회원들끼리 모여서 메밀을 먹은 것이 화근이 돼 징계를 받기도 했다. 메밀집에서 독서회 재건을 모의했다는 이유로 3학년인 김향득과 이덕준은 무기정학, 2학년 후배 몇 명은 퇴학, 1학년 후배 몇 명은 졸업식날까지 유기정학 처분을 받은 것이다. 쾌활한 성격이었던 그는 점점 말수를 잃어갔다. 친구들은 물론이고 부모님과 형제들에게도 5·18에 대해서는 입을 다물었다. 하지만 고등학교를 졸업한 후에도 대동고등학교 독서회 주동자이자 5·18 시민군이었다는 꼬리표는 그를 따라다녔다.

81년도에 '전두환 찢어죽이자' 그런 내용으로 유인물을 만들어가지고 배포하고 붙이고 다닌 일이 있었는데 이거를 형사들이 계속해서 추적을 했는데 누가 한 지를 모르는 거예요. 왜 그러냐면 새벽에 가서 붙이고 다니고 와버리고 하니까. 그런데 그것이 빌미가 되어가지고 내가 잡혀갔어요. 그러니까 서부(경찰)서 강모 형사가 박수 치고 난리가 났어요. 그래가지고 계속 뚜드러 패고 고춧가루 물 타갖고 막 얼굴에다 붓어버리고 그냥 난리가 났었는데 그때 5·18 1주년 그 기간에 구속시키면 안 된다고 자꾸 위에서 '선처해줘라 해줘라' 해서 결국은 기소유예 판결로 그냥 훈방조치가 돼버린 거예요. / 김향득

그 이후에도 무슨 사건이 생기면 서부경찰서 담당 형사는 무작정 김향득의 집에 찾아와 물건들을 뒤지고, 그를 3~4일씩 집에 감금시키곤 했다. 서영전문대학에 입학했으나 적응을 못해 방황하던 그는 광주대학교 신문방송학과에 다시 진학을 해 1989년에 졸업을 했다. 그 후, 부모님의 권유로 잠시 은행의 청원경찰로 근무를 하기도 했다. 고문 후유증으로 몸과 마음에 깊은 상흔을 안은 채 살아가던 그는 산을 오르기 시

2007년 당시 김향득이 촬영한 도청 모습.

작했다.

그러면서 우연히 사진을 접하게 됐다. 주말마다 등산을 하거나 문화유산답사를 다니면서 우리 들꽃이나 문화재를 카메라에 담았다. 그렇게 자신만의 방식으로 사진을 배우고 이해해 가던 무렵, 5·18민주화운동의 심장부라고 할 수 있는 전남도청이 이전되었다. 그때부터 김향득은 옛 전남도청의 모습을 사진으로 기록하기 시작했다.

가장 기억에 남는 도청 사진이 첫 컷이었는데, 2007년도 12월 30일에 눈이 엄청나게 내렸어요. 눈이 소복히 쌓이죠. 근데 그 도청을 찍었는데 '이게 마지막 앵글이다. 다시는 이 땅에 민주화가 오지 않는다' 그런 생각이 들어버린 거에요 이제. 그 사진 찍을 때가 하필 노무현 정권에서 이명박 정권으로 넘어가는 시기예요. 그래서 가슴이 너무 아파버린 거예요. 그 사진이 잘 나오기도 엄청 잘 나왔는데 너무 아픈 거예요. 그래서 '아, 이러면 안 되겠다' 그냥 계속 찍어야되겠다. / 김향득

2008년 미국산 쇠고기 수입을 반대하는 촛불집회 현장을 비롯해, 용산 참사, 4대강사업 반대 투쟁 등의 현장을 찾아다니며 카메라로 역사를 기록했다. 뿐만 아니라, 사라져가는 5·18민주화운동의 흔적을 지키기 위해 사적지를 찾아다니며 사진을 찍

었다. 그리고 그런 사진들로 여덟 번의 전시회를 열면서 그는 어느새 '5월 사진가'로 불리게 됐다.

도청 원형 복원 문제를 처음 제기했을 때만 해도 아무도 안 들어줬어. 그때는 단독 군장을 꾸려갖고 혼자 돌아다니면서 기록했제. 공간이 5·18을 기억한다는 걸 알았으면 해. / 김향득

지금도 병명조차 알 수 없는 고문 후유증에 시달리며 나날이 건강이 악화되어 가고 있지만 김향득은 카메라를 놓지 않는다. 그렇게 15년을 촬

2020년 12월 1일 5·18민주화운동 기록관 김향득 초대전 '불혹의 발자취' 오픈 행사에서.

영한 사진이 백만 컷이 넘는다. 김향득은 매년 1월 1일 망월동에서 오월 영령들과 민주열사들의 무덤을 참배하고 사진을 찍는 것으로 한 해를 시작한다. 스스로 마음을 다지고 5·18 정신을 잊지 않기 위해서다. 그래서 김향득의 카메라는 언제나 5월을 이야기하며, 약자의 편에 서 있을 것이다.

손을 관통한 계엄군의 총알

김재귀 / 당시 동일실업고등학교 2학년

해마다 봄이 되고, 5월이 다가오면 꿈 속에서 그는 어김없이 고등학생 시절로 되돌아가 버리고 만다. 교련복을 입은 까까머리 소년은 언제나 1980년 5월 광주의 시위 현장에 서 있다. 그러면 어느 순간 누군가 그를 잡기 위해 쫓아온다. 소년은 정신없이 도망치다 소스라치며 잠이 깨곤 한다. 이런 고통과 불면의 밤을 40년 넘게 감내하며 살아가고 있다. 어느덧 환갑을 바라보는 나이가 되었지만 김재귀의 5월은 이렇게 끝나지 않고 있다.

잘 극복한 사람들도 있다는데 저는 잘 안 돼요. 지금도 트라우마가 심해서 같이 자는 사람이 있으면 불을 끄고 자지만 혼자서는 밤에 불을 못 꺼요. 악몽에 시달려서..... / 김재귀

광주에서 나고 자란 김재귀의 아버지는 경찰이었다. 일찍 사별한 아버지는 홀로 남매를 키우다 김재귀의 어머니와 재혼을 하였다. 5남매 중 넷째인 김재귀의 어린 시절은 그다지 평탄하지 못했다. 하급 경찰이었던 아버지의 급여로는 일곱 식구의 생계를 꾸리기가 빠듯했다. 아버지가 경찰복을 벗고, 퇴직금으로 작은 사업을 시작했지만 그조차도 실패한 뒤로는 형편이 더욱 어려워졌다. 우산동으로, 월산동으로, 산수동으로 김재귀의 가족은 자주 이사를 다녀야 했다. 그러다보니 어린 시절 김재귀는 친구를 사귈 틈도 없었고, 학교 생활에도 잘 적응하지 못했다.

계엄군의 만행에 분노한 시민들이 버스를 타고 광주 시내를 돌며 시위를 하고 있다. / 5·18기념재단

농성초등학교를 졸업한 김재귀는 일반 중학교에 진학하지 않고 학산고등공민학교[94]에 입학하였다. 당시 고등공민학교는 중학교를 다닐 시기를 놓친 사람들을 위한 곳이었다. 하지만 공부에 흥미를 갖지 못했던 김재귀는 일찌감치 기술이나 배우자는 생각이었다. 고등공민학교를 1년 이상 다닌 후 검정고시에 합격하면 중학교 졸업을 인정받을 수 있었다. 하지만 이곳에서도 도통 학교 생활에 마음을 붙이지 못했던 김재귀는 검정고시에서 떨어지고 말았다. 그래서 1년을 더 다니던 중, 학산고등공민학교가 없어지고 학생들은 검정고시 없이 동일실업고등학교로 편입되게 되었다. 김재귀도 2학년으로 편입됐다. 이때가 1980년 3월이었다. 그리고 5월이 찾아왔다. 5월 19일 월요일, 김재귀는 등교를 했지만 수업을 시작하기 전에 휴교령이 내려 집으로 돌아왔다.

---

94) 1980년 3월 6일 광주동일실업고등학교의 전신. 2016년 3월 1일 동일미래과학고등학교 교명 변경.

공수부대가 투입돼서 학생들을 다치게 하고, 팬티 바람의 시민들을 무자비하게 폭행한다는 이야기는 들었죠. 그래서 아버지가 못 나가게 감시하고 그랬어요. 집에 있다가 다음 날 밖에 나가 봤어요. 우리 동네로 (시위대) 버스가 왔길래 나도 모르게 타게 됐어요./ 김재귀

김재귀가 탄 시위대 버스는 시내 이곳저곳을 돌아다녔다. 시위에 참여했다가 MBC와 KBS가 불타는 모습도 보았다. 그러다 다음 날인 21일 오전 대인동 공용터미널 근처에 갔을 때였다. 김재귀는 시위대가 리어카에 시신 2구를 싣고 가는 모습을 보게 됐다. 광주역에서 발견된 시신을 도청 쪽으로 운구 중이라고 했다.[95]

아직도 기억에 강렬하게 남아요. 시민들이 시체 2구를 리어카에 싣고 지나가는데 정말 피가 거꾸로 솟았어요. '아, 정말 내가 비록 어리고 아무것도 모르지만 이건 아니다. 내가 가만히 있으면 안 되겠구나'라는 생각에 시민군에 참여하게 됐죠.[96] / 김재귀

다시 시위대 버스를 타고 돌아다니던 중, 금남로에서 계엄군이 시위 군중을 향해 총을 난사했다는 이야기가 전해졌다. 많은 시민들이 총에 맞아 죽거나 다쳤다고 했다. 계엄군이 물러가고 평화적으로 해결되기를 바랬던 시민들에게 집단발포는 더 큰 분노와 충격을 안겨주었다. 시위대에선 우리 스스로를 지키기 위해 무장을 해야 한다는 목소리가 커지기 시작했고, 그 주장은 삽시간에 퍼져나가며 공감대를 이뤘다. 김재귀가 타고 있던 시위대 버스에서도 계엄군을 몰아내고 시민을 지키기 위해서는 무장을 해야 한다는 데 대부분 동의했다. 무기를 구하기 위해 김재귀는 시위대 10여 명과 함께 버스에서 군용트럭으로 옮겨 탄 후 나주로 달려갔다. 이들이 찾아간 금천파출소 무기고는

---

[95] 전날 밤부터 이날(21일) 새벽까지 치열한 공방을 벌였던 광주역에서는 희생당한 시민의 시신 2구가 발견되었고 시위대는 이 시신을 태극기로 덮어 손수레에 싣고 도청을 향해 행진했다. (『너와 나의 5·18』, 오월의 봄, 2019, 77쪽)
[96] 뉴스1 2020년 5월 11일 「5·18 40주년을 말하다」 중에서.

군용트럭에 탄 시민군들. / 5·18기념재단

이미 열려 있었다.

시위대는 이렇게 획득한 무기를 광주공원으로 가져갔다. 그리고 시민군에게 나눠주기 시작했다. 김재귀도 총을 달라고 했다. 하지만 교련복을 입고 있던 그에게 너무 어리다며 총을 줄 수 없다고 했다. 하지만 이미 학교에서 교련 수업 시간에 목총으로 훈련을 받기도 했던 김재귀는 "군인들이 우리에게 총을 쏘는데 왜 총을 못 들게 하느냐"며 강하게 요구했다. 결국 총을 받게 된 김재귀는 그렇게 시민군이 되었다. 김재귀는 시내 주요 지점을 돌아다니며 치안 유지를 위한 경계근무활동을 했다.

야간 근무 많이 섰죠. 학동 숭의실고(숭의실업고등학교) 있는 데 조그만 하천 있잖아요. 증심사 가는 쪽에 하천이 있어요. 거기에서 화순 쪽에 있는 공수부대 넘어오지 못하게 그런 거 한 거예요. 어느 날인가는 증심사 쪽 어딘가에서 아군인지 적군인지는 모르겠는데 총을 쏘더라고요.[97] 그래서 몇 발 응사를 하기도 하고 그

---

97) (5월 22일) 외곽지대에서는 밤새도록 간헐적으로 총성이 들려왔다. 계엄군은 외곽을 완전히 포위한 채 밤중 내내 봉쇄작전을 펼쳤다. (광주민주화운동기념사업회 엮음, 『죽음을 넘어 시대의 어둠을 넘어 (전면개정판)』, ㈜창비, 2017, 305쪽)

랬어요. 또 농성동 건강관리협회 쪽에 조금 가다 보면 2층 집이 있었어요 그 집이 하필이면 제가 다녔던 농성초등학교 교감선생님 집이었는데 거기 옥상에서 경계근무를 서기도 했어요. 그리고 교도소에 대학생들 무수히 갇혀 있었잖아요. 그래서 학생들을 구하자 해가지고 교도소 앞에 가기도 하고 그랬어요. / 김재귀

항쟁 일곱째 날인 5월 24일, 도청에서 총기를 반납받는다는 말을 듣고 김재귀는 도청으로 들어갔다.[98] 당시 도청에서는 무기를 반납하자는 쪽과 반납해서는 안 된다는 쪽이 팽팽하게 맞서고 있는 상황이었다. 김재귀는 총기를 반납하지 않고 도청 안에 머물렀다. 도청 앞 마당에 있는 희생자들의 시신을 본 순간 '한번 죽었으면 죽었지 못 가겠다. 꼭 광주를 지켜야겠다'는 마음이 들었던 것이다. 그는 도청 2층에서 경계 근무를 서며 분수대 광장에서 진행되는 궐기대회 등을 지켜보았다.[99] 분수대를 둘러싼 수만 명의 시민들을 보며 뭔가 벅찬 감정이 솟구치는 것을 느끼기도 했다.

26일 날인가 어머니가 오셨어요. 와 가지고 집으로 가자고 그러셨는데 "어머니, 저는 어차피 (시민군에) 몸 담았으니까 여기서 죽을라요" (자식으로서) 못할 말 했죠. 그런데 제가 공용터미널에서도 시체 보고, 도청 안에 들어가서도 시신들 옆에서 밥 먹고 했는데, 어떻게 가겠습니까. 젊은 피에..... / 김재귀

어머니를 만난 건 5월 20일에 집을 나온 후 처음이었다. 그런 어머니를 김재귀는 완강하게 돌려보냈다. 다음 날인 5월 26일 점심 무렵, 도청에서는 그동안 활동하던 기동순찰대를 기동타격대[100]라는 이름으로 새롭게 조직하면서 대원들을 추가 모집한다

---

98) 5월 24일, 이날의 최대 쟁점은 '총기 반환' 문제였다. 시민들은 '더 이상 희생은 없어야 한다'는 점에 대해서는 의견이 일치했지만 총기 반환을 둘러싸고는 의견이 엇갈렸다. 시민군 내부는 총기를 먼저 반환하고 협상에 임하자는 쪽과 신군부를 믿을 수 없으니 협상이 타결될 때까지 가지고 있자는 쪽으로 갈렸다. 아침부터 계엄군은 방송 등을 통해 '무기를 반납하면 책임을 묻지 않겠다'며 반납을 종용했지만 이 문제에 대해서만큼은 쉽게 결론이 나지 않았다. (『너와 나의 5·18』, 오월의 봄, 2019, 96~98쪽)
99) '민주수호 범시민궐기대회'는 항쟁 기간 중 5월 23일부터 26일까지 하루에 1~2회씩 모두 5차례 열렸다. 이 궐기대회는 '무정부상태'에서 생겨난 일종의 대안적인 민주적 의사 결정 기구로서 이를 통해 시민들은 '무기 반납'과 같은 계엄사와의 협상 의제에 대해 의견을 수렴하고 그러한 협상을 위한 대표성과 정당성을 확보했다 (『너와 나의 5·18』, 오월의 봄, 2019, 95~96쪽)

시민군 기동타격대의 모습. / 5·18기념재단

고 했다. 김재귀는 기동타격대에 자원했다. 하지만 어린 학생이라 안 된다며 거절당했다.

> 그때 우리 부대장이 이재호씨였어요. 내가 아저씨한테 "아저씨 나 죽을라요. 나 죽을 각오로 왔소. 안 들여 보내주면 나 절대 안 갈라요" 하니까 어쩔 수 없이 받아줬죠. 결국 기동타격대 마지막 추가 인원으로 들어가게 됐죠. / 김재귀

당시 17실 소년이었던 김재귀는 김태찬이 조장을 맡은 기동타격대 7조에 배치됐다. 지원자가 너무 많아서 예비대로 편성된 7조는 군수지원업무를 맡았다. 당시 기동타격대원들은 본명 대신 별명을 지어서 불렀는데 김재귀는 예쁘게 생겼다고 해서 '이쁜이'라는 별명을 얻게 됐다. 기동타격대로 맡은 첫 임무는 순찰이었다. 그리고 그날 오후, 도청에는 계엄군이 다시 도청에 진입한다는 최후 통첩이 전해졌다. 마지막 궐

---

100) 기동타격대의 주요 임무는 외곽지역을 순찰하면서 계엄군의 동태를 파악하고 시내 치안을 담당하는 것이었다. 지도부에서 처음에는 6조까지 편성하였으나 지원자가 늘어나자 7조를 만들었다. 7조는 물자를 보급하고 위급한 상황이 발생했을 경우 지원활동을 하는 예비대로 편성했다. (광주민주화운동기념사업회 엮음, 『죽음을 넘어 시대의 어둠을 넘어 (전면개정판)』, ㈜창비, 2017, 385쪽)

기대회에서 항쟁 지도부는 끝까지 도청을 지킬 사람만 남고, 모두 집으로 돌아가라고 했다. 이후, 도청 안 상황은 긴장감 속에서 긴박하게 흘러갔다.

> (도청에서) 안내 방송을 해가지고 시민군을 모집합니다. 그때 저희들(기동타격대 7조)이 2,30명씩 해가지고 몇 번을 (계림초등학교 부근에) 실어 날라요. 그러다가 (밤에) 전대병원 쪽으로 가는데 도청 옥상 방면에서 우리에게 사격하는 걸 봤어요. 저는 누가 총을 쐈는지 몰랐는데 같은 차에 타고 있던 형은 (총을 쏜 쪽에) 계엄군이 있는 걸 봤다고 하더라고요. 그래가지고 이제 한 바퀴 순찰을 돌고 나서 상무관하고 도청하고 한 50미터 사이 담에다 차를 주차해 놓는데 우리 조장하고 운전사하고는 나가버립니다. 그래서 그때부터는 이제 못 움직이고 그냥 (차 안에) 그대로 있었거든요. / 김재귀

자정이 다 되어가는 시간, 차창 밖은 칠흑같이 어두웠다. 계엄군이 다시 들어온다는 소식에 거리는 적막하리만치 조용했다. 조장을 기다리던 김재귀와 조원들은 잠시 차에서 눈을 붙였다. 며칠째 잠을 제대로 자지 못한 채, 순찰을 돌고 경계 근무를 선 탓에 모두 피곤에 절어 있었다. 이들은 금세 깊은 잠에 빠져 들었다.

얼마나 시간이 흘렀을까. 설핏 눈을 떠보니 날이 밝아오고 있었다. 새벽 5시 무렵, 차창 밖 거리와 도청 주변은 어느새 계엄군에 점령돼 버린 후였다. 김재귀와 기동타격대 동료들이 잠든 사이, 엄청난 화기로 중무장한 계엄군에 의해 도청과 광주가 완전히 진압돼 버렸던 것이다.

5월 27일 진압 후 도청. / 5·18기념재단

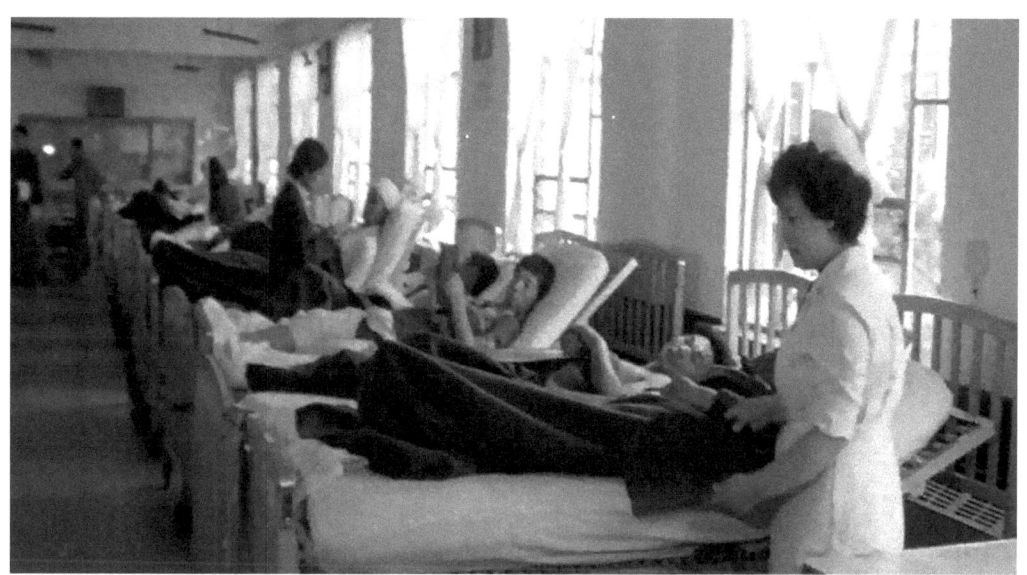
1980년 당시 병상에서 치료받는 시민들. / 5·18민주화운동기록관 제공 영상 캡처

(차 안에) 7명인가 8명 있었제. (계엄군들도) 설마 차 안에서 자겄냐 하고 도청 진압하면서 밖에 있는 차는 신경을 안 쓴 거예요. 총으로 갈기면서 도청으로 갔으면 우린 다 죽었제. (우리는) 콩 볶은 줄도 몰라. 총소리도 안 들렸어. 눈 떠보니까 전부 다 계엄군이에요. 철모에다 하얀 띠 두르고 다 있어요. 깝깝했죠. / 김재귀

황당하고도 무력한 상황이었다. 잠시 후, 함께 차에 타고 있던 김행남이 앉아서 손을 들라고 했다. 차창을 내리고 고개를 숙인 채 계엄군을 향해 항복의 표시로 손을 흔들었다. 그러자 계엄군의 총알이 날아와 김행남의 왼손을 저격했다. 그리고 뒤이어 김재귀의 오른손에도 총알이 박혀들었다. 손에 총을 맞은 김재귀가 "살려주세요" 하며 두 손을 들자 계엄군이 차에서 나오라며 소리쳤다. 도청 앞에서는 포승줄에 묶인 사람들이 트럭에 실리고 있었다. 김재귀는 손에 총상을 입고 있어 포승줄에 묶이지 않았다. 군의관에게 간단한 응급처치를 받은 그는 김행남과 함께 상무대를 거쳐 국군 통합병원으로 옮겨져 치료를 받았다. 계엄군은 그의 등에는 '극렬분자'라고 써 넣었다. 통합병원 있을 때 먼 발치에서 어머니를 잠깐 만났다. 병원을 다녀간 목사 한 분이 그를 보았다고 어머니에게 알렸던 것이다. 그 소식을 듣고 찾아온 어머니는 재귀를 보자 손을 흔들었다. 눈물이 나 목이 메인 김재귀는 어머니와 눈을 맞추며 말 없이 그 모습을 바라보기만 했다.

"통합병원에서 치료받으면서 상무대로 조사받으러 계속 왔다 갔다 했죠. 조사관이 매일 실탄 쐈냐고 실토하라는 거예요. 불면 끝난다는 걸 알고 있으니까 버텼죠. 그러다가 압박이 너무 심해서 결국은 실탄을 쐈다고 자술서를 써줘버렸어요. 영창에서 이틀인가 삼일인가 구금되고, 재판이 끝난 후에 광주교도소로 이감됐습니다. / 김재귀

1980년 10월, 시민군 기동타격대가 군사재판을 받고 있다.

실탄을 쏘았다는 진술 때문에 장기 4년, 단기 3년이라는 중형을 받았지만, 고등학생이었기에 광주교도소로 이감된 지 일주일여 만인 10월 30일 형집행정지로 풀려났다. 하지만 '5·18 폭도'라는 누명은 오랜 세월 그를 옭아매는 사슬이 되어 괴롭혔다. 교도소를 나왔지만 학교에서는 그를 받아주지 않았다. 퇴학을 당한 것이다. 취업을 하려 해도 번번이 신원조회에 걸려 받아주는 곳이 없었다. 나전칠기 공방을 다니다가 얼마 못 가 그만 두고, 직업소개소를 통해 전기 공사하는 곳에 다니기도 했다. 할 수 있는 일을 찾아 여기저기 전전해야 했다. 그러다가 또 5월이 다가오면 3~4월부터 아예 일을 내팽개치고, 5·18 진상규명 투쟁에 나서곤 했다. 87년 6월항쟁 무렵에는 민주화운동 시위에도 빠짐없이 참여해 선봉에서 싸웠다.

화염병 던지며 돌 던지며 시대가 암울했잖아요 시내에서 시위한다면은 안 빠지고 했어요 지금은 돌아가셨는데 우리 기동타격대 김현채하고 동남이형이랑 나랑 이재춘이 또 몇몇 사람 해가지고 유동에다 방 얻어 놓고 (5·18 암매장) 시체 찾아 돌아다닌다고 그것도 했어요. 한 5개월인가 했어요. / 김재귀

5·18 역사왜곡처벌 농성단.

그의 어머니 이점례 씨도 아들 못지 않은 투사가 되어 80년대부터 파란만장한 삶을 살았다. 1980년 5월 27일 도청이 진압당한 후, 아들의 생사를 몰라 사방으로 찾아다녔던 어머니는 이후 5·18 부상자회 왕언니로 통했다. 5·18 진상규명과 민주화 투쟁 현장에는 빠지지 않았다. 2009년 정부가 옛 전남도청 별관을 헐어내 '아시아문화전당' 진입로를 만든다는 계획을 발표했을 때는 5·18 유족회와 함께 두 달 넘게 도청 별관 2층을 점거한 채 천막 농성을 하기도 했다. 그 농성장에 김재귀가 찾아가면 "왕언니 아들 왔네" 하며 반겨줄 정도였다. 어머니가 돌아가신 후, 2019년에는 아들 김재귀가 '5·18역사왜곡 처벌법' 제정을 요구하며 321일 동안 천막 농성을 벌이기도 했다.

1993년, 5·18 1차 보상금이 나왔던 무렵에 김재귀는 결혼을 했다. 가정을 꾸리고 남매를 낳았지만 큰 애가 초등학교 6학년이 되었을 때 이혼을 했다. 해마다 5월이 되면, 심한 정신적인 고통에 시달리는 등 정상적인 생활이 불가능했던 탓이다. 남편을 이해하면서도 아이들을 보호하기 위해 아내는 어쩔 수 없이 이혼을 선택했고, 김재귀 역시 그 선택을 받아들일 수밖에 없었다.

집사람 속도 많이 썩였죠. 애들은 엄마하고 살았어요. 지금은 애들도 성인이 됐는데 가끔 만나면 "아빠 그때 왜 그랬어? 왜 그랬어?" 하고 물어봐요. 그러면 "너도 아빠 나이 먹어봐라. 그리고 자식 낳아봐라." 하고 말아요. 애들도 제가 항쟁에 참여했던 것은 알아요. 트라우마센터 같은 곳에 다니고 싶어도 일 때문에 다니지 못하고 있어요. / 김재귀

지금도 악몽으로 인한 불면증에 시달리고 있는 김재귀는 틈틈이 치료를 받고 있지만 병세는 나아지지 않고 있다. 5월만 되면 머리가 지끈지끈 아파온다. 트라우마센터 같은 곳에 다니고 싶다는 생각을 하지만 생업 때문에 시간 내기가 쉽지 않다. 80년 5월 그날의 기억을 잊을 수 없는 김재귀는 통합과 화해, 그리고 용서를 말하는 사람들에게 언제나 진실을 밝히는 것이 먼저라고 말한다. 그리고 자신들은 이렇게 고통받았지만 다음 세대에게는 더 살기 좋은 나라를 물려줘야 하지 않겠냐며, 그의 투쟁은 아직 끝나지 않았다고 한다.

우리를 군홧발로 짓밟고 몽둥이로 때린 사람들이 떵떵거리며 사는 건 용납할 수 없어요. 그 사람들이 뉘우칠 때까지라도 끝까지 싸워보려고요. 법정에서 책임자들이 완전히 벌 받을 때까지 행동할 겁니다. 그리고 자신의 목숨을 바쳐서 싸운 사람들을 폄훼하는 가짜뉴스를 뿌리뽑고 더 이상 역사 왜곡이 없도록 하는 것을 바랄 뿐입니다/ 김재귀

살아남은 자의 빚진 마음

윤햇님 / 당시 춘태여상 (현 전남여상) 3학년

1980년 5월 16일, 일신방직 정문 앞마당에서는 놀이마당이 펼쳐지고 있었다. 대학생들이 둥그렇게 둘러앉아 꽹과리와 징, 장구 등을 치면서 시위를 하고 있었던 것이다. 보는 이들도 흥이 나고 함께 참여하고 싶은 그야말로 평화로운 시위였다. 당시 19살이었던 윤햇님도 그 모습을 지켜보고 있었다. 춘태여상 3학년이었던 그는 졸업하기 전에 취업이 되어 일신방직에서 근무하고 있었다.

북 치고, 꽹과리 치고, 장구 치고 서로 이렇게 일반인들하고 어울려서 손잡고 강강수월래 하듯이 빙 돌면서 노래 부르고 그래서 '아, 시위가 이렇게 좋은 거구나' 그렇게만 생각했지. 최루탄 같은 거는 생각지도 못했죠. 그때는. / 윤햇님

일요일이었던 5월 18일, 윤햇님은 오후 4, 5시 경 전일빌딩 뒤편에 있는 기독 단체 UBF[101]에서 성경공부를 마치고 나오는 길이었다. 전경들이 열을 지어 금남로 들어가는 길을 막고 있었다. 윤햇님이 금남로에 들어가야 된다고 하자 지금 들어가면 큰일 난다며 막아섰다. 무슨 영문인지도 모른 채 상무관 맞은편 노동청 쪽으로 걸어가는데 갑자기 트럭 대여섯 대가 줄줄이 들어오더니 손에 곤봉을 든 군인들이 내리기 시작했다.

---

101) University Bible Fellowship, 대학생 성경 읽기 선교회

1980년대 일신방직의 모습.

태어나서 공수부대를 처음 봤죠. 그때는 (공수부대가) 무서운 줄도 모르고 공용버스터미널 쪽으로 이렇게 걸어오는데 어떤 아주머니가 급하게 "학생! 학생! 빨리 이리와. 큰일 나. 죽어" 그러면서 저를 끌고 자기 집으로 가는 거예요. 그러면서 그 아주머니가 이야기해주더라고요. 군인들이 지금 막 무조건 때리고 죽인다고. 조심하라고. / 윤햇님

고등학교 졸업식.

일신방직 근무 당시.

무서운 말을 들은 윤햇님은 두근거리는 가슴을 안고 떨리는 발걸음으로 해질 무렵 화정동 집에 돌아왔다. 너무 무서워서 부모님에게조차 아무 말도 못하고 잠자리에 들었지만 잠을 이룰 수 없었다.

무섭더라고요. 무슨 큰 일이 일어나려나 싶어가지고 잠도 못 잤어요. 그 아주머니가 하신 말씀이 너무 생생하니까. 사람들을 무자비하게 이렇게 죽인다 때린다 하니까 너무 겁이 나는 거예요. 세상이 어떻게 되려나 싶어가지고…… / 윤햇님

다음 날인 5월 19일, 월요일이라 출근을 했지만, 직원들은 업무를 하지 않고 삼삼오오 모여서 전날 시내에서 벌어진 일들에 대해 이야기하고 있었다. 출근하지 못한 직원들이 생기고 회사 업무가 마비되기 시작했다.

제가 사무과에 있었으니까 (서울) 본사하고 계속 연락을 해야 되잖아요. 이제 회사 업무를 할 수 없단 것을 본사에 보내려고 하는데 갑자기 팩스가 딱 끊어지는 거예요. 그리고 (시외) 전화가 갑자기 불통이 되고. 마지막까지 텔렉스[102]는 됐었거든요. (텔렉스가) 이렇게 타자식으로 치면 본사에 그대로 찍히는 거예요. 그래서 그걸로 보냈는데 그것마저 오후가 되니까 다 끊어지더라고요. 완전히 외부하고는 다 차단됐다고 봐야죠. 유선상으로 할 수 있는 거는 다 차단이 되더라고요. / 윤햇님

잠시 후, 사무실에 시위대들이 찾아왔다. 사무과에서 비서 역할까지 했던 윤햇님은 시위대가 다녀간 후 윗분들이 심각하게 대화하는 내용을 들을 수 있었다.

이제 들어보니까 우리 회사가 좀 크다보니까 예비군 중대본부도 갖추고 있고, 사내 병원도 있고 그랬거든요. 그걸 시위대가 안 거예요. 중대본부에 무기가 있다

---

102) 인쇄전신기 망으로 구성되어 있는 국제전문 교환 서비스.

태극기로 덮인 시신을 리어카에 싣고 거리로 나온 시민들. / 5·18기념재단

는 거를. 그래서 무기를 달라고 하니까 회사측에서 무기는 함부로 줄 수가 없다고 양해를 구하자 시위대가 순순히 물러간 거예요. / 윤햇님

대신 일신방직 직원들은 회사 정문 앞에 나가, 지나가는 시위대에게 시원한 물수건과 음료를 제공해 주었다. 한참을 그렇게 하고 있는데 리어카 한 대가 눈에 띄었다. 교련복을 입은 주검이 가마니에 덮인 채 실린 리어카를 끌고 학생 두 명이 울면서 달려가고 있었다. 리어카에는 피가 흥건했다.

그거를 보니까 '아, 어떻게 사람을 저렇게 죽일 수가 있지.' 그래가지고 저도 이제 같이 시위에 참여해야겠다는 생각에 그냥 다 팽개치고 사무실 언니랑 금남로로 갔죠. 정말 죽어도 좋다는, 죽으면 죽으리라 하는 각오가 생기더라고요. 같은 동포를 죽인다는 게 말이 안 되잖아요. 대학생 언니 오빠들이 하는 일이 정말 뭐라고 말해야 될까 뭔가 옳은 일을 하고 있다는 그런 생각이 들더라고요. 그래서 금남로로 갔어요. / 윤햇님

그러나 이미 금남로는 진입로마다 공수부대원들이 통제하고 있어 들어갈 수가 없

었다. 유동에서부터 광주공원 쪽으로 돌아와 봤지만 방어는 철통 같았다. 윤햇님은 광주공원 다리 앞을 막고 있는 공수부대원에게 금남로에 가야 하니 길을 비켜달라고 했다. 그러자 옆구리에 차고 있던 곤봉을 불끈 쥐면서 그냥 돌아가라고 했다. 다리에는 단검도 착용하고 있었다. 공수부대원의 겁박에 할 수 없이 뒤돌아 오는데, 금방이라도 뒤에서 단검을 던질 것만 같아 머리 끝이 쭈뼛 서는 공포를 느꼈다. 다음 날까지 시내를 배회하며 시위에 참여했던 윤햇님은 5월 21일 아침, 눈을 뜨자마자 금남로를 향하여 달려갔다.

아침 일찍 나왔는데 마침 지나가는 시위대 버스가 있더라고요. 무조건 올라탔어요. 차에 타니까 대학생으로 보이는 분이 마이크를 주면서 구호를 외치라고 하더라고요, 우리 광주 실정이 지금 고립되어 있으니까 누군가는 외부에 광주의 진실을 알려야 된다. 그러니까 구호를 외치고 다니면서 외부로 나가야 된다고 말을 해주더라고요. 그래서 마이크를 잡고 제가 선창을 하면 따라서 하고 그러면서 외부로, 저기 비아 쪽으로 일단 나갔어요. / 윤햇님

윤햇님을 비롯해 십여 명이 타고 있는 버스는 "전두환은 물러가라" "계엄령을 해제하라" "김대중을 석방하라"는 등 구호를 외치며 비아를 지나 고속도로로 들어섰다. 그런데 저만치 탱크가 도로를 가로막고 있는 것이 보였다.

버스를 타고 이동하는 시위대. / 5·18기념재단

1980년 5·18민주화운동 당시 여성들이 시민군들에게 밥을 지어 제공하고 있다. / 5·18기념재단

그래서 우리 저기 뚫고 나가야 된다 그러고 갔어요. 근데 그때 트럭이 그냥 쏜살같이 휙 오더라고요. 엄청 다급하게 오는 거예요. 그래가지고 빨리 되돌아 가라고. 지금 총으로 무조건 쏘니까 빨리 되돌아 가라. 그래서 그 트럭하고 같이 시내 쪽으로 들어왔죠. 유동 삼거리 정도 오니까 가두 방송을 하는 거예요. "시민 여러분, 지금 도청 앞으로 다 집결해 달라"고 그런 방송이 나오더라고요. 그래서 우리는 버스를 타고 도청 앞으로 갔죠. 유동을 지나서 금남로 가까이 오니까 어머니들이 이렇게 주먹밥을 차에다 막 던져주고, 음료수 던져주고 그래서 차 안에서 주먹밥 먹고, 음료수 먹고 그렇게 도청 가까이 갔는데, 전일빌딩 앞에서 다 내렸어요.
／ 윤햇님

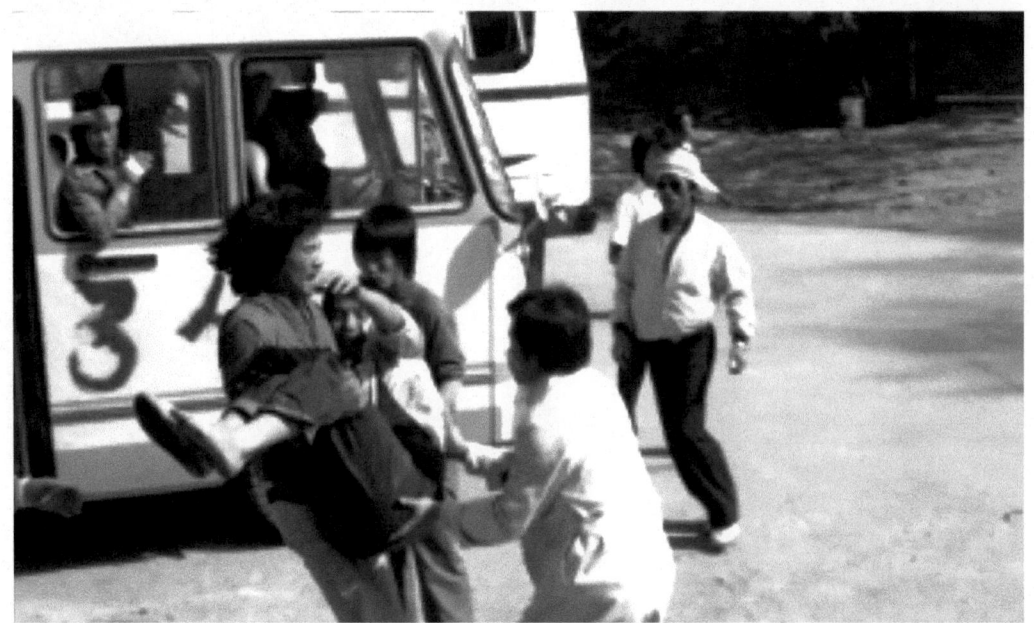
부상자를 옮기는 시민. / 당시 기독교병원 원목 베츠 헌틀리 5·18 기록물

　금남로는 벌써 시민들로 가득차 있었다. 인파에 가려 계엄군이 보이지 않을 정도였다. 도청에서 협상이 이뤄지고 있다는 이야기가 들리기도 했다.[103] 윤햇님이 금남로 YWCA 앞에서 도청을 향해 걸어가고 있을 때 갑자기 애국가가 흘러나왔다. 애국가를 들으며 시위대를 따라 도청 쪽으로 향하고 있을 무렵이었다. 한 청년이 태극기를 흔들며 버스 지붕 위에 선 채로 도청으로 나아가고 있었다. 다른 차량과 시위대가 뒤를 따랐다. 잠시 후, 탕탕탕 총성이 울려 퍼졌다.

　난리가 났었어요 그때. 사람은 많고 총성은 들리고. 그러니까 뭐 뛸 수도 없어요. 뒤쪽은 어쨌는가 몰라도 앞쪽은 그냥 아수라장이었거든요. 그래 보니까 아까 그 태극기 흔들고 갔던 사람이 버스 위에서 죽어가지고 피를 철철 흘리면서 널부러져 있는 거예요., 그거 보니까 기가 막히더라고요. 그런데 그런 와중에도, 우리나라 사람들 대단해요. 그런 와중에도 "시민 여러분, 지금 피가 부족해서 학생들이, 우리 학생들이 죽어가고 있습니다." 헌혈을 해 달라고. 그렇게 차가 또 다니더라고요. / 윤햇님

---

103) 시위대는 이날 오전 시민 대표를 뽑아 유혈사태에 대한 당국의 사과, 연행된 학생과 시민들의 석방, 공수부대의 철수 등을 요구하며 당국과 협상을 시도하기도 했다. 시민들은 아직 평화적이고 명예로운 수습의 전망을 놓지 않고 있었던 것이다. 하지만 사실상 아무런 실권이 없었던 도지사와의 협상은 뚜렷한 결론을 이끌어 내지 못한 채 결렬되었고 도청 앞 상황은 정면 충돌의 양상으로 치달았다. (5·18기념재단, 『너와 나의 5·18』, 오월의 봄, 2019, 77쪽)

마침 헌혈할 사람들을 태우고 가던 지프차가 지나가자 윤햇님은 그 차에 올라탔다. 기독교병원으로 간다고 했다. 지프차에는 4~5명이 타고 있었는데, 얼마나 절박한 상황인지 도로를 질주하기 시작했다.

너무 너무 피가 급하다고, 학생들이 너무 많이 죽어가고 있으니까 피가 너무 부족하다고. 그래서 한 명이라도 일단은 빨리 (헌혈하러) 가야 되는게 급선무니까 그냥 쌩 가는 거예요. 두렵거나 그러진 않았어요. 뭐라 그래야 되지. 군인이 시민을 죽인다는 그런 분노, 그게 더 앞섰어요. 그런데 지프차가 달려가다 광주공원 다리에서 이렇게 좌회전을 하면서 공중으로 갑자기 붕 뜨는 거예요. 나는 나대로 날아가 버리고 지프차는 지프차대로 하천 밑으로 굴러 떨어져 버렸어요. 그래갖고 거기서 정신을 잃었어요. / 윤햇님

눈을 떠 보니 기독교병원 침대에 누워 있었다. 바지는 찢어져 있고 오른쪽 다리가 피범벅이 되어 있었다. 정강이가 푹 꺼져서 안이 다 보일 정도였다. 주위를 둘러보니 병원은 그야말로 아비규환이었다. 여기저기서 울부짖는 소리와 신음소리가 들리고 의료진은 바빠서 정신이 없었다. 침상도 부족한 상황이었다. 옆을 보니 교련복을 입은 남학생이 있었다.

"괜찮으세요?" 하니까 괜찮다고, 걸을 만하다고 그래서 "우리 병실 부족한데 걸을 수 있으면 둘이 잡고 나갑시다" 그러고 그냥 니왔어요. 의사, 간호사한테 말도 하지 않고 둘이 부축하고 그렇게 나왔죠. 그렇게 나왔는데 우리 아버지가 기독교병원에 가셨나봐요. 그런데 게시판에 그때 부상자들 이름 쫙 써놓잖아요. 제 이름을 보신 거예요. 그래서 그 게시판 종이 찢어버렸다고..... / 윤햇님

혹시 나중에라도 그 부상자 명단이 딸이 시위에 가담했다는 빌미가 되어 해를 입지는 않을까 걱정하는 마음이었던 것이다. 그렇게 아버지와 길이 엇갈린 윤햇님은 먼저 집에 도착했다. 깜짝 놀란 어머니는 피투성이가 된 바지를 버리고, 아버지에게는 부상당한 사실을 숨겼다. 그리고 다음 날부터 일신방직 사내병원에서 치료를 받았다.

윤햇님은 5월 19일부터 세 차례에 걸쳐 서울에 있는 동생에게 광주의 참상을 적은 편지를 보냈다. 하지만 나중에 확인해보니 동생은 5월 19일에 보낸 편지 한 통밖에 받지 못했다고 한다.

한 번 받았다고 하더라고. 제가 세 번을 보냈는데. 그런데 이제 21일 상황을 제일 적나라하게 적었거든요. 사람이 죽어가고 어떻게 대학생들이 피를 흘리면서 어떤 모습을 봤고 그런 상황들을 적었는데 그런 거는 못 받았다고 하더라고. / 윤햇님

부상을 당한 후, 더 이상 시위에 참여할 수 없었던 윤햇님은 간간히 들려오는 총소리를 들으며 시민군들의 안위를 걱정했다. 그리고 어서 이 처참한 상황이 끝나기를 기도하고 또 기도했다.

제가 이제 집에 안 갈 때는 기숙사에서 생활을 했는데 기숙사에 있으면요. 총소리가 말도 못하게 들리고, 구름다리 보면은 차가 엎어졌는지 어쨌는지 몰라도 거기서 불길이 치솟고, 저녁이면은 진짜 공포였어요. 밤이 되면. 그러 소리가 많이 들렸어요. / 윤햇님

항쟁이 끝나고 다시 회사에 출근했다. 하지만 윤햇님은 더 이상 예전의 일상으로 돌아갈 수 없었다. 하루가 멀다하고 경찰들이 회사에 찾아와 취조나 심문을 하기 시작했다.

5일에 한 번씩도 오고, 어떤 때는 15일에 한 번씩도 오고 그러니까 저는 이제 회사에 너무 미안하잖아요. 그래서 제가 경찰한테 "이렇게 자꾸 오면 나 도망가겠다. 광주 안 살겠다" 그러니까 자기들도 할 수 없다고, 자기들도 국가에 무슨 행사가 있거나 전두환이 어디 방문하거나 그럴 때는 나와야 한다는 거예요. 그러다 이제 회사로 안 오고 우리 집으로 간 거예요. 그러니까 우리 아버지가 경찰서에서 나 때문에 왔다고 하니까 놀라가지고 충격을 받으셨죠. "너 어떻게 살 거냐 앞으로. 너는 이제 다 살았다" 그러시더라고요. 그래갖고 평생 걱정을 그렇게 하고 사

셨어요. / 윤햇님

가슴에 근심덩어리를 안고 사시던 아버지는 1984년에 세상을 떠나셨다. 아버지가 돌아가신 후 윤햇님도 광주를 떠났다. 서울에서 자리를 잡았지만 주변 사람들에게는 5·18에 대해서 말도 꺼내지 못했다. 군사독재 시절인 당시만 해도 5·18민주화운동을 광주사태라 부르며, 폭도들이 저지른 일쯤으로 알려져 있었기 때문이다.

교회에서도 말을 못 했어요. 오픈한 지가 불과 10여 년 전, 얼마 안 돼요. 목사님이 경상도 분이었는데 자기는 말로만 들었지 5·18이 어떻게 된 상황인지 잘 모르니까 이야기를 좀 해달라고 그러더라고. 그래서 이야기를 해 주고 "목사님, 제가 간첩으로 보이세요? 저는 뼛속까지 우리 아버지 자식이고 우리 아버지는 순수 대한민국 사람이다. 나는 간첩이랑은 요만큼도 피가 안 섞였다. 목사님은 어떻게 생각하시냐" 그랬더니 좋은 생각으로 받아주시고, 목사님도 달리 생각을 해야겠다고 그러시더라고요. / 윤햇님

남편에게조차 한동안 5·18 당시 시위에 참여했던 이야기를 할 수 없었다. 5·18의 명예가 회복된 지금, 윤햇님은 내내 딸을 걱정하다 돌아가신 아버지에게 이런 세상을 보여드리지 못한 것이 죄송스러울 따름이라며, 오월 영령들에게 죽는 날까지 빚진 마음으로 살아가겠다고 말한다.

우리는 그분들 앞에서 정말 죄인이라고밖에⋯⋯ 살아남은 자로서 죄인이죠. 빚진 자죠. 그래서 평생 그걸 가슴에 안고 살아가야 될 것 같아요. 지금 5·18이 왜곡되고 폄훼가 되고 많이 그러잖아요. 그런데 그때 당시는 진짜 순수했던 광주사람들, 정말 민주화를 찾고자 갈망했던 사람들이잖아요. 북한 사람들 개입은 그거는 정말 있을 수 없고 우리 광주사람들이 용납을 하지 않았어요. 그렇기 때문에 왜곡이나 폄훼가 없어지길 바라고, 지금 미얀마 사태도 더 이상 희생자가 나지 않고, 거기도 우리 광주같이 빨리 민주화가 돼서 사람들이 자유롭게 살 수 있는 그런 나라가 될 수 있었으면 좋겠어요. / 윤햇님

제3부

동지가 된 소년들

우리도 무장을 해야 산다

박재택 / 당시 영암신북고등학교 2학년

믿기지 않는 광주의 소식들

1980년 5월 18일, 영암 신북고등학교 2학년들은 수학여행 중이었다. 19일 밤, 수학여행을 마치고 돌아오는데, 광주 양동 삼익맨션 부근에서 기다리고 있었던 듯 교장 선생님이 버스에 올라탔다. 그리고 "무사히 돌아와서 다행이다"며 반겨주셨다. 하지만 당시 학생들은 그것이 광주에서 일어나고 있는 일들을 염두에 둔 말이라고는 생각지도 못했다. 버스가 신북에 도착하자 친구 최황우의 담임이었던 고재신 선생님께서 눈물까지 글썽글썽하며 "무슨 일이 있어도 광주에는 올라가지 마라."고 당부했다고 한다. 그러나 최황우 역시 그때는 무슨 영문인지 알 수 없었다.

5월 20일에는 수학여행을 다녀와 학생들이 피곤하다며, 학교를 하루 쉬게 해주었다. 그래서 자취방에 있는데 광주에서 학교에 다니던 이춘원이 찾아 왔다. 영암 신북에서 자취하던 학생들은 한두 살 터울로 친한 사이여서 자주 모였기 때문에 이날도 서성규, 최준 등이 박재택의 자취방에 모였다. 그런데 광주에서 온 이춘원은 친구들에게 믿기 어려운 얘기를 해주었다.

이춘원이 5월 20일 아침 학교로 가기 위해 구 호남전기 앞을 지나갈 때였다. 효동초등학교 옥상과 호남전기 자리에 계엄군이 6, 7명씩 조를 편성하여 움직이고 있었다. 호남전기 자리에 있던 계엄군들 옆에 대학생으로 보이는 점퍼 차림의 청년 서너 명이 땅바닥에 머리를 박고 있었다. 그 모습을 본 이춘원은 학교에 갈 것인가 말 것인가 망설였다. 하지만 전날인 5월 19일 "내일부터는 학교에 못 나올 가능성이 있다. 그렇지만 될 수 있으면 나오도록 해라" 하셨던 선생님의 말씀이 생각나서 시내 버스 승강장으로 가는데 계엄군이 이춘원을 붙잡았다. 하지만 교복을 입은 데다가 책가방까지 들고 있어서였는지 계엄군이 그냥 보내주어 이춘원은 버스를 타고 학교로 향했다. 학교로 가던 중 이춘원은 양동파출소와 돌고개에서 같이 버스를 타고 가던 젊은 사람 6명이 아무런 이유도 없이 계엄군에게 붙들려가 구타당하는 것을 보았다. 학교에 도착하였으나 선생님은 보이지 않고 수위 아저씨가 집으로 돌아가라고 했다. 이춘원은 광주로 돌아갈 것인가, 아니면 고향으로 내려갈 것인가 망설이다가 영암 신북으로 왔다고 했다.

박재택과 친구들로서는 차마 믿기 어려운 이야기였다. 이춘원 외에도 광주에서 내려온 사람들이 "계엄군이 대검으로 처녀의 유방을 도려냈다"는 등의 이야기를 전해주었지만 역시 믿을 수 없었다. 인

박재택.

좌측에서부터 박재택, 최준, 김종식, 서성규.

금남로에서 시민들에게 폭력을 휘두르는 계엄군. / 5·18기념재단

간으로서 도저히 할 수 없는 일이라는 생각이 들었기 때문이다.

신북으로 내려온 시위대

5월 21일도 초파일이라 쉬는 날이었기 때문에 박재택은 자취방에서 공부를 하고 있었다. 그런데 12시 30분쯤 밖에서 "전두환 물러가라!" "김대중 석방하라!"는 구호소리가 시끄럽게 들려왔다. 무슨 일인가 궁금하여 나가 봤더니 신북 시외버스터미널 부근에서 주민들이 "시위 군중들이 내려왔다" "젊은 사람들은 다 잡아간다"고 외치며 삼거리 부근으로 도망갔다. 엉겁결에 박재택도 그들을 따라 200여 미터쯤 도망을 갔는데, 뒤따라오던 사람들이 "그냥 데모하는 사람들이다"라며 괜찮다고 했다. 사람들의 괜찮다는 소리를 듣고 자취방으로 돌아온 그는 놀라 한동안 마음을 진정시켜야 했다.

이후 몇 차례 더 시위대의 소리를 듣게 되자 차츰 두려운 마음이 사라졌다. 오후 2시 30분경에는 시위대 차량에 마음 놓고 접근할 수 있었다. 그러다 뜻밖에도 시위대가 타고 온 버스 안에서, 영암 신북고로 전학오기 전 원예고에 다닐 때 같은 반이었던 박정수, 김용재 등 친구 3명이 타고 있는 것을 보았다. 일부 시위대는 마스크 등으로

버스에 탄 시위대. / 5·18기념재단

얼굴을 가리고 있었지만 그 친구들은 얼굴을 가리지 않아 쉽게 알아볼 수 있었다. 시위 차량을 타고 다니는 사람들도 그와 똑같은 사람들일 것이라고 막연하게나마 생각하고 있었는데 그 친구들을 보니 정말 그도 버스에 탈 수 있겠다는 생각이 들었다. 버스에 바짝 다가간 그는 머리에 띠를 질끈 동여맨 친구들에게 물었다. "야, 느그들은 어떻게 해서 차에 타게 됐냐?" "재택아, 지금 광주는 난리가 났다. 계엄군이 곤봉과 대검으로 무고한 시민들을 무차별 학살하고 있다. 그제(19일) 오후 4시경에 내가 시외버스공용터미널에 갔었는데 계엄군들이 학생으로 보이는 청년들을 무조건 잡고 때리면서, 너희 같은 놈들 60프로를 솎아버릴려고 왔다고 하더라. 그때는 무서워서 얼른 도망쳤는데, 그 말을 듣고 우리가 어떻게 참을 수 있겠느냐! 도저히 참을 수 없어서 이렇게 차에 탄 것이다. 재택아, 우리가 도와주지 않으면 광주 사람들은 다 죽는다. 벌써 광주며 나주의 고등학생들은 다 일어섰다. 너도 차에 올라타 우리와 함께 시위대열에 동참하기 바란다."

원예고등학교 친구들과, 광주에서 내려온 이춘원의 말을 듣고 박재택과 친구들은 광주로 가기로 결의했다. 그리고 선생님들의 제지가 있을 수 있으니 신북터미널 반대쪽 방향으로 2Km 정도 떨어진 월현 저수지에서 버스를 타자고 약속했다. 하지만 그때까지도 박재택은 버스에 올라탈 용기는 없었다. 자취방으로 돌아오니 광주에서 살던 형이 와 있었다. 형도 친구들과 같은 이야기를 했다. "광주에서는 지금 계엄군이 시민들을 다 죽이려고 하고 있다. 어떤 여고생은 태극기를 들고 데모를 하다가 계엄군이 곤봉으로 때리고 발로 짓밟고 해서 죽었다. 하마터면 나도 큰일날 뻔했다. 어저께(20일) 쇠손을 사러 밖에 나갔는디 그놈들이 나를 붙들고는 신분증을 내놓으라고 해서 주민등록증을 꺼내고 있는디 쪼끔 늦어진께 곤봉으로 나를 칠라고 하드라. 그 나쁜 놈들이....." 미장공인 형이 계엄군에게 당할 뻔했다는 이야기를 들으니 가슴이 떨렸다. 광주는 지금 살벌한 상황이라며 형은 계속 말을 이어갔다. "재택아, 시위가 곧 신북으로 확산될 것이다. 그라믄 신북에서도 똑같이 난리가 나고 사람들이 죽게 될 것이니 시종면 집으로 같이 가자"고 했다. 박재택은 "내일 학교에 가야 되니까 나는 여기 있어야 쓰것네, 형 먼저 가소."라며 형만 영암 시종면 집으로 보냈다. 친구들 얘기는 그렇다 치더라도 형의 얘기까지 듣고 나니 광주에 대해 들려오는 갖가지 소문들을 믿지 않을 수 없었다. 그리고 그때만 해도 영암 신북에는 아직 휴교령이 내려지기 전이었다.

시민군의 신북지서 무기고 접수

친구 이달연에게 들으니, 오후 3시가 넘어가면서 20~30분 간격으로 무장한 시위대 차량 두 대가 영암 신북으로 들어왔다고 한다. 이들 중 총을 든 사람은 한두 명 정도였으며 대부분은 각목을 들고 있었다고 한다. 오후 6시쯤 시끄러운 소리가 나 밖에 나가보니 이번에는 무장한 시위대가 구호도 외치고 공포를 쏘며 나타났다. 박재택은 이들의 총소리를 들으며 '광주에서 시민들이 살육당하고 있다는데 우리 시위대도 총을 들고 대항하고 있구나' 하는 생각에 반갑기도 하고 한편으로는 자랑스럽기도 했다. 하지만 들뜬 기분에 삼거리에 나와 있던 사람들과 이런저런 이야기를 나누느라 그들을 놓쳤다. 친구 최황우가 그 시위대를 자세히 보았다고 한다.

시위대는 광주에서 해남 방면으로 이어지는 지방도로를 타고 내려왔다. 신북으로 들어온 이들은 삼거리 부근 정약국 앞에 차를 세웠다. 버스에는 시위대원들이 가득 타고 있었지만 총을 든 사람은 3명 정도였다. 누군가 버스에 공포를 발사하니 "총알이 서너 발밖에 안 남았다. 총알을 아껴야 한다."며 다른 시위대원이 저지했다. 이들은 차를 세워놓고도 계속 「투사의 노래」와 각종 군가를 부르며, 구호도 외쳤다. "전두환이 물러가라!" "김대중 석방하라!" "민주화 일정 단축하라!" "비상계엄 철폐하라!" 시위대가 들어오자 대부분의 상가는 셔터를 내렸고, 시위대를 보기 위해 몰려든 주민들로 정약국 앞은 성시를 이루었다. 옥상에서 시위대를 구경하는 사람들도 있었다. 주민들은 박수를 치거나 환호성을 지르며 시위대를 격려했고, 정약국 주인은 박카스 몇 박스와 붕대 등속을 시위대의 차량에 올려주었다. 시위차량에서 머리에 붕대를 두른 30대 중반의 사나이가 내려왔다. 그는 주민들에게 물었다. "신북지서 무기고가 어디에 있습니까?" 주민들이 손으로 방향을 가리키며 다리 건너편에 있다고 가르쳐주었다. 주민들 사이로 시위대 버스가 조심스레 움직여 나갔다. 친구 최황우를 비롯하여 주민들이 버스를 따라갔다.

영암 신북지서 무기고는 아무런 부대시설도 없이 자물쇠만 달랑 채워져 있었다. 지서 무기고가 어딨냐고 물었던 그 시위대원이 버스에서 내려와 자물쇠를 몽둥이로 내리쳤다. 그러나 자물쇠는 부숴지지 않았다. 그러자, 그 시위대원이 앞을 가득 메운 주민들에게 "총을 쏠 테니 좀 비켜주시오"라고 말했다. 순간 최황우는 '과연 무기고를 열어야 할 만큼 급박한 상황인가, 민간인이 저렇게 해도 되는 것인가'라는 생각을 했다고 한다. 무기고 앞에 바싹 다가서 있던 주민들이 옆으로 비켜나자 그 시위대원이 옆으로 서서 총을 쏘았다. 총에 맞은 자물쇠가 밑으로 툭 떨어졌다. 그러나 무기고는 이미 비어 있었다. 하지만 시위대는 그냥 떠나가지 않고 30분 정도 신북 삼거리 부근에 머무르며 광주의 상황에 대해 묻는 주민들에게 답해주었다. 주민들도 시위대에게 먹을 것을 갖다주었다고 한다.

우리도 시위에 동참하자

무장한 시위대가 들어와 무기고 문을 열자 신북의 분위기가 고조되었다. 박재택도 주민들 틈에 끼어 시위대가 무기고를 접수했다는 이야기를 듣고 보니 자신도 무엇인가를 해야 될 것이라는 생각이 들었다. 형이 집에 가자고 할 때는 학교 때문에 갈 수 없다고 했지만 이미 학교는 더 이상 중요한 것이 아니었다. 박재택은 주민들과 함께 섞여 돌아다니다가 친구들을 만나게 되었다. 신북고 3학년인 김종만이 삼거리 부근 다리 위에서 최황우, 이춘원, 서성규 등 친구들에게 말했다.

"다른 고등학교 학생들은 다 차를 타고 시위에 참여하고 있다. 그런데 우리라고 가만히 있어야 되겠느냐! 우리도 차를 타고 시위 대열에 동참하자!" "그래, 우리도 가자!" 모두들 금방이라도 떠날 기세였다. 그런데 이춘원이 만류를 했다. "야, 그렇게 간단한 문제가 아니다." 이춘원은 앞으로 어떻게 될지 장담할 수 없는 것 아니냐며, 좀 더 지켜보자고 했다. 광주에서 계엄군의 무자비함을 보았기 때문에 그는 상당히 겁을 내고 있었던 것이다. 그래서 박재택과 친구들은 5월 22일 오전 10시쯤에야 시위에 동참하기로 했다. 고등학생이었기 때문에 신북에서 시위차량에 올라타다가 혹여 선생님의 눈에 띄게 되면 나중에 처벌을 받게 될지도 모른다는 생각에 영암군 시종면 금지저수지에서 승차하기로 했다. 이날 밤 9시쯤 라디오 방송을 들으니 광주에만 내려져 있던 휴교령이 전남 일원으로 확대되었다는 소식이 전해졌다. 박재택과 친구들에게는 오히려 반가운 소식이었다.

픽업을 타고 시위에 동참

아침에 일어난 박재택은 최황우, 이춘원, 서성규, 최준, 박찬재, 김종식 등을 만나 약속장소인 금지저수지를 향해 출발했다. 차가 다니지 않아 2시간 정도 걸어 신북에서 8Km쯤 떨어져 있는 금지저수지에 도착했다. 약속 시간보다 1시간 정도 늦게 도착했는데 약속된 차량은 없었다. 좀 더 기다려보기로 했다. 최황우가 낚시 도구를 가지고 있어 낚시도 하고 물 속에 들어가 목욕도 하면서 20분쯤 기다리다 보니 시종 쪽으로부터 픽업트럭 한 대가 다가왔다. 그 차량이 200m 전방까지 왔을 때 시위 차량이라는 걸 알 수 있었지만 약속된 차량이 아니었기 때문에 조금 두려웠다. 그러나 차량이 100m 전방까지 왔을 때 그 차를 그냥 보내면 광주시민을 도울 수 있는 기회가 없을 것이라는 생각이 퍼뜩 머리를 스치고 지나갔다. 박재택은 친구들에게 옷을 입으

영암 금지저수지.

라고 하며 차를 세우기 위해 뛰어갔다. 픽업트럭에는 이달연, 유은열, 이영일, 한규영, 임종문 등 신북의 형들 5명과 광주에 살던 전수용이 타고 있었다. 같은 신북에서 살았지만 그때까지 서로 모르는 사이였다. 그러나 차를 타고 가면서 얘기를 나눠보니 형과 친구 사이였다. 그렇게 13명이 픽업트럭 적재함 난간에 걸터앉고 차량에 기대어 신북을 향해 출발했다.

길에 버려진 승용차를 타고 학산면 신덕으로

이달연 등 형들은 21일부터 시위 상황에 대응하고 있었다고 했다. 신북에서 생활하던 이달연은 "광주에서 계엄군이 대검으로 무조건 청년들을 찌르고 곤봉으로 때린다"는 얘기들을 어렴풋이 듣고 있었다. 그러던 중 사월 초파일날(21일) 11시쯤 광주에서 내려온 시위대를 보았다. 1대의 버스에 20명 가량의 청년들이 탄 시위대가 각목으로 버스 옆구리를 탕탕치면서 들어와 신북 소재지를 한바퀴 돌고는 영암 방면으로 갔다. 시위대를 처음 본 이달연은 무서워서 피했다. 그러나 30분쯤 후에 또 시위대가 들어오고, 계속 시위대가 들어오니까 젊은 기분에 따라가고 싶은 충동이 생겼다. 오후 4시쯤 시위대 차량을 따라가지 못하고 기분만 들떠 있던 이달연은 밖에 나왔다가 신북 시외버스공용터미널 부근에서 우연히 유은열, 이영일, 박귀선 등을 만났다. 이들이 시위 상황에 대해 이야기를 나누고 있는데 신북지서 무기고가 시위대에게 접수되었다는 소식이 전해졌다. 그러는 사이 30대 남자가 다가와 이달연 등에게 "반남(나주시 반남면 소재지)으로 가는 길 옆에 택시 한 대가 처박혀 있습디다."라고 말했다. 이달연은 같이 있던 친구들과 함께 반남 가는 길을 따라갔다. 한참을 걸어가니 광주 넘버의 택시 한 대가 길 옆 수로에 빠져 있었다. 누군가 타고 가다 운전미숙으로 빠뜨린 것 같았다. 넷은 그 차를 끄집어 낸 후 이영일이 운전하여 신북으로 나왔다. 신북에서 농업에 종사하던 박귀선이 내렸다. 이달연 일행은 곧장 차를 몰아 학산면 신덕의 임종문을 찾아갔다. 도로에 일반 차량은 없고 가끔씩 시위대 차량만을 만날 수 있었다. 군서면 부근 도로는 완전히 비어 있었고, 주민들은 평온한 분위기였다. 신덕면에 도착한 이달연은 임종문의 집에 놀러와 있던 한규영, 전수용 등을 만나 그간의 경위를 얘기했다. 이들은 임종문의 집에서 태극기를 찾아 승용차 앞에 걸었다.

본의 아닌 픽업트럭 획득

5월 22일 아침 7시쯤, 이달연 외 5명은 아침 식사도 하지 않은 채 차를 몰고 집에서 나왔다. 그런데 마을 앞에서 차가 멈춰버렸다. 아무리 시동을 걸려 해도 시동이 걸리지 않았다. 연료가 떨어진 게 아닌가 싶어 임종문이 마을에 들어가 휘발유 한 되를 구해 차에 넣어 봤지만 시동은 걸리지 않았다. 이들이 차의 시동을 걸 방법을 궁리하고 있는데 기사와 안내양만 탄 시외버스 두 대가 마을 쪽으로 들어왔다. 시외버스는 승용차가 길을 막고 있자 이들 앞에 멈추었다. 기사와 안내양이 차에서 내리며 "무슨 일이요?" 하고 물었다. 차가 갑자기 시동이 안 걸린다고 하자 버스기사는 시동을 걸어준다며 승용차에 줄을 매 버스로 끌었다. 그래도 승용차의 시동은 걸리지 않았다. 그러고 있는 사이 콜라를 실은 트럭이 들어오다 길을 막고 있는 차들을 보고 멈추었다. 트럭에서 여직원이 내려 콜라를 건네주며 마시라고 했다. 시국이 어수선하니 모두들 자신들의 차를 숨기려고 들어오는 것 같았다. 시동 거는 것을 포기한 이달연 일행은 차를 옆 수로로 밀어버리고 길을 터주었다. 버스 기사가 "목포 가는 도로에 나가 영업용 차량은 잡지 말고 자가용 차량을 잡아타고 가시오"라고 했다.

이달연 일행은 3Km쯤 걸어 목포 간 도로에 이르렀다. 10분쯤 기다리니 사람을 가득 태운 승용차 한 대가 다가왔다. 승용차를 세워 "좀 태워달라"고 하니 운전기사가 무슨 신분증 같은 걸 내보이며 "저희들은 교회 신도입니다. 지금 바삐 가야 할 데가 있어 곤란한데요." 라고 사정을 말했다. 다시 차를 잡으려고 길 옆에 서 있는데 승용차 한 대가 오다가 이들을 보더니 오던 길로 되돌아갔다. 이들은 화도 났지만 그런 상태로는 도저히 차를 잡을 수 없겠다고 생각했다. 그래서 도로 바로 옆에 있던 외딴 민가로 들어갔다. 사람이 없었던지 아무런 기척이 없었다. 담 벼락에 비스듬히 기대서서 차가 오기를 기다렸다. 얼마쯤 있으니 픽업트럭 한 대가 왔다. 이들은 손에 돌멩이나 나뭇가지 등을 들고 뛰어나갔다. 픽업트럭이 서고 운전석 옆에 타고 있던 50대의 아주머니가 내려 재빨리 뒤쪽으로 피했다. 이달연 일행은 영암까지만 태워 달라고 부탁했지만 영암 미암면 쪽으로 가는 길이라서 곤란하다고 했다. 계속 사정을 하고 있는데 누군가 들고 있던 나무토막으로 픽업 앞유리창을 내리쳤다. 유리창이 깨어지지는 않았지만 놀란 기사가 자동차 열쇠를 꽂아둔 채 냅다 도망쳤다.
그러는 사이 적재함에 사람을 가득 태운 트럭 한 대가 오다가 길이 막혀 있자 픽업트럭 뒤에 섰다. 버스가 다니지 않아 트럭을 얻어 탄 듯한 사람들이 우르르 내려 어니론가 도망갔다.

이달연 일행은 픽업트럭에 옮겨 타면서부터 무장의 필요성을 느끼기 시작했다. 그러나 무기고를 접수하기에는 인원이 너무 적다고 느껴 일단 시종면으로 향했다. 영암까지 왔으나 읍에는 들리지 않고 영암종합고 앞을 지나 곧장 시종면으로 갔다. 아침이라 그런지 길은 텅텅 비어 있었다. 시종 사람들도 시위 상황에 대해 아는 사람은 알고 있었을 텐데 이들이 들어가도 평온한 분위기였다. 그래서 시종에서는 사람들은 모을 수 없다고 판단하고 곧장 신북으로 향했다. 그러다 금지저수지에서 박재택 일행을 만난 것이다.

나주 반남에서 머리띠를 구하다

영암 금지저수지에서 합류한 이들은 신북으로 가던 중 나주 반남에 들러 '유약방' 앞에 차를 세웠다. 여기에서 시위에 필요하다고 여겨지는 붕대와 머큐로크롬, 그리고 마스크를 샀다. 반남은 이미 시위대가 접수했기 때문인지 주민들은 박재택 일행에게 특별한 관심을 두지 않았다. 이춘원은 서성규와 함께 신북에서부터 들고 왔던 책가방을 유약방 옆 먼 친척뻘 되는 집에 던져놓다시피 맡겨놓았다. 시위 차량을 만나게 될지 어떨지 장담할 수도 없긴 했지만 단순한 생각에 버릇처럼 들고 왔던 가방이 거추장스러웠기 때문이었다. 그리고 일행 중 김종식은 형님이 보내준 돈을 가지고 있어 그걸 집에 가져다 줘야 한다며 가봐야겠다고 했다. 그는 홀어머니를 모시고 있던 터라 그가 일을 하지 않으면 바쁜 농삿일을 처리해나갈 사람이 없기도 했다.

김종식을 돌려보낸 박재택과 일행들은 차량을 몰아 신북으로 질주해 갔다. 신북 근교에서 신북고에 다니던 몇몇은 혹시나 선생님을 만나게 될까 우려하여 마스크를 착용했고, 일부는 머리에 붕대를 둘렀다. 몇 명은 붕대에 빨간 머큐로크롬을 칠하기도 했는데 전날 시위대로부터 배운 것이었다. 일행은 나무토막으로 픽업트럭을 두드리며 다른 시위대로부터 배운 구호를 외치면서 곧장 영암읍으로 향했다.

영암군민들의 환영

영암읍으로 가는 도로에 일반 차량은 다니지 않고 시위대의 버스나 트럭만 통행하고 있었다. 다른 시위대 차량을 만나면 차를 세워놓고 다른 지역의 시위 상황이나 무장에 대한 얘기를 나누었다. 빨리 무장하여 광주로 올라가야 한다는 얘기가 많이 오고 갔다. 무장한 시위 차량을 만나면 총을 나눠달라는 말도 했지만 총기를 나눠줄 수 있을 만큼 무기를 가지고 다니는 시위대는 없었다.

오후 1시경에 도착한 영암 시외버스공용터미널은 비어 있었고, 영암군민들은 시위대를 환영하는 분위기에 젖어 있었다. 군민들은 차에 빵과 음료수를 올려주며 격려도 해주었다. 박재택 일행은 영암군민들의 열렬한 환영을 받으며 자신들이 하고 있는 일에 대해 자랑스러움을 느꼈다. 영암읍 사거리 부근에서는 사람들이 트럭의

5·18사적지 표지석이 세워진 영암읍 삼거리.

적재함에 올라가 트럭 머리의 뒷부분 양쪽에 기둥 두 개를 세우고 거기에 '전두환 물러가라' '계엄 철폐하라' 등의 구호를 적은 플래카드를 매달고 있었다. 박재택 일행도 구호를 외치며 영암 읍내를 돌다가 영암경찰서로 향했다. 그러나 영암경찰서에는 아무도 없고 무기고도 텅 빈 채 열려 있었다. 하는 수 없이 차를 몰아 군서 방면으로 진출해 나아갔다. 픽업트럭을 몰고 비포장도로를 빠른 속도로 달려가는데 누군가가 앞에서 걸어왔다. 박재택 일행은 차를 세우고 그에게 같이 가자고 했다. 그는 망설이는 듯한 기색을 보이며, 동생을 찾으러 가야 한다고 했다. 그래도 계속 부추기자 차에 올라왔다. 그의 이름은 하덕열이었다.

영암 군서지서 부기고 접수

군서면으로 들어가는 포장도로에는 일반 차량은 물론 시위 차량도 없었다. 구호를 외치고 픽업트럭을 두드리며 군서에 도착했는데 주민들의 모습은 거의 보이지 않았다. 길가에 한두 명의 주민이 있어 군서지서를 물으니 가르쳐주었다. 군서지서는 상가에서 조금 떨어진 길가에 있었다. 일행은 구호를 외치고 차를 두드리며 들어갔다. 경관 2명과 5~6명의 방위병들이 박재택 일행이 외치는 소리를 듣고 숙직실 부근의 담 너머로 힐끔힐끔 내다보다가 담을 넘거나 지서 본관 앞에 빽빽이 심어진 나무 사이로 도망갔다. 지서 앞에 차를 세우고 들어가 무기고를 열었으나 이곳 역시 이미 비

어 있었다. 그들은 지서 본관으로 향했다. 본관에 들어가자마자 이춘원이 청소할 때 쓰는 손잡이가 긴 브러쉬로 최규하의 사진을 떨어뜨려 박살내 버렸다. 그때부터 지서와 같은 관공서에 들르면 맨 먼저 최규하의 사진부터 떼어내 박살내곤 했다. 최규하의 무능함이 계엄군의 학살을 불러일으켰다는 생각에서였다. 당시 최규하가 최고 통수권자인 대통령임에도 불구하고 시위대가 '전두한 물러가라'는 구호를 외쳤다는 것으로도 그의 무능함을 알 수 있었다. 무능한 권력에 항의하듯 군서지서의 전화와 유리창도 박살내 버렸다. 지서 본관 벽에 공기총 7정이 세워져 있었는데 이춘원이 필요할지도 모른다며 3정을 들고 나왔다. 또한 누군가 숙직실에 들어가 이불 한 채를 들고 나왔다. 픽업트럭이 너무 빨리 달려 춥기도 했고, 바닥이 더러워서 앉을 수 없기 때문에 바닥에 깔기 위한 것이었다.

학파농장에서 또다시 본의 아닌 2.5톤 트럭 획득

오후 2시경, 군서지서에서 나온 박재택 일행은 영암군 서호면 성재리 소재 학파농장 부근에 무기고가 있을 것이라는 하덕열의 말에 따라 그쪽으로 차를 몰아갔다. 학파농장으로 들어가는 비포장 길은 차가 겨우 빠져나갈 정도로 비좁았다. 그곳은 농장이라기보다는 평범한 농촌 마을처럼 보이는 곳이었는데 마을 안쪽 길에 2.5톤 타이탄 트럭 1대가 세워져 있었다.

트럭 주인을 만나 광주의 상황과 우리의 사정을 얘기하고 트럭을 빌려달라고 부탁하기 위해 트럭이 세워진 바로 옆 민가에 들어갔다. 박재택 일행이 들어서자 30대 중반의 사내가 담을 넘어 집 옆 언덕으로 도망갔다. 그래서 주인의 허락을 얻지 못한 채 픽업에 있던 이불 등의 소지품을 모두 트럭에 옮겨 실었다. 이 일로 훗날 트럭 주인 현영원에 의해 특수강도혐의로 고소되기도 했다.

이 근처에서도 무기고를 발견하지 못한 일행은 타이탄 트럭을 타고 학산면 학산지서가 있는 독천으로 향했다. 픽업트럭은 그곳에 그냥 두고 오자고 했으나 이춘원이 운전을 해보고 싶다며 서성규를 옆자리에 태우고 끌고 나왔다. 이춘원의 아버지가 GMC

3대로 운수업을 했는데 그 차로 운전을 익혔던 모양이었다. 이영일이 운전하는 타이탄 트럭이 앞서고 픽업트럭이 뒤따르며 울퉁불퉁한 길을 한참 가는데 언덕을 넘자 포장도로가 나왔다. 다음 행선지는 영암 독천으로 정했으나 픽업트럭에는 전달되지 않은 상황이었던 터라, 도로 초입에서 멈추어 섰다. 그러나 뒤따라와야 할 픽업트럭이 보이지 않았다. 먼저 가버리면 헤어질지도 모른다는 생각에 10여 분을 기다렸지만 감감 무소식이었다. 무슨 일인가 싶어 일행 중 한 명이 언덕으로 올라갔다. 5분쯤 지난 후 이춘원과 서성규가 마중 나간 동료와 함께 언덕을 넘어 걸어왔다. 픽업트럭에 연료가 떨어져 그냥 길가에 처박아버리고 왔노라고 했다.

학산지서와 미암지서를 접수하다

독천에 도착해 학산지서에 가보았지만 이곳 무기고도 텅 비어 있었다. 전수용이 지서 앞에 세워져 있던 90cc 오토바이 1대를 끌고 내려왔다. 길가에 노인 한 분이 있어 미암면으로 가는 길을 물으니 샛길을 가르쳐주었다. 오토바이를 탄 전수용을 따라 트럭을 타고 미암으로 향했다. 2층집 하나 보이지 않는 미암면 역시 경찰지서는 완전히 비어 있었다. 지서 부근 가게 앞에 차를 세우니 주인이 빵과 음료수를 내다 주었다. 워낙 형편이 어려워 보였기에 고맙다기보다는 오히려 안쓰러운 생각이 들었다. 가게 앞에 차를 세워둔 채 빵을 먹고 있는데 마을 주민 10여 명이 나왔다. 마을로 들어가면서 구호를 외치고, 차를 두드렸던 소리를 듣고 나온 모양이었다. 박재택 일행이 그곳에 들어간 첫 시위대였는지 그들은 아주 신기하다는 듯 쳐다보았다.

영암 시종지서를 접수하다

미암면에서 나온 일행은 군서면으로 향했다. 군서면은 처음 지나쳤을 때와 마찬가지로 나오는 길에도 여전히 조용했다. 도중에 전수용이 타고 다니던 오토바이를 길가에 버렸다. 무기를 빨리 찾아 광주로 가야 한다는 생각 때문에 포장도로에서는 시속 120~130Km 정도로 빨리 달렸고 비포장도로에서도 가능한 한 빨리 달렸다. 그런데 오토바이가 차량의 속도를 따라오지 못했던 것이다.

아침에 시종으로 갈 때는 영암종합고등학교를 경유하는 길을 택했지만 이번에는 군서면을 조금 지난 곳에 나 있는 샛길을 택했다. 고향인 시종면에 들어가면 사람들이 알아볼 것 같아 마스크나 붕대로 얼굴을 가렸다. 오후 5시경 시종면 소재지에 도착한 일행은 곧장 시종지서로 향했다. 시종지서는 완전히 비어 있었고, 무기도 없었다. 본관에 들어가 최규하 사진 등을 부숴버리고 숙직실에 들러 담요 두 장을 들고 나왔다. 그리고 지서장 의자에 걸쳐 있던 경찰복 상의를 누군가가 들고 나왔다. 경찰복 상의는 나중에 이춘원이 입고 다녔다. 시종지서에서 나와 면소재지로 들어가자 청년들이 나와 박수를 쳐주고 악수도 청했다. 그리고 박재택 일행을 환영식당으로 안내하여 막걸리도 한잔씩 대접해 주었다. 환영식당에 같이 있던 청년들에게 혹시 무기가 있을 만한 곳을 알고 있는지 물었다. 누군가 "옥야리는 해변이라 무기고가 있는데 그곳에 무기가 있을랑가 모르겠소"라고 했다.

옥야리 무기고 접수

옥야리 무기고는 마을 중앙 앞쪽에 있었다. 박재택 일행이 도착하지 많은 주민들이 나와 무기고 주위에 모였다. 무기고를 지키는 사람은 없었으나 문이 잠겨 있었다. 주민들에게 "어떻게 했으면 좋겠습니까?"하고 물었다. 40대 초반으로 보이는 옥야리 한 주민이 곡괭이를 가지고 왔다. 시종에서 합류한 박이선이 곡괭이로 찍어 어렵사리 무기고 문을 부수었다. 그러나 실탄이나 총기는 없고 빈 탄창만 200개 정도 있었다. '빈 탄창을 어디에 쓸 것인가'라고 투덜거리면서도 50개 정도를 차에 실었다. 옥야리에서 30분 정도 머무르다 시종에 오니 어머니가 와 계셨다. 누군가 박재택이 시종에 왔다고 집에 연락을 했던 모양이었다. "재택아" 하곤 어머니가 불렀지만 복면을 하고 있으니 대답을 하지 않으면 모를 것 같아 모른 체했다. 그러나 이미 아들을 알아보고 계속 부르자 박재택은 어머니를 모시고 시종교회 부근으로 갔다. "재택아, 집으로 가자" "어머님, 저는 갈 수 없습니다" 하며 실랑이를 했지만 아들이 고집을 꺾지 않자 어머니는 눈물까지 비치셨다. 그러나 갈 수 없었다. 직접적으로 표현하지는 않았지만 영암 일대를 한 바퀴 도는 동안 주민들의 반응을 보며, 자신도 뭔가 해야겠다는 생각과 옳은 일을 하고 있다는 자부심을 갖게 된 박재택은 끝내 뜻을 굽히지 않았다. 결국 어머니는 혼자 집으로 돌아가셨다.

흙 속에 감춰진 총으로 무장

어머니를 돌려보내고 환영식당으로 돌아오니 같이 술을 마시고 있던 시종지서 방위병 김모씨가 "시종지서 뒷산에 무기가 묻혀 있다. 무기를 묻는 데 나도 참여했다."고 했다. 그 소리를 들은 박재택 일행은 초조하고 반가운 마음에 김모 씨를 환영식당에 남겨둔 채 트럭을 몰았다. 시종지서 앞에 차를 세워놓고 지서를 지나 뒷산으로 향했다. 이때가 오후 7시 30분에서 8시 사이였다. 지서에서 50m쯤 떨어진 곳에 흙을 파헤친 자국이 있었다. 나뭇가지로 가로 50cm, 세로 2m 정도 되는 곳을 50cm 정도의 깊이로 파헤치자 관처럼 생긴 나무 상자가 나왔다. 상자 속에는 총열과 개머리판이 엇갈리게 담겨진 총이 여러 정 있었다. 첫 번째 상자를 들어내니 그 밑으로 상자 두 개가 더 묻혀 있는 게 보였다. 주변을 더 파헤쳐 그 상자마저 들어냈다. 상자마다 무기가 가득 들어 있었다. 그리고 밑으로 다시 상자 세 개가 묻혀 있는 게 보였다. 무기 상자들이 밑에서부터 3개, 2개, 1개씩 쌓아져 있었던 것이다.

박재택 일행은 M1 소총과 칼빈 소총을 합하여 150정 정도 파낸 후 트럭에 실었다. LMG 기관총도 1정 있었다. LMG를 트럭 머리 위에 올려놓고 차가 움직일 때는 떨어지지 않도록 몇 사람이 붙잡았다. 무기를 확보한 이들은 트럭을 몰아 곧장 신북으로 나갔다. 신북 시외버스공용터미널에서 다른 시위 버스를 타고 신북에 왔던 손철식과 김태호가 재빨리 버스에서 내려 트럭에 옮겨탔다. 그렇게 시종에서 합류한 나종구, 박이선, 박광남, 박홍용, 조홍업 등 20명이 함께 하게 됐다.

시위대에게 무기를 나눠주다

신북에서 "모든 시위대는 나주군청 앞에 모인다"는 소식을 전해 들은 박재택 일행의 트럭은 나주로 향했다. 해가 뉘엿뉘엿 넘어가고 있었다. 신북을 조금 지나 금수리 부근에서 영암 방면으로 내려오는 시위대 버스를 만났다. 차를 가까이 세우고 애기를 나누었다. "우리는 실탄은 있는데 총이 없소. 그쪽은 어떻소?" 라고 그쪽에서 말을 건네자 "우리는 총은 많이 있는데 실탄이 없소. 그러니 서로 실탄과 총을 바꿉시다" 하고 각자 1정씩 소지할 수 있을 만큼의 총을 건네주었다. 그 버스에도 20여 명이 타고 있었다. 그들 중 나이가 어려 보이는 시위대원이 낱개로 있는 M1 실탄 30여 발을 건네주었다. 넉넉한 양은 아니었지만 어쨌든 완전한 무장을 하게 된 것이다. 실탄을 한두 발씩 나눠 갖고 출발했다. 가는 도중에 총기에 실탄을 넣었는데 스프링 힘이 너무 강해 손을 다치기도 했다. 그러자 전수용이 일행들에게 "이제 완전무장하였으니 오발 사고에 유의하여야 한다" 며 주의를 주었다. 모두 안전핀을 채우고 총을 어깨에 멨다.

나주로 가는 도중 무기가 필요하다는 시위대를 만나면 언제나 충분한 양의 총기를 나눠주었다. 광주에서 사람들이 죽어가고 있으므로 무장은 필요한 것이었고, 다른 시위대도 무장을 해야 된다고 생각했기 때문이다. 그렇게 나주까지 가는 과정에서 50정 정도의 총을 나눠주었다.

나주군청 앞에 모인 시민군

나주 영산포 다리 앞에서 10여 명의 사람들이 박재택 일행의 트럭에 올라왔다. 그 중 한 사람은 30대 후반으로 머리가 약간 벗겨지고, 관공서에 나가는 사람처럼 보였는데 츄리닝에 메리야스만 입고 있었다. 말을 아주 잘했던 그는 "지금 광주로 가면 모두 죽습니다. 그러니 가지 마시오." 라며 무기에는 손을 대지 않고 계속 광주로 가지 말라는 말만 했다.

영산포를 지나 나주군청으로 들어갔다. 오후 8시 30분 경, 나주군청 앞 광장에는 버스와 트럭 등 80여 대의 차량과 자전거가 모여 있었다. 광장뿐만 아니라 군청 앞과 옆 도로, 그리고 시외버스 다니는 길 등을 군중들이 꽉 메우고 있어 4,000~5,000명을 족히 되어 보였다. 상당수는 나주 주민인 듯했다. 무장하고 있는 사람은 30%도 채 안 되었는데, 들고 있는 총도 공기총이나 엽총이 대부분이었다. 칼빈이나 소총은 귀했다. 심지어 개머리판조차 없는 총을 들고 다니는 사람들도 있었다. 박재택 일행은 총을 달라고 몰려드는 사람들에게 자신들이 필요한 20정 정도를 남기고 무작위로 나눠주었다. 광장에서는 어떤 경로와 어떤 방법으로 광주로 들어갈 것인지를 놓고 토론하고 있었다. 육성으로 얘기하는 사람, 트럭에 올라가 핸드마이크를 들고 얘기하는 사람, 군청 옥상에 올라가 악을 쓰는 사람 등 일정한 체계는 없었다. 하지만 큰 혼란도 없었다.

송정리를 통해 들어가는 방법, 노안 쪽으로 가는 방법 등이 거론됐지만 남평을 뚫는 방법이 가장 분분하게 얘기되었다. 위험하지만 차가 한 대씩 올라가면 계엄군이 총을 쏘아도 한꺼번에 줄줄이 올라가기 때문에 쏘지 못할 것 아니냐는 주장이었다.

다시 시종에서 무기를 파내다

나주에서 무기가 절대 부족한 것을 보고, 박재택 일행은 무기를 더 가져오기 위해 차를 돌렸다. 무기를 가지러 간다고 하자 버스 한 대가 뒤따랐다. 그 버스에는 두 사람만 타고 있었다. 이미 날이 어두워지고 있었다. 신북을 거쳐 시종으로 돌아온 박재택 일행은 지시 뒷산에 올라가 다시 무기를 파내기 시작했다. 누군가 민가에서 삽을 빌려와 흙을 파헤쳤다. 나종구가 가장 열심이었다. 이번에 파낸 총기는 300정 정도였으며, 그 중 250정 정도를 버스에 실어주고 나머지는 트럭에 실었다. 곧바로 나주로 향했다. 밤 10시에 가까운 시간이었다.

나주군청에 도착하니 시민군이 광주를 향해 출발한다고 했다. 박재택 일행도 그들과 합류하여 광주로 향했다. 10여 대의 차량이 행렬을 이뤄 남평을 향해 가던 중, 얼마쯤 가니 헬리콥터 2대가 날아왔다. 그러자 광주로의 진입이 불가능하다고 판단했는지 선두 차량이 차를 돌렸다. 뒤따르던 박재택 일행도 차를 돌려 달리기 시작했다. 겁먹은 상태에서 얼마나 달렸는지 차를 세우고 보니까 영산포 다리 부근이었다. 대부분의 시위대는 내일을 기약하자고 했고, 일부는 노안으로 가겠다고 했다. 박재택 일행은 광주로 진입하는 것이 어려울 것이라는 판단 하에 영암으로 차를 몰았다.

밤 11시가 다 되어 영암에 도착하자 주민들이 그 늦은 시간에도 나와서 김밥을 챙겨주었다. 그 김밥으로 허기를 달래고 다시 신북으로 향했다. 신북시외버스공용터미널에 들어서니 주민들 몇 명이 나와 있었다. 그 중에 이달연의 아버지가 기다리고 있다가 아들을 붙잡고 내리라고 했다. 아버지가 너무 완강해 어쩔 수 없이 이달연이 차에서 내렸고, 임종문도 따라 내렸다. 이달연과 임종문을 내려준 일행은 신북국민학교로 가서 운동장에 차를 세워놓고 숙직실 문을 두드렸다. 선생님 두 분이 나와 교실 한 칸을 내주었다. 박재택 일행은 총이 실린 트럭은 밖에 세워둔 채로, 차에 싣고 다니던 담요만 내려서 덮고 잠을 청했다.

실탄을 획득하다

다음 날 아침 7시쯤 일어난 박재택 일행은 곧장 시종면으로 갔다. 순경들이 있으면 실탄의 행방을 물어보려고 시종지서에 들렀으나 아무도 없었다. 혹시나 하는 생각으로 시종국민학교에 들러 뒤져보았으나 역시 실탄은 없었다. 도포지서에 가면 혹 실탄이 있을지 모른다는 생각이 들어 도포 쪽으로 가던 중 자전거를 탄 방위병 2명을 만났다. 그러나 박재택 일행을 본 방위병들은 자전거에서 뛰어내려 논길로 냅다 도망쳤다. 박재택은 총을 겨누며 계속 "서라"고 외쳤다. 하지만 방위병들은 뒤도 돌아보지 않고 계속 달음질쳤다. 실탄 한 발이 있었지만 쏘지는 않았다.

도포지서로 가기 위해 덕화리 저수지를 지날 때였다. 저수지 둑을 지나 언덕으로 올라가려는데 세 사람이 경운기를 몰고 나타났다. 경운기 적재함에 뭔가 실려 있었는데 가마니로 덮여 있었다. 경운기와의 간격이 15m쯤 벌어졌을 때였다. 서성규가 "좀 이상하다"고 말했다. 그러자 나종구가 큰소리로 "서라"하고 외쳤다.

경운기가 정지하자 적재함 위에 덮여있던 가마니를 젖혀보았다. 놀랍게도 그것은 탄약상자였다. 나종구가 그 중 나이가 가장 많아 보이는 사내의 뺨을 내리치며, "광주에서 지금 사람들이 죽어가고 있는디 실탄을 숨기려 하다니, 이게 무슨 짓이야!" 하고 소리쳤다. 그때는 사복을 입고 있어 누군지 몰랐는데 나중에 알고 보니 그가 도포 예비군 제2중대장 김금호였다. 방위병 2명과 함께 도포지서 무기고에 있던 실탄을 숨기기 위해 다른 곳으로 옮기던 중이었던 것이다. 그가 잘못했다고 하며 실탄을 내주어 트럭에 옮겨 실었다. M1 실탄이 20상자, 칼빈소총 실탄이 5상자 등 모두 25상자였다. 나중에 조서를 쓰면서 들으니 2만 몇천 발 정도 분량이었다고 했다.

시위대에 실탄을 지급

옥야리 무기고에서 가져왔던 탄창에 실탄을 채워 넣고 장전하여 격발도 해보았다. 전수용과 유은열이 총기사용법을 가르쳐주며 말했다. "지금부터 정말 조심해야 된다. 만약 오발사고라도 나서 우리 중 누가 죽는다면 완전히 개죽음이다." 영암 입구 로터리에 차를 세워놓고 광주 방면으로 올라가는 시민군의 차마다 실탄을 한 상자씩 나눠주었다. 1시간에 평균 10대 정도의 시민군 차량이 그곳을 거쳐갔다.

강제해산

오후 3시쯤 되었을 때였다. 계속 시민군 차량에 실탄을 지급하고 있는데 영암읍에서 버스 한 대가 구호를 외치고 각목으로 차체를 두드리며 나타났다. 그 차에도 두세 상자의 실탄을 나눠주었다. 그러자 40대로 보이는 남자가 영암국민학교에 밥을 삼백 상 정도 준비해 놨으니 그곳에 가서 밥을 먹자고 했다. 박재택 일행은 그들이 시키는 대로 트럭은 그곳에 세워둔 채 버스에 옮겨탔다. 실탄도 전부 버스로 옮겼고, 총도 든 채였다. 버스에는 20명 정도의 인원이 타고 있었는데 대체로 30대 중반으로 보이는 사람들이었다.

영암국민학교로 가는 버스 안에서 그들은 오발 사고를 막기 위해 탄창의 맨 위 실탄을 거꾸로 끼우라고 했다. 그러면서 실탄을 바꿔 끼우는 것을 도와주기도 했다. 그런데 영암국민학교에 도착해보니 밥이 없었다. 그들은 "밥이 곧 올 테니 다들 내려서 소대편성도 하고 총기 사용법도 익히자"고 했다. 그래서 차근차근 내리는데 오발 사고에 유의해야 한다면서 총을 다 놔두고 내리라고 했다. 모두 총을 두고 내렸다. 박재택은 용변이 급해 이춘원과 함께 20~30m 떨어져 있는 화장실로 뛰어갔다. 그런데 화장실에서 막 용변을 보고 있을 때였다. "타앙" 총성이 하늘을 가르며 울려퍼졌다. 그리고 "이 자식들아 모두 엎드려!" 하는 소리가 들렸다. 그때서야 '아이고 이제는 죽었구나, 우리 편이 아니고 적군이었는데 우리가 함정에 빠졌구나' 하는 생각이 들었다. 그러는 사이 한 사람이 총을 들고 화장실로 들어왔다. 끌려 나와보니 모두 땅바닥에 엎드려 있었다. 박재택과 이춘원도 동료들 옆으로 가 엎드렸다. 모두들 머리를 땅바닥에 처박고 손을 등 위로 올렸다. 속칭 원산폭격을 하자 윗주머니에서 총알이 쏟아져 나왔다. 주머니 검사가 시작되었다. 한 사람이 총으로 위협하고, 5명 정도는 시위대가 내놓거나 바닥에 떨어진 실탄을 회수했다. 그리고 차에 있던 총을 모두 뒤로 옮긴 뒤 버스에 타라고 했다. 그들은 시위대를 버스의 앞쪽에 타게 한 뒤 설득하기 시작했다. 그러면서 영암경찰서로 가 음료수나 한잔씩 하자고 했다.

경찰서 옆 잔디밭에 모여 앉았다. 거기엔 영암경찰서장과 시종지서장이 있었다. 시종지서장이 마치 대처에서 동향 후배를 만난 것처럼 다정스럽게 대하며, 어느 집 자식들인가를 물어왔다. 빵과 음료수도 갖다주었고, 분위기가 너무 좋아 박재택 일행은 순순히 대답해주었다. 이춘원의 아버지는 알 만한 사람은 다 아는 터였기 때문에 쉽게 알아보기도 했다. 시종지서장은 웃으면서 "에끼 이놈들, 너희들 때문에 우리가 얼마나 고생한 줄 아느냐"고 하기도 했다. 이런저런 얘기를 나누다 오후 5시쯤 되었을 때 그들은 시종으로 갈 사람과 신북으로 갈 사람으로 나눠서 차로 태워다주었다. 시종 입구까지 그들의 버스를 타고 온 박재택은 어두워지기를 기다렸다가 마을 뒷산을 넘어 집으로 갔다.

다시 만난 곳은 유치장

영암에서 강제 무장해제를 당하고 해산된 박재택 일행은 각자의 생활로 돌아갔다. 박재택을 비롯한 고등학생들은 휴교 중이라 집에서 쉬어야 했고, 이달연은 광주 근교에서 계란을 받아 장사를 했는데, 차량이 통제되어 장사를 할 수가 없었다. 그런 상황에서 5월 27일 새벽 도청을 사수하던 시민군이 계엄군에 의해 진압되고 광주의 상황이 일단락지어졌다는 소식이 전해졌다. 이달연은 "그런 상황이 평생 갈 것처럼 여겨

졌었는데 그렇게 쉽게 무너졌다니 허망하다"고 했다.

다시 학교에 나가기 시작했다. 종례 시간에 교감 선생님이 불러서 가보니 교실에 40여 명 정도의 학생이 모여 있는데 모두 5·18 관련 학생들이었다. 교감선생님께서는 "어떻게든 내가 막아볼 테니까 혹시 경찰서에서 부르더라도 절대 따라가지 말고 먼저 나한테 연락해야 한다. 그러면 어떻게든 내가 책임을 져보겠다."고 말했다. 그러면서 했던 일을 적어내라고 했다. 그런 모임은 2일 간격으로 3번 있었다.

그 후 별일 없이 시간이 흘러 6월 14일이 되었다. 토요일이라 시종 집에서 아버지를 거들며 논에 나가 일을 하고 있는데 "박재택과 손철식은 시종지서에서 와달라고 하니 가보시기 바랍니다" 하는 마을 방송소리가 들렸다. 방송을 들은 아버지는 잘못한 것 없으니 다녀오라고 했지만 교감선생님으로부터 들은 얘기가 있었기 때문에 가고 싶지 않았다. 그러나 아버지의 말씀에 따라 옷을 갈아 입고 집을 나섰다. 마을을 막 빠져나오는데, 시종면 소재지에서 당시 마을 이장이었던 박기우씨가 우리를 데리러 오고 있었다. "다른 마을은 하나도 없는데 너희들 때문에 동네 망신 다 당한다"는 말을 듣고 몹시 기분이 상했다. '우리가 했던 일이 뭐가 잘못된 일이고 망신스러운 일이란 말인가' 시종 지서에 가자 지서장이 택시를 불러 타라고 했다. 순경 두 명이 박재택과 손철식을 택시 뒷 좌석 가운데에 앉히고 양 옆으로 바싹 붙어 앉았다. 영암경찰서는 위압감이 느껴졌다. 유치장 안에는 조홍업, 박이선 등이 잡혀 와 있었다. 경력이 얼마 되지 않은 전경 출신의 순경이 다짜고짜 두들겨 패기 시작했다.

한편, 이달연은 항쟁이 일단락되자 생업에 전념하고 있었다. 그런데 항쟁이 끝난지 1개월쯤 지났을 때 형사 둘이 와서 이영일을 데리고 갔다는 말을 듣고 곧장 신북 구장터 부근에 있던 애인 집으로 몸을 피했다. 아니나 다를까 다음 날 그의 집에도 형사들이 다녀갔다고 했다. 계속 애인 집에 머무르던 이달연은 3일쯤 지나자 자진해서 영암경찰서로 출두했다. 임종문도 영암경찰서로 연행됐다.

유치장 생활

유치장에서 2~3일 지내고 나니 영암경찰서 이영근 형사가 이춘원, 최황우, 서성규 등을 불러놓고 조사하다가 박재택을 불렀다. 조사를 받던 친구들은 바닥에서 엎드려 뻗쳐를 하고 있었다. 그런 그들이 안 돼 보여 박재택은 "뭐 그렇게 맞고 어쩌고 할 것 있느냐. 우리는 잘못한 것이 없으니까 우리가 한 일에 대해 사실대로 말하자"고 했다. 친구들은 그 말에 수긍을 하고 진술을 했다. 전수용이 아직 잡히지 않고 있었기 때문에 큼직큼직한 부분에 대해서는 전부 그가 했다고 했다.

임종문도 유치장에 갇히고 얼마 지나지 않아 조사를 받았다. 그런데 앞에 있던 경관이 주먹을 휘두르며 누구 누구를 총으로 쐈냐며 윽박지르기 시작했다. 그렇게 맞고 있는데 옆에서 조사를 받고 있던 김희규가 입을 함부로 열지 말라는 신호를 했다. 나중에 임종문은 대질 심문에도 나갔고, 예비군 중대장으로부터 실탄을 획득하였던 덕화리 저수지 부근 현장 검증에도 동행해야 했다. 그러나 실제 임종문은 덕화리 저수지 부근에서 실탄을 획득하기 전날 이미 트럭에서 내렸기 때문에 그 자리에는 없었다.

상무대로 이송되다

영암경찰서 유치장에서 보낸 기간은 52일이었다. 유치장 생활이 끝나갈 무렵 삼청교육 대상자들이 잡혀왔다. 박재택 일행이 상무대로 옮겨지기 사흘 전부터 이들이 들어오기 시작했는데, 마지막 밤에는 누울 자리가 없을 정도로 유치장이 비좁아 모두 앉아서 잠을 자야 했다.

다음 날, 경찰서 앞마당에 대기 중이던 버스에 타고 광주로 이송됐다. 모두 33명이었다. 경찰서 뒤 밤나무에 파랗게 매달려 있던 작은 밤송이들이 지금도 잊혀지지 않는다. 상무대에 도착하자 박춘배 형무반장이 헌병 몇 명을 데리고 나왔다. 형무반장은 중사였는데 키가 작고 몸이 땅땅했다. 상의가 없는 군복으로 갈아입게 한 후, 무자비한 폭행과 기합이 시작되었다. 신원파악을 하는 동안에도 폭행은 계속되었다. 그들

광주광역시 서구 5·18자유공원 내 옛 상무대 영창에 복원된 인물 모형.

은 끌려온 이들을 개처럼 취급했다. 상무대의 영창은 모두 6개였다. 박재택과 일행은 두 번째 방, 그들의 말로 표현한다면 2소대에 배치되었다. 2소대에는 문장우를 비롯해 '지원동파'라 불리는 사람들 8, 90명이 수감돼 있었는데 거기엔 영암 출신 김봉수도 있었다.

지옥 같은 상무대 생활

상무대에서는 처음 3일 동안이 가장 견디기 힘들었다. 취침시간에도 기합을 받아야 했다. 앉아 있다거나 쉰다거나 하는 것은 생각할 수도 없었다. 그런 날이 1주일 가까이 계속되었다. 화장실에 갈 때도 2인 1조로 보고를 해야 했다. 보고를 하면 그들 마음 내키는 대로 행동했다. 어떨 때는 화장실에 가라고 하고, 기분이 좋지 않으면 창살 밖으로 손을 내밀라고 하여 때렸다. 한번은 이달연이 심하게 맞은 적이 있었다. 정좌하고 있어야 했는데 졸다가 근무 중인 헌병에게 걸려 창살 밖으로 손을 내민 채 곤봉으로 손바닥 20대를 맞은 것이다. 한참을 그렇게 때리던 헌병이 손을 빨리빨리 내밀지 않는다며 유치장 문을 열었다. 이달연을 밖으로 끄집어낸 헌병은 그야말로 개 패듯 두들겨팼다. 이때 얼마나 심하게 맞았던지 이달연은 지금까지 왼쪽 귀의 청력이 좋지 않다. 음식물을 씹을 때는 왼쪽 귀가 전혀 들리지 않기 때문에 식사 때는 다른 사람들과 대화를 나눈다거나 텔레비전을 본다거나 하는 일을 할 수 없을 정도다.

단식투쟁

상무대 영창에 갇힌 지 한 달이 조금 넘었을 때쯤 단식투쟁을 했다. 계속되는 기합으로 늘 배가 고픈 상태였으나 식사 때가 되어 밥을 받아놓고 보면 먹을 것이 없었다. 그 무렵 박재택은 2방에서 5방으로 옮겼는데 그곳에는 대학생들이 많았다. 이 대학생들을 주축으로 단식투쟁이 시작되었다. 규정된 식사량을 공개하고 그 규정만큼 식사를 달라는 것이었다. 형무반장이 와서 "밥 안 먹는 놈이 어떤 놈들이야. 이리 나와" 하자 20명 정도가 나갔다. 영창 앞 연병장에서 속칭 한강철교라는 기합을 받으며 구타당했다. 박재택은 이때 이현교라는 자의 군홧발에 채여 지금도 허리가 몹시 좋지 않다. 처음 단식을 할 때는 거의 모두가 참여했는데 박재택과 몇 사람이 맞고 돌아오자 단식투쟁은 거기서 일단락되는 듯했다. 그러나 연병장에서 맞고 돌아온 사람들 중 7명이 또다시 식사를 거부했다. 그들은 계속 맞으면서도 단식을 강행했으나 결국 세 끼 식사를 거부한 것으로 단식투쟁을 마쳤다.

조사와 재판

상무대 영창에 들어간 지 두세 달 후부터 조사가 시작되었다. 헌병이 부르면 밖으로 나가 검사실에 가서 조사를 받았다. 검사실에 들어가기 전에 텐트에서 대기하였는데 그곳에서도 헌병들에게 심한 구타를 당했다. 박재택도 곡괭이 자루로 20대 정도 맞은 적이 있다. 박재택을 조사했던 사람은 군 검사였는데 얼굴이 역삼각형이고 구렛나루가 긴 사람이었다. 죄명은 계엄법 위반, 총기단속법 위반, 내란부화수행 외에 특수강도 죄목도 있었다. 그러나 그 군 검사가 영암경찰서 이형근 형사의 뺨을 때리면서 "이 나쁜 놈아, 아무리 출세에 눈이 멀었기로 어린애들에게 특수강도가 뭐냐?"고 소리쳤다. 그 뒤 두 번째 재판에서는 특수강도 부분이 삭제되었다.

1980년 당시 상무대 군사법정.

10월 중순이 되자 상무대 안의 군 법정에서 재판을 받았다. 재판은 여러 사람이 한꺼번에 받았다. 국선 변호사가 변호를 맡았으나 한 사람에 대해 5분 이상 변론하는 것을 본 적이 없다. 그는 "피고 ○○○은 학생이었죠? 광주에서 특정인의 지시를 받아 그렇게 한 것이 아니고 울분을 느꼈기 때문에 단순히 그렇게 한 것이죠?" 대충 이 정도가 변론의 전부였다.

첫 재판에서 박재택은 고등학생이었음에도 장기 5년, 단기 3년을 구형받았다. 이달연과 나종문은 각각 8년을 구형받았다. 특수강도 부분이 삭제된 두 번째 재판에서 박재택은 다시 5년을 구형받고 확정심에서 3년형을 언도받았다. 그리고 달연과 종문은 각각 4년형을 받았다. 박재택은 최후의 진술에서, "내가 책에서 배운, 그리고 어른들을 통해서 배운 것들과 현실은 너무 차이가 있다. 그렇다면 교육은 어디로 갔고 책에서 부르짖는 민주주의는 어디로 갔는가, 책에서 배운 민주주의는 이런 것이 아니다. 앞으로의 민주주의는 이런 것이 아닌, 책에서 배운 것이 되어야 한다."고 했다.

교도소로 이감되다

상무대 영창생활 중 기억나는 일이 몇 가지 있다. 일요일이면 선교회 같은 데서 나와 노래를 불러주고는 했는데 이때는 참으로 즐거운 시간이었다. 이들이 오는 날은 구타와 기합이 없었기 때문이다. 그리고 광복절에는 빵을 하나씩 나눠주었다. 상무대 생활을 하면서 두 번 면회를 하게 되었다. 한 번은 집안의 누군가가 상무대의 우 소령이라는 사람을 잘 알고 있어 그를 통해 가족들과 면회가 가능했다. 면회는 우 소령 직무실에서 30분 가량 누나와 작은어머니를 만난 것이 전부였는데, 누나가 통닭을 가져와 그것을 먹으며 얘기를 나누었다. 박재택은 부모님을 비롯하여 가족들의 안부를 물었고, 누나는 가능하면 빨리 나오라고 했다. 우 소령 사무실에 갈 때는 헌병 한 명이 데리러 와서 따라갔다. 면회를 할 때 우 소령이 옆에 있었지만 그는 아무런 얘기도 하지 않았다.

교감선생님이 찾아와 신북고에 다니던 학생들이 모두 면회를 하러 나가기도 했다. 교감선생님 친구분 중에 합동수사본부 준위가 한 명 있어 그의 직무실에서 만났다. 교감선생님의 친구인 준위는 "진즉 너희들을 알았더라면 좀더 잘해 줄 수 있었을 텐데"라고 했다. 검거되기 전에 교감선생님이 어떻게든 손을 써보겠다고 하실 수 있었던 것은 그 사람을 알고 있었기 때문인 것 같았다.

교도소 생활

상무대에 있는 동안 교도소는 천국이라는 소리를 자주 들었다. 거기서는 음식도 사먹을 수 있고, 생활도 편하고 기합도 없는 곳이라고들 했다. 10월 27일, 재판을 받고 형이 확정된 박재택과 친구들은 다음 날 광주교도소로 이감되었다. 상무대에서 수갑이 채워지고, 포승줄에 묶인 채 교도소에서 온 버스를 타고 문화동으로 향했다. 군인들이 버스 중간 중간에서 감시를 하고 있었지만 박재택과 일행들은 같이 「투사의 노래」를 불렀다.

박재택 일행은 4사 2층에 수감되었는데, '천국이란 이런 곳이구나' 하는 생각이 들 정도로 상무대에 비해 편했다. 그러나 상무대에서 듣기로는 교도소에 가면 치약도 팔고 튀김 종류도 판다고 했는데 그런 것이 없어 시위를 했다. 모두들 밥그릇으로 교도소 창살을 긁어댔다. 「투사의 노래」를 부르고 "전두환 물러가라"와 같은 구호도 외쳤다. 어찌나 그 소리가 크던지 교도소가 쩡쩡 울릴 정도였다. 일반 재소자들에게 영향이 미칠지 모른다며 과장이 왔다. 오후 7시쯤에는 소장이 직접 내려와 협상을 벌였다. 다음날부터 치약 등을 교도소에서 판매했다.

박재택은 교도소에 있는 동안 대학생들과 오랫동안 같이 있게 되어 그들로부터 많은 것을 배웠다. 교도소 안에서도 세미나를 했고, 책을 읽다가 모르는 것이 있어 물어보면 친절하게 가르쳐주기도 했다. 그때 읽은 책 중에 기억에 남는 것은 『우상과 이성』이다. 대학생들은 미국에 관한 얘기를 많이 했다. 상무대에 있을 때에도 "미국이 우리를 도우러 온 줄 알았는데 20사단의 출동 명령을 그들이 승인했다"며 미국을 비난하는 소리들을 들었다. 그러나 박재택은 오랫동안 반미감정을 갖지는 않았다. 그렇지만 최근 농민회에서 활동하면서 미국의 실체에 대해 올바르게 접근하게 되었다.

통한의 세월들

최황우, 박찬재, 최준, 서성규, 박이선, 박홍용, 박광남, 손철식, 김태호 등은 미성년자여서 10월 27일 기소유예로 석방되었고, 박재택과 이단연 등은 12월 29일 형 집행면제로 석방되었다. 이후 긴 세월을 폭도의 누명을 쓰고 살아야 했다. 이듬해 3월, 신북고등학교에 복학하였으나 선생님과 잦은 갈등을 일으켰다. 3학년 때는 선생님께서 직접 집에 찾아오셔서 부모님께 그를 좀 잡아달라고 간청하기도 했다.

갓 복학한 2학년 때는 충무수련회에도 강제로 참여하게 되었다. 충무수련회는 본래 공부 잘하고 학교에서 모범생이라 할 수 있는 학생들이 가는 것이었는데 5·18과 관련된 학생들만이 뽑혀갔다. 수련회에 가서 봉체조 등으로 훈련을 받았고, 어느 날 밤에는 5·18 관련자들이라는 이유만으로 불려나가 구타를 당하기도 했다. 이를테면

학생 삼청교육대와도 같은 총무수련회.

그것은 학생 삼청교육대 같은 거였다.

　최황우는 대학을 졸업해도 5·18 관련자이기 때문에 사회진출이 용이하지 않을 것이라는 생각 때문에 일찌감치 대학을 포기했다. 그리고 이춘원은 5·18과 이후의 상무대 생활 등으로 받은 충격 때문에 쉽게 적응을 하지 못하고 학교를 이리저리 옮겨다니는 어려움을 겪었다. 나종구와 손철식, 그리고 박재택은 1987년 6·29 선언 이후 대통령선거로 가는 낙관적인 분위기에 힘입어 '오월구속자동지회'에 가입을 했으나 단체 내부에 분파가 생기고 유명무실해지면서 '오월항쟁동지회'에 흡수될 때 거기에 가입하여 활동하고 있다. 거리상으로 멀기 때문에 모임은 1년에 두세 번 정도밖에 참석하지 못하고 있다. 그러나 나종구는 농민회의 활동은 물론 동지회의 활동도 열심히 하고 있다. 이달연은 정부로부터 얼마간의 물질적 보상을 받기도 했다. 부상 부위가 너무도 확실하기 때문일 것이다. 그러나 비가 오려고 하는 날이면 허리의 통증 때문에 꼼짝 못하는 나종구 같은 경우는 아직 한 푼의 보상도 받지 못했다. 그는 굉장히 어려운 살림살이로 병원 다니기도 쉽지 않지만 병원에서 치료를 받아도 그때뿐이다. 더욱이 그는 부상자 등록도 거부하는 듯하다. 아직도 학살 원흉이 그대로 남아있고, 5·18의 뜻이나 정신은 물론 진상규명까지도 하지 않으려는 집권자들에 대한 반감 때문일 것이다. 그러나 임종문은 "우리가 한 일이 보상을 받기 위해서 한 것은 아니지만 보상금이 나온다면 어려운 살림에 도움이 되겠다"고 말한다. 그러나 보상도 해주니 어쩌니 말만 떠들썩하다가 이제 조용해져버렸다. 무엇 하나 제대로 된 게 없다. 이춘원은 돌아가신 분들과 부상자는 물론 구속자들도 국가유공자로 추대되어야 한다고 말한다.

오월의 태풍에 맞서다

이삼자 / 당시 영암고등학교 3학년

1980년 당시 영암고등학교에 다니던 이삼자에게 민주주의나 독재는 시험 공부할 때 교과서에서나 보던 단어였고, 뉴스에 나오는 정치 이야기에는 관심조차 없었다. 하지만 그렇게 평범한 학생이었던 그도 5·18민주화운동이라는 거대한 역사의 태풍은 비껴갈 수 없었다.

이삼자는 전남 영암에서 나고 자랐다. 초등학교 2학년 때 아버지가 돌아가시고, 농사를 지으며 생계를 꾸려가던 홀어머니 밑에서 3남 2녀 중 셋째로 성장했다. 어린 시절, 이삼자는 몸이 허약해 병치레가 잦은 아이였다. 그래서 초등학교 다닐 무렵엔 고약한 친구들의 괴롭힘 대상이 되곤 했다.

이름도 이상해 가지고 친구들이 막 놀리고 맞기도 하고 그랬어요. 초등학교 때는 아버지가 돌아가시니까 모든 게 너무 막 무섭고 학교도 가기 싫더라구요. 그랬는데 사춘기 되니까 이제 괴롭힌 애들도 하나도 안 무섭고 모든 것이 무섭지가 않더라구요. 그런데 거기서 이제 마음 속에 뭐가 딱 있냐 하면은 약한 사람을 괴롭히면은 굉장히 그 상대방이 비겁하게 보이고 분노가 일어나고 그러더라구요. 어렸을 때는 제가 당했던 게 생각이 나서. 그래서 약한 사람 편에, 힘 없는 사람 편에서 많이 편도 들어주고 싶고, 또 동물의 왕국 보면은 뭐 그 자연 순리인데도 초식동물이 쫓기고 그러면은 빨리 도망갔으면 하는 생각이 들고...... / 이삼자 그날은 5월 21일, 부처님 오신 날이었다. 휴일이라 친구들을 만나러 가던 이삼자는 사거리에서 광주에서 온 시위대 차량을 보았다. 대학생으로 보이는 한 청년이 광주시민이 다 죽어가고 있다며 도와달라고 호소하고 있었다. 공수부대가 시민들을 향해 무차별적으로 폭력을 휘두르고 총을 쏘았다는 이야기를 듣던 이삼자는 광주로 진학한 고향 친구들이 떠올랐다.

친구들이 광주에서 학교를 많이 다니고 있었어요. 그래서 그 친구들이 또 금방 죽을 것만 같고 그런 생각을 가지고 그 (시위차량의) 형이 말한 대로 무조건 차를 탔어요. 시위차량을 타고 가다가 절에 갔다 오는 형이자 친구인 양기옥을 또 만나가지고 그 사람한테도 타라고 그랬어요. 그래가지고 차를 타고 막 사람들 모집하러 다녔죠.. / 이삼자

고등학교 2학년 수학여행 중 설악산에서, 오른쪽 이삼자.

광주 상황을 알리며 시위대를 모집하는 차를 타고 영암 관내를 돌던 중, 광주에서 내려온 또 한 대의 시위대 버스와 합류했다. 각목으로 차를 두드리며 "전두환 물러가라" "김대중 석방하라"를 외치는 시위 차량을 보자 이삼자는 동질감을 느꼈다. 두 대의 시위차량은 광주로 올라가기 전에 무기를 구하기 위해 함께 영암경찰서로 향했다.[104]

---

104) 시위대는 전남 지역을 누비며 계엄군의 극단적인 진압에 함께 항거할 것을 호소하고, 이에 맞서기 위해서는 자신들도 무장해야 한다고 주장했다. 광주에서 온 시위대는 전라남도의 각 지역 주민들과 연대하여 경찰서나 예비군 본부 등에 보관되어 있던 무기들을 획득하여 무장하는 한편, 광주로 무기를 이송했다. (5·18기념재단, 『너와 나의 5·18』, 오월의 봄, 2019, 82쪽)

경찰서에 오니까 그 시민들이 굉장히 많이 있더라구요. 파출소 앞에서 막 유리창 깨고 시민들이 그러더라구요. 그래가지고 파출소 위에 경찰서가 있는데, 경찰서 안쪽에 있는 무기고로 한 50명 정도가 갔어요. 가서 보니까 총은 있는데 '공이'라고 방아쇠 당기는, 때리는 그건 없더라구요. 그래서 그 총들은 다 놔두고 "다른 데로 가자" 그래가지고 해남, 강진, 성전 이런 데로 가서 계곡(파출소) 해남경찰서 이런 데서 무기를 탈취했죠. / 이삼자

이삼자가 탄 시위대 차량은 해남 계곡파출소에서 총과 수류탄 한 박스를 확보했다. 버스에 타고 있던 시위대는 총을 나눠 들었다. 그리고 군대에 다녀온 사람들이 버스 안에서 총기 사용과 안전에 대해 간단한 교육을 했다. 그렇게 무기를 확보한 시위대 차량은 다시 영암으로 향했다.

총기는 언제나 위로 향하고 수류탄은 위험하니까 절대 그 뭐 핀은 손대지 말고, 이런 거 안전교육을 버스에서 받았어요. 그래가지고 이제 학교 운동장에서 집합해가지고 광주로 가려고 했죠. 나주로 가보니까 (광주로 들어가려는) 시위대 차량이 한 30대 정도가 있었던 거 같아요/ 이삼자

시간은 어느새 밤이 되었고. 나주에 모인 시위차량들은 지프차를 선두로 광주 진입을 시도했다. 얼마 후, 차들이 광주 진입로에 들어섰을 때였다. 차량 대열의 앞쪽에서 엄청난 총소리가 들려왔다. 광주시 외곽 봉쇄명령을 받고 남평 다리 부근에 매복해 있던 계엄군이 총격을 가한 것이다.[105]

그 비행장 뭐냐 그 광주 입구까지 갔는데 거기서 무차별로 총격을 가하더라고

---

105) (5월 21일) 오후 5시 무렵까지는 시위차량들이 광주에 무사히 진입할 수 있었다. 그러나 20사단의 배치가 완료되자 사정이 완전히 달라졌다. 20사단(사단장 박준병 소장) 61연대 2대대(대대장 김형곤 중령)는 광주 서구 백운동 효천역 부근에 배치돼 광주와 목포 간 도로를 차단했고, 남평에 있는 비행기 활주로에는 61연대 1대대 1중대 병력이 출동해 2대대 통제하에 작전을 펼쳤다. 남평 다리 건너 죽령산과 매봉산 옆 계곡, 그리고 효천역이 있는 곳에 매복하여 지나가는 차량에 사격을 퍼붓기 시작했다 (광주민주화운동기념사업회 엮음, 『죽음을 넘어 시대의 어둠을 넘어 (전면개정판)』, ㈜창비, 2017, 250쪽)

요. 선두 차량을. 그나마 빵구 나고 막 다시 되돌아오더라구요. 선두에 있던 지프 차량이. 그래서 "안 된다 지금" 그래서 나주 어디 학교에서 전부 집합해 가지고 뒷날 아침까지 지냈어요. 아침에 또 광주로 가려고 가니까 헬기에서 총기를 다 내려놓으면은 (광주로) 보내준다고 하더라구요. 그래서 그 (인근) 주민들이 길가에서 우리 버스를 다 에워싸고 다 있었어요. 그러니까 (헬기에서) 시민들은 빨리 집으로 돌아가라고 그러더라고. 그래서 우리는 시민들이 돌아가면 우리한테 총격을 가할 거라고 가지 마라고 그랬죠. 시민들이 안 가더라구요. / 이삼자

하지만 헬기에서 언제 총알이 쏟아질지 모르는 일촉즉발의 상황에서 광주로 들어가는 것은 불가능해 보였다.[106] 시민들의 도움으로 이삼자가 탄 버스를 비롯한 시위 차량들은 황급히 다시 차를 돌려 나주 쪽으로 달렸다. 그러던 중, 영산강 다리 부근을 지날 때였다. 큰 트럭 한 대가 다리 밑에 뒤집혀 있었다. 급하게 퇴각하던 시위대 차량 한 대가 급하게 가속페달을 밟다가 운전 미숙으로 다리에 부딪혀 전복된 것 같았다. 뒤집힌 차 아래에는 한 사람이 깔려 있었다. 그리고 전복된 트럭에 동승해 있던 것으로 보이는 또 한 사람이 근처 모래밭에 쓰러져 있었다. 쓰러진 사람은 이삼자의 권유로 시위대에 합류했던 후배 우기호(당시 영암고 1년)였다. 그 모습을 목격한 이삼자와 시위대는 차에서 내려 구조에 나섰다.

그 분이 언뜻 보면은 물이 여기까지 차 있어요. 그래서 살아있어요. 사람은 살아있는데, 그 차만 들어내면 되는데 그 트럭에다 밧줄로 묶어가지고 아무리 그렇게 땡겨도 꼼짝을 안 하더라구요. 차가 무거워가지고. / 이삼자

그때 시위대 차량들을 계속 따라오며 감시하던 헬기에서 방송 소리가 들렸다. 시위대가 총기를 모두 반납하면 전복된 트럭을 들어 올려 구조를 도와주겠다는 것이었

---

106) 22일 아침 날이 밝자 20사단 61연대는 효천역을 중심으로 광주 방향으로는 송암공단 앞 도로와, 목포 방향으로는 나주의 남평 다리 입구에 바리케이드를 쳐서 약 10킬로미터에 이르는 구간을 완전히 봉쇄했다. (광주민주화운동기념사업회 엮음, 『죽음을 넘어 시대의 어둠을 넘어 (전면개정판)』, ㈜창비, 2017, 253쪽)

시민들이 주는 음식을 나눠먹는 시민군. / 5·18기념재단

다. 이미 전날 밤에도 계엄군의 총격을 받은 적이 있는 시위대에게 무기 반납은 곧 항복 선언이나 다름없었다. 결국 트럭 밑에 깔려있던 사람은 사망하고 말았다. 그나마 이삼자의 후배 우기호는 목숨을 건졌다. 광주로 가지 못하게 된 이삼자와 시위대는 영암, 강진, 해남 등을 다니면서 광주의 참상을 알리며 시위를 이어갔다.

    해남이랑 강진 이쪽으로 이렇게 시위를 하면은 농민들이 저기 멀리서부터 차 있는 데까지 쫓아와가지고 밥을 이렇게 주시고 막 담배도 주시고 그랬어요. 시위 차량에. 뭐 그렇게 위험하고 그런 것이 아니고 다 이렇게 하고 그러면은 저 멀리서부터 흙 묻은 맨발로 이렇게 달려와가지고 음료수도 차에다 실어주시고…… 동창들 말 들어보니까 영암여고에서도 시위를 많이 하고 김밥 만들어가지고 시위대 한테 같이 나눠주고 했다고 하더라고요/ 이삼자

5월 21일 시위대 차량에 올라탄 후 이삼자는 그렇게 고등학생 시민군으로 활동했다. 그러다 3일째 되던 날 지치기도 하고, 걱정하실 어머니 생각이 나 집으로 돌아갔다.

총기를 집으로 가져왔습니다. 천장에다 숨겨놨는데 조카들이 내가 꺼내고 넣고 하는 장면을 봐가지고 형님한테 얘기한 거예요. 형님이 물어보길래 "아 이거 없다"고 시치미를 뚝 뗐죠. 그랬더니 형님이 유도심문 하는 거에요. 집에 총 한 자루 놔두면 든든하니 좋다고. 그래서 "예, 형님 사실 제가 총 한 자루 있소" 그랬더니 뺨을 때려불더라구요. 그리고 형님이 경찰서에다가 신고 기간에 딱 갖다 줬어요. M1 소총하고 총알도 같이. 그때는 (5·18) 한두 달 지난 후였죠. / 이삼자

총기를 반납한 후에도 경찰에서 별다른 조사나 연락은 없었다. 조용히 여름방학을 보내고 2학기가 시작되어 학교에 다니고 있을 때였다. 어느 날 교내 방송에서 이삼자 학생은 교무실로 오라는 소리가 들렸다. 해남경찰서에서 형사들이 찾아온 것이었다. 시민군으로 활동하던 당시 이삼자가 들고 다니다 반납했던 총이 해남경찰서에서 탈취한 것이었기 때문이다.

내가 생전 교장실을 가본 적이 없었는데 '올 것이 왔구나' 하고 뜨끔하더라구요. 교장실로 뭐 갔죠. 갔더니 벌할라고 그런 것이 아니고 상황을 알기 위해서 그냥 조사해야 된다고 사실대로만 말하면 바로 뒷날 보내주겠다고 하더라고요. 그래서 해남경찰서로 갔죠. 그런데 인자 하루 지나도 안 보내주는 거예요. 학교 가야 되는데 왜 안 보내주냐 했더니 경찰들이 와갖고 돌아가면서 군화발로 차더라구요. "학교? 학교 같은 소리 하고 있네" 이러면서 때리더라구요. 돌아가면서...... 거기서 한 달 정도 있었어요. / 이삼자

해남경찰서 유치장에서 한 달 동안 구금되어 있었던 이삼자는 광주 상무대로 보내졌다.

처음에는 그 폭력배들 있는 데로 들어갔어요. 그리 들어갔는데 사람들이 이상

하게 냉랭하고 막 이렇게 괴롭히더라구요 "안마를 해라" 그러고, 꼬집고 그러기에 '왜 우리가 같이 (민주화)운동한 사람들끼리 이렇게 사람을 괴롭히지?' 너무나 의아한 생각이 든 거죠. 그러다 헌병이 어느날 방을 옮겨주더라구요. 옮겨간 방에서도 이제 긴장을 하고 있었는데 거기서는 사람들이 너무 편하게 해주시는 거예요. 그래가지고 알고 보니까 그때서 거기는 전부 '(계엄) 포고령 위반' 그 방으로 들어온 거예요. 거기 오니까 뭐 특별한 날 사과 같은 것도 하나씩 크리스마스날 나오고 그러면은 정말 그런 데서는 맛있는 건데 그거 안 먹고 주더라구요. 그래도 학생이니까 많이 먹어야 된다고. 다른 방하고는 너무 다르게..... / 이삼자

그 방에는 명노근 교수[107]를 비롯한 민주화 인사들이 많이 있었고, 이삼자와 비슷한 또래의 고등학생 시민군들도 있었다. 상무대 영창에 있는 동안 대학생 형들은 역사 이야기를 해주기도 했다.

　김용만[108]인가 하는 친구가 있었는데 같은 또래고 그러니까 이름이 기억이 나더라구요. 그래서 물어봤어요.
　뭔 일로 (여기) 왔냐고. 화장실에서 유인물 뭐 했다고 그런 말 들었어요. 그리고 전주고등학생 두 명인가도 있었는데 한 사람 이름은 모르고 한 사람은 이강희라고 있었어요. 그래가지고 이제 거기서(상무대에서) 재판받고 겨울에 형 집행정지로 나왔죠. 거기 다녀온 이후부터 민주주의를 알게 되고, 항상 어려운 일이 닥치면은 그때도 견뎠는데 하면서 다 인생 고비를 웬만한 것은 넘기겠더라구요 거기서 다른 사람은 어쩐가 몰라도 저는 너무 춥고 한창 때니까 배가 고프더라구요 사람들이 뭐 많이 주기도 했는데 그런데도 그렇게 허기가 질 수가 없어요. 배가 고

---

107) 1980년 5월 전남대 교수평의회 부의장이던 명노근 교수는 교수들을 설득해 5월 14일~16일의 평화적 학생 시위에 교수들의 참여를 이끌어내는 데 결정적 계기를 만들었다. 또 시민군이 전남도청을 접수한 5월 21일 이후 시민수습대책위원을 맡아 평화적 해결에 노력하다 항쟁이 진압된 뒤 내란중요임무종사죄로 1년 반 옥살이를 했다.
108) 5·18 당시 인성고등학교 2학년이었던 김용만은 항쟁 이후 8월에 5·18의 진실을 알리는 유인물을 배포하다 투옥됐다. 현재 5·18 민주화운동서울기념사업회 상임이사로 활동하고 있다.

프고. 그래서 그 이후로는 음식 같은 것이 다 감사하고 이런 평범한 공기 햇볕 이런 것도 좋고, 편안한 잠자리도 감사하고..... / 이삼자

상무대에서 나온 후, 영암에서 어머니를 도와 농사를 짓던 이삼자는 제빵 기술을 배웠다. 그리고 한동안 경북 포항과 경기도에서 제빵사로 일을 했다. 하지만 40여 년이 지나도록 자신이 5·18 시민군이었다는 사실은 감추고 살아야 했다.

거기서는 5·18 이런 거에 대해서 얘기를 못해요. 사람들은 그 빨갱이라고 하고 그러더라구요. 처음에는 굉장히 힘들고 사회 생활하면서 다른 도에 있는 사람들은 이상한 눈으로 보고 그래가지고 이렇게 내놓고 싶지가 않더라구요. / 이삼자

제빵사로 일하고 있는 이삼자.

마흔두 살에 결혼을 해 슬하에 1남 1녀를 두었지만 자녀들에게조차 5·18 이야기는 쉽게 꺼내지 못했다.
하지만 아이들에게 보다 나은 세상을 만들어 주는 데 밑거름이 된 것에 대해 자랑스럽게 생각하고 있다.

6월항쟁이 일어나고, 또 (대통령) 직선제가 되고, 민주주의가 발전되고 우리 자식들도 편안하게 살지 않습니까. 최루탄 가스 안 마셔도 되고 자기 꿈을 향해서 공부만 열심히 하면 되잖아요. / 이삼자

2018년, 영암으로 귀향해 빵집을 운영하고 있는 이삼자는 5·18민주화운동 유공자로서 당시 목숨을 잃은 영령들의 명예가 헛되지 않도록 하기 위해 항상 바른 삶을 살아가고자 노력하고 있다고 한다.

상덕아, 괜찮냐?

김병용 / 당시 강진 성전고 3학년

　　5·18민주화운동 발발 나흘째인 5월 21일, 계엄군의 집단 발포 이후 광주 시민들은 아시아자동차 등에서 끌고 나온 차량을 타고 전라남도 여러 지역으로 진출했다. 시위대는 전남 지역을 누비면서 계엄군의 만행을 알리고 함께 항거할 것을 호소했다. 그리고 전남 각 지역의 주민들과 연대하여 경찰서나 예비군 본부 등에 보관되어 있는 무기를 확보했다. 계엄군에 맞서 스스로를 지키기 위해서는 무장을 하는 것 외에는 달리 방법이 없었던 것이다. 호남고속도로 진입로 입구를 31사단 병력이 지키고 있어 북쪽과 동쪽 방향으로 진출이 어려워지자 시위대는 주로 전남 서남부 지역으로 향했다.[109]

　　부처님 오신 날이기도 했던 5월 21일, 강진 성전고등학교 3학년이었던 김병용은 해남읍에 있는 본가에 와 있었다. 5·18민주화운동으로 인해 고속버스 운행도 정지된 상태였던 그날 정오 무렵 광주에서 출발한 시위 차량이 해남읍에 도착했다. 시위대는 광주의 처참하고 급박한 상황을 적극적으로 알렸다. 그 소식이 퍼지자 해남군민들이 모여들었다.[110]

---

[109] (광주민주화운동기념사업회 엮음, 『죽음을 넘어 시대의 어둠을 넘어 (전면개정판)』, ㈜창비, 2017, 227쪽)
[110] 광주에서 온 시위대와 약 3천여 명의 군중이 해남읍 성내리 소재 교육청 앞 광장에 모여 성토대회를 열고 시가행진에 들어갔다 (광주민주화운동기념사업회 엮음, 『죽음을 넘어 시대의 어둠을 넘어 (전면개정판)』, ㈜창비, 2017, 239쪽)

집이 해남읍인데 대부분 시위대 차량이 와서 해남 광장, 해남군청 앞에 있는 광장이 있어요. 거기서 시내를 돌아다니면서 시위를 했죠.. 뭐 광주에서 군인들이 사람들 죽이니, 공수부대가 그러니 하고, 피 흘리고 마스크 쓰고 붕대 감고 그런 모습 보니까 젊은 혈기에 그걸 보고 지나갈 수는 없잖습니까. 시체를 화물차엔가 싣고 다니면서 시위를 했습니다. 내 기억이 그래요. 도로나 해남읍 광장에서 본 것 같아요. 그래서 친구들하고 우~하니 시위대 차에 같이 타고 데모하고 그랬죠.[111] / 김병용 증언

시민군이 이동하고 있는 모습. / 5·18기념재단

오후가 되자 광주에서 더 많은 시위 차량이 해남으로 대거 찾아왔다. 광주에서 온 시위대 중에는 해남 지역 출신 대학생들도 눈에 띄었다. 시위 차량에 올라탄 김병용은 시위대와 함께 해남 지역과 완도 등을 늦은 밤까지 돌아다니며 투쟁에 동참해 달리고 호소했다. 시위대에게 받은 총도 들고 있었지만 다음날인 5월 22일 전부 반납했다.

무기를 갖고 있었는데 그 다음 날인가 해남중학교에서 무기를 전부 다 반납을 했어요. 그때 지역 선배들이나 해남 유지들이 총기류를 갖고 있거나 그러면은 차

---

111) (5월 21일) 저녁 8시 50분 2백여 명의 시위대가 차량 25대를 앞세우고 해남읍-현산면-송지면을 경유하여 밤 10시 완도읍에서 시가행진을 하였다. (광주민주화운동기념사업회 엮음, 『죽음을 넘어 시대의 어둠을 넘어 (전면개정판)』, ㈜창비, 2017, 240쪽)

1980년 5월 시위대가 대형 트럭으로 해남경찰서(현 군민광장) 무기고를 부수고 무장하기 위해 모였다. / 해남신문

후에 문제 되니까 반납하라고...... 우리는 학생들이기 때문에 어른들 따라서 움직였을 거 아닙니까. 그래서 그때 분위기는 반납을 해라. 그래서 해남중학교에서 다 반납을 했어요. / 김병용 증언

총기를 반납한 김병용은 다시 시위대 버스를 타고 진도로 향했다. 그 차에는 당시 해남고등학교 3학년이었던 친구 정상덕이 함께 타고 있었다. 그날 김병용이 탄 시위차량은 진도에서 하룻밤을 머물렀다. 가는 곳마다 주민들이 박수를 치며 격려했고, 숙식을 제공해 주기도 했다. 다음날인 5월 23일 오전 8시 경, 김병용과 정상덕을 비롯해 20여 명이 탄 버스는 다시 해남으로 돌아오고 있었다. 40여 명의 시위대를 태운 또 다른 차량 한 대가 앞서 달리고 있었다. 두 대의 시위 차량이 해남읍으로 들어가는 길목인 마산면 상등리(복평리라 칭하기도 함)를 지날 때였다.

상등리가 우리 친구 동네거든요. 친구 동네여서 봤을 거 아닙니까. 그런데 주민들이 나와서 손을 흔들어요. 가지 말라는 신호였는데 우리는 반겨주느라고 손을 흔드는 줄 알았죠. 그런데 앞 차가 앞에서 무슨 신호를 받았는지 천천히 정지

를 하는 거예요. 그래서 우리 차가 추월해 갔어요. 그런데 마을에서 한 100미터 정도 가니까 갑자기 우리 차에다 총을 막 쏴버리는 거예요. / 김병용 증언

달리는 차에서 30여 미터 거리에 있는 남양레미콘 뒤 야산에서 M-16의 집중 사격이 시작되었다. 차에 타고 있던 시위대는 혼비백산했다. 그러던 와중에 친구인 정상덕이 팔에 파편을 맞았다. 총격은 그 후로도 한동안 계속됐다. 김병용은 버스 의자 밑에 이불로 몸을 감싸고 엎드려 있었다. 몇 분이나 흘렀을까. 총성이 멎었다. 그리고 투항하고 나오라는 소리가 들렸다.

손 들고 나오라 이 말이죠. 그래서 우리가 "하나 둘 셋, 총 쏘지 마라!" 이렇게 몇 번 구호를 외쳤어요. 그러니까 그쪽에서 그러면 이제 총 안 쏜다고 하길래 버스에서 뛰어내렸어요. 그런데 쏴 버려요. 뛰어내렸는데 총을 쏘니까 또 버스 타이어 밑으로 숨었죠. 그때 네 명인가 숨었을 거예요. 그러니까 또 계엄군이 뭐라고 하냐면 투항하고 나오면 총 안 쏜다고 또 투항하고 나오라 그래요. 그래서 투항하고 나가다가 총상을 당했어요. / 김병용 증언

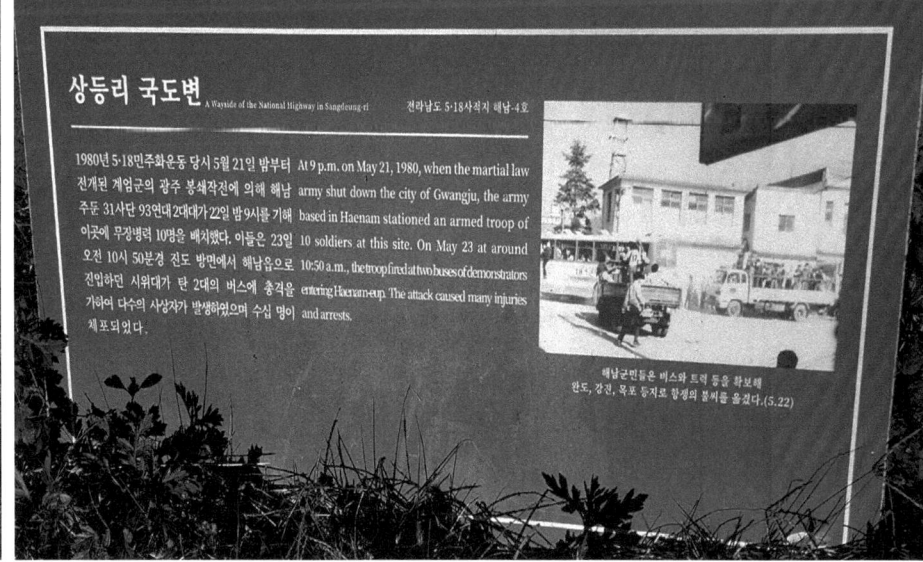

해남 상등리 국도변에 세워져 있는 5·18 사적지 표지석.

버스 바닥에 숨었던 네 명 중 세 명이 손을 들고 투항했다. 하지만 계엄군(31사단 지역방위대)은 약속을 어기고, 시위대를 향해 총을 쏘아 버린 것이다. 무자비한 총탄은 김병용의 왼쪽 가슴을 관통했다. 또 한 발의 총탄은 친구 정상덕은 복부를 관통했다. 그리고 누군지 모르는 또 한 명은 현장에서 즉사했다.[112]

그때는 도로가 비포장이었을 겁니다. 도로 옆이 논밭이었어요. 보리가 심어져 있었거든. 총을 계속 쏘길래 총상을 입고 우리가 보리밭으로 막 뒹굴어 가는데 보리가 다 자빠져. 그리고 상덕이도 막 피를 흘려요. 그래서 "상덕아, 괜찮냐?" 하니까 뭐라 뭐라 하면서 지쳐서 쓰러져요. 그래서 서로 눈 감고 엎드려 있어 버렸죠. 계속 총을 쏘니까. 한참 있다가 군인들이 오더니 그 현장 정리하면서 우리를 차에 싣더라고. 군용 트럭 뒤에다. 그때 팔과 다리만 잡고 짐짝처럼 던져 버려. 그 뒤로 내가 전대병원에서 (어깨) 관절 수술했어. / 김병용 증언

차량에 타고 있던 나머지 시위대는 모두 체포되고, 총상을 입은 김병용과 정상덕은 해남읍에서 얼마 되지 않는 거리에 있는 군부대 의무대로 이송됐다. 그곳에는 해남 우슬재에서 총에 맞은 배상선 씨와 수류탄 파편상을 입은 부상자가 먼저 와 있었다.[113] 계엄군은 총상 부위에 압박 붕대만 감아 놓은 채 별다른 치료조차 해주지 않았다. 김병용이 엎드려 있는 자리에는 피가 흥건했다. 부상이 더 심한 정상덕 역시 피를

---

112) 5월 21일부터 봉쇄 작전이 본격화되고 계엄사령관의 '자위권 보유' 천명과 '계엄훈령 제11호' 지시가 있게 되자 시민들에 대한 계엄군의 살상 행위가 공공연하고 광범위하게 발생했다. 그 전까지는 급박한 상황이 아니라면 계엄군이 가급적 발포를 억제하려는 노력이라도 하였지만 '자위권 발동 지시' 후부터는 시민에 대한 무차별 사격과 사전 경고 없는 발포 등의 살상행위를 거리낌 없이 공공연하게 자행한 것이다. (광주민주화운동기념사업회 엮음, 『죽음을 넘어 시대의 어둠을 넘어 (전면개정판)』, ㈜창비, 2017, 268쪽)

113) 배상선씨(21세)는 부산에서 해남으로 오던 중 차가 끊겨 강진에서 해남으로 걸어오다 우슬재 아래에서 해남으로 간다는 트럭을 만나 함께 걷던 일행 3명과 함께 트럭에 탔다. 트럭에는 9명이 타고 있었는데 우슬재 정상에 올라서자 무장 군인들이 바리케이드를 치고 통제하였다. 위험을 느낀 3명이 차에서 내려 "해남군민이 타고 있다. 쏘지 말라!"고 외쳤다. 하지만 군인들은 무차별적으로 사격을 했고, 수류탄까지 던져 현장에서 1명이 사망했다. 배상선은 총알이 대퇴부를 관통하는 부상을 입고 다른 한 명은 수류탄 파편을 온 몸에 맞는 부상을 당했다고 한다. (광주민주화운동기념사업회 엮음, 『죽음을 넘어 시대의 어둠을 넘어 (전면개정판)』, ㈜창비, 2017, 268쪽)

흘리면서 고통에 몸부리치다 실신 직전까지 갔다. 그러자 군인이 와서 정상덕에게 모르핀을 주사했다.

상덕이는 모르핀 주사 맞고 잠들어 있고, 나는 주사는 안 맞고 있는데 옆의 사람들하고 제가 그랬죠. "해남 병원도 많은데 어째 해남으로 후송을 안 보내주냐?" 그러니까 그때 누군지는 모르겠는데 군인이 하는 말이 "여기는 총상 입은 사람들 치료를 해 본 적이 없으니까 너희들은 광주 통합병원으로 후송된다. 기다려라. 헬리콥터가 온다" 그러더라고요. 그때 말년 병장 한 명이 의무실로 와서 자기가 육공사수라고 했어요. 쉽게 말하면 따발총 M60 사수. 그런데 자기가 우리한테 그 총을 쐈다 그 말이여. 자기가 우리 차를 정면으로 보고 사람에게 쐈으면 차 안에 있는 사람 다 죽었을건데 말년 병장이라 총알이 튕겨 나가라고 차를 반사 대고 쐈다 이거여. 자기가 말년 병장이라 살려줬다고 말하더라고요. / 김병용 증언

고통 속에서 병원으로 후송되기만 기다리고 있는데, 한참 뒤에 헬리콥터 소리가 들렸다. 그런데 헬리콥터는 얼마 뒤 그냥 떠나 버렸다. 잠시 후에 또 한 대의 헬리콥터가 왔지만 이번에도 역시 부상자들은 태우지 않은 채 돌아가 버렸다. '이대로 여기에서 죽이려고 하는구나' 싶은 생각이 들 무렵, 계엄군은 부상자들을 들것에 실어 해남보건소 의료용 차량에 태웠다.

네 명을 실었는데 우리가 반듯이 못 누웠어요. 좁아서. 상덕이는 피를 많이 흘려서 반듯이 눕고 나머지는 옆으로 눕고 이렇게 했죠. 그렇게 차가 강진도립병원에 도착했는데 배상선 씨와 수류탄 파편 입은 사람만 거기에서 내리고 우리는 안 내려요. 상덕이하고 나하고는. 이거 참, 그 당시에 얼마나 황당했겠습니까. / 김병용 증언

오전 8시경에 총상을 입은 김병용과 정상덕은 오후 4시가 넘어서야 보성에 있는 아산병원으로 옮겨졌다. 도착 즉시 수술이 시작되었다. 정신을 차려보니 회복실이었다. 이틀 뒤, 해남군청 공무원이었던 아버지와 어머니가 소식을 듣고 병원으로 찾아

왔다. 그곳에서 김병용은 한 달 보름, 정상덕은 석 달 동안 입원 치료를 받았다. 김병용은 퇴원 후에도 학교에 다니지 못한 채 집에서 두 달 정도 요양을 해야 했다.

퇴원한 뒤에 학교 다닐 때는 정보과 형사들이 가끔 동향 파악하러 오드만요. 집으로도 온 것 같아요 기억에. "뭐하냐? 요새 공부하러 다니냐? 어쩌냐?" 이런 거 물어보고 정보과 형사들이 왔어요. 우리처럼 부상 안 당하고 체포된 사람들은 나중에 말 들어보니까 군부대 끌려가서 얼차려 받고, 맞고 그랬다고 하더라고요. / 김병용 증언

1980년 강진 성전고 3학년 재학 시절 김병용.

누구보다 건강했던 김병용은 지금까지 부상 후유증에 시달리고 있다. 몸을 좀 많이 움직일라치면 숨이 가쁘고, 흐린 날이면 통증을 견디기 힘들 정도다. 함께 부상을 당했던 친구 정상덕은 고등학교를 졸업하고 측량기사로 일하던 중 수술 부위가 재발해 재수술을 받던 중 숨을 거두었다. 1981년 9월 9일이었다.

계엄군은 자위권 발동이었다고 하는데 우리는 투항 중에 총을 맞았어요. 상처를 보면 알 것 아닙니까. 우리가 어떻게 산에 매복해 있는 줄 알고 총을 쐈겠습니까. 상식적으로 버스 타고 가면서 학생들이 총을 쏠 수 있을 거여? 말이 안 되는 소리 아닙니까. 투항 중에 맞았는데, 계엄군이 자위권에 의한 방어로 우리한테 총을 쐈다는 건 거짓말이라고 내가 그랬어요. 조준 사격 아닙니까. 부상 보면 알죠. 한 명 사망, 한 명 복부, 한 명 심장, 조준 사격한 거예요. / 김병용 증언

당시 총격 현장에는 해남에서 근무하던 방위병들이 다수 있었다. 그리고 현장 지휘관은 얼굴에 흉터가 있는 ROTC 출신 중위였음을 선명하게 기억하고 있다. 김병용은 이런 사실을 기회가 있을 때마다 이야기하며 조사를 해달라고 요구했다. 하지만 지금까지 제대로 된 진상규명과 처벌은 이뤄지지 않고 있다. 억울하게 목숨을 잃고, 청춘을 잃어버린 사람들이 있음에도 진실이 외면당하는 현실에 김병용은 분노가 치민다고 했다.

역사가 너희를 심판할 것이다

손철식 / 당시 나주 원예고등학교 3학년

박정희 유신독재정권과 전두환 군사독재정권이 지배하던 시절, 학생들은 이른바 '교련 수업'이라는 명목으로 모두 학교에서 군사교육을 받아야 했다. 필수 과목이었던 교련수업이 있는 날이면 남자 고등학생들은 교련복을 착용하고, 카빈 소총이나 M16 소총의 모형으로 제식훈련과 총검술을 배웠으며, 여자 고등학생들은 제식훈련과 구급법을 배워야했다. 학교가 또 하나의 군대나 다름 없었던 것이다. 나주 원예고등학교에 다녔던 손철식 또한 필수과목이었던 교련수업을 당연하게 받아들였다. 하지만 1980년 3학년이 되었을 때, 교련수업을 시켰던 독재정권에 맞서 5·18 시민군이 될 거라고는 상상조차 하지 못했다.

1964년, 영암군 시종면 와우리에서 태어난 손철식은 4남 4녀 중 둘째였다. 굉장히 엄격했던 그의 아버지는 그 시절 많은 아버지들이 그랬듯, 둘째인 손철식보다는 장남인 그의 형에게 거는 기대가 컸다. 손철식의 형이 당시 전남의 명문고로 손꼽히는 목포상업고등학교에 진학하면서 그 기대는 더욱 커졌다. 하지만 장남이 예기치 않은 일로 인해 중도에 학업을 중단하게 되자, 아버지의 실망은 이만저만이 아니었다. 그리고 둘째 아들 손철식이 장남의 몫을 해 주기를 바랐다. 영암군 시종면에서 초등학교와 중학교를 마친 손철식은 아버지에게 나주에 있는 원예고등학교에 진학하겠다는 뜻을 밝혔다. 평소 농사일에 관심이 많았던 터라. 스스로 농업 쪽으로 진로를 정했던 것이다. 아들의 뜻을 존중했던 아버지는 나주에 방을 얻어주었고, 할머니가 함께 나

남학생들의 교련 수업 장면, 1979년. / 나무위키

주로 올라가 고등학교 2학년 때까지 그를 돌봐주었다. 그러다 2학년 되던 해, 할머니가 노환으로 세상을 떠나시자, 3학년부터는 혼자 자취를 하게 되었다. 이때까지만 해도 손철식은 아버지의 기대를 저버리지 않기 위해 착실하게 학교생활을 하던 평범한 학생이었다.

1980년 5월 19일, 휴교령이 내려 학교가 쉬자 손철식은 친구 김태호, 박정수, 최성원, 최기상과 함께 광주에 갔다. 얼마 전, 영암 월출산에 놀러 갔다가 그곳에서 우연히 알게 된 광주 친구들을 만나기 위해서였다. 월출산에서 찍은 사진들을 서로 교환하자고 했던 것이 생각났던 것이다. 광주에서 무슨 일이 벌어지고 있는지는 전혀 모른 채였다. 버스를 타고 오후 4~5시쯤 광주 공영버스터미널에 도착했을 때였다.

터미널에 가갖고 이렇게 앉아 있는데 막 시끄럽더라고요. 뭔가 했더니 공수 애들이 두 명씩 짝을 지어서 곤봉하고 총이 있잖아요. 총을 이렇게 하고, 어떤 학생이 아마 머리가 좀 길었어요. 옛날 대학생은 가방이 있잖아요. 사각 가방. 그걸 들고 있었는데, 그 학생을 보더니 개머리판으로 그대로 머리를 때려버리는 거예요. 그래서 그 학생이 쓰러졌어요. 피가 막 나요. 그래서 이제 그때는 젊으니까 '저게 무슨 일이라냐' 하고 가봤는데, 그 와중에 우리 친구도 곤봉으로 맞은 친구가 있었어요. 정확히 기억은 안 나는데 교련복을 입고 있던 김태호나 박정수 둘 중에 한 명이 아니었나 싶어요. 그래가지고 한 대 맞고 우리는 뒤에 물러서고 있는데...... 그렇게 막 눈이 새빨갛게 있더라고요 공수부대들이. 군인들이. / 손철식

터미널이라 사람들이 많았지만 모두 순식간에 공포에 질리고 말았다. 손철식과 친구들도 총과 곤봉으로 무장한 공수부대에게 차마 맞설 용기가 나지 않았다. 공수부대는 그런 학생들을 발로 몇 대씩 때리고는 지나갔다. 가면서도 대학생으로 보이는 사람들을 발견하면 무차별적으로 폭력을 가했다. 그래서 대학생들을 치마 뒤에 숨겨주는 아주머니도 있었다.

그런 상황을 겪고 난 뒤로 '이게 진짜 큰일 났구나.' 참을 수가 없어요. 그런데 밖에서 "전두환이 물러가라 김대중이 석방하라" 막 이런 구호가 막 지나가더라고요. 그래서 친구들끼리 그때 한 다섯 여섯 명이서 버스를 탔죠. 데모 하던 시위대 버스를 같이 탔죠. / 손철식

손철식과 친구들은 나주로 돌아가지 않고 그렇게 시위대 버스를 타고 다니며 밤새 시위를 했다. 시위차량은 누가 운전을 하는지 어디로 가는지도 몰랐다. 하지만 모두가 한 목소리로 "전두환 물러가라"고 외치고 다녔다. 그렇게 광주 시내를 돌아다니는 동안 들려오는 이야기들은 더 흉흉해지고 있었다. 어느 지역에서는 군인들이 버스에 탄 사람들에게 총을 난사했고, 여고생들도 죽었다고 했다. 그런 말을 듣자 더욱이 집에 돌아갈 수가 없었다. 시위대 버스 안에서 잠깐씩 잠을 청하고, 시민들이 버스에 올려주는 음식으로 끼니를 해결했다. 그러는 동안 5월 21일이 되었다.

(시민들이) 물도 주고 빵도 주고 막 그랬거든요. 그 당시. 그거로 허기를 때우고 그랬죠. 날이 새서 이제 어떤 대학생 한 분이 "무기를 획득하러 가자. 우리도 무기 갖고 싸워야 되겠다." 그래가지고 이제 나주를 갔어요. 버스를 타고. / 손철식

광주에서 온 시위대가 타고 있는 버스. / 5·18기념재단

손철식 일행이 탄 버스는 늦은 오후에 나주에 도착했다. 하지만 이미 나주경찰서 무기고는 다른 시위대가 다녀간 뒤라 아무것도 없었다. 그러자, 함께 갔던 친구들 중 세 명은 그냥 버스에서 내려 나주 집으로 돌아가고 손철식과 김태호만 버스에 남았다. 대학생 한 명이 영암으로 가보자고 했다.

일단 이제 영암 쪽으로 내려갔어요 영암 쪽으로. 그래서 신북터미널에 갔는데, 이제 막 (영암 사람들이) 빵하고 음료수를 나눠주더라고요, 그래서 그거 얻어 먹고 그러고 있는데 어디서 많이 본 분들이 몇 명 있어요. / 손철식

그들은 나종구, 박재택, 박광남 등 고향인 시종면 사람들이었다. 손철식을 알아본 나종구가 시위대 버스에서 내려 자신들이 타고 있던 트럭에 옮겨 타라고 했다.

나는 복면을 쓰다 벗다 쓰다 벗다 이렇게 했을 거예요. 그러니까 알아봤을 거예요. "이제 우리가 여기서 무기를 획득해서 (광주로) 올라가자" 그래서 거기서 내려버렸죠. 김태호 친구하고 둘이. 그 옮겨 탄 트럭에도 한 18명 한 20명 안팎이 되더라고요 내가 그래서 광주가 지금 사람이 다 죽어가고 있다. 이 사람들은 모르잖아요. 광주 사건을 잘 모르잖아요. 저는 직접 봤으니까. 그거를 내가 알리고 그러

차를 타고 다니는 시위대와 시민들. / 5·18기념재단

니까 그러면 무기를 얻어서 어떻게 획득을 해야 할 거 아니냐. 그래서 고향인 시종으로 내려갔어요. / 손철식

시종지서로 갔지만 이미 무기는 전부 숨겨버린 뒤였다. 그런데 시종면 소재지 한 식당에서 고향 선배 김성모를 우연히 만나게 됐다. 그는 마침 시종지서에서 방위병으로 근무를 하고 있었다. 손철식과 일행들은 무기를 어디에 감췄는지 가르쳐달라며 방위병을 설득했다.

사정을 했죠 우리가. "다 죽어가는데 (광주)시민들이 다 죽어가는데 이미 죽음이 무슨 두려움입니까 가르쳐 주십시오" 그랬더니 한 시간 정도 같이 실랑이를 했어요. 드디어 입을 열었죠. 그 선배님이. 가서 보니까 하여튼 두 군데에 구덩이를 파가지고 다 묻어놨더라고요. / 손철식 무기를 숨겨 놓은 곳은 시종지서 뒷산이었다. 손철식과 일행들은 그곳에서 오십여 정의 총을 획득했다. 하지만 실탄은 없었다.

실탄이 없으면 싸우지도 못하지 않습니까. 그래서 영암 쪽으로 나갔죠. 영암경찰서로. 이렇게 갔는데 무슨 경운기가 하나 들어가요 방죽 둑 위로. 거기에 5·18 사적비도 하나 세워져 있는데 무슨 저수지인가를 잘 모르겠어요. 막 올라가는데 어떤 후배가 "잠깐!" 그래요. 경운기에서 실탄 탄창이 보인 거예요. / 손철식

예비군 중대장이 경운기에 몰래 실탄을 싣고 가마니로 덮어서 빼돌리던 중이었는데 비포장길이라 덜컹거리면서 가마니가 살짝 흘러내린 것이었다.

가득 실었어요. 어마어마 했어요. 나주고 선배가 뺨 한 대 때리고 "지금이 어떤 시국인데 도와주지는 못할 망정 우리 국민들, 광주 시민들이 다 죽고 있는데 니가 이런 실탄을 숨기냐 이 말이야" 그래가지고 잘못했다고 빌고 방위병 그냥 보내버리고, 거기서 실탄을 확보했어요. / 손철식

손철식과 일행은 갖고 있던 총에 확보한 실탄을 몇 발 장착해 그곳에서 간단한 사격 연습을 했다. 군대에 다녀온 전수영이 지도를 했지만, 고등학생들도 이미 교련 시간에 간단한 총기 사용법은 익혀뒀기에 큰 어려움은 없었다. 하지만 막상 실탄을 장전한 총을 쏜다는 사실에 마음이 복잡하기도 했다.

참 이게 이게 나라를 지키는 건가, 아니면 우리가 국민을 지키는 건가 고민이 많았죠. 근데 무섭다는 생각은 안 한 것 같습니다. (광주에서) 군인들이 시민들에게 했던 것을 봤으니까. 그래서 무장을 하고 일단 광주로 올라가요. 올라가는데 바리게이드를 쳤다고 그러더라고 남평에서. 남평에도 쳐버리고 송정리도 쳐버리고 들어갈 길이 없잖아요. 다 차를 돌려가지고 나주시청에서 집결을 한 거예요. / 손철식

손철식 일행은 나주시청에 모인 시위대에게 총과 실탄을 나눠주기도 했다. 광주 시민들을 지키기 위해 무기를 획득했지만 광주로 들어갈 수가 없으니 손철식 일행은 물론이고 나주에 모인 시위대는 답답할 노릇이었다.

그래서 "(계엄군 저지선을) 뚫고 한 번 (광주로) 올라가보자" 그랬어요. 실탄이 있으니까. 근데 가다가 다 되돌아와버리는거야. 우리 총하고는 안 맞잖아. 군대에 있는 총하고 우리하고 상대가 안 되잖아요. 그래서 나주비행장 (인근)에서 (시위대) 몇 명 죽었다는 얘기도 들리고…… 저녁이 돼서 좀 조용해지니까 신북으로 다시 내려왔어요. 배도 고프고 또 전수영 형님 고향이 신북이거든요. 그래서 그분이 신북에 가면은 주먹밥도 이렇게 줄 거이다. 그래서 빵도 얻어먹고 밥도 얻어먹고 계속 다녔죠. 그런데 총을 들고 구호 외치고 하다 보니까 헬기가 떠버려요. 밤에 헬기가 떠갖고 아무리 쏴도 안 맞잖아요 그러고 있다가 신북초등학교인가 초등학교에서 하룻밤 잤어요. / 손철식

다음 날인 5월 23일, 손철식 일행은 영암읍으로 넘어갔다. 그러자 한 무리의 사람들이 이들이 탄 차로 다가와 반갑게 맞아주었다. 그러면서 영암초등학교에 밥을 준비해뒀다며 데리고 갔다.

식기 있잖아요. 일렬종대로 쫙 이렇게 두 줄로 깔아놨더라고. 식사 대접한다고. 들어가서 총 딱 세워놓고 있는데 당장 엎드리라고. 공포탄을 바바바박 갈겨버리면서 엎드리라고. 우리 일행이 20명 가까이 됐는데 거기서 다 잡혔어요. 우리를 수습하려고 이렇게 작전을 짠 거야 거기서 (경찰서에서). / 손철식

손철식 일행은 영암경찰서로 연행됐다. 그리고 그곳에서 이름과 주소 등을 모두 적고, 신원조회를 마친 뒤 일단 풀려났다. 대중교통이 끊겨 나주로 갈 수 없었던 손철식은 부모님이 계신 영암 시종의 고향집으로 갔다. 사정을 알 리 없는 부모님은 차도 안 다니는데 나주에서 어떻게 왔냐며 반겨주셨다.

"너 어디 데모 같은 거 이런 거 안 했지? 뭐 같이 뭐 안 했지?" "네, 제가 뭐 한답니까" 그러고. 데모차(시위차량) 타고 같이 왔다고 그랬어요. 그러고 며칠 있다가 이제 학교로 갔지요. (항쟁이 끝나고) 일주일 정도 학교를 다니고 있는데 어느 날 아버지가 나를 데리러 온 거에요. 형사는 밖에 교문에 있고. 거기서 수갑 차고 그럴 때 아버지 마음이 어떻겠습니까. / 손철식

그렇게 손철식은 영암경찰서로 다시 끌려갔다. 이미 많은 사람들이 잡혀와 있었다. 그리고 손철식과 함께 시위차량을 타고 다녔던 일행들도 하나 둘 들어오기 시작했다.

엄청 맞았어요. 그 좁은 방에 가니까는 열 몇 명인가 있더라고요 다른 사람들도 잡혀오는데 우리 팀들…… 얼마나 더웠겠어요. 그때만 해도 좀 더웠잖아요. 6월 달이니까, 조사를 받으러 갈 때마다 두들겨 맞고 잠을 편히 못 잤으니까. 잘 수가 없었어요. 이렇게 서서 자든가 앉아서 자든가 그런 상황이었으니까. 눕지는 못했어요. 안에 사람이 많으니까. 누울 자리가 없어. 그 생활을 한 2개월 했어요. 거기서. / 손철식

현재 5·18자유공원 안에 복원된 옛 상무대 영창 입구.

5·18 시민군이 상무대 군사법정에서 재판을 받고 있다. / 2017년 공개된 기무사 사진첩 중에서

　　8월 초, 포승줄로 양 팔을 허리에 묶고 눈까지 가린 후 어디로 가는지도 모른 채 호송차에 올라탔다. 마치 사형장으로 끌려가는 심정이었다. 밤 11시쯤 됐을까. 한밤중에 차가 멈춘 곳은 광주 상무대 영창이었다.

　　　　가자마자 또 연병장에 "좌로 굴러 우로 굴러" 막 이런 기합이, 이런 평상시의 기합하고는 완전히 차원이 다르잖습니까. 곤봉으로 막 말을 안 들으면 수없이 맞죠. 너희들 죽이는 거는, 죽어도 상관이 없으니까 말에 불복종하면 가만 두지 않겠다. 그러면서 엄청 때렸어요. / 손철식

　　영창 생활은 그야말로 지옥이었다. 움직이거나 말을 하면 철창 앞에 수갑을 채워 놓고 맞기도 했고, 이유 없이 맞는 일도 부지기수였다. 고등학생이라고 해서 봐주는 것은 없었다. 한편으로는 영창에 있는 동안 시민군 활동을 하다 끌려온 대학생 형들이나 어른들에게 배우는 것도 많았다. 5·18이 왜 일어났는지, 전두환이 왜 쿠데타를 일으켰는지와 같은 것들을 비로소 자세히 알게 된 것이다. 상무대 영창에 있던 시민군은 민간인임에도 불구하고 신군부가 상무대 안에 급조해서 만든 재판소에서 군법재판에 회부됐다.

재판정에서도 이렇게 무기(징역) 선고받고 뭐 하면은 그냥 사형 달라고 그런 걸 선배들이 봤을 때 참 대단한 분들이구나 그래서 그런 것을 많이 깨달았어요. 최후 진술에서 저도 그런 얘기를 한 번 했어요. "국가가 나중에 심판할 거다. 나중에는 너희들이 이 자리에 설 거다" 이렇게. 그래도 후회는 없어요. 후회는. 저 혼자라고 하면 상당히 후회를 했을 거예요. 그런데 선배 대학생들 말을 듣고 진짜 '아, 정말 야무진 분들이구나 정말 진짜 똑똑하신 분들이구나' 나보다 더 배운 분들이 이렇게 얘기하는데 '참 좋은 일 하시는 분이다' 이런 생각이 들더라고요. 후회스럽다든가. 왜 이런 고생을 하는가 이런 생각은 해본 적은 없었어요. / 손철식

정확히 기억나지는 않지만 재판에서 손철식은 2년에서 3년 정도를 선고받았다. 그리고 한 달 정도 광주교도소에 수감 돼 있다 형 집행정지로 풀려났다.

그때 당시 고등학생들은 거의 그렇게 나오고 나이가 좀 두 살 많은 사람들은 한 2개월 더 살고 그렇게 됐을 거예요. / 손철식

출소 후, 영암 시종 고향집으로 내려가자 아버지가 병석에 누워 있었다. 집안의 기둥이 되어주길 바랬던 둘째 아들이 폭도라는 이름으로 잡혀간 후, 누구보다 건강했던 분이 홧병으로 무너져 버렸던 것이다.

(잡혀간 뒤로) 연락이 안 되니까 죽은 줄 알았대요. 그래 (집에) 가니까 산방이 차려져 있더라고요. 제 상방. 죽은 줄 알고. 아버지는 봤잖아요. 제가 경찰서에 끌려가는 걸. 그런데 연락을 안 해주니까…… 그 후로 그렇게 병이 악화되셨다고…… (아버지는) 누워계시고 내가 할 수가 있는 일이 없더라고요 그래서 내 스스로 돈을 한번 벌어오자 해서 아무 데나 서울로 가서 아무 일이나 했죠. 고등학교 졸업은 했죠. 제가 수업일수가 부족해 갖고 1년을 더 다녔어요. 그리고 서울 올라가서 아는 선배들 따라다니면서 건축 현장 같은 데서 일도 하고 그랬는데 도저히 못하겠더라고. / 손철식

상무대 영창에 수감돼 있을 때, 헌병들에게 구타당하면서 심하게 다쳤던 무릎이 결국 탈이 나고 말았던 것이다.

한 2~3년 있다가 여기 이런 데가 맞은 데가 이라고 굽어버렸어요. 걸음을 못 걷게. 지금도 (왼쪽 무릎을) 이렇게 잘 못 구부려요. 아려갖고 밤에는 엄청 힘들어요. 그때 서울에서 내려올 당시에도 한쪽 다리를 아예 못 쓰니까 옆에서 부축을 하고 열차 타고 내려오는 과정에서 많이 힘들었죠. / 손철식

시골에 계신 부모님에게 그런 모습을 보여드리고 싶지 않아서 버텼지만 더 이상 어쩔 수가 없었다. 부축을 받으며 집으로 돌아온 손철식을 본 아버지는 또 한번 충격을 받은 듯했다.

아버지는 그 뒤로 한 1년 사시다가 돌아가셨어요 아버지 생각하면 지금도 눈물이 나오고 그렇습니다. 한 번씩 술 한 잔 먹으면 많이 생각이 나고 그래요. 아버님 묘소를 제가 벌초를 하는데 산소에 가서 인사드리면 눈물밖에 안 나오죠. / 손철식

아버지에게 씻지 못할 불효를 저질렀다는 죄책감은 손철식의 가슴에 지금도 못처럼 박혀있다. 세월이 흘러 5·18이 폭도들이 벌인 사태가 아닌 민주화운동으로 인정을 받으면서 민주화운동유공자로 인정돼 국가로부터 보상을 받게 됐다.

그때 당시 보상 3천, 4천에서 나왔을 때 있었잖아요. 90년도에 그때 그래서 이제 좀 열심히 살았죠. 그때는 그래서 결혼도 하고 아들 딸 낳고 살았지. 광주에서 식당도 하고요. 포장마차도 하고...... 그러다가 또 이제 생활이 어려워지니까 (아내하고) 자주 싸우잖아요. 싸우다 보니까 언성 높아지고 이러니까 경제적으로 어려운데 싸우다 보니까 또 결국은 이혼하게 되더라고요. / 손철식

그렇게 5·18민주화운동에 참여한 이후, 그의 삶은 전혀 생각지도 못했던 방향으

로 흘러갔다. 그렇지만 자신이 했던 일이 옳은 일이었다는 자부심만큼은 변함이 없었다. 1988년, 국회에서 열린 광주청문회에서 5·18의 진실과 신군부의 만행이 만천하에 드러났다. 5·18 단체들은 전두환과 노태우를 비롯한 학살 책임자에 대한 고소 고발 운동을 본격적으로 전개했다. 하지만 당시 김영삼정권은 '5·18에 대한 심판은 역사에 맡기자'며 책임자 처벌을 피해가려 했다. 이 무렵, 손철식은 5·18 단체와 함께 '책임자 처벌과 특별법 제정'을 요구하며 서울까지 올라가 시위를 하기도 했다. 학살자들의 죄가 밝혀졌는데 처벌을 못한다는 건 용납할 수 없었기 때문이다. 마침내 5·18 학살의 책임자들은 법의 심판대에 오르게 됐다.

그때 우리가 아마도 버스 두 대로 올라갔을 거예요. 그때 당시에 그래가지고 전경들이고 사복경찰들이 다 깔려 있잖아요. 한 8~90명 올라갔나. 데모를 많이 해본 사람들이잖아요. 동지들이. 그래서 누가 현수막에 묶인 줄을 딱 줘요. 일렬종대로 이렇게 나눠주고 서로 몸을 묶으라고. 그러면 한 사람씩 못 잡아가잖아요. 전체를 다 잡아가야 되니까. 그때만 해도 김영삼정권 들어서서 독재는 아니니까 그때 당시에 9시 뉴스로 나왔을 거야 아마. 법원 가서 그랬죠. (유치장에 붙잡혀 있는데) 이제 전두환이 재판 받으면 내준다고 그러더라고. 그래서 그런갑다 하고 그랬더니 하룻밤 자고 내주더라고. / 손철식

1심 법원은 전두환을 내란 및 반란의 수괴로 보고 사형 판결을 내렸다. 그리고 2심에서 선두환은 무기징역으로 감형을 빚았다. 손철식은 내란을 일으켜 수없이 많은 사람을 죽인 이들에게 그 판결은 너무 가볍다고 생각했다. 더구나, 나중에 특별 사면까지 되는 것을 보고 분노를 감출 수 없었다. 한편으론 5·18단체들에 대한 실망도 컸다.

그 뒤로는 별로 이렇게 많이 활동도 안 하고 거의 안 하다시피 했죠. 3~4년 전에 영암 시종으로 내려와서 지금은 혼자 살살 농사 좀 짓고, 제 살림 할 수 있는 거만 먹고 살고 있습니다. 하여튼 국민들이 후손들이나 5·18의 역사에 대해서 좀 잊지 않고 살았으면 좋겠습니다. / 손철식

전주 신흥고등학교 – 5·27 신흥민주화운동

1980년 5월 27일 새벽 어둠을 뚫고 중무장한 계엄군 5개 중대가 5·18민주화운동의 심장부나 다름 없는 전남도청을 서서히 에워싸기 시작했다. 새벽 4시, 계엄군은 헬기까지 동원해 일제히 공격을 개시했다. 시민을 적으로 간주하고 상무충정작전이라는 이름으로 자행된 이른바 시민군 토벌작전이었다. 오래된 소총과 몇 개의 수류탄이나마 도청을 지키던 시민군에게도 무기가 있었다. 그러나, 차마 방아쇠를 당기지 못했다. 계엄군이 도청에 진입한 지 30여 분 만에 도청은 '완전 점령'되었다. 동이 트자 도청 앞 금남로에는 탱크와 군대 참호가 설치됐다. 그리고 계엄군은 아직 피가 채 식지도 않은 시민군의 시신을 곁에 두고 목청껏 군가를 부르며 승리를 자축했다. 광주 시내는 열흘 간의 항쟁에 대한 기억을 눈물과 함께 삼키며 깊은 슬픔과 침묵에 잠겼다.

그렇게 광주는 물론이고 전국이 침묵하고 있던 그날 아침, 전라북도 전주의 한 고등학교가 들썩이기 시작했다. 전교생이 운동장에 모여 광주 학살을 규탄하고, 군부독재 반대 투쟁을 선언한 뒤 교문 밖 진출을 시도한 것이다. 그곳이 바로 전주 신흥고등학교다. 5·18민주화운동 기간 중 광주 전남 지역을 제외하고는 전국에서 유일하게 저

□ 증언자: 임희종 (신흥고 교장), 양건섭 (당시 신흥고 3학년/ 현 신흥고 국어교사) & 전주 신흥고 81회 동창 문집 『그립습니다』 참조

1980년 5월 27일 전남 도청을 점령한 계엄군. / 5·18기념재단

항에 나섰던 곳이었다.

열흘의 시간을 거슬러 1980년 5월 18일 0시로 되돌아가면, 쿠데타로 권력을 찬탈한 전두환과 신군부가 비상계엄령이 전국으로 확대하자, 그날 새벽 전북대학교에도 계엄군이 투입됐다. 그리고 농학과 2학년이었던 이세종이 계엄군에게 쫓기다 학생회관 옥상에서 떨어져 사망했다. 5·18 최초의 사망자였다. 이 소식은 금세 전주 시내에 퍼졌고, 광주에서는 더 많은 시민들이 계엄군에게 무차별적으로 희생당하고 있다는 이야기들이 신흥고등학교 학생들에게도 전해졌다.

그 당시 친구들이 전남 애들이 많이 있었어요 특히 전남에서 공부를 잘하는 애들이 많이 왔었습니다. 아시다시피 저희 때까지가 비평준화였거든요 전라남도 출신들이 기숙사 생활을 많이 했고 하숙을 했습니다. 그러다 보니까 집으로 전화를 했겠죠. 집으로 가려고 하는데 못 오게 하고 "왜 못 오게 합니까" 부모님이 직접적으로 말씀은 안 하셨겠지만 그렇게 하면서 얘기가 되고, 눈치를 채고, 그렇게 해가지고 (신흥고) 학생들이 그 소식을 타 학교에 비해서는 빨리 감지했다고 볼 수 있습니다. / 양건섭

1980년 5월 당시 전주 신흥고등학교 전경.

한편, 기독교 학교였던 신흥고등학교에는 당시 군부독재에 매우 비판적으로 저항했던 기독교장로회 계열의 교회와 천주교 신자들이 유독 많았다. 그래서 교회나 성당에 다니면서 독서토론이나 시국강연에도 참여하는 학생들도 적지 않았다.

한국기독학생회 총연맹 KSCM 전국회장을 했어요 김인수라는 학생이. 그리고 허천일이라는 학생은 전주지부회장을 했었죠. 그리고 또 그 박영화라는 학생이 있었어요 박영화 걔가 전남 출신인데 주도학생 중에 하나예요. 그 학생들이 처음에 이제 시국이 이렇고 대학교선배들은 이렇게 하는데 우리들만 가만히 있을 수 없다 그래서 먼저 얘기를 합니다. 그러면서 차츰차츰 접촉의 범위를 넓혀가요. / 양건섭

각 반의 실장 못지 않게 영향력이 컸던 종교부장들이 가세하면서 신흥고에서는 차츰 5·18에 동참하자는 의견에 불이 붙기 시작했다.

5·18 바로 다음날 신흥학교가 중간고사가 됐어요. 22일까지 3일간이었는데요. 다른 학교도 거의 비슷하게 중간고사였습니다. 그래서 시위라든가 이런 것을 생각하고 계획을 했지만 (바로) 실행을 할 수가 없었습니다. 시험기간이었기 때문에. / 양건섭

그럼에도 불구하고 5월 20일, 전주 성광교회에서는 신흥고를 비롯한 전주시 고등학교 대표 10여 명이 만났다. 그리고 고등학생이라고 해서 광주 학살과 현재의 시국을 방관만 할 수는 없으니 연대시위를 벌이자고 제안했다. 광주에서 수많은 시민들이 독재에 저항하다 죽어가고 있는데, 모두가 침묵한다면 그들의 죽음이 단지 개죽음으로 끝날 수도 있다는 뜻에 동조한 각 학교 대표들은 5월 24일로 시위 날짜를 잡았다. 하지만 그날이 개교기념일이라 등교를 하지 않는 전주여고의 사정을 감안해 연대시위 날짜를 5월 27일로 연기했다. 그리고 당초 연대시위를 계획했던 5월 24일에는 신상교회에 모여 시위 준비를 점검하는 회의를 열었다. 회의가 끝난 후, 신흥고 학생들은 허천일의 집에서 애국 신흥인에게 고하는 내용의 '호소문'을 작성하기로 했다. 전주시 내 고등학교들의 연대 시위를 하루 앞둔 5월 26일, 신흥고 3학년 각 반 실장과 종교부장, 그리고 학생회 간부 20여 명은 신흥고 3학년 고석이 다니던 전주시 다가동 파출소 옆에 있던 웅변학원에 다시 모였다.

웅변학원에 모여서 마지막 디데이 하루 전에 구체적인 모의를 했습니다. 방송실 장악 문제라든가 진두지휘는 누가 맡는다. 맨 처음에 교실문은 1반이 나간다. 그 다음 1,2학년 학생은 누가 동원한다. 그런 것까지 사전 계획을 짭니다. 또 그것만 한 것이 아니라 우리가 오해를 받을 수 있으니까 우리 시위가 용공이 아니다. 정당한 행위다. 이런 것을 알려주기 위해서 문서를 2통 작성해서 전주경찰서, 시청에다가 보냅니다. 그리고 그 전에 김제성지야학교라고 있었어요. 거기서 유인물을 우리 학교에 보내주기로 했어요. 그 일을 맡은 사람이 김명희라는 전주한일신학교 여학생이었습니다. 그 여학생이 우리 학교 박영화에게 유인물을 전달하기로 했는데 전달이 안됩니다. 왜냐면 전달과정에서 관계자들이 경찰에 체포가 돼 버렸거든요. / 양건섭

하는 수 없이 허천일이 다니던 신상교회로 가서 10여 명이 직접 유인물을 제작했다. 그리고 다음 날 시위 계획을 알음알음 알고 있었던 신흥고 3학년 학생 중에는 독재에 맞서 기꺼이 목숨을 바치겠다는 각오로 일기장에 유서를 작성한 이도 있었다. 마침내 운명의 5월 27일 아침이 밝았다. 그러나, 경찰은 이미 연대시위를 준비하는 전

주 고등학생들의 움직임을 감지하고 있었다. 신흥고를 제외한 다른 학교들은 모두 사전에 발각이 돼서 시위가 무산돼 버렸다. 신흥고에도 이미 장학사와 형사가 급파돼 있었다. 이런 사정을 모른 채 등교한 신흥고 학생들은 쪽지를 통해 교실마다 행동계획을 전했다. 그러나 시위의 시작 신호였던 1교시 시작종이 8시가 되어도 울리지 않았다. 갑자기 교사들이 교실에 들어오면서 3학년 방송 수업이 시작되었다. 그러자 3학년 1반 박일규가 방송실로 뛰어가 영어 교사 문봉길의 마이크를 잡았다. 광주 학살 소식에 누구보다 분노하고 있었던 문봉길 선생은 순순히 마이크를 넘겨주었다. 순식간에 1천 5백여 명의 신흥고 전교생이 운동장에 집결했다.

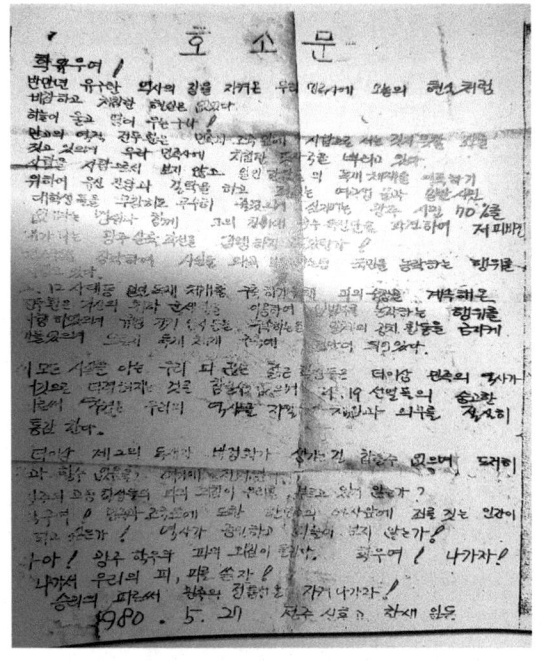

저희가 호소문 낭독하고 이렇게 구호 외치고 몇 바퀴 돌고 (학교 밖으로) 나가기로 했는데, 나갈 수가 없었습니다. 왜냐면 정문이 철문으로 되어 있었거든요. 철문을 잠가버렸고, 거기를 군용 지프차가 싹 막아버렸어요. 계엄군이 한 1미터나 1.5미터 간격으로 완전 군장을 하고 착검을 한 채 쭉 서 있었고, 그 다음에 다가교 너머에는 페퍼포그[114] 차 두 대가 우리 신흥학교를 겨누고 있었어요. 그리고 상공에는 정찰 헬기가, 여러가지 증언으로는 실탄을 장전했다고 그러는데요. 이것이 운동장 상공을 빙빙 돌면서 굉장히 낮게 굉음을 울리면서 선무 방송을 했죠. 빨리 시위를 해산해라. 그렇지 않으면 강제진압하겠다. / 양건섭

다가산 정상의 35사단 계엄사령관과 경찰진압대장의 지휘소에서는 망원경으로

---

114) 페퍼포그는 후추를 의미하는 Pepper(페퍼)와 안개를 발사하는 차량을 뜻하는 Fogger(포거)를 합친 말이며, 정식 명칭은 "가스차"이다. / 위키 백과

지켜보며 이 모든 상황을 지휘 통제하고 있었다. 교사들은 "나가면 너희들 다 죽는다"며 필사적으로 막아섰다. 결국 발길을 돌린 학생들은 스크럼을 짜고 운동장을 돌며 목이 터져라 구호를 외치기 시작했다. "전두환은 물러가라! 비상계엄 해제하라! 독재 타도 민주 수호! 유신

1980년 5월 27일 신흥고등학교 학생들의 시위 장면.

잔당 물러가라!" 지난 열흘 동안 광주와 전남에서 시민들이 외쳤던 구호였다.

그날 햇빛이 쨍쨍하고 날이 뜨거웠는데 거의 한 시간 반 정도 그렇게 운동장을 도니까 쓰러지는 학생들이 발생한 거예요. 이런 상황에서 (계엄군경) 지휘소에서는 빨리 해산시켜라. 해산시키지 않으면 불바다를 만들어 버리겠다 하고, 또 실제로 위에서 진압작전 명령이 내려왔나봐요. 나중에 일이 끝나고 나서 우리 교장, 교감선생님이 전주 계엄사령군을 만났더니 그런 얘기를 하더랍니다. 세 번이나 진압작전 명령이 내려왔다고..... / 양건섭

신흥고 학생들은 강당으로 이동했다. 한 학생이 단상에 올라가 확성기에 대고 기도를 하자 모든 학생들이 함께 통성 기도를 했다. 그리고 시위의 목적과 의의 등에 대한 시국 공청회를 이어갔다.

우리는 광주에서 숨겨 간 사람들을 생각했다. 숨어 도망하면서 마음 졸이고 있을, 어쩌면 붙잡혀 고생하고 있을, 우리의 정의로운 친구들을 생각했다. 우리들 얼굴 위로 눈물이 흘러내렸다. 어깨를 들썩이며 교가를 불렀다. 우리는 광주를 짓밟은 억압자들을 생각했다. 그래서 더 고래고래 소리 높여 불렀다. / 김환균 (당시 신

흥고 3학년) [115]

    교사들은 제자들이 광주에서처럼 희생당하는 처참한 상황을 막기 위해 학생들을 설득했다. 그리고 정옥동 교감은 경찰 측에 병력을 철수해 학생들이 맘 놓고 귀가할 수 있게 해 달라고 요청했다. 자진 해산을 결정한 학생들은 오후 1시쯤 1,2학년부터 하교를 했다. 경찰이 3학년 주동자들을 연행하려는 기미가 보이자, 이들은 신흥중학교 교복으로 바꿔 입기도 하며 경찰의 눈을 피해 피신했다. 이날 시위로 인해 신흥고는 다음 날인 5월 28일부터 6월 1일까지 5일 동안 휴교를 했다. 이후, 25명의 학생들이 휴학과 무기정학 등의 징계를 받았고, 이와 관련하여 문봉길 선생은 이후 교직에서 물러나게 됐다.

    교육청하고 보안대 이런 쪽에서 명단을 내라고 했는데 학교에서 안 내고 계속 유예를 시켰고요. 처벌을 하라고 하니까 학교에서 징계를 하지 않으면 교육청이라든가 경찰서 같은 데서 이 학생들에게 더 큰 징계를 내릴 것 같으니까 그것을 사전에 예방하고 차단하기 위해서 학교 측에서 적절하게 징계를 합니다. 2주 정학인 학생들은 자기가 정학받은 줄도 몰랐어요. 징계를 해놓고도 얘기를 안해주는 거예요. 형식적으로만 징계지 징계가 아닌 것이 됐죠. 그래서 1,2주 정학인 학생들은 나중에 알았죠. 그리고 허천일 같은 경우는 몇 달 동안 도망다니고 그랬죠. 나중에 경찰한테 잡힙니다. 박영화 같은 경우는 아예 자퇴를 해버립니다. 그리고 이제 채범석 같은 애도 학교를 안 다녀 버리고..... 박영화하고 채범석은 집이 전라남도 여수인가 그래요. / 양건섭

    이렇게 5월 27일의 시위는 일단락됐지만, 군부독재에 저항하며 5·18의 진실을 알리기 위한 신흥고 학생들의 투쟁은 여기서 끝나지 않았다. 신흥고 3학년 이강희는 친구 이우봉에게 "다시 시작해봐야 하지 않겠냐"고 제안한 것이다.

---

115) 〈그립습니다〉, 전주신흥고등학교 81회 졸업 30주년기념 동창문집, p.249에서 발췌.

둘이가 같은 8반이었어요. 강희가 45번, 우봉이가 46번 앞뒤로 앉았죠. 그래서 둘이가 친했어요 육사(육군사관학교) 간다고 공부도 열심히 하고 그랬는데, "주동자들이 징계받고 학교도 안나오고 그런데 우리라도 어떻게 다시 전주시내 고등학생연합시위를 주도해 볼까" 얘기를 하고 서로 모의를 해서 전주시내 학교 벽마다 페인트칠을 합니다. 거기다가 구호를 적어요 밤 10시에 야간 자습이 끝나면 페인트 통과 붓을 가지고 다니면서 전주시내 학교 담벼락에다가 "비상계엄 해제하라. 전두환 물러가라. 고등학생들이여 총궐기하자" 이렇게 써놓고 다닙니다. 그러다가 학교 경비에게 들키면 도망가고..... / 양건섭

뿐만 아니라 이강희와 이우봉은 등사기와 철펜 등을 구해, 보충수업비와 참고서 구입비 등을 쏟아부어가며 유인물까지 제작했다. '전주시내 고등학생들에게 드리는 글 – 고등학생들이여 총궐기하자'는 제목으로 전두환이 정권을 잡기 위해 광주 시민들을 참혹하게 학살했다는 내용의 유인물이었다. 이들의 대담한 낙서 투쟁과 유인물 배포는 한 달 가까이 이어졌다. 그러다 결국 체포되어 계엄포고령 위반으로 구속되어 고문을 당하기도 했다. 이우봉은 10개월, 이강희는 12개월의 징역 살이를 했고, 퇴학당했다. 2002년 11월, 이들은 5·18민주화운동에 참여해 민주주의와 인권 발전에 기여한 공로로 민주유공자 증서를 받았다. 그리고 신흥고등학교는 2010년 5·27신흥민주화운동 기념식에서 이와 관련된 27명의 징계 무효화를 선언하고 모두 복권시켰다. 당시 시위를 주도했던 81회 졸업생들은 고등학교 본관 뒤편에 정자를 지어 후배들이 그날의 정신을 기억할 수 있도록 했다. 이름하여 '5·27정자'다.

5·27 정자.

신흥고등학교 후배들의 5·27 재현극.

전주 신흥고등학교 후배들은 엄혹한 시대에 맞서 정의를 실천하려고 노력했던 선배들의 정신을 이어가기 위해 해마다 5·27 백일장을 열어 의미를 되새기고, 연극으로 그날을 재현하고 있다.

··

〈자유-민권-계승자〉
- 5월 27일. 신흥

5·27신흥민주화운동 기념 백일장 최우수상 황도현

헬리콥터 소리
돌을 탄압하는 탱크의 타이어 소리
신경질적
아픈 기억
너무 많은 이미지
전하고 싶은 메시지
외침

우리는 국기를 들고 국가를 외친다
쌍곡선을 그리며 미래를 그린다
내부에서 빙빙 돌며 외치는 것은
외부로 뻗어나갈 가속도를 높이고 있음이라
(나는 이 나라의 자랑스러운 새벽녘이요
우리는 자유민권의 외침을 계승하였으니
새벽녘 동이 틀 때까지 우리 계속해서, 계속해서 울부짖으리)
끝없는 기침은 곧 하나의 소리가 되어
비좁은 운동장이 대지를 울리는 스피커가 되었다
모두 한마음이 되어 곡선의 형(形)이 되리니

우리는
우리가 우리일 수 있도록
구호를 외치며
사랑을 외치며
기침을 하며
그들을 기리며
밖에 갇힌 자유를 풀어주었다

자몽빛 하늘에 떠 있는 별이
우리들의 꿈이기를
그 하늘 아래 있는 세상이
우리들의 자유가 살아 숨쉬기를

편집후기

시민군이 된 소년들

박은영

　　2018년 5월이었다. 옛 전남도청 앞 광장에서 마당극이 공연되고 있었다. 5·18민주화운동 당시 시민군으로 활동하다 행방불명된 고등학생 아들을 평생 애타게 찾아다니는 한 노모의 이야기였다. 관람객 사이를 오고 가며 공연을 촬영하던 사진작가 한 분에게 자꾸 눈길이 갔다. 중년의 그 사진작가는 카메라 셔터를 누르는 사이 사이 끊임없이 주먹으로 눈물을 훔치며 힘겹게 울음을 삼키고 있었다. 1980년 5월, 투사회보팀에서 활동했던 고등학생 시민군 김향득이었다. 다음 해 5월 무렵, 김향득 선생에게서 연락이 와 최치수(5·18민중항쟁 고등학생동지회장) 선생과 함께 만났다. 당시 고등학생으로 항쟁에 참여했던 분들이 의기투합해 당시 자신들이 겪었던 일을 기록으로 남기는 작업을 할 계획이라고 했다. 각자 자신의 이야기를 직접 쓰기로 했는데, 그 과정에서 도움을 좀 달라는 말씀이었다. 그동안 여러 편의 5·18다큐멘터리에 참여하면서 당시 직접 참여했던 분들의 증언이 역사적인 사료로서 얼마나 귀한 것인지를 잘 알고 있었기에 무척 의미있는 작업이라는 생각이 들어 선뜻 응했다. 방송작가로서 고등학생 시민군들의 이야기를 들을 수 있는 흔치 않은 기회라는 생각도 한몫 했던 것 같다.

　　내가 소위 5·18 당사자들을 처음 만나게 된 건 1999년, 5·18 20주기를 앞두고 KBS광주에서 다큐멘터리 〈오월항쟁〉 5부작을 준비하고 있을 때였다. 다큐멘터리 작가 초년생이었던 나는 그 제작팀에 자료조사로 들어가게 되었다. 열흘 간의 항쟁을 증언해 줄 당사자들을 수소문해 섭외를 하는 것이 가장 큰 업무였다. 대략 6백여 명에게 연락을 했고, 그 중 2백여 명을 만나 인터뷰를 성사시켰다. 대학 시절, 학생회에서 개최하는 5·18 세미나 등을 통해 피상적으로만 알고 있던 5·18은 너무나 생생하고 엄청난 진실로 나를 사로잡아 버렸다. 그 후, 20여 년 동안 거의 매년 5월이 다가오면 5·18 특집 프로그램을 준비하며 이른바, 5·18 당사자들에게 인터뷰를 요청했다. 그리고 다시 1980년 5월로 돌아가서 그날의 이야기를 들려달라고 부탁했다. 그때마다 감사함과 더불어 깊은 죄송함을 느껴야 했다. 망각은 신이 준 선물이라고 한다. 특히, 너무 고통스럽고 슬픈 기억일수록 잊고 싶은 것이 인지상정일 것이다. 그래서 세월이 약이라고 한다. 하지만 지난 40년 넘게 5·18 당사자들에게 세월은 약이 되지 못했다. 아니, 스스로 세월이 약이 되는 것을 거부했다. 그날의 진실을 감추고 왜곡하려는 이들에게, 진실이 무엇인지 묻는 이들에게 답하기 위해 끊임없이 기억을 되새김질해야 했기 때문이다. 그것은 때로 처참하리만치 찢긴 상처를 스스로 헤집고 또 헤집는 일이기도 했다. 적어도 나에겐 그렇게 보였다. 모르긴 해도 5·18 당시 십 대였던 고등학생들도 마찬가지일 것이다. 그럼에도 어느덧 중년이 된 고등학생 시민군들은 5·18 당사자 중 가장 젊은 세대로서 더 늦기 전에 당시의 기억을 기록하겠다고 나섰다.

그분들과 함께 항쟁 당시의 기억을 끄집어내 구술하고, 그것을 글로 정리하면서 중년의 소년들은 수시로 눈시울이 붉어지곤 했다. 그 마음이 어떤 것인지 감히 다 짐작할 수 없어 망연해지곤 했다. 5·18이 그렇다. 멀찍이서 보면 적당히 알 것 같다가도, 가까이 들여다보면 도무지 짐작조차 되지 않는 마음들이 모여 일어났던 항쟁이라는 생각이 든다. 때론 국가란 무엇이고, 인간이란 무엇인가 하는 질문까지 가닿아 출구 없는 길에 갇히기도 한다. 그럼에도 한 가지 분명한 것은 '사람의 마음이 이런 것이라면, 이런 마음을 지닌 사람들이 있다면' 더딜망정 어떻게든 역사는 한 걸음씩 나아가겠구나 하는 것이다. 역사는 이렇게 진보해 왔구나 하는 깨달음이다.

『오월, 새벽을 지킨 소년들』 구술 작업을 하던 중, 5·18 당시 고등학생들의 이야기를 담은 라디오 다큐멘터리 〈시민군이 된 소년들〉을 40주기 특집으로 기획해 방송하게 됐다. 그 과정에서 최치수, 경창수 선생님 두 분을 모시고 옛 전남도청과 상무관을 방문한 적이 있다. 지금은 텅 비어있는 상무관 안에서 두 분은 애써 눈물을 삼켜가며, 희생자들의 관이 가득했던 그날을 떠올렸다. 눈물을 참느라 붉어진 눈으로 상무관을 나서는 두 분을 말없이 따라 나오는데, 오월의 햇살이 내리쬐는 광장에서 십 대 아이들이 스케이트보드를 타며 환하게 웃고 있었다. 도청 앞 광장 분수대에서 쏟아지는 물소리와 함께 아이들의 웃음소리가 눈부시게 흩날렸다. 고등학생 시민군 두 사람의 어깨 너머로 보이는 그 풍경을 바라보며 생각했다. 오월의 시민군이 목숨을 던지면서까지 그토록 간절하게 지키고 싶었고, 꿈꿨던 세상은 어쩌면 이런 세상이 아니었을까.

광주에 투입된 계엄군부대[116] (* 아래 수치는 자료별로 차이가 있음)

	부대		병력(장교/사병)	부대 출동	광주 도착	주둔지	이동전 주둔지	비고
제7특전여단	33대대		45/321	17일 22:37	18일 01:10	전남대 광주교대	금마	부평 제9특전여단 119/873명 서울대, 승전대, 중앙대로 이동 18일 01:00
	35대대		39/283			전남대 조선대	금마	
제11특전여단	본부		45/213	18일 16:30	18일 17:50	조선대 18:30	동국대	고려대 주둔 제 5특전여단 22대대 42/195명 동국대로 이동 16:00-16:30
	61·62·63연대		102/596	18일 19:00	19일 00:50	조선대 07:50		
제3특전여단	11대대 12대대 15대대 16대대		1차 131/589	20일 01:00	20일 06:50	전남대 07:03	국립묘지	19일 20:40분 부대로 복귀명령 제2아포단(63포단) C포대가 19일 23:15 국립묘지 점령
			2차 134/623	20일 01:10	20일 07:00	전남대 07:35		
보병 제20 사단	61 연대	사단 직할대	18/145 2대대 21/377	20일 22:40	21일 04:40	서강대 단국대 홍익대	한양 산업동국 단국 건국대	군사령부 발포금지, 실탄통제지시함 20일 23:00 특전1여단 선발대 홍익대, 서강대 배치 21일 09:00 30사 90연대 단국대, 산업대, 한양대, 건국대 배치(91/1181) 20사단 잔류병력 동국대 이동 21 01:00 수경사 배속해제
		1·2·3대대	1대대 24/511 3대대 19/380	20일 22:50	21일 04:50			
	62 연대	연대본부 3대대	53/738	21일 02:30	21일 08:30 송정리역	상무대		
		사단본부 12대대	54/802	21일 02:40	21일 08:58 송정리역			
	60 연대	69 포병 대대 연대 병력	87/1562	21일 17:40	22일 21:00	선교사 04:55	국민 외대 경희대	21 21:00 이동지시 발포허용전교사 작전회의 하달 16:30 도청철수 22.05:40 26사 75연대 102/1454 좌대학으로 이동

---

116) 박만규, 「신군부의 광주항쟁 진압작전과 미국정부의 개입」, 1999, 11쪽.

전교사	31사단 3개 대대	87/ 1367						
	보병학교	1923/ 864						
	포병학교	357/ 1775						
	기갑학교	1165/ 1700						
	화학학교	75/253						
	사단직할	369/2063						
계			47개 대대 4727/15,590					

시간대별로 보는 10일간의 5·18민주화운동(80.5.17-27)

1. 산발적이고 수동적인 저항

5월 17일 (토요일, 맑음) : 비상계엄 전국확대 조치
- 11:00　　전군 주요지휘관회의, '비상계엄 전국확대방안' 합의
- 20:25　　계엄사 충정작전 지시
- 21:42　　비상국무회의에서 '비상계엄 전국확대' 의결
- 23:40　　정부 대변인 이규현 장관, 비상계엄 5월 17일 24:00를 기해 전국일원 변경 발표

5월 18일 (일요일, 맑음) : 공수부대 금남로 투입
- 01:00　　계엄포고 제10호 발령(계엄사)
- 02:29　　전남 20개 대학에 병력배치(14/1132)(7공수 33,35대대 및 31사단 96연대) 시위주모자 예비검속(대상자 22명 중 8명), 대학생 연행(전남대 69명, 조선대 43명)
- 10:00　　전남대 정문 대학생 200여명 집결, 7공수부대와 충돌
- 11:00　　금남로 가톨릭센터 앞 대학생 500여 명 연좌시위
- 14:00　　육군본부, 11공수여단 광주증파 결정
- 15:40　　7공수여단 33대대(64/490) 유동3거리, 충장로 투입, 무자비한 진압작전 시작
- 16:30　　최규하 대통령 특별성명(계엄확대 불가피성 역설)
- 19:00　　7공수여단 금남로 진압작전 종료(173명 체포)
- 21:00　　광주지역 통행금지
　　　　　광주시내 예비군 무기 군부대에 보관(1차: 총기 4,717정, 탄약 116만발)

2. 적극적 공세로 전환

5월 19일 (월요일, 오후부터 비) : 시민들의 참여와 항거
- 03:00　　김경철 사망(최초 시민 사망자)
- 04:00　　11공수 시내 배치(61대대 공용터미널, 62대대 장동, 63대대 계림동, 7공수 고속터미널)
- 10:00　　금남로 시민 집결, 헬기 사용 해산종용,
　　　　　대동고 중앙여고 등 교내시위, 광주시내 48개 초등학교 수업중단(22일부터 휴교)
- 10:50　　도청, 금남로 장갑차 4대로 시위대 3천여 명 포위 압축
- 11:00　　가톨릭센터 앞 시위학생 200여 명 연행, 오후1시까지 108명 추가 연행
- 14:00　　가톨릭센터 앞 시민 5천여 명 결집, 승용차 5대 방화, 공수부대 금남로 결집 진압
　　　　　시위대의 주력이 학생에서 일반시민으로 바뀜, 투석 및 화염병, 헬기로 해산 종용 방송
- 15:00　　전교사 기관장회의, 광주 유지들이 계엄군의 무차별 구타 항의
- 16:00　　보안사 최예섭 준장 등 광주파견
- 16:50　　최초 발포, 김영찬(조대부고3) 총상, 계림동에서 시위대 장갑차 공격
- 22:00　　격분한 일부 시위대 북구청, 양동 임동 역전 파출소 습격, KBS방송국 점거

- 23:00   정웅 31사단장, 공수부대 지휘관들에게 '무혈진압' 명령
- 23:08   3공수여단 광주에 증파 결정
- 23:40   2군사령부에서 충정작전 지침 강경진압 지시(도시게릴라 난동 진압, 바둑판식 분할점령, 과감한 타격, 총기피탈 방지, 편의대 운용)

3. 전면적인 민중항쟁

5월 20일 (화요일, 오전에 약간의 비) : 타오르는 항쟁의 불길, 광주역 집단발포
- 04:00   광주시내에 시민봉기 호소문 배포
- 06:00   7,11공수 재배치(금남로, 충장로, 계림동 일대)
- 07:30   3공수여단(255/1,137) 광주역 도착, 전남대 숙소 이동
- 08:00   보안사 홍성률 대령 광주 도착, 시내 잠입 특수임무 수행
- 09:00   31사단 광주시내 무기 탄약 회수(2차: 총기 6,508정 탄약 42만발)
- 10:00   전교사, 광주지역 기관장 회의(공수부대 철수요구, 불가시 일반군인복장 교체요구) 오전 중 비 때문에 시위는 소강상태
- 10:20   가톨릭센터 앞, 남녀 30여명을 속옷만 입혀진 채 기합과 심하게 구타
- 12:00   특전사령관 정호용, 전교사령관 만나 강경진압 요구 후 상경
- 12:30   3공수 시내 배치(11대대:황금동, 12:시청, 13:공용터미널, 15:양동사거리, 16:전남대)
- 12:55   정부, 신현확 국무총리 등 내각 일괄 사퇴
- 15:00   금남로사거리, 시위군중 5천여 명 연좌농성
- 18:00   무등경기장, 택시 100여대 금남로 이동 차량시위, 시위대 2천여명 뒤따름 2군사령부 작전지침 하달(유언비어 분석, 총기피탈 방지, 연행자 처리 등) 전교사령관 내정 통보(윤흥정 중장에서 소준열 소장으로 교체)
- 19:00   차량시위대 금남로에서 11공수와 충돌
- 19:30   시위대 1만여 명 공용터미널에서 금남로 시위대와 합류
- 20:00   시위대 양동, 역전, 학동파출소, 광주시청 등 점거
- 21:05   노동청 앞, 시위대 버스에 치여 경찰 4명 사망
- 21:25   20사단 광주 증파 결정
- 21:30   시위대 광주역 3공수를 포위, 노동청 앞 버스 3대 전소
- 21:45   광주MBC 방화
- 22:00   신안사거리, 3공수 대원 1명 시위차량에 깔려 사망 광주역 앞, 3공수 12,15대대 시위대의 차량공격에 바퀴 향해 권총 사격
- 22:30   3공수여단장(최세창), 경계용 실탄 지급 지시(16대대에 100여발 지급) 전교사령관 윤흥정, 공수부대 교체 요구, 계엄사령관 이희성 승인
- 23:00   광주역 앞 집단발포, 3공수 11대대, 2~5명 시민 사망 시위군중 10만 명 이상, 금남로~광주역 밤새워 공방전, 금남로 50여대 차량 전소
- 23:20   2군 작전지침 추가시달(발포금지, 실탄통제, 공수여단 20사단 교체 준비) 광주시 외곽 도로 봉쇄 지시(시위 확산 저지)
- 24:00   도청 앞 11공수 61,62대대, 중대장급에게 실탄(15발씩) 지급

4. 무장투쟁과 승리의 쟁취

5월 21일 (수요일, 맑음) : 도청 앞 집단발포, 계엄군 철수

- 00:35 노동청, 시위대 2만여 명 계엄군과 공방전
  조선대 정문, 버스 3대 3천여 명 공방전(새벽 4시40분까지 계속)
- 01:30 KBS방화, 광주세무서 방화, 신문편집 중단
- 02:00 3공수, 광주역에서 전남대로 퇴각, 광주 전화 단절
- 04:00 시위대 광주역 광장에서 시체 2구를 리어카에 싣고 금남로 이동
- 08:00 시위대 광주공단 입구에서 20사단 지휘차량 14대 빼앗음
- 09:00 20사단(284/4,482) 상무대 전교사에 도착
  시위대 아시아자동차공장에서 장갑차 4, 차량 56대 등 획득(1차)
- 09:50 시민대표(전옥주, 김범태 외), 도지사 장형태와 협상(공수부대 철수 요구)
- 10:00 전남대 정문 시위대 4만여 명 운집
- 10:30 이희성 계엄사령관 담화문 발표
- 11:00 도청 앞 11공수 63대대 실탄지급
- 12:00 신안동굴다리, 3공수 13대대 시위차량에 사격,
- 13:00 도청 앞 집단발포, (도청에서 애국가, 오후 5시까지 조준사격 지속)
  시위대 장갑차에게 M60기관총 발사, 청년 및 구경꾼 총탄에 계속 쓰러짐
- 13:20 나주 다시지서, 시위대 최초 총기 획득(오후 2시경부터 나주, 비아, 영광, 영산포 무안 영암 화순 장성 등지에서 무기 획득)
- 14:15 도지사, 경찰헬기에서 시위해산 설득 방송
- 14:35 전두환, 정호용, 황영시, 이희성, 주영복 등 계엄군 외곽배치 및 자위권 발동 결의
- 14:40 시위대 지원동의 탄약고에서 다이너마이트 획득, 화순광업소 카빈 1,108정, 실탄 17,760발
- 15:15 계엄사령관 지시(전국 확산 방지, 지휘체계 일원화, 시민과 불순분자 분리, 교도소 사수)
- 15:30 나주, 화순 등지에서 시위대가 획득한 무기 광주로 반입, 시가전 전개
- 16:00 공수부대 도청에서 철수 지시, 작전통제권 전환(31사단에서 전교사로)
- 16:35 국방부장관 회의, 계엄군 외곽철수 및 자위권발동 결정
- 17:00 7,11공수 도청에서 조선대로 철수, 3공수 교도소로 철수
- 19:00 광주 외곽 봉쇄 완료(31사 오치, 3공수 교도소, 7,11공수 주남마을, 20사단 극락교 백운동 톨게이트, 통합병원)
- 19:30 계엄사령관 군의 자위권 보유 천명 방송(접근하면 하복부 발사 허용)
- 20:00 시민군 전남도청 장악
- 22:10 효천역 부근 계엄군, 무장시위대 교전(새벽 4시까지 사이에 2회 이상 충돌, 10여 명 이상 사망 추정)

5. 해방기간

5월 22일 (목요일, 맑음) : 봉쇄작전, 수습대책위 구성
- 00:05 시위대 전남 서부지역 확산(나주, 목포, 영암, 강진, 완도, 함평, 영광, 무안)
  목포역에서는 22일부터 27일까지 매일 시민궐기대회 개최
- 04:40 광주교도소 부근 시위대와 총격전
- 08:00 정시채 전남도 부지사 등 도청 간부 수습대책위 구성 논의
- 09:00 계엄사령관 경고문 헬기 공중 전단살포("폭도들에게 알린다")
- 10:20 박충훈 신임 국무총리 전교사 방문
- 11:00 외곽도로 완전봉쇄, 해안경계태세 강화, 고속도로 봉쇄
- 11:25 적십자병원 헌혈차량 돌아다니며 헌혈 호소

- 12:00　도청 옥상의 태극기가 검은 리본과 함께 반기 게양
- 13:30　시민수습대책위(15명) 대표 8명 상무대 전남북계엄분소 방문, 7개 항의 수습안 전달
- 17:00　도청 앞 시민궐기대회, 수습위 대표 상무대 방문결과 보고(시민들 격분, 희생자 시신 56구)
  20사단 62연대 2대대, 통합병원 확보작전(민간인 사망 8, 부상 10, 연행 25명)
  연행학생 848명 석방
- 18:00　학생수습위원회 구성(질서유지, 무기회수, 헌혈활동 등 전개)
- 21:30　박충훈 신임국무총리, "광주는 치안 부재상태, 불순분자가 군인들에게 사격"이라고 방송

5월 23일 (금요일, 맑고 한때 흐림) : 민간인 학살, 무기회수, 민주수호 범시민궐기대회
- 08:00　학생, 시민 금남로 일대 등 자발적 청소에 나섬, 상점 영업 개시
- 09:00　계엄사령관 '상무충정작전' 검토
- 10:00　시민 5만여 명이 도청광장에서 집회
  주남마을 주둔 11공수 버스에 총격(1차), 양민 10명 희생
  학생수습위 총기회수 시작
- 11:48　20사단 봉쇄선 작전지침 하달(무기휴대 폭도 봉쇄선이탈 절대거부, 반항자 사살)
- 13:00　주남마을 공수부대가 소형버스에 총격(2차), 승객 18명 중 15명 사망, 2명 부상, 1명 생존.
  부상자 2명 주남마을 뒷산에서 사살 암매장
- 15:00　제1차 민주수호 범시민궐기대회(5만여 명) 개최.
  계엄사의 경고문 전단 시내 전역에 살포
- 16:00　계엄군 봉쇄지역 교대 및 재배치(외곽도로 봉쇄, 집결보유)
- 19:00　교도소 3공수여단 접근하는 시민군에게 사격(5회 이상 사격)

5월 24일 (토요일, 오후에 비) : 계엄당국과 협상 교착
- 09:00　계엄군 부대배치 조정(공수부대 '상무충정작전' 준비 위해 광주, 비행장으로 결집)
- 09:20　전남·북계엄사무소장 '무기소지자 군부대 및 경찰서에 반납하라' 방송
- 09:55　31사단(96연대3대대)과 기갑학교 병력 운암동-두암동 고속도로 구간에서 오인사격
  (군인 3명 사망)
- 13:30　11공수 원제마을 저수지에서 무차별 사격(중학생 방광범 등 2명 사망)
- 13:55　11공수 광주비행장 이동 중 효천역 부근 전교사 교도대와 오인사격(공수부대원 9명 사망,
  33명 중상, 장갑차 5대 파손)
  오인사격에 대한 보복 송암동 주민 학살(4명 사망, 2명 중상)
- 14:50　제2차 민주수호 범시민 궐기대회(도청 앞)
- 16:00　2군사령부 지시(이동시 상호협조 및 사전통보, 확인사격, 야간이동 억제)
- 20:30　도청 지하 무기고에서 군 폭약전문가 뇌관 제거(24일 20:30~ 25일 13:00)

5월 25일 (일요일, 비) : 항쟁지도부 등장
- 04:00　상무충정작전(광주재진입작전) 지침준비 지시(계엄사령관)
- 08:00　도청 내 '독침사건', 계엄당국 프락치 침투시켜 교란작전 전개
- 11:00　김수환 추기경의 메시지와 구호대책비 1천만 원 전달
- 15:00　제3차 민주수호 범시민궐기대회(5만여 명)
- 17:00　청년학생시민군 의용대 1차 모집(70여 명)
- 18:10　최규하 대통령 광주 상무대, 특별담화 발표
- 22:00　항쟁지도부 '민주시민투쟁위원회' 결성(위원장 김종배, 대변인 윤상원, 상황실장 박남선,

외무부위원장 정상용, 내무부위원장 허규정)

5월 26일 (월요일, 아침 한때 비) : 최후통첩, 상무충정작전 개시
- 04:00　계엄군 외곽봉쇄선 압박 탱크 진입, 화정동 농촌진흥원 앞 진출
- 08:00　'죽음의 행진'(시민수습대책위원 17명, 도청~화정동, 계엄군 진입 저지)
- 09:00　시민대표, 계엄군과 마지막 4차 협상, 결렬(김성용 신부 등 11명, 4시간30분 협상)
- 10:00　제4차 민주수호 범시민 궐기대회(3만여 명, 계엄군 유혈진압 규탄)
- 10:30　전교사 진입작전 최종 회의(20사단장, 31사단장, 3,7,11공수여단장, 보병학교장 참석)
- 12:00　윤공희 대주교 계엄사무소 방문, 연행자 전원 석방 요구
- 12:15　전두환 등 신군부 핵심 회의, 상무충정작전 개시일 최종 결정(27일 00:01이후)
- 14:00　기동타격대 조직(대장 윤석루, 70여명)
- 15:00　육본 참모차장 황영시, 상무충정작전 지침 직접 전달(전교사)
- 15:00　제5차 민주수호 범시민 궐기대회(80만 광주시민 결의 채택)
　　　　청년학생시민군 의용대 2차 모집(150여 명)
- 16:00　소준열 전교사령관 광주비행장 방문 공수특공대에게 공격개시 시각 통보
- 17:00　민주시민투쟁위원회 대변인 윤상원, 외신기자들에게 광주상황 브리핑(주한 미 대사 면담요청)
- 18:00　항쟁지도부 마지막 합동회의(도청)
- 19:00　항쟁지도부, "계엄군이 오늘밤 침공" 발표(학생 및 여성 귀가조치)
- 19:00　광주거주 외국인 207명 광주공항 집결 후 비행기로 서울행
- 21:00　공수부대 특수조 사복 편의대 복장으로 시내 투입 정찰 실시
- 24:00　수습대책위원회 중앙청과 통화("계엄군 진입하면 자폭하겠다")
　　　　통화 직후 시내전화, 전기 단절

6. 최후 항전

5월 27일 (화요일, 맑음) : 도청 함락
- 01:00　공수특공대 이동(3공수 도청, 11공수 전일빌딩 YWCA, 7공수 광주공원)
- 02:00　20사단 이동(102/3,030)
- 03:50　박영순 도청 스피커로 마지막 방송 "계엄군이 쳐들어옵니다.
　　　　시민 여러분, 우리를 도와주십시오. 우리를 잊지 말아주십시오."
- 04:00　3공수 특공대(13/66 대대장 임수원, 특공대장 편종식 대위) 도청 주변 포위, 침투 공격,
　　　　무차별사격
- 05:00　KBS방송 계엄사무소장 담화,
　　　　"폭도들은 투항하라, 포위되었다, 투항하면 생명은 보장한다."
- 05:10　3공수 도청 진입작전 종료(무장 헬기 도청 상공 무력시위)
- 06:00　"시민들은 거리로 나오지 말라"고 경고 방송
　　　　탱크 18대 도청 진입
- 07:00　3,7,11공수부대 20사단 병력에게 도청 인계 후 광주비행장으로 철수
- 08:50　시내전화 통화 재개
- 09:00　KBS방송 경찰과 공무원 근무지 복귀 지시
- 09:30　도청 500여명 직원 출근
- 10:00　주영복 국방부장관, 황영시 참모차장 도청 방문

* 27일 피해현황 : 시민군 등(사망 27명, 연행 295명), 군인(사망 2명, 부상 12명)

5·18민중항쟁고등학생동지회

고문

김성용(신부)
박석무(전 5·18기념재단 이사장)
박행삼(전 대동고 교사)
윤광장(전 5·18기념재단 이사장)
서경원(전 국회의원)
정상용(전 국회의원)
김영진(전 국회의원)
조영선(민변 회장)
함세웅(신부. 안중근 기념사업회 이사장)
김상근(목사. 6·15공동선언실천 남측위원회 명예대표)
이해동(목사. (사)행동하는 양심 대표)
고승우(80년 해직언론인협의회 공동대표)
권오헌((사)정의·평화·인권을 위한 양심수 후원회 명예회장)
박중기(민족민주열사 희생자 추모(기념)단체 연대회의 이사장)
신인령(이화여대 교수)
이용길(전남대 교수)
정규철(5·18 당시 교사)
이부영(자유언론실천재단 이사장)
임헌영(민족문제연구소 소장)
정동익(사월혁명회 전 상임의장)
지선 스님(민주화운동기념사업회 이사장)
나경택(작가)
이강(광주전남 민주화운동 동지회 고문)
김상윤(광주전남 민주화운동 동지회 고문)
김정길(6·5공동위 광주본부 상임대표)
나상기(광주전남 민주화운동 동지회 고문)
최철(5·18 제43주년행사위원회 상임위원장)
유선규(광주전남민주화운동기념사업회 고문)
김병균(목사)
배종열(장로)
전계량(전 5·18유족회장)
윤강옥(5·18항쟁지도부 기획위원, 전 5·18민중상쟁동지회 회장)
윤만식(광주전남민주화운동 동지회 고문)
안성례(전 오월어머니집 관장)
위인백(광주전남민주화운동 동지회 고문)
원순석(5·18기념재단 이사장)
정용화(광주전남민주화운동 동지회 상임고문)
이윤정(전 5·18민중항쟁 동지회 회장)
이양현(광주전남민주화운동 동지회 고문)
윤기현(작가)
이명자(전 오월어머니집 관장)
정해직(광주전남민주화운동 동지회 고문)
이지현(전 5·18부상자회 회장)
강연균(화백)
한상석(전 5·18서울기념사업회 회장)
윤여연(5·18부상자회 고문)
백계문(통일시대민주주의국민회의 사무총장)
송선태(5·18진상조사위원회 위원장)
위성삼(전 구속자협의회 감사)
김한남(영암문화원장)
조오섭(현 더불어민주당 의원)
송갑석(현 더불어민주당 의원)
서삼석(현 더불어민주당 의원)
윤영덕(현 더불어민주당 의원)
이형석(현 더불어민주당 의원)
김경만(현 더불어민주당 의원)
이용빈(현 더불어민주당 의원)
김남국(현 더불어민주당 의원)
최기상(현 더불어민주당 의원)

지도위원

박용수(현 광주광역시 평화국장)
은우근(교수)
최용주(5·18진상조사위원회 위원)
이승룡(청도건설 회장)
이청조(교육자)
정경자(5·18진상조사위원회)
최영준(전 광주MBC 사장)
김영휴(의사)
차상섭(광주산부인과 원장)
위경종(전남대80총학 동지회 회장)
권향년(전 지적공사 근무)
이성길(전 5·18기념재단 상임이사)
정해민(80년 5·18항쟁지도부 부위원장)
이정성(고 윤상원 기념사업회 이사)
류한호(교수)
박몽구(시인)
김상집(고 윤상원기념사업회 이사)
장신환((5·18서울기념사업회 회장)

윤청자(광주전남민주화운동 기념사업회 상임이사)
박현옥(광주전남민주화운동 기념사업회 이사장)
노영숙(5·18해설사)
채영선(광주5·18새벽청소년오케스트라 단장)
전용호 작가(죽음을 넘어 시선을 넘어 저자)
김태종(5·18진상조사위원회)
안길정(5·18진상조사위원회)
최형호(전 5·18부상자회 서울지부장)
이삼행(영암자활센터 소장)
임낙평((사)들불열사기념사업회 이사장)
김윤기(전 광주광역시문화재단 대표)
김선출(전남문화재단 대표)
오병윤(전 5·18항쟁지도부 보급부장)
임종수(전 5·18공로자회 회장)
이경률(전 광주광역시 인권담당관)
김인환(5·18서울기념사업회 상임이사)
김준봉(80년 5·18항쟁지도부 조사부장)

추성길(5월민주화평화연합 대표)
전청배(작가)
서대석(전 광주서구청장)
김병수(전 5·18민중항쟁동지회 사무국장)
조진태(5·18기념사업회 상임이사)
양인화(전 5·18기념재단 후원회 회장)
진희종(5·18부상자회 제주도)
양기남((사)5·18기동타격대 동지회 이사장)
홍인화(5·18기록관 관장)
한정만(5·18부상자회 울산)
김순이(5·18해설사)
정무창(광주광역시 시의회 의장)
기원일(국회 민주동지회 회장)
서정훈(전일245 4F NGO센터 센터장)
박시영(전 광주민주화운동기념사업회 회장)
이남(5·18부상자회 서울지부장)
이건상(광주광역시 교육청 정책관)

5·18민중항쟁고등학생동지회 임원

회　　장 : 최 치 수
부 회 장 : 박 재 택. 경 창 수. 윤 햇 님
감　　사 : 이 삼 자. 최 미 자
상임이사 : 이 덕 준
이　　사 : 주소연. 문종호. 손철식. 김향득. 심새귀. 오기칠. 김병용. 김일섭. 김경래. 정대규. 김태호. 김용필

명예회원 : 故김기운(송원고2). 故김명숙(서광여중2). 故김부열(조대부중3). 故김완봉(무등중3). 故김평용(살레시오고2). 故문재학(광주상고1,동성고). 故이성귀(광주상고2,동성고). 故안종필(광주상고1,동성고). 故박금희(춘태여상3,전남여상). 故박기현(동신중3). 故박성용(조대부고3). 故박창권(숭의중2). 故방광범(전남중1). 故박현숙(신의여고3,송원여상). 故전영진(대동고3). 故전재수(효덕초4). 故황호걸(광주일고부설방송통신고3). 故양창근(숭의실업고2,숭의과학기술고). 故백두선(살레시오고2). 故정상덕(해남고3). 故류석(대동고2). 故박찬재(신북고2). 故서재형(광산상업고). 故김광호(광주농업고,광주자연과학고). 故김행주(광주상고,동성고). 故차종성(금호고). 故최재원(목포덕인고). 故김경희(전남여고). 故임옥환(조대부고). 故강성원(호남삼육고). 故이영길(숭의실업고). 故전종식(1965.9.12). 故정방남(1962.7.8). 故조강일(1962.1.17). 故신명호(1962.10.18). 故신용국(1963.10.26). 故이종교(1962.2.7). 故장복순(1962.). 故장철석(1962.11.17). 故정수관(1962.2.20). 故허남주(1962.12.24). 故고재덕(1966.4.5). 故권호영(1963.11.17). 故김광복(1966.3.6). 故김재용(1963.3.27). 故문미숙(1970.2.11). 故박규현(1974.7.7). 故유재성(1963.11.23). 故이기환(1965.2.23). 故김병대(1966.6.8). 故박광진(1975.7.24). 故정경채(1962.10.15). 故조덕례(1964.6.17).

학교별 (사망 · 부상 · 구속) 5·18 관련자

고등학교 (244명)

1. 광산상업고등학교 : 서재형(사망)
2. 광주경신여자고등학교 : 류성숙. 최미자
3. 광주고등학교 : 김종수. 김학수. 정대규
4. 광주고등학교부설방송통신고 : 최기만. 장형주
5. 광주농업고등학교(광주자연과학고등학교) : 강창현. 김광호(사망). 박창석. 신묘섭. 정지수. 조영훈
6. 광주대동고등학교 : 구교철. 김용필. 김창환. 김향득. 김효석. 나홍균. 오성균. 유석. 유영택. 윤기권. 윤순탁. 이덕준. 이상주. 전영진(사망). 최성환
7. 광주동신고등학교 : 경창수. 곽봉극. 양승희. 윤영철. 조대성
8. 광주동일실업고등학교 (동일전자정보고) : 강성욱. 김재귀
9. 광주상업고등학교(동성고) : 강승우. 고광석. 김덕열. 김영국. 김행주(사망). 문재학(사망). 송재천. 안종필(사망). 안형순. 양일권. 이성귀(사망)이태헌. 임경렬. 정갑수. 정희문. 조백귀. 한용호
10. 광주살레시오고등학교 : 김완섭. 김경래. 김평용(사망). 김창선. 서민호. 문기현. 박진천. 백두선(사망). 최치수
11. 광주서석고등학교 : 고영일. 권영택. 김상태. 김석봉. 박경주. 오권열. 오일교. 윤석준. 임건. 임대원. 전형문. 한용호
12. 광주석산고등학교 : 고재성. 김인. 나승돈. 박성길. 박영석. 정국성
13. 광주수피아여자고등학교 : 임매애(임태경)
14. 광주숭일고등학교 : 강구영. 김재홍. 마삼훈. 양창근. 이순노. 임호상. 이재동
15. 광주여자고등학교 : 주소연
16. 광주인성고등학교 : 고영욱. 김남호. 김용만. 노형규. 신을호. 이상영. 장종희
17. 광주제일고등학교 : 김용관. 오춘환. 이홍재. 정읆동. 탁상준
18. 광주제일고등학교부설방송통신고 : 허성진. 황호걸(사망)
19. 광주중앙여자고등학교 : 장영희. 이홍자
20. 광주진흥고등학교 : 권상호. 김한중. 마재관. 류인호. 신갑경. 조강일
21. 광주금파화학고등학교 (금파공업고등학교) : 김철기
22. 금호고등학교 : 나양수. 송영신. 이봉주. 이요안. 임주윤. 장윤수. 조옥현. 차종성(사망). 황길량
23. 전남고등학교 : 류진수. 박양규. 백기설. 설종수. 신종식. 김우민. 양균화. 이성우. 정만태. 최동열
24. 조선대부설고등학교 : 김남수. 김영찬. 박성용(사망). 박철옥. 안남석. 이길원. 임옥환(사망). 임재구. 정병조. 조경근. 조남용. 주필호. 최만재. 최은홍. 홍종철
25. 전남공업고등학교 : 문종호. 신재호. 안근옥. 오형수. 전주완
26. 전남기계공업고등학교 : 김순학. 김태연. 박규상. 박종덕. 서정열. 신철승. 윤정귀. 이광주. 정병두. 정영대
27. 전남대학교사범대학부설고등학교 : 김옥환. 변재현. 유창훈
28. 전남여자고등학교 : 김경희(사망)
29. 전남여자상업고등학교 : 박금희(사망). 홍금숙. 윤햇님

30. 전일실업고등학교(서강고등학교) : 김상호. 김영만. 송연식. 양경모. 이태성. 최창주
31. 광주제일상업전수학교(문성고등학교): 전기학
32. 광주송원여자고등학교 : 김은희
33. 광주송원고등학교 : 김경우. 김기운(사망). 김오식. 박윤배. 서진광. 송규선. 양홍. 이길수. 이동수. 주정완. 최영진
34. 광주송원여자실업고등학교 : 박현숙(사망)
35. 광주숭의실업고등학교(숭신공업고등학교) : 강성범. 김상기. 김승렬. 김용완. 모남선. 문병식. 박성호. 백균석. 배범진. 오광룡. 오양근. 위종희. 유영선. 유영택. 이영길(사망). 장영철. 최양식. 최정환. 양창근(사망)
36. 나주공업고등학교 : 김기광. 김태호
37. 나주고등학교 : 강신석. 김민석. 이창관. 최상현
38. 담양고등학교 : 윤의중
39. 담양공업고등학교 : 김진석. 최복주. 한인석
40. 목포고등학교 : 정한용
41. 목포기계공업고등학교 : 서관승. 최재용
42. 목포덕인고등학교 : 김배호. 이명철. 최재원(사망)
43. 목포상업고등학교(전남제일고등학교) : 임승용
44. 목포여자고등학교 : 송숙
45. 목포문태고등학교 : 고경석. 김재양
46. 전북순창고등학교 : 조진성
47. 전주신흥고등학교 : 이강희. 이우봉
48. 함평농업고등학교(함평골프고등학교) : 권혁중. 김정옥. 김행엽. 박석규. 유광범. 주병현
49. 해남고등학교 : 김영규. 정상덕(사망)
50. 호남삼육고등학교 : 강성원(사망)
51. 호남원예고등학교 : 손철식. 신종근
52. 화순고등학교 : 김은
53. 벌교삼광여자고등학교 : 박정란
54. 부산상업고등학교 : 권영희
55. 서울국제고등학교(광영고등학교) : 박이선(사망)
56. 서울보성고등학교 : 권순엽. 이용호
57. 강진성전고등학교 : 김병용
58. 순천고등학교부설방송통신고등학교 : 장성암
59. 영암신북고등학교 : 박재택. 박찬재(사망). 서성규. 최준. 최항우. 현흥권
60. 영산포상업고등학교 : 정인영
61. 영암고등학교 : 이삼자
62. 목포영흥고등학교 : 오근호
63. 장성농업고등학교(장성실업고등학교) : 김종규

중학교 (37명)

64. 광주동성중학교 : 김용재. 박상철. 신현남. 임준섭. 최현철
65. 광주동신중학교 : 박기현(사망). 유영신. 이유원. 이태형
66. 광주무등중학교 : 김완봉(사망). 나병남. 오일석. 홍두표
67. 광주무진중학교 : 위성암. 이종수. 이창영. 최동북
68. 광주북성중학교 : 이덕환
69. 광주송원중학교 : 박정철. 양희태
70. 광주서광여자중학교 : 김명숙(사망)
71. 광주진흥중학교 : 양승길(사망)
72. 광주중앙중학교 : 기종현
73. 광주효광여자중학교 : 전성미
74. 목포제일중학교 : 김영철. 최상기
75. 숭의중학교 : 김종준. 박창권. 정요철. 지영길
76. 광주전남중학교 : 방광범(사망). 이동용
77. 조선대부속중학교 : 김부열(사망). 박종기
78. 해남중학교 : 장해인
79. 화순중학교 : 안용순
80. 광주숭의중학교 : 박창권(사망)

초등학교 (12명)

81. 광주계림초등학교 : 김상진
82. 광주상무초등학교 : 한상우
83. 광주서석초등학교 : 임채명
84. 광주수창초등학교 : 이금석
85. 광주양동초등학교 : 이창형(사망)
86. 광주월산초등학교 : 나광수. 백세광
87. 광주장원초등학교 : 배재훈
88. 광주화정초등학교 : 유수미
89. 광주효덕초등학교 : 김문수. 전재수(사망)
90. 전남무안초등학교 : 서봉진